Vokalität

ScriptOralia **39**

Herausgegeben von
Paul Goetsch, Wolfgang Raible, Helmut Rix
und Hans-Robert Roemer

in Verbindung mit
Michael Charlton, Gunther Eigler, Willi Erzgräber, Karl Suso Frank,
Hans-Martin Gauger, Ulrich Haarmann, Oskar von Hinüber,
Wolfgang Kullmann, Eckard Lefèvre, Klaus Neumann, Wulf Oesterreicher,
Herbert Pilch, Lutz Röhrich, Ursula Schaefer, Hildegard L. C. Tristram,
Otmar Werner und Alois Wolf.

Ursula Schaefer

Vokalität

Altenglische Dichtung zwischen
Mündlichkeit und Schriftlichkeit

gnv Gunter Narr Verlag Tübingen

Die Deutsche Bibliothek - CIP-Einheitsaufnahme

Schaefer, Ursula:
Vokalität : altenglische Dichtung zwischen Mündlichkeit und Schriftlichkeit /
Ursula Schaefer. – Tübingen : Narr, 1992
  (ScriptOralia ; 39)
  Zugl.: Freiburg (Breisgau), Univ., Habil.-.Schr.
  ISBN 3–8233–4246–0
NE: GT

Als Habilitationsschrift auf Empfehlung der Philosophischen Fakultät
der Universität Freiburg gedruckt mit Unterstützung der Deutschen
Forschungsgemeinschaft.

© 1992 · Gunter Narr Verlag Tübingen
Dischingerweg 5 · D-7400 Tübingen 5

Das Werk einschließlich aller seiner Teile ist urheberrechtlich geschützt. Jede Verwertung außerhalb der engen Grenzen des Urheberrechtsgesetzes ist ohne Zustimmung des Verlages unzulässig und strafbar. Das gilt insbesondere für Vervielfältigungen, Übersetzungen, Mikroverfilmungen und die Einspeicherung und Verarbeitung in elektronischen Systemen.
Gedruckt auf säurefreiem und alterungsbeständigem Werkdruckpapier.

Druck: Müller + Bass, Tübingen
Verarbeitung: Braun + Lamparter, Reutlingen
Printed in Germany

ISBN 3–8233–4246–0

VORWORT von Willi Erzgräber

Ältere Forschung interpretierte die Formelhaftigkeit altenglischer Dichtung als einen Beweis für ihren mündlichen Ursprung. Ursula Schaefer verlagert in ihrer hier vorgelegten Habilitationsschrift den Akzent von der produktionsästhetischen zur rezeptionsästhetischen Betrachtungsweise und setzt sich eingehend mit der Entstehung und Etablierung der Schriftkultur im angelsächsischen England auseinander.

Im Anschluß an die Arbeiten von Ong, Havelock, Jack Goody und Ian Watt zeigt sie, daß es nicht genügt, nur mit linguistischen Begriffen zu arbeiten, um die Beziehung zwischen Mündlichkeit und Schriftlichkeit in altenglischer Zeit zu klären. Es bedarf auch der Einbeziehung des jeweiligen kulturgeschichtlichen Kontextes, in dem die Mündlichkeit zur Geltung kommt. Der Begriff "(primäre) Mündlichkeit" (= "primary orality") bezeichnet nach Ursula Schaefer den kulturellen Zustand einer Gesellschaft, bevor sie mit der Schrift in Verbindung kommt, der Begriff "Vokalität" dagegen kennzeichnet jene Mündlichkeit, die nach der Einführung der Schrift im Rahmen der Christianisierung der Angelsachsen in England vorhanden war. Wie eng die Schriftlichkeit ihrerseits in der altenglischen Epoche an die Mündlichkeit gebunden war, geht u.a. daraus hervor, daß man in dieser Zeit Lesen und Schreiben durch das Auswendiglernen von Texten einübte. Die Tatsache, daß auch der schriftlich vorhandene Text durch die Memorierung in der Erinnerung ständig verfügbar war, führte dazu, daß man in der altenglischen Epoche oft auf Textelemente ohne Rücksicht auf den Kontext zurückgriff, in dem sie schriftlich überliefert waren. Diese Tatsache ist für das Verständnis des Ursprungs von neuer Dichtung in altenglischer Zeit von Bedeutung, denn schriftlich fixierte Dichtung lieferte über den Prozeß des Memorierens einen Vorrat an Ausdrucksmöglichkeiten, den ein Autor ständig verwenden konnte, wenn er Dichtungen verfaßte, die er zwar niederschrieb, die aber für den mündlichen Vortrag bestimmt waren.

Die Formelhaftigkeit der altenglischen Dichtersprache ist für Ursula Schaefer ein Musterfall für die poetische Kommunikation innerhalb der Vokalität. Formeln sind soziokulturelle Phänomene, die sich auf einen von der Sprachgemeinschaft allgemein akzeptierten Sinnzusammenhang — "an already shared meaning" — beziehen, der durch die Dichtung selbst nicht näher dargelegt oder begründet werden muß. Von der Erörterung der Formelhaftigkeit her gewinnt Ursula Schaefer einen Zugang zur Charakterisierung des besonderen ästhetischen Status der altenglischen Dichtung. Diese Dichtung steht nach ihren Darlegungen im Einklang mit der augustinischen Ästhetik, die die Kunst als einen Reflex der göttlichen Ordnung betrachtet und ihr die Aufgabe zuweist, den Menschen zur kontemplativen Schau dieser Ordnung und zur "imitatio Dei" im Sinne einer tätigen Nachfolge herausfordert.

Mit den eindringlichen dichtungstheoretischen und insbesondere rezeptionsästhetischen Erörterungen in Teil I ihrer Untersuchung erarbeitet Ursula Schaefer eine Grundlage für die Interpretation ausgewählter Texte und Textstellen, anhand derer sie ihre Thesen zu explizieren und zu erhärten sucht. Das Grundproblem, das Ursula Schaefer bei ihrer Darlegung über den *Beowulf*, Cynewulfs Werk und die Elegien beschäftigt, ist die Frage der Sinnvermittlung innerhalb der Phase der Vokalität. Von zentraler Bedeutung sind in diesem Zusammenhang die Erscheinungsformen des "poetischen Ich" in der altenglischen Dichtung. Ursula Schaefer bevorzugt diesen Begriff und subsumiert darunter die Begriffe "Ich-Erzähler" und "lyrisches Ich" vor allem auch deshalb, weil die Elegien als kleine "Ich-Erzählungen" angesehen werden können.

Cynewulf nimmt nach den Darlegungen Ursula Schaefers in der altenglischen Dichtung insofern eine Sonderstellung ein, als sich bei ihm ein deutlich profiliertes Autor-Bewußtsein zu Wort meldet. Er weiß um den Wert eines schriftlich fixierten Textes und auch um die Chance, durch das Werk als Autor im Gedächtnis der Menschen weiterzuleben. Die Analyse ausgewählter Einzelstellen führt zu dem Resultat, daß Cynewulf sich an die Konventionen des Dichtens, wie sie in der Phase der Vokalität in England üblich waren, anschloß, sich jedoch des besonderen Status der Schriftlichkeit bewußt war und deshalb auch das dichterische Schaffen in seinen Werken thematisierte. Einzigartig bleibt in seinen Werken die Kombination von Dichterstolz und Beteuerung der eigenen Sündhaftigkeit, wie dies am Ende der *Juliana* beobachtet werden kann.

Ein umfangreiches Kapitel ist der Rolle der Gnomik im *Beowulf* und in den Elegien gewidmet. Gnomik bildet als besondere Ausprägung der Formelhaftigkeit nach den Darlegungen Ursula Schaefers "den hermeneutischen Schnittpunkt von poetischer Sinn*ver*mittlung und Sinn*er*mittlung in der Vokalität" (S.178). In der Deutung des Inhalts der Gnomik lehnt sie die strikte Trennung von 'heidnisch' und 'christlich' ab und bevorzugt die Termini 'weltlich' und 'christlich-religiös'. In der Todesgnomik des *Beowulf*-Epos gehen ohnehin 'weltliche' und 'religiöse' Vorstellungen ineinander über. Bemerkenswert sind die kritischen Darlegungen zu den Thesen von Grönbech und Ariès, die vom Fehlen der Todesangst bei den Germanen (Grönbech) und bei den Menschen im frühen Mittelalter (Ariès) sprechen. Ursula Schaefer zeigt, daß in der Phase, in der der *Beowulf* entstand, Todesangst sehr wohl zum Gegenstand wird, daß innere Konflikte des Individuums auftauchen, für die erst in den Elegien ein 'Parameter' gefunden wurde, innerhalb dessen sinnhaftes Leben 'neu geortet' werden konnte.

Bei der Deutung der altenglischen Elegien weist Ursula Schaefer nach, daß auch in diesen Texten der Gnomik die zentrale Funktion der Sinnvermittlung (aus der Perspektive des Dichters) und der Sinnermittlung (aus der Perspektive des Hörers) zufällt. Es gelingt ihr, bei den Einzelinterpretationen der ausgewählten Texte und Textstellen zwischen den verschiedenen Forschungsrichtungen, wie etwa der Deutung der Elegien vor dem Hintergrund der kymrischen Literatur oder der Interpretation beispielsweise des *Wanderer* im Zusammenhang mit der *Consolatio Philosophiae* des Boethius, einen eigenen Weg zu finden und, von den Psalmen herkommend, eine auch in den philologischen Details überzeugende Deutung der gnomischen Passagen und ihrer Funktion in den Elegien zu liefern.

Für die Erforschung frühmittelalterlicher Literatur ist diese Habilitationsschrift von Bedeutung, weil sie über die bisherigen 'Orality'-Theorien hinausführt und mit der Erörterung der "Vokalität" als einem kulturellen Stadium zwischen "(primärer) Mündlichkeit" und "(voll ausgeprägter) Schriftlichkeit" die Entstehungsfragen in eine neue Perspektive rückt.

Willi Erzgräber

VORWORT

Die Anregung, thematisch und methodisch, zu dieser Habilitationsschrift (das Verfahren wurde im November 1989 abgeschlossen) erhielt ich durch den Sonderforschungsbereich 321 "Übergänge und Spannungsfelder zwischen Mündlichkeit und Schriftlichkeit", den die Deutsche Forschungsgemeinschaft an der Albert-Ludwigs-Universität in Freiburg eingerichtet hat. Die ursprünglich eingereichte Habilitationsschrift ist zur Drucklegung sprachlich überarbeitet und bibliographisch ergänzt worden.

Als die Arbeit an den Teilprojekten dieses Sonderforschungsbereichs zum Wintersemester 1985/86 aufgenommen wurde, war ich als Gastdozentin in den Vereinigten Staaten. Dort wurde mir sehr schnell bewußt, daß sich der Freiburger Sonderforschungsbereich einer hochaktuellen Fragestellung angenommen hatte. Unter anderem in der Erforschung mittelalterlicher Dichtung wurde die Mündlichkeit/Schriftlichkeit-Debatte in den USA ernsthafter — und auch kontroverser — diskutiert, als man dies Mitte der Achtziger in Europa wahrnahm. Mich faszinierte an der mediävistischen Mündlichkeit/Schriftlichkeit-Forschung ganz besonders der — allerdings auch in den Staaten keinesweg weit verbreitete — Einbezug sprachwissenschaftlicher, historischer und kulturanthropologischer Erkenntnisse.

Nach meiner Rückkehr im Sommer 1986 trug ich Willi Erzgräber meine ersten Überlegungen zu diesem Thema im Blick auf die altenglische Dichtung vor. Er ermutigte mich sogleich, meine Forschungen in diese Richtung weiterzutreiben. Er nahm mich in sein Teilprojekt C1 "Übergänge und Spannungsfelder im englischen Mittelalter" auf, das ich mit dem Beginn des Jahres 1990 als Projektleiterin selbst übernehmen durfte. Willi Erzgräbers reiche Kenntnis der altenglischen Dichtung wies mir den Weg, der mich auf der durch den Sonderforschungsbereich abgesteckten Richtung zu neuen Ergebnissen führte. — Willi Erzgräber habe ich hier in besonderem Maß zu danken: Dank für seine uneingeschränkte wissenschaftliche wie — bei ihm allemal immer damit einhergehende — menschliche Unterstützung.

Bei Herbert Pilch hörte ich meine ersten Lehrveranstaltungen zur mittelalterlichen englischen Sprache und Literatur. Auch ihm, der als zweiter Gutachter meine Habilitationsschrift sehr kritisch gelesen und mir viele — so kritische wie nützliche — Hinweise gegeben hat, Verbundenheit und Dank. Nicht nur als aufmerksamem dritten Gutachter meiner Habilitationsschrift habe ich hier auch Hans-Martin Gauger zu danken.

In den Diskussionen innerhalb des Sonderforschungsbereichs, vor allem in den Berichtskolloquien, konnte ich von der laufenden Forschung auch auf anderen Gebieten viel lernen, wofür ich allen Mitgliedern des Freiburger Sonderforschungsbereichs 321 danken möchte. Besonders verpflichtet bin ich

Wolfgang Raible, dem Sprecher und eigentlichen Gründer des Sonderforschungsbereichs.

Meiner Kollegin Hildegard Tristram weiß ich mich stets dafür verbunden, daß sie mir bei meinen Studien zum englischen Mittelalter immer eine treue, freundschaftliche Weggefährtin gewesen ist.

Vieles von dem, was sich in dieser Arbeit niedergeschlagen hat, geht aber auch darauf zurück, daß ich durch meine Studentinnen und Studenten wertvolle Anregungen erhielt. Besonders herzlich möchte ich Bärbel Hübner und Christina Jacobs danken, die an mehreren dieser Seminare teilgenommen und zu ihnen beigetragen haben. Als meine Mitarbeiterinnen im Teilprojekt C1 haben sie mit viel Geduld mehrere Manuskriptfassungen dieses Buchs "Korrektur gelesen".

Der Deutschen Forschungsgemeinschaft, ganz besonders Herrn Dr.Briegel, bin ich zu großem Dank für den gewährten Druckkostenzuschuß verpflichtet.

Dem Verlag Gunter Narr danke ich für die Hilfen bei der Erstellung der Druckvorlage. Für Mängel oder Fehler in diesem Buch ist selbstverständlich allein die Verfasserin verantwortlich.

Nicht nur in der Anglistik ist es inzwischen Gemeingut, daß Publikationen in einer anderen als der englischen Sprache im anglophonen Bereich leider all zu oft kaum zur Kenntnis genommen werden. Vielleicht macht auf *dieses* Buch die englische Übersetzung seines Kapitel I.5 ("Der ästhetische Ort der Dichtung in der Vokalität") aufmerksam, das separat als Artikel erscheint unter dem Titel "From an Aesthetical Point of View: Receptional Aspects of Old English Poetry" in *De Gustibus: Essays for Alain Renoir*, herausgegeben von John M.Foley in der Reihe *Albert Bates Lord Studies in Oral Tradition* (New York: Garland, 1992, S.494-541).

Freiburg, Februar 1992   Ursula Schaefer

INHALT

VORWORT von Willi Erzgräber V

VORWORT der Autorin IX

TEIL I:

EINLEITUNG 3

1. **MÜNDLICHKEIT − SCHRIFTLICHKEIT
   − VOKALITÄT** 5
   1.1 DAS TERMINOLOGISCHE PROBLEM 5
   1.2 MÜNDLICHKEIT/SCHRIFTLICHKEIT −
       LINGUISTISCH 7
   1.3 MÜNDLICHKEIT/SCHRIFTLICHKEIT −
       KULTURGESCHICHTLICH 11
   1.4 MÜNDLICHKEIT − SCHRIFTLICHKEIT −
       VOKALITÄT 15

2. **SCHRIFTKULTUR IN DER VOKALITÄT** 21
   2.1 DIE ETABLIERUNG DER SCHRIFTKULTUR
       IM ANGELSÄCHSISCHEN ENGLAND 21
       2.1.1 Kirche und Schriftkultur (21)
       2.1.2 Schriftlichkeit und Volkssprache (28)
   2.2 DER ZUGANG ZUM SCHRIFTLICHEN
       IN DER VOKALITÄT 30
       2.2.1 Lesenlernen und Lesen (30)
       2.2.2 "Aus Büchern hören" (33)
   2.3 DIE VERFÜGBARKEIT VON SCHRIFTLICHEM
       IN DER VOKALITÄT 34
       2.3.1 Geschriebenes als Besitz (34)
       2.3.2 Das 'Zitieren' (37)
   2.4 "SCHRIFTLICHES" DICHTEN 41

3. **POETISCHE KOMMUNIKATION IN DER VOKALITÄT** ... 43
   3.1 GEGENSTAND DER REZEPTION −
       GEGENSTAND DER ANALYSE 43

3.2 TEXT UND TEXTREZEPTION 46
    3.2.1 Linguistischer Primat des Gesprochenen? (46)
    3.2.2 Die Rezeptionstheorie der (geschriebenen) Texte (51)
3.3 VOKALE DICHTUNG ALS *ÉNONCIATION* 54
    3.3.1 Phänomenologisches zur *énonciation* (54)
    3.3.2 Semiotik der Vokalität (57)

4. FORMELN UND FORMELHAFTIGKEIT 59
4.1 FORMELN ALS PRODUKTIONS-/
REZEPTIONSPHÄNOMEN 59
    4.1.1 Die "Oral-Formulaic Theory" (59)
    4.1.2 Linguistische Auseinandersetzungen mit der "Oral-Formulaic Theory" (64)
    4.1.3 Formelhaftigkeit als Rezeptionsphänomen (67)
4.2 SEMANTIK, PRAGMATIK UND TRADITIONALITÄT
DER FORMELN 71
    4.2.1 Semantik der Formeln (71)
    4.2.2 Pragmatik der Formeln (80)
    4.2.3 Formelhaftigkeit als Tradition und Konvention (84)

5. DER ÄSTHETISCHE ORT DER DICHTUNG
IN DER VOKALITÄT 88
5.1 ÄSTHETISCHE IDEOLOGIE UND
KOMMUNIKATIVE WIRKLICHKEIT 88
5.2 *DILECTIO* CONTRA *LAETITIA*: DICHTUNG ZWISCHEN
WAHRHEIT UND LÜGE 95
    5.2.1 Frühmittelalterliche Thematisierungen ästhetischer Erfahrung (95)
    5.2.2 Abgrenzungen von Fiktionalität und Realität (100)
    5.2.3 Vers und Fiktionalität (105)
5.3 DIE EINGESCHRIEBENE STIMME 114

TEIL II:

1. DAS CORPUS 121

2. ERSCHEINUNGSFORMEN DES POETISCHEN ICH IN DER ALTENGLISCHEN DICHTUNG 127
- 2.1 PHÄNOMENOLOGIE DES POETISCHEN ICH 127
- 2.2 EXORDIALE FORMELHAFTIGKEIT 133
  - 2.2.1 Narrativ-epische Exordien (133)
  - 2.2.2 Narrativ-lyrische Exordien (143)
- 2.3 INTERNE ERZÄHLFORMELN 154
  - 2.3.1 Die *ic hyrde*-Formel im *Beowulf* (154)
  - 2.3.2 Erzählerformeln bei Cynewulf (156)
- 2.4 ERZÄHLER UND DICHTER: DER 'SONDERFALL' CYNEWULF 161
  - 2.4.1 Die Schriftlichkeit Cynewulfs (161)
  - 2.4.2 Cynewulfs Thematisierung dichterischen Schaffens (164)

3. DIE KOMMENTIERENDE GNOMIK 178
- 3.1 TYPIK DER GNOMAI 178
- 3.2 GNOMIK IM *BEOWULF* 183
  - 3.2.1 Funktion und Thematik der Gnomai (183)
  - 3.2.2 Das Beispiel der 'Todesgnomik' (190)
- 3.3 GNOMIK IN DEN ELEGIEN 211
  - 3.3.1 Das Genreproblem (211)
  - 3.3.2 Gnomik in *Seafarer* und *Wanderer* (217)

SCHLUSS 231

BIBLIOGRAPHIE 237

AUTOREN-, NAMEN- UND SACHVERZEICHNIS 255

TEIL I

EINLEITUNG

Die mediävistische Literaturwissenschaft ist sich der Tatsache bewußt, daß sie durch vieles getrennt ist von ihrem Gegenstand. Für die anglistische Mediävistik gilt dies in besonderem Maß: wer sich mit der späteren mittelenglischen Dichtung, sagen wir Geoffrey Chaucers, beschäftigt, spürt noch deutlicher, um wieviel fremder ihm die (mindestens) vierhundert Jahre älteren Gedichte *Beowulf* oder *Wife's Lament* sind.[1]

Für das hohe, vor allem aber für das späte Mittelalter haben wir viel komplementäres Wissen, das uns das Verständnis der Dichtung dieser Zeit erleichtert. Es ist uns für *diese* Epoche möglich, den "Erwartungshorizont", innerhalb dessen diese Dichtung geschaffen und rezipiert wurde, in einem solchen Ausmaß zu rekonstruieren, daß die Fremdheit wenn nicht überwunden, so doch reduziert werden kann.[2] Zu dieser Rekonstruktion tragen historische Kenntnisse verschiedenster Art bei: Autobiographisches zu Chaucer selbst — um bei diesem Dichter zu bleiben —, Kenntnisse über die soziokulturelle Umgebung, in der Chaucer lebte und dichtete, usw. Darüber hinaus aber — dies ist der wichtigste Punkt — haben wir den Eindruck, spätmittelalterliche Dichtung berechtigterweise und ohne Revidierungszwang 'primär erfahren' zu können, sie aufnehmen zu dürfen "im genießenden Verstehen und verstehenden Genießen", wie Hans Robert Jauss diesen Rezeptionsvorgang im Anschluß an Hugo Friedrich nennt (1977: 9). Dies ist demjenigen, der es mit altenglischer Dichtung zu tun hat, sehr weitgehend verwehrt. Da ist zuerst einmal Sprachliches — im Sinn von Philologischem —, das trennend wirkt: kaum ein altenglischer poetischer Text ist prima vista verständlich. Ist diese philologische Hürde überwunden — doch kann man dies wirklich vom übrigen trennen? —, verbleibt dennoch Fremdheit. "Verstehendes Genießen" will sich kaum einstellen.

Diese Fremdheit läßt sich weder auf philologische Probleme reduzieren noch auf mimetische Probleme der Art, daß uns *Beowulf* in der Tat zugänglicher würde, wenn wir nur wüßten, wie man zum Beispiel in der Methalle *wirklich* feierte und welche Geschenke der Gefolgschaftsherr *tatsächlich* aus-

---

[1] Ich werde im folgenden die altenglischen Gedichte mit den neuenglischen Titeln nennen, die ihnen von den modernen Herausgebern verliehen worden sind. Auf eine deutsche Übersetzung der Titel verzichte ich, weil sich diese neuenglischen Namen in der internationalen Forschung gängig etabliert haben. Darüber hinaus bediene ich mich der in der Literatur üblichen Sigeln für diese Texte; cf. dazu Bessinger/Smith 1978. xiii-xv.

[2] Den Begriff des "Erwartungshorizonts" hat bekanntlich Hans Robert Jauss geprägt; cf. Jauss 1970/79.

teilte. Es sind nicht allein die mangelhaften historischen Sachkenntnisse, die uns trennen vom Verständnis dieser Dichtung. Der Graben ist tiefer, er trennt uns grundsätzlicher von diesen Kunstwerken. Die Forschung zu Mündlichkeit und Schriftlichkeit, wie sie in den letzten dreißig Jahren vorangetrieben worden ist, hat der Mediävistik eine Fragestellung an die Hand gegeben, mit der die vage Fremdartigkeit besonders des *frühen* Mittelalters und seiner Dichtung auf neue Weise nicht nur erkannt, sondern auch beschrieben werden kann.

Im Blick auf das frühe englische Mittelalter gibt es bisher keine umfassenden Untersuchungen, die die volkssprachliche Dichtung dieser Epoche eingeordnet hätten in die Problematik, die von Walter J.Ong in den Satz gefaßt wurde: "in the European Middle Ages interactions between orality and literacy reached perhaps an all-time high" (1984-85: 1). Was diese Fragestellung impliziert, welche Erkenntnisse wir über eine frühmittelalterliche christianisierte germanische Kultur haben oder uns erarbeiten müssen, um deren Dichtung als Produkt jener Interaktion überhaupt sehen zu können, bedarf in diesem Stadium der Forschung genauer Darstellung und Analyse. Diese Aufgabe sucht der erste Teil der Arbeit zu lösen. Ich zeichne dort eine Kultur nach, deren kommunikative Bedingungen ich mit dem Begriff *Vokalität* zu fassen suche. Unter den heuristischen Vorgaben, die in diesem ersten Teil erarbeitet worden sind, wende ich mich im zweiten Teil der altenglischen Dichtung selbst zu. Dort kann naturgemäß die Aufgabe, die sich aus Teil I stellt, nur exemplarisch gelöst werden. Dennoch zeigt sich in Teil II, daß dieser neue Zugang zur altenglischen Dichtung, der — aufgrund der Einbindung in die Fragestellung von Mündlichkeit und Schriftlichkeit — zwangsläufig rezeptionsorientiert ist, diese Fremdheit nicht wirklich überwindet. Dabei gibt Gadamers Diktum "Wer schriftlich Überliefertes zu lesen weiß, bezeugt und vollbringt die reine Gegenwart der Vergangenheit" (1972: 156) einen entscheidenden Hinweis. Es steht nämlich zu fragen, ob mit dem für uns üblichen Leseakt diese Vergegenwärtigung von Vergangenheit adäquat geleistet werden kann.

Vergegenwärtigung heißt auch: Vergegenwärtigung der Bedingungen, aufgrund derer für uns heute diese Fremdheit bestehen bleiben und als solche geachtet werden muß. Die Fremdheit soll nicht weggeschafft, sie soll herausgestellt und schärfer, als sie zunächst erscheint, umrissen werden. Statt der vagen Fremdheit also eine genauer umrissene.

1. MÜNDLICHKEIT – SCHRIFTLICHKEIT – VOKALITÄT

1.1 DAS TERMINOLOGISCHE PROBLEM

Mit dem Erscheinen von Walter J.Ongs Buch *Orality and Literacy: The Technologizing of the Word* im Jahr 1982 sind *Mündlichkeit* und *Schriftlichkeit* als heuristische Begriffe einem weiteren wissenschaftlichen Publikum bekannt gemacht worden. In diesem Buch hat Ong einen *tour d'horizon* vorgelegt über all das, was im Zeichen dieser Begriffe in den letzten Jahrzehnten als wissenschaftliche Erkenntnis aus mannigfaltigen Forschungsaktivitäten in verschiedenen Disziplinen zu Tage gefördert worden ist. Als Gräzist hat Eric Havelock, der mit seinem *Preface to Plato* (1963) selbst bedeutend dazu beigetragen hat, daß *Mündlichkeit* und *Schriftlichkeit* als Parameter für die Ausmessung kulturhistorischer Entwicklungen erkannt worden sind, 1986 mit dem Buch *The Muse Learns to Write: Reflections on Orality and Literacy* seinerseits einen Überblick gegeben zum einen über die vorliegenden Forschungsergebnisse. Havelock hat aber darüber hinaus dort auch noch einmal seinen eigenen Standpunkt im Rahmen dieses neuen Problembewußtseins umrissen, und seine Darlegungen zeigen deutlich, daß es geboten ist, sich Klarheit zu verschaffen über die in diesem Forschungskontext verwendete Begrifflichkeit. Das Problem ist hier, daß *Mündlichkeit* und *Schriftlichkeit* zu Termini wurden, bei deren Anwendung nicht immer deutlich abgegrenzt ist, worauf sie sich phänomenologisch beziehen.

Der Grund hierfür liegt darin, daß, wie vielleicht bei keiner anderen heuristischen Neuorientierung, es in der Mündlichkeit/Schriftlichkeit-Forschung zu einer starken interdisziplinären Verflochtenheit gekommen ist. Wissenschaftshistorisch ist dies die zweite Phase in einer Entwicklung, in der zuerst einmal relativ unabhängig voneinander verschiedene Disziplinen ihre Forschungsergebnisse zu diesem Komplex vorgelegt hatten.[1] Dabei haben sich verschiedene Begriffe von Mündlichkeit und Schriftlichkeit ausgebildet, wobei – und hier liegen gleichermaßen Chance und Gefahr der Interdisziplinarität – die terminologischen Abgrenzungen aber keineswegs zusammenfallen mit den Grenzen der generischen Erkenntnisinteressen der einzelnen Disziplinen. Es ist daher notwendig, am Anfang meiner eigenen Untersuchungen und in bezug auf meine eigene Fragestellung einen Abriß zu geben über

---

[1] Cf. hierzu Ong 1982: passim und Havelock 1986: 24-29.

die verschiedenen terminologischen Abgrenzungen, die *Mündlichkeit* und *Schriftlichkeit* bisher erfahren haben.

Dabei interessieren mich im Rahmen dieser literarhistorisch-mediävistischen Arbeit innerhalb der Anglistik Mündlichkeit/Schriftlichkeit im Blick auf die altenglische 'Literatur' oder, wie ich im folgenden zu sagen bevorzuge: auf die altenglische *Dichtung*.[2] Lange vor der Entdeckung des *orality problem* (Havelock) und auch vor der Anwendung der *Oral-Formulaic Theory* auf die mittelalterliche volkssprachliche Dichtung hat sich ein — weiter nicht hinterfragter — Begriff von Mündlichkeit in der Mediävistik etabliert, mit dem man sich auf die 'ursprüngliche' Provenienz eines Teils dieser Dichtung bezog. Man postulierte — und tut dies teilweise noch immer —, daß bestimmte mittelalterliche Gedichte aus 'mündlicher Tradition' hervorgegangen seien. Wie für das *Nibelungenlied*, so wurde im letzten Jahrhundert auch für *Beowulf* zum Beispiel die "Liedertheorie" vertreten — und bald wieder verworfen. Daß andererseits *Beowulf* gesehen werden muß als "one expression of what must have been a more widespread verse-making tradition" (Niles 1983: 57), ist inzwischen akzeptierte Lehrmeinung. Fragmente wie der altenglische *Waldere* weisen inhaltlich-thematisch auf eine solche Verflochtenheit, andererseits gelten uns *Widsith* und *Deor* als Indizien dafür, daß fahrende Sänger Träger solchen Erzählguts waren.[3]

Eines will ich vorweg noch einmal deutlich machen: zwar wird die Provenienzfrage unweigerlich hier und da in meine Überlegungen einzubeziehen sein, doch liegt dort gerade *nicht* mein hauptsächliches Erkenntnisinteresse. Daß es in diesem Punkt nicht liegen *kann*, hat nicht zuletzt darin seinen Grund, daß man mit dieser Fragestellung zu einem wissenschaftlich eindeutigen Befund dort gar nicht kommen kann, weil folgendes Dilemma unausräumbar ist: was wirklich rein mündlich existierte, ist für immer verloren, da uns Sprachliches aus vergangenen Epochen — bis zu Edison — immer nur schriftlich überliefert ist. Mündliches *in* Schriftlichem zu suchen, kann prinzipiell nur zu (mehr oder weniger überzeugenden) Hypothesen führen, wo diese

---

[2] Ich ziehe den Begriff *Dichtung* vor, weil der Terminus *Literatur* — schon rein etymologisch — zu stark an Schrift und Schriftlichkeit gebunden scheint. Wie sich im Lauf meiner Darlegungen weisen wird, kann die altenglische Dichtung jedoch in mehreren Hinsichten nicht eindeutig 'der Schriftlichkeit' zugeordnet werden.
[3] Das ae. *Waldere*-Fragment umfaßt nur 63 Zeilen. Die ausführlichste Darstellung der Sage um Walter von Aquitanien ist die *Waltharis poesis* Ekkehards von St.Gallen aus der zweiten Hälfte des 10. Jahrhunderts; cf.dazu ASPR VI, p.xix-xxvi. Zu *Deor* und *Widsith* wie auch zur gesamten Frage mündlicher Dichtung im angelsächsischen England s. die sehr kritische Arbeit von J.Opland 1980.

Suche zum Nachweis einer historischen Vorgängigkeit von Mündlichem dienen soll, das sich dann in dem uns überlieferten Schriftlichen manifestiert.[4]

Es geht mir hier also *nicht* um Mündlichkeit/Schriftlichkeit im Blick auf den Prozeß des Übergangs in sich identischer Dichtung *von einem Aggregatzustand in einen anderen*. Ich halte diese Frage für das Mittelalter, zumal für das frühe vor der Jahrtausendwende (und dies ist die Zeit der angelsächsischen Kultur), nur für sinnvoll innerhalb einer synchronen Fragestellung. Diese ergibt sich aus den besonderen kulturellen und im engeren Sinn dann kommunikativen Bedingungen des (frühen) Mittelalters. Die uns verfügbaren Kenntnisse über die angelsächsische Kultur einerseits und andererseits die Erkenntnisse, zu denen die im folgenden abzuwägenden Begriffe von Mündlichkeit und Schriftlichkeit führen, veranlassen mich, einen dritten Begriff, - nämlich den der *Vokalität*, vorzuschlagen. Die Wahl des Terminus *Vokalität*, den ich von Paul Zumthor (1987) übernehme und begrifflich modifiziere, orientiert sich an den *medialen Gegebenheiten poetischer Kommunikation* im frühen Mittelalter. Wie bei *Mündlichkeit* und *Schriftlichkeit* ist aber auch unter *Vokalität* mehr und anderes zu begreifen als eine reine Bezugnahme auf das Medium der Kommunikation.

1.2 MÜNDLICHKEIT/SCHRIFTLICHKEIT – LINGUISTISCH

Die Begriffe *Mündlichkeit* und *Schriftlichkeit* meinen zuerst einmal für diejenigen, die um die Implikationen dessen, was Eric Havelock das *orality problem* genannt hat (1986: 24), nicht wissen, verbale Kommunikation, die einerseits durch eine menschliche Stimme, zum anderen durch Schrift vom 'Sender' zum 'Empfänger' gelangt. Kriterium für die Unterscheidung ist hier das Medium. Daß diese rein mediale Gegenüberstellung nicht sehr ergiebig ist, zeigt sich u.a. sehr deutlich, wenn man sie auf die Gegebenheiten mittelalterlicher poetischer Kommunikation anzuwenden versucht. Wo ist in dieser

---

[4] Ich räume ein, daß es natürlich Aussagen über mündliche Provenienz z.B. eines Erzählstoffs (wie den des *Beowulf*) gibt, die den Anspruch hoher Wahrscheinlichkeit haben, wenn man aus *anderen* Zusammenhängen erschließen kann, daß es sich bei der überlieferten Erzählung um Ereignisse handelt, die eindeutig stattgefunden haben, bevor diese Kultur die Schrift kannte.

Dichotomie das Phänomen anzusiedeln, daß man im Regelfall *vorgetragene Dichtung hörte* und sie *nicht las*, selbst wenn sie schriftlich vorlag?

Die Medialität als Ordungskriterium führt nicht weiter, als daß man eben feststellt, die Rezitation von Dichtung sei etwas Mündliches, weil eine Stimme involviert ist. Peter Koch und Wulf Oesterreicher haben in ihrem programmatischen Aufsatz "Sprache der Nähe — Sprache der Distanz: Mündlichkeit und Schriftlichkeit im Spannungsfeld von Sprachtheorie und Sprachgeschichte" (1985) zu Recht hervorgehoben, daß "die Diskussion [des Verhältnisses von Mündlichkeit und Schriftlichkeit] durch eine Reihe von begrifflichen Unklarheiten und Konfusionen sowie sachlichen Mißverständnissen belastet" sei (1985: 15), die sie in in diesem Artikel aufzeigen und damit gleichzeitig eine Alternative vorschlagen.[5] Dabei machen die Autoren klar, daß die mediale Dichotomie "graphischer Kode" vs. "phonischer Kode" nicht hinreicht, wenn es linguistisch darum geht, daß der "gesamte Varietätenraum einer historischen Einzelsprache [...] ausgeschöpft" werden soll (1985: 16). Deshalb stellen sie in einem ersten Schritt den beiden *medialen* Realisationsformen "graphisch" vs. "phonisch" eine Bestimmung sprachlicher Äußerungen "hinsichtlich der kommunikativen Strategien, der *Konzeption*" gegenüber, die ihrerseits wieder "idealtypisch die beiden Modi *gesprochen* und *geschrieben* unterscheiden" (1985: 17). Während es sich bei der medialen um eine ausschließende Unterscheidung handelt, steht "die Polarität von 'gesprochen' und 'geschrieben' für ein K o n t i n u u m von Konzeptionsmöglichkeiten mit zahlreichen Abstufungen" (ibd.). Im weiteren schlagen Koch und Oesterreicher dann vor, sich von der medialen Gegenüberstellung zu lösen und dafür von den "kommunikativen Bedingungen der Nähe bzw. der Distanz" auszugehen und daher von "Sprache der Nähe" und "Sprache der Distanz" zu spre-

---

[5] Die Arbeiten von Peter Koch und Wulf Oesterreicher sind natürlich keineswegs die einzigen *linguistischen* Aufarbeitungen dieses Problemkreises. Dennoch ist vor allem der hier zitierte Artikel "Sprache der Nähe ..." ein richtungsweisender Ansatz. Im Anschluß an Söll (3.Aufl. 1985) wird darin klärend und ordnend in der Tat das Problem der Medialität als Klassifikationskriterium überwunden. Einen alternativen Weg beschreitet auch die Arbeit von John J.Gumperz (1977), in der dieser fordert, den Grad des "interpersonal involvement" gegenüber der inhaltlichen Konzentration zum Parameter der Klassifikation sprachlicher Diskurse zu machen. Einen Überblick über neuere linguistische Arbeiten zum *orality/literacy problem* geben die in den Sammelbänden von Deborah Tannen (1982 und 1984) abgedruckten Aufsätze; cf. auch unten I.3.2.1 u. 3.2.2. — Herbert Pilch verdanke ich den Hinweis, daß bei Oswald Spengler bereits folgende Beobachtung zu finden ist: "*Die Schrift ist das große Symbol der Ferne*, also nicht nur der Weite, sondern auch und vor allem der Dauer, der Zukunft, des Willens zur Ewigkeit. Sprechen und Hören erfolgt nur in Nähe und Gegenwart [...]" (1918-22/79: 738).

chen.⁶ Dazu hat Wulf Oesterreicher in einer neueren Publikation noch einmal formuliert, daß

> [...] in den Gesellschaften und Sprachgemeinschaften, die über eine Schriftkultur verfügen, die Nähesprache faktisch mit der 'gesprochenen' Sprache zusammenfällt. Analog kann die Distanzsprache mit der 'geschriebenen' Sprache identifiziert werden. (1988: 377)

So verstanden bezeichnen Mündlichkeit und Schriftlichkeit also Kommunikationsbedingungen und daraus resultierende 'Versprachlichungsstrategien', wobei die Affinität zwischen Nähesprache und Mündlichkeit einerseits, Distanzsprache und Schriftlichkeit andererseits nicht geleugnet wird.

Was kann diese linguistische Bestimmung von Mündlichkeit und Schriftlichkeit als konzeptionelle Phänomene erbringen für die Analyse altenglischer Dichtung? Ist nicht von vornherein aufgrund der Tatsache, daß wir es mit 'elaborierter', ästhetisch geformter Sprache in (auf uns so gekommenen) *schriftlichen Texten* zu tun haben, die Zuordnung zur Distanzsprachlichkeit eindeutig? Und ist es nicht letztlich unmöglich, die Eigenheiten dieser Distanzsprache eindeutig auszumachen, weil uns der Vergleich mit realen *nähesprachlichen*, wirklich *mündlichen* Diskursen unmöglich ist? Zwar mag man sich folgender Vermutung Michael Gieseckes anschließen:

> Es ist nicht ausgeschlossen, daß sich [die Spezifika der geschriebenen Sprache] erst im Verlauf einer längeren schriftlichen Praxis herausbilden mußten und Texte älterer Sprachstufen die Eigenarten der gesprochenen Sprache viel unmittelbarer widerspiegeln als dies bei heutigen in der Standardschriftsprache abgefaßten Schriftstücken der Fall ist. (1979: 284, Anm.48)

---

⁶ Cf. das Schema in Koch/Oesterreicher 1985: 23, Fig. 3. Wulf Oesterreicher hat "Nähesprechen" und "Distanzsprechen" neuestens noch einmal folgendermaßen umrissen: "Mit [*Nähesprechen*] bezeichne ich also genau die Leistungen und Regularitäten des Sprechens, die erbracht werden in einer offenen, 'symmetrischen' dialogischen Kommunikation, bei direkter Verzahnung von Produktions- und Rezeptionsprozessen, bei maximaler Kontext- und Situationsverschränkung der Kommunikation, der physischen Anwesenheit und direkten situativen Orientierung der Kommunikationspartner, bei einem hohen Grad von Vorwissen, Miteinander-verstandigt-sein und innerer Beteiligung derselben, in Fällen kommunikativer Unmittelbarkeit und Spontaneität sowie Expressivität und affektiver Zuwendung". Die Kommunikationsform der 'Sprache der Distanz' "ist idealtypisch durch die Kombination der Variablen 'Monolog', 'Fremdheit und sozialer Statusunterschied der Partner', 'raumzeitliche Trennung der Kommunikanten', 'kein gemeinsamer Handlungskontext', 'feste Themenvorgabe', 'Öffentlichkeit und Anonymität', 'Reflektiertheit', 'geringes persönliches Beteiligtsein', 'Objektivität', 'weitestgehende Situationsentbindung', etc. charakterisiert" (1988: 372).

Doch auch wenn das geschriebene Angelsächsisch vor der Jahrtausendwende eine sehr kurze Geschichte hat, so müssen wir dennoch immer der Tatsache gewärtig sein, daß z.B. altenglische Prosatexte zuerst einmal Übersetzungen aus dem Latein waren, die 'unmittelbare Widerspiegelung der gesprochenen (germanischen) Sprache' dort also kaum gesucht werden darf.[7] Da wäre es möglicherweise noch angezeigter, *in der Dichtung* Widerspiegelungen zu vermuten, wenn man sich z.B. Herbert Pilchs Meinung anschließt:

> Das Versmaß der altenglischen Dichtung beruht auf den Intonationsgruppen der gesprochen Prosa, und diese sind im Englischen bis heute im wesentlichen gleich geblieben. (Pilch/Tristram 1979: 83)[8]

Abgesehen von solchen Überlegungen muß für die Frage nach der Zuordnung der altenglischen Dichtung im konzeptionellen Kontinuum folgendes gesehen werden. Die Koch-Oesterreichersche Überführung des medialen Gegenüber von Mündlichkeit und Schriftlichkeit in ein konzeptionelles Kontinuum hat für das eine wie das andere Phänomen Merkmale herausgearbeitet, deren Status Wulf Oesterreicher noch einmal so umschrieben hat:

> [Die] nähesprachlichen Merkmale sind (entsprechend natürlich auch die distanzsprachlichen) — bei aller Besonderheit des einzelsprachlichen Ausdrucks — [...] als *universal* zu betrachten; sie sind für die Nähesprache (und entsprechend für die Distanzsprache) *essentiell*. (1988: 375)

Aufgrund dieser Universalität ist es auch legitim, eine Zuordnung eines poetischen Diskurses anhand dieser vielfältigen Merkmale vorzunehmen.[9]

Zu diesen universal-essentiellen Merkmalen gehören, wir sahen dies, unter anderem auf der Seite der Nähesprachlichkeit "Vertrautheit der Partner" und "*face-to-face*-Interaktion" gegenüber "Fremdheit der Partner" und "raumzeitlicher Trennung" als Merkmale der Distanzsprachlichkeit (1985: 23, Fig.3). Für die Dichtung, mit der ich mich hier befasse, sind diese Merkmale insofern bedeutsam, als "Vertrautheit/Fremdheit der Partner" dort in den Blick gerät, wo der Dichter seine Dichtung direkt seinem Publikum zu Gehör bringt, und die Bedeutung dieses Merkmals wird auch nicht dadurch gemindert, daß oftmals Vortragender und Dichter nicht identisch sind. Mit dem Faktor 'Vertrautheit'

---

[7] Giesecke führt in diesem Zusammenhang die Ergebnisse einer Arbeit von Barbara Sandig zum Mittelhochdeutschen an. Meines Erachtens gelten für das Mhd. ähnliche Einschränkungen wie für das Altenglische.
[8] Cf. auch unten S.109f.
[9] Anhand von Coserius Drei-Ebenen-Modell kommt Peter Koch "zu fünf Bereichen des Sprachlichen: einem universalen (Sprechtätigkeit), drei historischen (Einzelsprache, Diskurstradition, Individualsprache) und einem aktuellen (Diskurs)" (1987: 60).

hängt eng die Differenz von *"face-to-face*-Interaktion" und "raumzeitlicher Trennung" zusammen. Dort, wo der Dichter nicht improvisierend vor seinem Publikum dichtet, ist das Gedicht selbst kompositorisch in "raumzeitlicher Trennung" vom Publikum entstanden,[10] der aktuelle Kommunikationsvorgang läuft jedoch, wenngleich nicht in der *Interaktion* so doch in der *Kommunikation*, *'face-to-face'* ab. Zwar nimmt dies dem poetischen Vortrag nicht den *monologischen* Charakter (ein weiteres Merkmal der Distanzsprachlichkeit; ibd.), bedenkt man jedoch, auf welchen semiotischen Grundlagen verbale Sinnvermittlung — und gleichzeitig natürlich Sinn*er*mittlung — im frühen Mittelalter allgemein vonstatten ging,[11] so erhalten diese beiden Merkmale besonderes Gewicht. Um uns diese Grundlagen vor Augen zu führen, ist es notwendig, auf einen weiteren Begriff von Mündlichkeit und Schriftlichkeit einzugehen, der diese als *kulturanthropologische Bedingungen* nicht nur unterscheidet, sondern einander entgegensetzt.[12]

1.3 MÜNDLICHKEIT/SCHRIFTLICHKEIT — KULTURGESCHICHTLICH

Zu dem Bewußtsein, daß es sich bei Mündlichkeit nicht nur um eine *medial* bestimmte Form sprachlicher Kommunikation handelt, haben Havelock zufolge mehrere Arbeiten beigetragen, die alle um das Jahr 1963 erschienen. Havelock nennt Claude Lévi-Strauss' *La pensée sauvage* (1962), Marshal McLuhans *The Gutenberg Galaxy* (1962), den größeren Aufsatz von Jack Goody und Ian Watt "The Implications of Literacy" (1962-63) und schließlich seine eigene 1963 erschienene Arbeit *Preface to Plato* (1986: 24-29). Während Lévi-Strauss zwar sein Erkenntnisinteresse nicht auf den Punkt der Unterscheidung Mündlichkeit/Schriftlichkeit brachte und McLuhan den Schwerpunkt seiner Überlegungen auf den durch den Buchdruck initiierten

---

[10] Dies hat entscheidende Konsequenzen für den phänomenologischen Status des Erzählers im schriftlich fixierten Gedicht; s.unten I.5.3.
[11] Davon wird ausführlich in I.3 die Rede sein.
[12] Peter Koch insistiert, daß man das "kulturgeschichtliche Begriffspaar" 'oral'/'literal' als Kontinuum zu verstehen habe. Es steht natürlich außer Frage, daß es mehr oder weniger literate Gesellschaften gibt, es sich, um in den semantischen Kategorien von John Lyons zu sprechen, dabei also um "gradable opposites" handelt, um "contraries" im Gegensatz zu "contradictories" (1977: 272). Dennoch vertreten Forscher wie Havelock sehr nachdrücklich den Standpunkt, daß eine Kultur mit primärer Oralität sich drastisch unterscheidet von anderen Gesellschaften, auch wenn dort der literate Anteil der Gesellschaft ein sehr geringer ist.

Übergang einer "script culture" (Mittelalter) in eine "text culture" (Neuzeit) legte, waren es der Aufsatz von Goody und Watt sowie Havelocks Buch, die explizit den Sinn geschärft haben dafür, eine grundlegende Unterscheidung zwischen Kulturen zu machen, die eine Schrift kennen und darüber verfügen, und solchen, die dies nicht tun.

Havelock sah in *Preface to Plato* das Werk Homers als "a kind of versified encyclopedia" (cf.1986: 29) und schrieb dabei der Sprache in Versform eine bedeutende kulturelle Rolle zu "in a society of oral communication, in which effective memorization depended on the use of rhythm" (ibd.). Im Blick auf den Übergang von einer solchen Kultur zu einer Kultur, die über Schrift nicht nur verfügte, sondern sich auch extensiv wie intensiv ihrer bediente, steht im antiken Griechenland für Havelock Plato am anderen — schriftlichen — Ende der Skala:

> Platonism, being a written text, was able to formulate a new conceptual type of language and of thinking as a replacement for oral narrative and oral thinking [...]. Narrative along with rhythm had been the necessary means of supporting the oral memory and was now no longer needed. (ibd.)

Dabei schlug Havelock vor, daß die besonderen intellektuellen Leistungen der griechischen Kultur "in a superior phonetic efficiency of the Greek writing system" gelegen habe (1986: 29; 1963: 129). Was aus ihr hervorging, nennt Havelock "the literate state of mind", der sich von dem mündlichen grundlegend unterscheide.

Die Arbeit von Goody und Watt hat die Einsicht in die Notwendigkeit einer solchen kulturellen Unterscheidung mit weiteren Belegen gestützt. Die Autoren greifen unter anderem auf ältere soziologische Studien von Durkheim und Halbwachs zurück, aber auch auf Ergebnisse neuerer anthropologischer Feldstudien in Australien, Nordamerika und Schwarzafrika. Weiterhin trugen eigene Untersuchungen von Goody und Watt zu den in "The Consequences of Literacy" dargelegten Gedanken bei. Jack Goody hatte Feldforschung in Schwarzafrika betrieben, und Ian Watt konnte (wenn auch aufgrund unglücklicher Umstände) aus eigenen Erfahrungen schöpfen, da er, wie Eric Havelock bemerkt, selbst mehrere Jahre in japanischer Kriegsgefangenschaft ohne jedes (für ihn lesbares) schriftliches Material gelebt hatte (1986: 28). Dies alles führte zu grundlegenden Erkenntnissen zur Verschiedenheit von Schriftkulturen und solchen, die keine Schrift besitzen: das Verhältnis zur Sprache, zu Überlieferung und zum Mythos und — eng damit verbunden — der Begriff von Zeit und Historizität sind grundsätzlich verschieden;[13] kategoriales Denken ist erst dort möglich, wo sich die alphabetische Schrift etabliert hat (Beispiel Griechenland); Umgang mit Schriftlichem befördert Individualisierung usw.

Was vor allem Goody und Watt in ihrem Artikel dargelegt hatten, wurde in den folgenden Jahren durch weitere Untersuchungen gestützt und erweitert. Ich will hier nur einige wenige Arbeiten nennen, wie zum Beispiel die Aleksandr Lurijas, dessen in den frühen dreißiger Jahren durchgeführten (und in russischer Sprache zum ersten Mal 1974 publizierten) Studien in Usbekistan und Kirgisien zeigen, daß in der Tat abstrakt-kategoriales Denken den schreibunkundigen Testpersonen absolut fremd war und sie bei darauf abzielenden Tests immer auf praktisch-lebensweltliche Bezüge verfielen.[14]

Was die Ausbreitung von schriftlicher Fixierung im historischen Bewußtsein bewirkt, haben noch einmal die Arbeiten Röslers (1980; 1983) für das antike Griechenland dargelegt.[15] Die Möglichkeit des Vergleichs verschiedener schriftlicher Fixierungen und in ihnen zu entdeckender Abweichungen machen es zum einen überhaupt erst möglich, *historisch* — im Sinn des Bewußtseins um eine stetige Veränderung (die 'strukturelle Amnesie' schriftloser Kulturen läßt es dazu gar nicht kommen) — zu denken.[16] Zum anderen befördert sie auch die Frage nach 'richtiger' und 'falscher' Überlieferung und letztlich auch nach dem Status von Dichtung. Was schließlich die soziale Identitätsschaffung in der einen wie der anderen Kultur angeht, so hat Brian Stocks 1983 er-

---

[13] Zum Unterschied zwischen dem Begriff zeitlichen Abstands der Jetztzeit vorausgegangener Geschehnisse in mündlichen und schriftlichen Kulturen, oder, genauer gesagt: in der Neuzeit nach der Einführung des Buchdrucks und dem Mittelalter (der *scribal culture*) s. den wenig beachteten Artikel von Eisenstein (1966). Sie stellt z.B. fest: "A sense of the past that is primarily based on hearing tales from others is altogether different from one that is primarily based on reading them oneself" (1966: 49). Dabei weist auch Eisenstein darauf hin, es sei für das Mittelalter "appropriate to think of a 'hearing' rather than a 'reading' public as the customary audience for scribal books" (ibd.).
[14] Die Beispiele aus Lurija sind inzwischen vielfach zitiert. Hier sei nur der Test zur Identifizierung geometrischer Figuren genannt: ein Kreis wird als 'Teller' identifiziert, ein Rechteck als 'Haustür' usw.; cf. auch unten S.78f. Die Ergebnisse Lurijas werden gestützt durch Untersuchungen von Patricia Greenfield, L.C.Reich und Rose R.Olver, die das unterschiedliche kognitive Vermögen von Land- und Stadtkindern im Senegal (letztere haben eine Schule besucht) beschreiben als "a difference between abstractness and concreteness" (Greenfield et al. 1966: 315). Sie stellen weiter dar, daß den ungeschulten Wolof-Kindern "cognitive accomplishments that can be carried out *only* by symbolic means [...]" so gut wie unmöglich seien (1966: 318).
[15] Cf. unten S.102f.
[16] Cf. hierzu auch für das Mittelalter bzw. die frühe Neuzeit Eisenstein 1966: 49ff.. Sie stellt sogar für die frühe *Neuzeit* noch fest: "Discrimination between the mythical and historical remained blurred for a full two centuries after printing" (1966: 51).

schienenes Buch *The Implications of Literacy* für das Mittelalter einen entscheidenden Beitrag geleistet, indem Stock unter anderem aufzeigt, daß soziales Identitätsbewußtsein entscheidend durch die Präsenz schriftlicher *patterns* beeinflußt wird.[17]

Die historische Arbeit Brian Stocks — er befaßt sich mit den Ketzerbewegungen des 11. und 12. Jahrhunderts — zeigt, daß die Mündlichkeit/Schriftlichkeit-Frage auch solche Kulturen betrifft, in denen Schrift prinzipiell vorhanden, ihr Gebrauch jedoch limitiert ist. Drei Jahre vor dem Erscheinen von Stocks Buch hat Hanna Vollrath in ihrer Kölner Antrittsvorlesung mit dem Thema "Das Mittelalter in der Typik oraler Gesellschaften" gefordert, die Spezifik des europäischen Mittelalters auch zu sehen unter dem Aspekt, daß hier der prozeßhafte "Übergang von der Oralität zur Schriftlichkeit" stattgefunden hat (1981: 594).

Aus der Sicht der Historikerin stellt nun Hanna Vollrath angesichts der kulturanthropologischen Befunde zur Problematik Mündlichkeit/Schriftlichkeit folgendes fest:

> Das Mittelalter war niemals eine rein mündliche Kultur, denn es ist ja *per definitionem* die Zeit, in der durch die Verbindung von Germanentum, Antike und Christentum eine neue Epoche der europäischen Geschichte entstand, in der also die durch Mündlichkeit geprägte germanische Kultur bereits Traditionselemente der antik-christlichen Schriftkultur angenommen hatte. Trotzdem, so scheint mir, erlaubt es der methodische Ausgang vom kulturprägenden Charakter der Oralität, grundlegende Probleme des Mittelalters klarer zu erfassen. (1981: 587f.)

Zu diesen 'grundlegenden Problemen des Mittelalters' gehört — für uns Moderne — auch dessen Dichtung, vor allem dessen *volkssprachliche* Dichtung. Wendet man sich ihr unter dieser heuristischen Vorgabe zu, so muß man sich zuvor methodische Klarheit zu zwei Punkten verschaffen. Was meint man im Blick auf das Mittelalter — auf eine Kultur also, die *nicht primär mündlich* war — mit dem Terminus *Mündlichkeit* (und in der Folge immer auch *Schriftlichkeit*)? Hierzu noch einmal eine Synopse des bisher etablierten Sprachgebrauchs sowie die Konsequenzen, die ich daraus für meine eigene Terminologie ziehe.

---

[17] Cf. unten S.101.

1.4 MÜNDLICHKEIT — SCHRIFTLICHKEIT — VOKALITÄT

Die Ergebnisse kulturanthropologischer Aufarbeitung des Mündlichkeit/ Schriftlichkeit-Problems fußen in erster Linie auf der Betrachtung von Kulturen, die *primär mündlich* waren oder sind, das heißt, es sind solche Kulturen untersucht worden, die nicht oder nur in äußerst sporadischen Kontakt gekommen sind mit Verschriftungssystemen. So hat sich terminologisch — vor allem in der englischsprachigen Literatur — eine Synonymie zwischen *orality* und *primary orality* etabliert.[18] Dies ergibt sich u.a. dadurch, daß das 'Gegenstück' *literacy* ja ursprünglich nicht 'Schriftlichkeit' — ob als medialer Sprachausdruck oder als kulturanthropologische Befindlichkeit — meint, sondern vielmehr "the quality or state of being literate".[19] Zu letzterem hat das Deutsche kein äquivalentes Lexem. Eigenartigerweise gibt es hier zwar den 'Analphabetismus', nicht aber den *'Alphabetismus', geschweige denn adjektivische Ausdrücke für die jeweiligen 'Kenntniszustände'.[20] Ich werde mir daher im folgenden erlauben, adjektivisch das Wort *literat* zu benutzen für Menschen, die lesen (und — im Mittelalter ist das nicht notwendig der Fall — auch schreiben) können und *illiterat* für solche, die dies nicht können.[21]

Orality als Antonym zu *literacy* kann also verstanden werden als 'Zustand des Nicht-lesen-(und-schreiben-)Könnens', und wenn man dies auf eine ganze Kultur anwendet, so bedeutet dies, daß man von einer '*primary oral culture*' spricht. Eric Havelock hat vehement den Standpunkt vertreten, daß eine "general theory of orality" sich nur auf solche Kulturen zu konzentrieren habe (1986: 64). Der Rahmen, in dem vor allem die Linguistik *orality* untersucht, stellt diese einem Phänomen gegenüber, das Havelock — wie viele andere englische und amerikanische Forscher — *textuality* nennt (ibd.).

---

[18] So z.B. bei Ong 1982.
[19] Definition aus Webster; dort wird *literate* wiederum paraphrasiert als "educated, cultured", bzw. "able to read and write".
[20] Man kann sich hier — sprachlich wenig elegant — mit 'lese(-und-schreib-)kundig' behelfen.
[21] Ein Substantiv für das, was das lateinische Mittelalter einen *litteratus* nannte (cf. Grundmann 1958) ist damit allerdings immer noch nicht gefunden. Peter Koch (1987: u.a. 106) benutzt die Begriffe *Oralität* und *Literalität*, um damit den 'kulturgeschichtlichen' Zustand einer Kultur *ohne Schrift* einerseits und *im Besitz einer (alphabetischen) Schrift* andererseits zu benennen. *Literalität* als Sb. zu *literal* löst zwar das gerade angesprochene Problem, doch wollen sie dem Anglisten nicht recht behagen, da damit engl. *literal* anklingt. — Die Übersetzer des von Jack Goody herausgegebenen Sammelbandes *Literacy in Traditional Societies* (1968) übersetzen *literacy* ebenfalls mit "Literalität"; ebenso wird Ongs Titel *Orality and Literacy* in der dtsch. Übersetzung von W.Schömel zu *Oralität und Literalität*.

Es fragt sich, ob in bezug auf die 'nicht-illiterate' Kultur des Mittelalters,[22] eine Kultur also, die sehr wohl Schrift kannte und auch mit ihr umging, die Rede sein kann von Mündlichkeit im Sinn der *primary orality* (Ong, Havelock). Hanna Vollraths Überlegungen zum "Mittelalter in der Typik oraler Gesellschaften" sind dahingehend zu verstehen, daß diese primäre Mündlichkeit sozusagen hereinragt in die mittelalterliche Kultur, ganz abgesehen davon, daß man für die bäuerliche Kultur sicherlich noch bis in die Neuzeit hinein von einem Zustand primärer Mündlichkeit wird reden können. Dieses Hineinragen primärer Mündlichkeit wird alleine dadurch schon unterstellt, wenn man, wie Hanna Vollrath dies (berechtigterweise) tut, den *Übergangscharakter* des Mittelalters betont.

Peter Koch spricht — und dabei hat er anscheinend das Mittelalter im Auge — von "elaborierter Mündlichkeit", die "einen zunehmend residualen Charakter erhält" (1987: 111). Weiter stellt er fest: "Residuen oraler Traditionen haben selbstverständlich dadurch, daß sie 'Inseln' innerhalb der Literalität bilden, einen anderen Status als orale Traditionen in reiner Oralität" (1987: 111f.). Das Bild der "Inselhaftigkeit" erscheint mir dabei sehr stark die Einschätzung eines "[fully] literate mind" zu sein (um Havelocks Begriff für *unsere* geistige Disposition zu benutzen), und darüber hinaus halte ich Kochs Feststellung für keineswegs "selbstverständlich". So absolut kann man dies nicht sagen. Kochs Rede von "residualen Inseln" suggeriert Getrenntheit der verschiedenen Traditionen zum einen, die vom "anderen Status" projiziert andererseits in diese Kultur eine Sichtweise, die eher Havelocks strikter Trennung von *(primary) orality* und *literacy* das Wort zu reden scheint. Gerade hier jedoch hätte Koch seine eigene Feststellung beachten sollen, daß man das 'kulturgeschichtliche Begriffspaar *oral* <———> *literal*' als ein Kontinuum zu sehen hat.[23] In meinem Kapitel I.2 wird deutlich werden, daß folgende Beobachtung Peter Kochs nicht ganz zutrifft:

> Auf einer gewissen Stufe der Literalität, wie sie etwa im größten Teil des europäischen Mittelalters vorlag, müssen wir unterscheiden zwischen 1) *litterati*, denen konzeptionelle Schriftlichkeit über die Beherr-

---

[22] Der Ausdruck 'nicht-illiterat' meint nicht dasselbe wie 'literat', denn letzteres setzt nach meinem Verständnis voraus, daß — wie in unseren westlichen Kulturen — *alle Angehörigen* dieser Kultur (potentiell) aktiven Zugang zu Geschriebenem haben.
[23] Peter Koch nimmt eine Dreiteilung des "Begriffsfelds 'Mündlichkeit/Schriftlichkeit'" vor: (1) kulturgeschichtlich: *oral* <———> *literal*; (2) medial: *phonisch # graphisch*; (3) konzeptionell: *gesprochen* (*Nähe*) <———> *geschrieben* (*Distanz*) (1987: 106, Schema 10). Dabei deuten die zweiseitigen Pfeile an, daß es sich um Kontinua handelt; bei *'phonisch # graphisch'* handelt es sich um eine Dichotomie (das Zeichen "#" habe ich hinzugefügt).

schung des Mediums zugänglich ist (obwohl ihnen die Residuen elaborierter Mündlichkeit durchaus vertraut sein können) und 2) *illitterati* ohne Beherrschung des graphischen Mediums [...]. (1987: 110)

Ich meine, daß jenen *litterati* die "Residuen elaborierter Mündlichkeit" nicht nur "vertraut sein *können*", sondern daß sie ihnen in der Tat vertraut *sind*. Und es will scheinen, daß es sich in den Köpfen der *litterati* dabei nicht um erkennbare 'Inseln' handelt, die sie ad libitum betreten oder verlassen, um dann wieder in die 'Literalität einzutauchen'. Bemerkenswerterweise kehrt Paul Zumthor das Bild von den Inseln um:

Jusqu'au XIIIe siècle, partout en Occident, l'écriture n'avait régné que sur des îlots (géographiques et culturels) isolés dans un océan d'oralité ambiante. (1987: 127f.)

Peter Koch befaßt sich in seiner Arbeit mit dem 13. Jahrhundert, was seine Sichtweise erklären mag.

Wie dem auch sei: Peter Kochs terminologischer Vorschlag, vom Mittelalter als von einer "'Diktier-Vorlese-Schriftlichkeit'" zu sprechen (1987: 110), trifft die Lage vor allem des frühen Mittelalters sehr gut. Es darf jedoch aus dem Begriff der 'Vorlese-Schriftlichkeit' nicht gefolgert werden, daß es sich dabei um reine "'Verlautlichung'" (Koch 1987: 94) gehandelt haben soll.[24] In bezug auf die (schriftlich vorliegende) Dichtung und deren Kommunikation — das heißt: deren Transfer zum Rezipienten — kann von reiner 'Verlautlichung' wohl selten die Rede sein.[25] Noch bedeutender ist aber dies: für das frühe Mittelalter ist das Kontinuum "oral — literal", wie Koch es nennen würde, zu verstehen nicht als reine Kopräsenz des 'residual Oralen' mit dem '(neuen) Literalen' im Sinn separater oder separierbarer Koexistenz. Mein Terminus vom 'Hereinragen' der Oralität in das Mittelalter meint, daß diese Koexistenz zu einer Fusionierung führte, wo das 'Noch' und das 'Schon' ineinander flossen.

Für die volkssprachliche Dichtung sehen wir ein solches Hereinragen im germanischen Kulturbereich zum Beispiel im Metrum der germanischen Lang-

---

[24] Koch koppelt *Verschriftlichung* "als Umsetzung von gesprochener in geschriebene Sprache" mit *Vermündlichung*, *Verschriftung* "als Umsetzung aus dem phonischen in das graphische Medium" mit *Verlautlichung* (1987: 94). Er stellt weiter fest: "Verschriftlichung und Vermündlichung würde ich, als konzeptionelle 'Transpositionen' zusammengefaßt, der Verschriftung und der Verlautlichung als mediale 'Transkodierung' gegenüberstellen [...]" (1987: 94f.).
[25] Zumthor spricht für das Mittelalter von *performance* (1987: 245-268 (Kap.11)) und sagt, man müsse im Blick auf die mittelalterliche poetische Kommunikation sprechen von "évenementtexte", vom "texte-en-acte" (1987: 247).

zeile.[26] Weit darüber hinausgehend erscheinen uns — in Kenntnis der kulturellen Dispositionen der primären Mündlichkeit — bestimmte Formen kulturellen Verhaltens, die sich in der Dichtung niederschlagen, eher denen einer primär oralen als einer vollkommen schriftlichen Kultur eigen. Zu denken wäre hier zum Beispiel an das Phänomen historischer Appropriation, die Tatsache, daß — noch im späten Mittelalter — ein Trojaner so aussieht und so spricht wie ein Ritter des 14. Jahrhundert dies tut (oder tun sollte).[27] Im Blick auf das frühere englische Mittelalter ist hier die Darstellung der Apostel als *comitatus* Christi zu nennen.[28] Was sich hier zeigt, ist eben nicht das moderne (in einer voll-literaten Kultur etablierte) "Verständnis von Vergangenheit als dem, was *gewesen* und damit [...] unserer Verfügungsgewalt entzogen ist" (Vollrath 1981: 577). Solche Darstellungsformen — die sich im übrigen nicht nur in der Dichtung, sondern auch in der bildenden Kunst finden — folgen eher dem Bedürfnis, das Clanchy für den Illiteraten formuliert hat: "The illiterate wants his history to be meaningful rather than being an objective record of the past" (1970: 168).[29] Dabei sollte man hinzufügen, daß jene 'appropriierten' Darstellungen keineswegs nur für diese Illiteraten solchermaßen gestaltet waren. Elizabeth Eisenstein hat deutlich gemacht, daß das Gefühl für einen skalaren Zeitablauf in der Tat erst neuzeitlich ist:

> [...] many courtiers and chroniclers tended to shuffle Caesar, Charlemagne, Alexander, and David like kings in a pack of cards. The mental process which is now taken for granted (save by pre-school children) of reaching back through the orderly sequence of chapters in history books to locate such figures was relatively recently acquired. (1966: 52)

"Achronicity" ist nicht nur ein "concomitant of illiteracy" (ibd.), die Art von historischem Bewußtsein, wie es uns antrainiert ist, kannte auch das Mittelalter noch nicht. Wie auch immer man solche Beobachtungen bewertet, festzuhalten ist: wenn wir im Blick auf das Mittelalter von *primärer Mündlichkeit*, *orality* im Sinn Ongs und Havelocks, reden, so können wir damit nur das 'Hineinragen' von Elementen aus dieser primären Mündlichkeit in diese Kultur meinen.

---

[26] S. unten S.106f.
[27] Ich denke hier an Troilus aus Chaucers *Troilus and Criseyde*.
[28] So im ae. *Andreas*; cf. hierzu Whitelock 1949: 88ff.
[29] Ein Untersuchungsgegenstand, der hier nicht weiter verfolgt werden kann, wäre die Frage, wo und wann sich der Topos der 'guten alten Zeit' in der mittelalterlichen volkssprachlichen Dichtung (wieder) etabliert hat. Dieser Topos setzt ja voraus, daß man eine Subtraktion von Gegenwärtigem in bezug auf das Vergangene vornimmt, was auf ein sehr literates Denken deutet.

Angesichts der Etablierung des Begriffs von der *primary orality* liegt es nahe, vor allem im Blick auf das Mittelalter, in dem mündliche — von Schriftlichem nicht affizierte — Kommunikation weiterhin die hauptsächliche Form zwischenmenschlicher verbaler Kommunikation bleibt, von 'sekundärer Oralität' zu sprechen. Dies tut zum Beispiel Zumthor. Typologisch sieht er einen Unterschied zwischen der "oralité *primaire* et immédiate, ou *pure*" und

> [...] une oralité coexistant avec l'écriture et qui, selon le mode de cette coexistence, peut fonctionner de deux manières: soit comme oralité *mixte*, quand l'influence de l'écrit y demeure externe, partielle et retardée (ainsi, de nos jours, dans les masses analphabètes du tiers monde); soit comme oralité *seconde*, qui se (re)compose à partir de l'écriture et au sein d'un milieu où celle-ci prédomine sur les valeurs de la voix dans l'usage et dans l'imaginaire [...]. (1983: 36; cf. (fast identisch) 1987: 18f.)

Zumthor formuliert dies dann noch einmal aus dem umgekehrten Blickwinkel, vom Schriftlichen her, indem er sagt, die "oralité mixte" gehe hervor "d'une culture *écrite* (au sens de «possédant une écriture»)", die "oralité secondaire" hingegen sei zuzuordnen einer "culture *lettrée* (où toute expression est marquée plus ou moins par la présence de l'écrit)" (1983: 36; 1987: 19).[30] Wenn ich Zumthor richtig verstehe, so wäre das altenglische *Beowulf*-Epos, wie wir es kennen, Produkt einer "oralité mixte", die altenglische Bibelepik hingegen das einer "oralité secondaire".[31] Diese Begriffe von *oralité mixte* und *oralité secondaire* auf Dichtung anzuwenden, hat natürlich nur dort einen Sinn, wo man die Frage stellt, was das eine — die Oralität — mit dem anderen — der schriftlich überkommenen Dichtung — zu tun hat. Es braucht nicht noch einmal betont zu werden, daß diese Fragestellung aus mehreren Gründen für das Mittelalter adäquat ist. Allerdings scheinen mir dazu die beiden gerade vorgestellten Zumthorschen Termini nicht sonderlich hilfreich.

In seinem 1987 erschienenen Buch *La lettre et la voix: De la «littérature» médiévale* macht Zumthor kurz nach der wiederholten Einführung dieser beiden Termini (von denen er später im Buch nie mehr Gebrauch macht), die folgende Bemerkung:

---

[30] Das Wortspiel in bezug auf *lettré* ist im Deutschen nicht nachkonstruierbar.
[31] Auch Walter Ong bietet eine Definition von *secondary orality*, mit der er allerdings auf ein ganz anderes Phänomen Bezug nimmt, nämlich auf "the electronic orality of radio and television, which grows out of high-literacy cultures, depending for its invention and operation on the widespread cultivation of writing and reading" (1986: 23f.).

> [...] je préfère, au mot d'*oralité*, celui de *vocalité*. La vocalité, c'est l'historicité d'une voix: son usage. Une longue tradition de pensée, il est vrai, considère et valorise la voix en tant qu'elle porte le langage, qu'en elle et par elle s'articulent les sonorités signifiantes. (1987: 21)

Leider schlägt sich in Zumthors Buch diese Präferenz aber nicht terminologisch nieder. So spricht er etwas später wieder — in sehr dichter Weise — von der "oralité foncière" der westeuropäischen mittelalterlichen Kulturen und fordert, daß man diese Mündlichkeit sehen müsse

> [...] comme un ensemble complexe et hétérogène de conduites et de modalités discursives communes, déterminant un système de représentations et une faculté de tous les membres du corps social de produire certains signes, de les identifier et de les interpréter de la même manière; comme — par là même — un facteur entre autres d'unification des activités individuelles. (1987: 23)

Es gibt in der Tat einen entscheidenden Grund, die hier für das Mittelalter charakterisierte *oralité*, diese "komplexe und heterogene Gesamtheit gemeinsamer diskursiver Verhaltensformen und Modalitäten" (Zumthor), mit dem Terminus *Vokalität* zu bezeichnen. Zwar schwingt in *Vokalität* noch ein großer Anteil eines bestimmten medialen Bezugs — eben auf die menschliche Stimme — mit, was aber auch intendiert ist, weil es gerade die menschliche Stimme war, über die — wenn auch oft nur als vermittelnde Instanz — die Kommunikation auch des schriftlich Vorliegenden erfolgte. Indem man hier jedoch nicht von Mündlichkeit spricht, vermeidet man die Bezugnahme auf die kulturanthropologische Dichotomie Mündlichkeit/Schriftlichkeit. Man *muß* diese Dichotomie hier meiden, zum einen weil das Mittelalter keine primär mündliche Kultur ist, in der aber dennoch kulturell entscheidende Kommunikationsakte über die menschliche Stimme abliefen, zum anderen, weil die mittelalterliche Kultur eine ganz andere Art von Schriftkultur ist als diejenige, in der wir akkulturiert sind.

Damit die *Vokalität des Mittelalters*, so wie ich sie verstehe, nicht einfach — wie bei Zumthor, wenn auch wieder in bezug auf die "oralité foncière" — als dicht definierter Terminus in die Debatte geworfen wird, soll das nächste Kapitel den Begriff inhaltlich füllen und gleichzeitig dazu beitragen zu zeigen, daß die Einführung des Begriffs *Vokalität* Konsequenz einer für das Mittelalter heuristisch angezeigten Notwendigkeit ist. Im darauffolgenden Kapitel wird darzulegen sein, wie unter der Vorgabe, daß wir es im frühen Mittelalter mit einer *vokalen* Kultur zu tun haben, die poetische Kommunikation in einer solchen Kultur zu sehen ist.

2. SCHRIFTKULTUR IN DER VOKALITÄT

2.1 DIE ETABLIERUNG DER SCHRIFTKULTUR IM ANGELSÄCHSISCHEN ENGLAND

2.1.1 Kirche und Schriftkultur

Der plötzliche Kontakt einer primär mündlichen Kultur mit einer schriftlichen führt, so können wir an modernen Beispielen beobachten, zu einem kulturellen Schock mit tiefgreifenden Folgen, da den Menschen, die durch diese mündliche Kultur geprägt worden sind, fremde Denkmuster unterschiedlichster Art — mehr oder weniger gewaltsam — aufoktroyiert werden.[1] Was bei dieser kulturellen "Umstülpung" (Illich 1984: 13) geschieht, ist empirisch überprüfbar und läßt Verallgemeinerungen zu, wie sie z.B. von Goody und Watt (1962-63/68) formuliert worden sind. Für die Germanen, die nach 450 in England gesiedelt hatten, kam die Schriftkultur um 600 mit den christlichen Missionaren, die Rom entsandt hatte, und auch durch die Iren, die sich — nach erstem Zögern — im 7. Jahrhundert teilweise der Missionierung der Germanen in England anschlossen.[2]

Was hier kulturell vor sich ging, ist aber aus mehreren Gründen nicht mit jenen modernen, 'kolonialisierenden' Importen von Schriftlichkeit gleichzusetzen. Zum einen betraf im frühen angelsächsischen England die Schriftlichkeit (im Sinn eines direkten Umgangs mit dem Medium) kulturell — man kann hier sogar sagen: kulturpolitisch — nur eine sehr kleine Minderheit.[3] Man kann, mit Talcott Parsons, hier von einer "craft literacy", einer 'zünftigen Lese-/Schreibfähigkeit' sprechen (1966: 51).[4] Zum anderen — und eigentlich

---

[1] Zu denken ist hier z.B. an Schwarzafrika (cf. Carothers 1957, Greenfield et al. 1966, Vollrath 1981) oder an Südseekulturen (cf. Lévi-Strauss 1962).
[2] Zum Ablauf der Missionierung cf.Stenton 1971: 96-128.
[3] Zwar wurden auch im 7. Jahrhundert bereits Laien in englischen Klosterschulen erzogen, ohne daß aus ihnen später Mönche wurden (s. Riché 1962: 369f.); Belege aus Beda et al. bei Wormald 1977: 105, Anm.40. C.P.Wormald hat allerdings nachdrücklich festgehalten, daß es sich dabei um "exceptional cases" handelte (1977: 105).
[4] Parsons spricht von der "archaic [...] intermediate society", deren "cultural elaboration is linked with the literacy of priesthoods and their capacity to maintain a stable written tradition. The literacy is, however, still esoteric and limited to specialized groups — hence, it is craft literacy" (1966: 51f.). Für das (frühe) Mittelalter muß allerdings nachdrücklich darauf hingewiesen werden, daß es sich bei den lese-/schreibkundigen Klerikern nicht um ein *mandarinate* handelt, wie Goody das behauptet (1977: 152), welches sein Monopol verteidigt (cf. unten Anm.12). Dieser "archaic intermediate society" folgt nach Parsons die "advanced intermediate society", die charakterisiert ist durch "full upper-class literacy" (1966: 51). Dies Stadium ist bestenfalls im

ist dieser zweite Punkt Voraussetzung für den erstgenannten — darf man nicht aus dem Blick verlieren, daß die Schriftlichkeit nicht als reine Dreingabe mit der neuen Religion nach England kam. Die Religion selbst war auf das engste mit Schriftlichkeit verbunden, das Christentum war (und ist immer noch) eine Religion der Schriftlichkeit.

Wie die mosaische Religion und der Islam ist das Christentum eine *Buchreligion* in mehreren Hinsichten. Zum einen beruft sich der christliche Glaube auf die Bibel als der Schrift der Verkündigung. *Innerhalb* des Neuen Testaments wiederum erfüllen sich die Verheißungen des Alten Testaments: "Der Menschensohn muß [...] seinen Weg gehen, wie die Schrift über ihn sagt" (Mt 26,24; *Filius* [...] *hominis vadit, sicut scriptum est de illo*). Die Bibel (worunter sich ja eigentlich — *tà biblía* — ein Plural, 'die Bücher' verbirgt) ist ein stark autoreferentes Buch: *sicut scriptum est*, 'wie geschrieben steht', so lautet zum Beispiel die Formel bei Paulus,[5] oder, wie im 'Ur-Glaubensbekenntnis' *secundum Scripturas*, 'gemäß der (den) Schrift(en)' (1 Kor 15, 3f.). Die Schriftlichkeit wird aber auch als solche Thema in der Bibel, und sie wird als solche fraglos vorausgesetzt: Gott selbst *schreibt* die Zehn Gebote auf die beiden Steintafeln, die er Moses übergibt (*scripsit ea in duabus tabulis lapideis*; Dtn 5,22). Und Gott ist in der Offenbarung 'das Alpha und das Omega' (*ego sum alpha et omega*; Offb 21,6; 22,13).[6]

Diese für die in England seßhaft gewordenen Germanen neue Religion kreiste also um die Schriftlichkeit, und für die Verkünder und Hüter dieser Religion kreiste die Schriftlichkeit in erster Linie um die Religion. Damit soll gesagt werden: die Kompetenz des Lesens (und Schreibens) diente zuerst einmal dem Erfassen und Umgehen mit der Lehre. Um diese Kompetenz zu erlangen, wurde wiederum der Gegenstand der Lehre, wurden vor allem die kanonischen Schriften selbst, herangezogen.[7]

Insofern handelt es sich in England beim 'Übergang von der Mündlichkeit zur Schriftlichkeit' um etwas ganz anderes als das, was man an modernen Beispielen, aber auch an dem des antiken Griechenland nachvollziehen kann.[8] Der Import der Schriftlichkeit betraf in erster Linie die Vermittler

---

ausgehenden Mittelalter erreicht. Das Mittelalter zeichnet sich eben dadurch aus, daß es weder ganz dem einen noch dem anderen Typ von Gesellschaft zugeordnet werden kann.
[5] Z.B. allein im Römerbrief zwölf Mal: Röm 1,17; 2,23; 3,4; 3,10; 4,17; 8,36; 9,13; 9,33; 11,8; 15,3; 15,9; 15,20).
[6] Cf. Gauger 1989: 589f.; in der Offenbarung ist z.B. auch die Rede vom *liber vitae (agni)* ('Lebensbuch des Lammes'; Offb 13,8; 17,8; 20,12 u.15; 21,27).
[7] Cf. Leclercq 1957: 71f.
[8] Cf. vor allem Havelock 1963 und 1986: 79-126; Goody-Watt 1962-63/67; Ong 1982: passim.

selbst, für die im monastisch-religiösen Sinn diese Schriftlichkeit der Maßgabe unterstand, wie Dom Leclercq sie formuliert hat: "[...] puisque l'Écriture est un livre, il faut savoir le lire [...]" (1957: 71).

Wichtig ist hier dies: die untrennbare Verquickung von Religion und Schriftlichkeit bleibt — zumindesten bis zum hohen Mittelalter, das heißt, bis zur Entstehung der Universitäten — darin manifest, daß die Männer und Frauen der Religion eben diejenigen blieben, die mit dem Schriftlichen selbst umzugehen in der Lage waren und diese Fertigkeit auch weitergaben. Von dieser doppelten Bindung zeugen zum Beispiel die Schlußzeilen eines Rätsels Aldhelms, in der zweiten Hälfte des 7. Jahrhunderts Bischof von Malmesbury:[9]

Nec satis est unum per campos pandere callem,
Semita quin potius milleno tramite tendit,
Quae non errantes ad caeli culmina vexit.

[Es ist nicht genug, einen einzigen Weg zu eröffnen durch diese
    Felder;
vielmehr geht der Pfad in tausend Richtungen
und bringt den, der nicht davon abgeht, zu den Höhen des Himmels.]

Des Rätsels Lösung ist *penna*: mit dieser kann man die himmlischen Höhen erreichen.[10]

Beim Kontakt der Angelsachsen mit der Schriftkultur ging es also keinesfalls um (mehr oder weniger erzwungene) Akkulturation durch eine politische Macht, wie man das beim 'kolonialen' Übergang von Mündlichkeit zu Schriftlichkeit beobachten kann. Ein Vergleich wiederum mit dem, was sich im 5. und 6. Jahrhundert bei den Ostgoten vollzog, zeigt eher Unterschiede als Parallelen. Dort waren die 'Barbaren' die Eroberer, die auf eine voll ausgeprägte Schriftkultur trafen und sich sozusagen selbst akkulturierten. Ich erwähne dies, weil hier eine interessante Beobachtung zu machen ist. Der byzantinische Geschichtsschreiber Procopius hat uns überliefert, wie man unter den Goten über die Schriftkultur dachte: Gelehrsamkeit verweichliche, die Lehrer verbreiteten Furchtsamkeit und machten daher einen Mann untaug-

---

[9] Rätsel 59, Zz.6-8, zitiert aus *MGH* A.A. 15, S.124.
[10] Cf. auch das *Indovinello Veronese*: "Se pareba boves, alba pratalia araba/ albo versorio teneba, negro semen seminaba" (ungefähr — die Bedeutung ist umstritten -: 'Man trieb Ochsen an, man pflügte weiße Wiesen, man hielt einen weißen Pflug, man sähte schwarzen Samen'; s. Tagliavini 1969/73: 407-10. Während sich in diesem — im übrigen späteren (8./9. Jahrhundert) — Rätsel, das als erste Verschriftung des Italienischen gilt, alleine von der Schreibtechnik die Rede ist, verbindet Aldhelm sein *penna*-Rätsel eindeutig mit der religiösen Funktion, die nicht nur die Schrift, sondern eben auch das Schreiben selbst für ihn hat.

lich zum Krieger.[11] Mag sein, die Angelsachsen sahen dies ähnlich — so die Vermutung von C.P.Wormald (1977: 97) —, aber sie trafen ja nicht auf eine ausgeprägte Schriftkultur, vielmehr wurde jene zu ihnen getragen und verblieb, was den direkten Umgang mit dem Schriftlichen anging, auch für lange Zeit in den Händen ihrer ursprünglichen Träger.[12]

Es sollte daher nicht verwundern, daß ein frühes Zeugnis, in dem von einer Begegnung von Mündlichkeit und Schriftlichkeit die Rede ist, dieses Zusammentreffen selbst als gänzlich konfliktfrei darstellt: Bedas Geschichte von Caedmon.[13] Caedmon, vor seiner Aufnahme in die Mönchsbruderschaft von Whitby ein illiterater Viehhüter desselben Klosters, pflegte "für Gottesdienst und Frömmigkeit passende Lieder zu komponieren" (*carmina religioni et pietati apta facere solebat*; HE IV.24; S.396/397). In Caedmon — mehr als Paradigma denn als historischer Person — finden wir in aufbereiteter Form allerdings Anzeichen zweier kultureller Probleme, die ebenfalls mit Schriftlichkeit hier und Mündlichkeit dort zu tun haben: es trifft sich in ihm die Schriftlichkeit der Religion mit einer poetischen Tradition, die *außerhalb* des Klosters — und dazu noch in einer *gänzlich anderen Sprache* — bestand. Ein (doppelter) Transfer von dieser Außenwelt in die des klösterlichen Christentums geschah nach Beda so: "[Die Brüder im Kloster trugen] ihm eine Erzählung der Heiligen Geschichte oder Lehre vor und wiesen ihn an, sie in Liedgesang zu übertragen" (*exponebantque illi quendam sacrae historiae siue doctrinae sermonem, praecipientes eum,* [...] *hunc in modulationem carminis transferre*; HE chap.IV.24; S.398/399). Wie die sprachliche Hürde — hier die

---

[11] Ich zitiere aus Procopius' *Gotenkriege* (V, 2) in der deutschen Übersetzung von O.Veh: "Einmal hatte die Mutter [Amalasuntha] ihren Sohn [Atalarich] wegen einer Ungezogenheit im Frauengemach gezüchtigt, worauf dieser weinend in den Männersaal weglief. Die Goten, die ihn so antrafen, waren erbittert [...]. So taten sich alle Adeligen zusammen, traten vor Amalasuntha und machten ihr Vorhalte, daß ihr junger König ihnen nicht richtig und entsprechend erzogen werde. Denn Schreibwerk habe nichts mit Mannhaftigkeit zu tun, und Unterweisungen alter Männer führten meistens zu Feigheit und Schwäche. Wer sich durch kühne und ruhmvolle Taten auszeichnen wolle, dürfe sich vor keinem Schulmeister fürchten, sondern müsse sich im Waffengebrauch üben. Auch Theoderich habe Gotenkinder niemals in die Schule gehen lassen" (1966: 17); cf. hierzu auch H.Vollrath 1984: 24f.

[12] Goody sieht gerade dieses Phänomen klerikal-monastischer Schriftlichkeit unrichtig, wenn er im Blick auf das Mittelalter sagt: "[...] the *literati* hold onto their monopoly; the mandarinate maintains control" (1977: 152). Diesen Standpunkt hat Goody schon 1968 in *Literacy in Traditional Societies* vertreten, und Wormald weist ihn mit der richtigen Feststellung zurück, es habe sich beim mittelalterlichen Klerus schließlich nicht um eine abgeschlossene Kaste gehandelt, die anderen den Zutritt verweigerte (1977: 97).

[13] Ich zitiere im folgenden nach der lateinisch-deutschen Ausgabe der *Historia Ecclesiastica* von Spitzbart 1982. Die Kapitelzählung folgt dieser Ausgabe, die Seitenangaben beziehen sich auf das lateinische Zitat/die deutsche Übersetzung.

lateinische *sacra historia* oder der *doctrinae sermo*, dort Caedmon, der sicherlich kein Latein konnte — überwunden wurde, bleibt in dem Verb *exponere* verhüllt.[14] Im übrigen tut uns Beda auch nicht den Gefallen, darüber Auskunft zu geben, ob die Brüder das von Caedmon Komponierte dann ihrerseits aufschrieben.[15] Das fügte erst der altenglische Übersetzer hinzu. Was in der lateinischen Version *suauiusque resonando doctores suos uicissim auditores sui faciebat* ("und durch noch schöneres Vortragen machte er seine Lehrer nun seinerseits zu seinen Zuhörern"; *HE* chap.IV.24; S.400/401) heißt, gibt die altenglische Übersetzung wieder als *and his song and his leoð wæron swa wynsumu to gehyranne, þætte seolfan þa his lareowas æt his muðe wreoton and leornodon* ('und sein Gesang und sein Lied waren so erfreulich zu hören, daß selbst seine Lehrer [diese] von seinem Mund abschrieben und lernten').[16] Offensichtlich fühlte der Übersetzer Ende des 9. Jahrhunderts das Bedürfnis, die damals bereits existierende schriftliche Überlieferung (lateinisch wie altenglisch) der Dichtung Caedmons — wahrscheinlich doch nur dieses *Hymnus* — schon bei Beda zu dokumentieren.[17]

Nach aller Wahrscheinlichkeit kann uns die Caedmon-Geschichte, auf die ich mehrfach zurückkommen muß, wohl nicht als historischer Beleg ad personam Caedmon gelten.[18] Sie ist aber auf jeden Fall zu sehen als Symptom für die Notwendigkeit, den Transfer zumindest auf sprachlicher Ebene (Caedmon dichtet "in seiner Sprache, nämlich der der Engländer"; *in sua, id est Anglorum, lingua*; *HE* chap.IV.24; S.396/397) und in bezug auf die poetische

---

[14] Spitzbart übersetzt *exponebant* mit 'lasen vor', das ich hier nicht übernommen habe.
[15] Von Caedmons *Hymnus* gibt es allerdings bereits relativ frühe Manuskriptüberlieferungen. Das älteste — eine lateinische Abschrift der *Historia Ecclesiastica* — wird auf das Jahr 737 datiert (cf. ASPR VI: xciv-c). Interessanterweise ist dieses Manuskript höchstwahrscheinlich geschrieben "in some Anglo-Saxon center on the Continent" (ibd., p.cxv.).
[16] E.E.T.S. O.S.94, S.346; Grundmanns Feststellung, Caedmon habe den *doctores* seine Dichtung vorgetragen, "die sie auch aufschreiben konnten" (1958: 35), ist also nicht durch Beda, sondern seinen altenglischen Übersetzer gestützt.
[17] Katherine O'Brien O'Keeffe hat in ihrem Artikel "Orality and the Developing Text of Caedmon's *Hymn*" (1987) die Manuskriptüberlieferung der lateinischen Version dieses Gedichts mit der der volkssprachlichen verglichen und kann nachweisen, daß die lateinische Version zum einen stets wortgetreu, und zum anderen — dies ist besonders interessant — "lesegerecht" ('formatiert', wie sie sagt) in den Manuskripten auftaucht. Die altenglische Version hingegen ist textlich instabiler überliefert (Variation innerhalb der Halbzeilen Formeln) und weist eine solche "Leseformatierung" nicht auf.
[18] Cf. hierzu auch G.W.Weber: "[...] Bedas Cædmon eignet sich deshalb als »Begründer« der geistlichen Epik, weil er als Ungebildeter die alten Stoffe nicht beherrschte und so den Antityp zum weltlichen Sänger (*scop*) abgab" (1985: 296). — Beda verweist in dem Kapitel ausdrücklich darauf, daß Caedmon seine dichterische Fertigkeit göttlicher Inspiration (und nicht der Imitation jener weltlichen Dichtung, die er auch kannte) zu verdanken hatte; s. auch unten S.96f.

Form (er kann dies nicht in anderer Form als im germanischen Langvers getan haben) zu legitimieren. Wie auch immer wir die Caedmon-Geschichte verstehen wollen: ein Konflikt zwischen schriftlicher und mündlicher Kultur läßt sich hier nicht auf die Medialiät selbst reduzieren.[19] Was durchschimmert, ist eine wirkungsästhetische Dichotomie, wenn Beda verdeutlicht, daß Caedmon bei geselligen Anlässen, zu denen Lieder *laetitiae causa* zum Vortrag kamen, stets das Weite gesucht habe. Davon später.[20]

Festzuhalten ist: wo es um Missionierung und die Stabilisierung der Ergebnisse dieser Missionierung ging, bot sich seitens der Verwalter der Schriftlichkeit, der Geistlichen also, diese nicht dazu an, pragmatisch genutzt zu werden. Den Gläubigen wurde das Heil vokal verkündet, der Hauptweg blieb der des *gesprochenen* Worts: *fides ex auditu, auditus autem per verbum Christi* heißt es im Römerbrief (Röm 10,17; 'der Glaube kommt durch das Hören, das Hören durch das Wort Christi').[21] Diejenigen, denen es andererseits darum ging, ihre politische Macht in erster Linie gegen äußere Feinde zu verteidigen (wie dies im 8. und in der ersten Hälfte des 9. Jahrhunderts gegen die Dänen der Fall war), die weltlichen Mächtigen also, waren wohl noch nicht daran interessiert, die Möglichkeiten der Schriftlichkeit machtpolitisch zu funktionalisieren. Und selbst Alfreds "kulturreformatorische" Bemühungen waren nach Wormald in erster Linie religiös motiviert:

> [...] what Alfred sought to inspire in his judges was what he had fought so painfully to acquire for himself, namely the wisdom of Solomon, the wisdom that came simply from the ability to read, and thus to familiarize oneself with the Word of God. Alfred's conception of *sapientia* [...] was therefore something moral and religious, and had very little to do with administrative expertise. [...] Literacy mattered to

---

[19] Dies soll natürlich keineswegs die kulturanthropologische Bedeutung dieses Unterschieds mindern. Ich will damit nur sagen, daß *dieser* Unterschied bei Beda *nicht* das Thema ist.
[20] S. unten S.96.
[21] Die Einheitsübersetzung verwischt den Aspekt des *Hörens* ein wenig, wenn dort übersetzt wird: "So gründet der Glaube in der Botschaft, die Botschaft im Wort Christi". Luther hingegen übersetzt, näher am Medialen bleibend: "So kommt der Glaube aus der Predigt, das Predigen aber durch das Wort Christi"; cf. auch die *Authorized Version*: "So then faith cometh by hearing, and hearing by the word of God." — Herbert Pilch verdanke ich den Hinweis auf die folgende Stelle in dem mittelenglischen Gedicht *The Cloud of Unknowing* (2.Hälfte 14. Jhd.): "[...] clerkes redyn on bookes, & lewid men redyn on clerkes, whan þei here hem preche þe worde of God" (E.E.T.S., O.S. 218, S.71, Z.20f.; 'Kleriker lesen in Büchern, und Laien lesen in den Klerikern, wenn sie sie das Wort Gottes predigen hören'). Interessant ist hier, wie einerseits das Verb *rede(n)* 'lesen' in bezug auf die hörende Predigtrezeption metaphorisch benutzt wird, wodurch die *hörende Rezeption* offensichtlich mit Würde ausgestattet wird. Andererseits jedoch wird die hörende Rezeption gleichzeitig als die für die Predigt richtige und normale gezeigt.

him, as to Alcuin, because it was the source of wisdom, and wisdom was the key to the favour of God, in this world and the next. It was strictly cultured rather than pragmatic, and derived its inspiration not so much from imperial Rome, as from the City of God. (1977: 107)

Die Kultur des angelsächsischen England zwischen dem Ende des 7. und dem Ende des 9. Jahrhunderts war also keine rein mündliche mehr, weil sich die Schriftlichkeit durch das Christentum als kulturell relevanter Faktor etabliert hatte. Die kulturelle Relevanz beschränkte sich jedoch, so scheint es, auf den missionarisch-religiösen Bereich. Keineswegs wird man diesen als zweitrangig charakterisieren dürfen. Dennoch spielte die Schriftlichkeit als soziokulturelles *know-how* eine untergeordnete Rolle. Konflikte zwischen dem, was die schriftlich orientierte Seite repräsentierte — die christliche Lehre nämlich —, und dem, was da außerhalb des schriftlich Fixierten an Relevantem noch Bestand hatte, traten solange nicht auf, wie die Schriftlichkeit als Sinn und Zweck der Religion in dieser ruhte und alle Anstrengungen darauf verwendet werden mußten, dieser Religion zu ihrer Geltung zu verhelfen und sie zu untermauern. Erst nachdem diese Fundamente solid standen, war die Schriftlichkeit frei dafür, anderen Zwecken zu dienen.

Diese Schlußfolgerungen werden gestützt durch all das, was uns aus der Zeit König Alfreds — von ihm selbst oder seinem Biographen Asser — bekannt ist. Alfreds, den alten Topos aufnehmende Rede von der 'guten alten Zeit', als die Leute noch die Lehre des Christentums in der 'ursprünglichen Form' — dem Lateinischen — verkündet verstehen konnten,[22] ist nur ein Zeichen dafür, daß die Schriftkultur jetzt, Ende des 9. Jahrhunderts, freigesetzt ist, nicht mehr allein den Zwecken der Missionierung zu dienen, sondern zur Stabilisierung der Lehre ihren Beitrag zu leisten. Mit diesem Ausgreifen konnte nun auch das zu Verkündende die sprachliche und poetische Form finden, in der beide Kulturen — die der mündlichen Tradition wie die der Schriftlichkeit — zusammenflossen.

---

[22] Im Vorwort seiner Übersetzung von Gregors *Cura Pastoralis* ruft Alfred zu Beginn Erinnerungen an die Zeiten zurück, da in England noch (lateinische) Gelehrsamkeit herrschte. Er fragt sich, weshalb nicht bereits vor ihm jemand auf den Gedanken des Übersetzens in Englische gekommen sei, doch antwortet er sich selbst auf diese Frage, daß man sich wohl niemals gedacht habe "ðætt[e] æfre menn sccoldon swæ re[c]celease weorðan & sio lar swæ oðfeallan" (E.E.T.S., O.S. 45/50 (Hatton MS), S.5; 'daß die Menschen jemals so achtlos würden und die Gelehrtheit so verfallen [sollte]').

2.1.2 Schriftlichkeit und Volkssprache

Eine spezifische Problematik ist für England das Verhältnis der importierten Schriftlichkeit zur Volkssprache. Zwei Überlegungen machen es notwendig, dieses Verhältnis näher zu beleuchten. Wenn, wie gerade umrissen, eine solch enge Verbindung zwischen Religion einerseits und — lateinischer — Schriftlichkeit andererseits bestand, könnte man unterstellen, daß es sich da um eine hermetisch abgeschlossene Welt gehandelt hat, von der die Kultur außerhalb unangetastet blieb. Dagegen spricht zuerst und vor allem die Aufgabe der Verkündigung, die in einer — in mehrfacher Hinsicht — verständlichen Sprache zu erfolgen hatte. Verständlichkeit auf sprachlicher Ebene, aber auch die *kulturelle Verständlichkeit* waren geboten. Bedas Caedmon-Geschichte ist Anzeichen für diese doppelte Notwendigkeit (und gleichzeitig Beleg für den Versuch formaler Legitimierung).

Die frühesten Manuskriptüberlieferungen für in lateinischer Schrift transkribierte englische Dichtung sind der neun Langzeilen umfassende Caedmon-*Hymnus* (737; Beda gibt ihn in der *Historia* auf Latein wieder) und das noch kürzere sogenannte *Totenlied Bedas* in einem St.Gallener Manuskript aus dem 9. Jahrhundert.[23] Daß man in England so relativ früh die Volkssprache verschriftete, liegt sicherlich an der großen Distanz der Volkssprache zu dem, was sonst schriftlich vorlag. Grundmann bemerkt hierzu:

> [Den Angelsachsen] war das Schreiblatein nicht aus langer Tradition ein literarischer "Überbau" ihrer Umgangssprache, der für diese unzugänglich und verschlossen blieb wie in den romanischen Ländern, wo die Volkssprache dem Latein entstammte und den *litterati* als degenerierte Abart der unverdorbenen Schriftsprache verächtlich erscheinen konnte. Das Angelsächsische war fremd und andersartig genug, daß man es unbedenklich schreiben konnte ohne Sorge, es könnte das aus guten alten Texten erlernte Latein verderben statt ergänzen. (1958: 35)

Ob es allerdings berechtigt ist, pauschal zu sagen, die Angelsachsen hätten die Schreibkunst "sehr bald" auch für "Aufzeichnungen von [...] Dichtungen wie dem Beowulflied" verwandt (ibd.), halte ich für zweifelhaft, da das einzige uns überlieferte *Beowulf*-Manuskript — wie alle großen altenglischen Codices — aus dem 10./11. Jahrhundert stammt.[24]

Anlaß zu der Vermutung, die Schriftkultur habe sich in der altenglischen Zeit in reichem Maß der Volkssprache bedient, hat unter anderem die fol-

---

[23] S. *ASPR* VI, p.ci.
[24] Zur Datierungsfrage cf. Busse 1987: passim.

gende Passage aus Alfreds Vorwort zur altenglischen Übersetzung der *Cura Pastoralis* Gregors des Großen gegeben, in dem er Gründe für die Übersetzung angibt. Er beklagt dort den Untergang lateinischer Gelehrsamkeit und fährt fort:[25]

> þa ic ða gemunde hu sio lar Lædengeðiodes ær ðissum afeallen wæs giond Angelcynn & ðeah monige cuðon Englisc gewrit arædan, ða ongan ic [...] ða boc wendan on Englisc [...].
>
> [Als ich mich da erinnerte, wie die Gelehrtheit der lateinischen Sprache zuvor verfallen war im englischen Volk und dennoch viele (noch) das englisch Geschriebene lesen konnten, da begann ich (...), das Buch ins Englische zu übersetzen (...).]

Ebenso wird hierzu gewöhnlich eine Stelle aus der Alfred-Vita angeführt,[26] in der Asser von einem *Saxonicus poematicae artis liber* erzählt (chap.23, S.20).

Dennoch ist dies unser Dilemma: wir haben — abgesehen von Caedmons *Hymnus* und Bedas *Totenlied* — überlieferte Texte erst aus dem 10./11. Jahrhundert. Ob daran allein die Verwüstungen von Klöstern durch die Wikinger schuld sind, ist bezweifelt worden.[27] Und selbst wenn es solche volkssprachlichen Bücher in Mengen gegeben haben sollte, so ist doch C.P. Wormalds Warnung in Erinnerung zu behalten, das Vorhandensein volkssprachlicher *Schriften* müsse nicht notwendigerweise zu dem Schluß führen, daß dies unbedingt ein großes *Lese*publikum voraussetze.[28] Wie immer sich dies auch historisch verhalten haben mag: auch Alfreds Bemerkungen können kaum den Schluß zulassen, es habe sich bei den Angelsachsen um eine — volkssprachlich wie lateinisch — völlig literate Kultur gehandelt.[29]

---

[25] E.E.T.S. 45/50, p.7 (Hatton MS); cf. hierzu auch Wormald 1977: 103.
[26] Ich zitiere aus der Ausgabe von Stevenson 1904; die Seitenzahl bezieht sich auf diese Ausgabe.
[27] Von der Zerstörung ganzer Bibliotheken spricht auch Alfred in seinem Vorwort zur *Cura Pastoralis*: "[...] ða gemunde ic eac hu ic geseah, ærðæmðe hit eall forgeherod wære & forbærned, hu ða ciricean giond eall Angelcynn stodon maðma & boca gefyldæ [...]." (E.E.T.S. 45/50, p.5 (Hatton MS); '[...] da erinnerte ich mich, wie ich sah, bevor alles verheert und verbrannt war, wie die Kirchen überall in England gefüllt standen mit Schätzen und Büchern'); cf. Busse 1987: 73ff.
[28] Wormald 1977: 95 und passim.
[29] Cf. hierzu Wormald 1977.

2.2 DER ZUGANG ZUM SCHRIFTLICHEN IN DER VOKALITÄT

2.2.1 Lesenlernen und Lesen

Der Prozeß des Lesenlernens kann im Blick auf die Praxis allgemein im gesamten Mittelalter gleichgesetzt werden mit dem Erlernen des Lateinischen.[30] Das angelsächsische England scheint dabei eine Ausnahme zu bilden, wie im letzten Kapitel schon deutlich wurde. Von Alfred hören wir, daß der Niedergang von Lateinkenntnissen zu beklagen sei, wobei er allerdings einräumt, daß *monige cuðon Englisc gewrit arædan* ('viele konnten Englisch Geschriebenes lesen').[31] Nun ist aber gerade Alfred selbst nach dem Zeugnis seines Biographen Asser ein Beispiel dafür, daß der Erwerb der Lesefähigkeit zum einen auch in höchsten aristokratischen Kreisen keine Selbstverständlichkeit und zum anderen ein mühsames Geschäft war.

Asser macht widersprüchliche Aussagen. Da heißt es einmal, Alfred sei bis zum Alter von 12 Jahren des Lesens unkundig gewesen (*usque ad duodecimum aetatis annum, aut eo amplius* [sic!] *illiteratus permansit*; chap.22, S. 20). Allerdings berichtet Asser in Kap.77 zum Jahr 885, der König habe sich vorlesen lassen, wodurch er die Bekanntschaft mit fast allen Büchern gemacht habe

[...] quamvis per se ipsum aliquid adhuc de libris intelligere non posset. Non enim adhuc aliquid legere inceperat. (chap.77, S.63)

[(...) obwohl er zu diesem Zeitpunkt selbst aus diesen Büchern noch nichts verstand. Er hatte nämlich da noch nicht angefangen, irgendwas zu lesen.]

Für das Jahr 887, in dem der König achtunddreißig Jahre alt war, berichtet Asser schließlich, Alfred habe "durch göttliche Eingebung begonnen, an ein und demselben Tag zu lesen und zu übersetzen" (*divino instinctu legere et interpretari simul uno eodemque die primitus inchoavit*; chap.87, S.73). Daß Asser selbst es für angezeigt hält, eine Erklärung für diesen "späten Anfang" (*causam huius tardae inchoationis*; ibd.) geben zu müssen, macht seine Aus-

---

[30] Cf. zum Gesamtproblem Grundmann 1958; Riché 1979, 1985; Leclercq 1957: 108-141.
[31] Vorwort zur *Cura Pastoralis*, s. oben S.29.

sagen auch nicht eindeutiger. Man könnte allerdings annehmen, daß sich diese 'zweite Lesefähigkeit' nur auf das Latein bezieht.[32]

Wie dem auch sei, das (lateinische) Lesenlernen war auf verschiedenste Weise mit dem Psalter verbunden:[33] "Le livre de lecture élémentaire partout employé est le psautier" (Riché 1979: 223). Der Psalter wurde auswendig gelernt, wobei dem "abecedarischen" Psalm 119 eine besondere Rolle zukam, da mit ihm zuerst einmal das Alphabet gelernt wurde. Wenn der Schüler schließlich ganze Wörter lesend erfassen konnte, ging es nun anhand des — auswendig schon bekannten — Psalters um das Wiedererkennen der Schrift-Signifikanten.[34] Alfreds Söhne, die nach Assers Aussage eine Ausbildung in beiden Sprachen erhalten hatten (*In qua schola utriusque linguae libri, Latinae scilicet et Saxonicae, assidue legebantur* [...]; chap.77, S.58), lernten aufmerksam "die Psalmen, englische Bücher und besonders englische Gedichte" (*et psalmos et Saxonicos libros et maxime Saxonica carmina*; ibd., S.59). Wichtig ist hier dies: man lernte die Psalmen auswendig, noch *bevor* man ganze Wörter lesen konnte. Das Auswendiglernen selbst geschah gleichzeitig *über das Gehör* und, indem die Texte laut wiederholt wurden, *über die eigene Stimme*.[35]

Auch wenn man andere geschriebene Texte las, war die eigene Stimme stets beteiligt. Josef Balogh hat schon 1927 in einem längeren Artikel nachgewiesen, daß man im Mittelalter, wie zuvor in der Antike, laut las und sogar — in einer Art Eigendiktat — 'laut schrieb'. Für das laute Lesen — nicht nur im Vorlesen für andere, sondern auch, wenn man 'für sich selbst' las — spricht das häufige Auftreten von Formeln in altenglischen Gedichten, wo es z.B. heißt *we ðæt gehyrdon þurh halige bec*,[36] aber auch *us secgað bec*.[37] Stimme und Ohr waren also auch beim Lesen selbst beteiligt.

---

[32] Keynes und Lapidge fügen in ihrer englischen Übersetzung deshalb nach *to read* als Übersetzung für *legere* auch "[Latin]" ein (1983: 99).
[33] Cf. Riché 1979: 222ff. und 1985; Illmer 1971: 172-179.
[34] "En même temps qu'il les lisait, l'élève devait savoir par coeur les psaumes" (Riché 1979: 223); cf. hierzu auch Illmer 1971: 172-179.
[35] Riché 1985: 135; Patricia Hampton führt an, daß die Mönche sogar bei der morgendlichen Rasur psalmodierten: "Among the humbler tasks of monastery life was that of shaving the members of the community. But even this simple act afforded occasion for oral interpretation: the brothers who shaved their fellows were directed to say the "Benedicite" together before beginning their work; all the rest sat during the ceremony and said the "Verba mea" and other psalms (save for the brother being shaved!)" (1972: 238).
[36] So in *FAp* 63, *Ele* 364, 670, 852.
[37] So *Gen* 969, 1723; *Chr II* 785; *Glc* 878; *Brb* 68.

Die Konsequenz dieser Art des Lesens hat Dom Leclercq charakterisiert:

[...] il en résulte une mémoire musculaire des mots prononcés, une mémoire auditive des mots entendus. La *meditatio* consiste à s'appliquer avec attention à cet exercice de mémoire totale; elle est donc inséparable de la *lectio*. C'est elle qui, pour ainsi dire, inscrit le texte sacré dans le corps et l'esprit. (1957: 72)

Dom Leclercq verweist hier auf den Begriff der *ruminatio* und führt dazu eine Stelle aus Petrus Venerabilis' *De miraculis* an, wo dieser von einem Mönch berichtet, dessen Mund "ohne Unterlaß die heiligen Worte wiederkäut" (*os sine requie sacra verba ruminans*).[38] Zu bemerken ist hier, daß bei Beda dieses Verb *ruminare* für Caedmon angewendet wird, wenn dieser, nachdem er von den Brüdern einen biblischen oder sonstigen heiligen Text vorgelesen bekommen hat, diesen zu einem Gedicht verarbeitet:

At ipse cuncta, quae audiendo discere poterat, rememorando secum et quasi mundum animal ruminando, in carmen dulcissimum conuertebat [...].

[Alles, was er durch Hören lernen konnte, verwandelte er in ein sehr schönes Lied, indem er es sich merkte und wie ein reines Tier wiederkäute (...).] (*HL* chap.IV.24; S.398/399-400/401)

Dom Leclercqs Bild vom Text, der sich in den Körper und den Geist 'einschreibt', drückt aus, daß das Physische des geschriebenen Textes in einer solchen Kultur auf besondere Art zurücktransponiert wird in die Physis dessen, der sich mit diesem Geschriebenen auseinandersetzt und der damit auch gleichzeitig vom Geschriebenem als solchem − d.h. in dessen Existenz auf dem Pergament − wieder frei wird.

---

[38] Petrus Venerabilis, *De miraculis*, I.20, in: Migne *PL* 189, 887.

2.2.2 "Aus Büchern hören"

Die in der altenglischen Dichtung so gebräuchliche Formeln "wie wir aus Büchern hörten" oder "wie uns das Geschriebene sagt" sind zweideutig, zumindest nach unserem heutigen Verständnis vom Lesen und Zuhören. Wie gerade gezeigt, las man zum einen *sich selbst* vor, zum andern aber ließ man sich sehr wohl auch dann vorlesen, wenn man selbst des Lesens mächtig war.[39] Insofern ist die Stelle aus Assers Alfred-Vita zu überdenken, in der jene Geschichte von Alfreds Mutter erzählt wird, die verspricht, demjenigen ihrer Kinder ein Buch mit englischen Gedichten zu schenken, der sie als erster auswendig kann. Alfred ließ sich das Buch geben:

> Tunc ille statim tollens librum de manu sua, magistrum adiit et legit. Quo lecto, matri retulit et recitavit. (chap.23, S.20)

> [Er nahm sofort das Buch aus ihrer Hand, ging zu seinem Lehrer und (jener) las es. Als es gelesen war, brachte er es zu seiner Mutter zurück und trug es vor.]

Keynes und Lapidge datieren dieses Ereignis vor die Zeit, in der Alfred (zumindest Englisch) lesen konnte (1983: 239, Anm.48).[40] Da Assers Angaben in bezug auf Alfreds Lesefähigkeit sowieso widersprüchlich sind, wird dies nicht endgültig zu klären sein. Bemerkenswert ist aber, daß kurz zuvor schon einmal die Rede davon war, daß Alfred im Auswendiglernen englischer Gedichte besondere Fähigkeiten besaß:

> [...] Saxonica poemata die noctuque solers auditor, relatu aliorum saepissime audiens, docibilis memoriter retinebat. (chap.22, S.20)

> [Er war bei Tag und Nacht ein aufmerksamer Zuhörer englischer Gedichte, die er meist von anderen vorgelesen/vorgetragen hörte, und er behielt sie gelehrig.]

Die Textstelle sagt noch nicht einmal eindeutig aus, daß hier wirklich *vorgelesen* wurde, der Zusatz *aliorum* mag dies jedoch nahelegen. Vor allem ist wichtig, daß *durch Zuhören auswendig gelernt wurde*, besser vielleicht: sich etwas in das Gedächtnis einprägte.[41]

---

[39] Cf. Balogh 1927: 232.
[40] Sie meinen auch, daß *et* entweder ein Fehler für *qui* sei oder aber daß man *legit* mit "absorbed in its contents" oder "learnt" glossieren müsse (1983: 239, Anm.48).
[41] Ich scheue den Begriff 'Auswendiglernen', weil sich damit für uns ein direkter Bezug zwischen dem geschrieben vorliegenden Text und denjenigen, die diesen Text memorieren, aufdrängt. Dieser direkte Bezug aber war im Mittelalter eher die Ausnahme. Man behielt die Texte

Heute können wir bereits über kaum zwei Generationen hinweg die Beobachtung machen, wie stark zum Beispiel die Fähigkeit, Gedichte auswendig aufzusagen, zurückgegangen ist. Andererseits können wir immer noch an Kindern im Vorschulalter beobachten, daß sie mühelos in der Lage sind, auch längere Geschichten — in Prosa oder Versform — zu memorieren (bei Abweichungen im Vortrag protestieren sie). Angesichts dessen fällt es nicht schwer nachzuvollziehen, daß in Zeiten viel geringerer 'Reizüberflutung' das Memorieren — das 'Im-Gedächtnis-Behalten' — von Vorgelesenem oder Vorgetragenem keine Besonderheit war. Im Blick auf das Mittelalter, in dem für die Kommunikation jedweden (prinzipiell) schriftlich vorliegenden Textes die vokale Vermittlung und damit die aurale Rezeption den 'Normalfall' konstituierten, kann nur uns Modernen die von Dom Leclercq so genannte "Einschreibung eines Textes in den Körper und in den Geist" (1957: 72) als etwas Besonderes erscheinen.

2.3 DIE VERFÜGBARKEIT VON SCHRIFTLICHEM IN DER VOKALITÄT

2.3.1 Geschriebenes als Besitz

Wie es zur Verfügbarkeit schriftlicher Überlieferung in dieser frühmittelalterlichen Welt kommen konnte, ist uns aufgrund von 'Lehrplänen' nachvollziehbar. Den auf uns gekommenen Quellen können wir entnehmen, daß, wer lesen konnte, zum Beispiel als *psalteratus* galt, weil er — und auch sie — als Voraussetzung für diese Fähigkeit die Psalmen hatte auswendig lernen müssen.[42] Dies war nur der erste, wenn auch entscheidende, Schritt auf dem Weg, sich große Teile der Heiligen Schrift — im wahren Wortsinn — anzueignen.

Ich habe an anderer Stelle in diesem Zusammenhang von einer Rückführung, einem *recycling* des Schriftlichen in das Mündliche gesprochen.[43] Das soll heißen, daß sich mit der memorierenden Aneignung der Bibel, aber auch anderer schriftlich vorliegender und weitergegebener Texte, diese im Bewußt-

---

im Kopf (oder 'im Herzen'), weil man sie so oft *gehört* hatte; cf. unten I.2.4.
[42] Cf. Riché 1979: 223; 1985: 135: daß es — insbesondere im laikalen Bereich — vor allem Frauen waren, die lesen konnten, weist u.a. Grundmann (1958: 10) nach.
[43] Cf. Schaefer 1989: 201.

sein so verfügbar machten, wie anderes Wissen, zu dem man nur auf oral-auralem Weg gelangt ist. Dies sprachlich Vorgegebene floß zusammen mit Verfügbarem, das nie zuvor den Bereich des Schriftlichen berührt hatte. Der Historiker Detlef Illmer hat 1971 in einer sozialpsychologisch ausgerichteten Arbeit die Rolle des Gedächtnisses in der frühmittelalterlichen Schulerziehung im Blick auf das Auswendiglernen des Psalters folgendermaßen eingeschätzt:

> [...] wenn möglichst alle hundertfünfzig Psalmen beherrscht werden sollten, wenn möglichst oft, bei allen Anlässen und Tageszeiten Psalmen aufgesagt werden sollten, allein oder im Chor, wenn man nach der Auffassung mancher Autoren Psalmen sogar im Schlaf lernen können sollte, dann heißt das nicht nur, damit den Forderungen der Regel [i.e. der *Regula Magistri*] nachzukommen, sondern den *Wortschatz, Ausdrucksfähigkeit und Sprachverständnis, die Idiome einer kulturellen Gruppe zu erwerben*. (178f.; meine Hervorhebungen)

Weshalb es gerade der Psalter war, an dem man das Lesen – und gleichzeitig die lateinische Sprache – lernte, ist recht einfach zu erkennen. Die Psalmen weisen in der Tat durch ihre Unabgeschlossenheit eine gewisse Redenähe auf und bieten damit 'Redemuster' an. Gerade in dieser Redenähe wiederum liegt aber auch ein Punkt, den Illmer meines Erachtens nicht deutlich genug sieht: das, was da erworben ist, war den frühmittelalterlichen Menschen gar nicht so fremd, wie Illmer dies hier zu unterstellen scheint. Die Spruchhaftigkeit gerade des Psalters, die mehr kreisende als linear vorwärtsstrebende Struktur der Psalmen, kommt jenem mentalen Habitus entgegen, den wir der (primären) Mündlichkeit zuordnen. Davon jedoch später mehr.[44]

An Illmers Beobachtung ist mir wichtig, daß er das Auswendiglernen des Psalters als *Spracherwerb* charakterisiert. Man kann auch sagen, daß durch dieses Auswendiglernen eine besondere Art von "Sprachbesitz" erworben wurde. Den Begriff des Sprachbesitzes übernehme ich von Hans-Martin Gauger (1976a), der damit (in Anlehnung an W.Porzig) Saussures *langue*-Begriff zu verdeutlichen sucht, weil Beobachtungen, die Gauger zum Sprachbesitz macht, auch für die Aneignung biblischer und anderer Texte durch Memorierung zutreffen. So stellt Gauger im Blick auf den (primären) Spracherwerb fest: "Der Sprachbesitz kommt, durch einen komplexen Prozeß, *von außen* in das Kind hinein, wird gleichsam in es hineingeredet" (1976a: 15). Für die mittelalterliche (Aus-)Bildung kann man sagen, daß das "Hineinreden" von

---

[44] S. unten I.4.

biblischen und anderen Texten sogar durch diejenigen selbst geschieht, die diese damit zu ihrem Besitz machen.[45]

Auch durch Lektüre eignet man sich etwas an. Es ist dies jedoch nur in Ausnahmen die Aneignung der Zeichen selbst, so wie es bei der Memorierung der Fall ist. Die Signifikanten der Zeichen und Zeichenketten bleiben bei der Lektüre im Text, man schließt sie sozusagen nach beendeter Lektüre wieder in die Buchdeckel ein, wo sie erst dann wieder abrufbar sind, wenn man den Deckel ein weiters Mal öffnet und die Seiten aufschlägt, auf denen dann der Text — als Entität — erneut vor dem Leser steht. daß in der angelsächsischen Zeit sehr wohl ein Bewußtsein für die besondere Existenzform des Schriftlichen zwischen Buchdeckeln bestand, zeigt auf witzige Weise das sogenannte "Bücherwurm-Rätsel".[46] Besonders gelungen scheint dort auch die — in diesem Fall verstandlose — *ruminatio* thematisiert:

Moððe word fræt   me þæt þuhte
wrætlicu wyrd   þa ic þæt wundor gefrægn
þæt se wyrm forswealg   wera gied sumes
þeof in þystro   þrymfæstne cwide
ond þæs strangan staþol   stælgiest ne wæs
wihte þy gleawra   þe he þam wordum swealg

[Eine Motte fraß Wörter; mich deuchte dies
ein eigenartiges Geschick, da ich das Erstaunliche erfuhr,
daß der Wurm verschlang das Lied/Gedicht irgendeines Menschen,
(wie ein) Dieb im Düstern, dieses herrliche Gesagte,
und die starke Halterung. Der diebische Wicht war
nicht weiser, der er die Wörter verschlang.]

Man kann diesem Rätsel entnehmen, daß *diese* Art der Rezeption von Geschriebenem zu nichts führt.

---

[45] In den sechziger Jahren unseres Jahrhunderts breitete sich in deutschen Schulen der sogenannte *pattern drill* aus, in dem man z.B. im Englischen den (für Deutsche sehr verwirrenden) Gebrauch von Präpositionen lernte. Man mußte ganze Sätze auswendig lernen, in denen der entsprechende Gebrauch von Präpositionen exemplarisch eingeübt wurde. Mit dem 'Auswendiglernen' mußten die Schüler (ich war eine von ihnen) den Gebrauch sich ebenfalls sozusagen 'selbst hineinreden'. Damit wurde — der Meinung von Sprachpädagogen nach — der Erwerb der Muttersprache simuliert. Als *pattern drill* kann man auch die mittelalterliche Methode des Lateinlernens sehen.
[46] Nr.47 nach der Zählung der *ASPR* III. In diesem Zusammenhang ist auch das Rätsel Nr. 39 zu nennen. Es hebt an mit: *gewritu secgað* und nimmt diese Formel in Z. 13b nochmal auf. Dieses Rätsel hat man u.a. zu lösen versucht mit 'Tag', 'Mond', 'Zeit', 'kreatürlicher Tod'. Williamson hingegen hat "Speech (O.E. *Word, To gesecganne*)" vorgeschlagen (1977: 258ff.). Wenn letztere Lösung zuträfe, so hätten wir hier zum einen ein hochdifferenziertes *metasprachliches* Rätsel.

Doch zurück zu der Frage, was die *richtige ruminatio* erbringt. Sie löst die Geschlossenheit des Textes (*in pystro*, wie es im Rätsel heißt) auf und bildet dadurch die Quelle für einen Besitz, mit dem es sich verhält wie mit dem (primären) Sprachbesitz. Letzteren hat man nach Gauger auch zu verstehen "als ein Können, eine Fähigkeit oder Fertigkeit, als Beherrschen einer bestimmten [...] Technik des Sprechens" (1976a: 21). Zwar rubrizieren wir in der historischen Draufsicht dieses mittelalterliche Können, das durch das Auswendiglernen erworben wird, als 'Lateinkenntnis', doch ist dies sozusagen nur eine sekundäre Dreingabe. Viel entscheidender ist, daß das, was man solchermaßen memoriert, in einer weiteren Hinsicht dem primären Sprachbesitz gleichzusetzen ist.[47] Gauger stellt fest: "Der Sprachbesitz muß [...] als *Kopräsenz* bestimmt werden" (1976a: 34). Diese Kopräsenz hat erhebliche Folgen für die Art, wie das durch das 'Auswendiglernen' in Besitz Genommene reaktiviert wird. Ich meine das sogenannte Zitieren.

2.3.2 Das 'Zitieren'

Dom Leclercq hat im Blick auf die monastische 'schriftliche' Bildung eine Feststellung gemacht, die bei den Literarhistorikern — vor allem bei jenen, die sich um Anteile von Mündlichem oder Schriftlichem in der mittelalterlichen Dichtung bemühen — viel zu wenig Beachtung gefunden hat. Er streicht die Bedeutung und Konsequenzen der *ruminatio* ("ce mâchement répété des paroles divines" (1957: 72)) folgendermaßen heraus:

> Cette façon d'unir lecture, méditation, prière [...] est lourde de conséquences pour toute la psychologie religieuse. Elle occupe et engage la personne entière, elle y enracine l'Écriture, qui peut alors porter ses fruits. Elle explique le phénomène, si important, de la réminiscence, autrement dit le rappel spontané de citations et d'allusions qui s'évoquent les unes les autres, sans aucun effort, par le seul fait de la similitude des mots; chaque mot fait agrafe, pour ainsi dire: il en accroche un ou plusieurs autres, qui s'enchaînent et constituent la trame de l'exposé. D'où la difficulté de ce qu'on appelle aujourd'hui la recherche des sources: les moines citent-ils d'après d'anciennes versions, ou avec des variantes? Le plus souvent, ils citent de mémoire; les citations par mots-agrafes se groupent dans leur esprit et

---

[47] Dabei ist es sicherlich angezeigt, diesen Sprachbesitz — zumindest heuristisch — in "sprachliche Teilsysteme" aufzugliedern, wie Giesecke das (im Anschluß an Gumperz) im Blick auf das deutsche Spätmittelalter tut (1979: 288ff.).

sous leur plume en des sortes d'ensemble, comme les variations d'un même thème [...]. (1957: 73)

Jeder kritische Apparat zu mittelalterlichen lateinischen Schriften gibt reichliche Auskunft darüber, aus welchen biblischen Bauelementen und Bauelementen sonstiger Herkunft man Texte 'zusammengesetzt' hat.[48] Verifiziert man diese 'Zitate' dann in ihrer 'Quelle', so ist festzustellen, daß nach unserem modernen *Text*gefühl das 'Zitat aus dem Zusammenhang gerissen' ist. Mein Gebrauch von Anführungszeichen zeigt hier, daß wir mit unserer Terminologie gar nicht richtig zu fassen in der Lage sind, was hier eigentlich geschieht. Einmal sind das nicht 'Zitate' in dem Sinn, wie wir diesen Begriff benutzen. Oberstes Gebot für uns ist bei jeder Art von Kommunikation, daß Zitate nur so verwendet werden dürfen, wie die Quelle sie benutzt. Dies aber heißt in unserem Verständnis, daß man auf den *innerdiskursiven Kontext* oder auch auf den *situativen Kontext* zu achten hat und das Zitat diesen nicht entfremden darf. Was den innerdiskursiven Kontext angeht, so kehrt dieses Gebot korrekten Zitierens sozusagen das Faktum um, daß ein schriftlicher Text möglichst weitgehend ohne situativen Kontext auskommen muß, deshalb aller situative Kontextbezug (Zeitbezüge, Ortsbezüge, Personendeixis etc.) transponiert und damit verbaliter encodiert sein muß. Dieser innertextliche Kontext stützt einerseits seine Signifikanten, hält sie andererseits damit aber auch fest. Wie Giesecke feststellt, wird "antizipierende Reflexion und die Relativierung der eigenen Sehweise des Kommunikationsgegenstandes [...] in der schriftsprachlichen Kommunikation besonders stark verlangt" (1979: 283). Für diese Relativierung, die in den Text eingeschrieben sein *muß*, hat man im frühen Mittelalter augenscheinlich wenig Verständnis.

In der Vokalität des (frühen) Mittelalters handelt es sich bei dem, was in der Bildung durch Hören und orales Repetieren in das Gedächtnis aufgenommen wird, nicht um *Texte* als in sich abgeschlossene 'Superzeichen'.[49] Die Zeichen und Zeichenketten selbst werden mit dem *palatum cordis* oder *in ore cordis*[50] aufgenommen und gespeichert. Dies gibt auch die französische Wendung *par coeur* — das englische *by heart* ist eine bei Chaucer zum ersten

---

[48] Ich habe in meinem Aufsatz "Two Women..." (1986) mehrere solche 'Zitate' bzw. 'Parallelstellen' aufgezeigt.
[49] Zum Textbegriff s. unten I.3.2.
[50] Diese Begriffe benutzen Augustin, Gregor von Tours und Johann von Fécamp; cf. Leclercq 1957: 72.

Mal belegte Lehnübersetzung — noch wieder.[51] Weil also beim Auswendiglernen dies so ist, bilden sie einen Besitz, der sich als ein aktives Können abrufen läßt.

Ich meine, gerade hieran zeigt sich, daß es für das frühe Mittelalter irreführend wäre, prinzipiell von einer Dichotomie auszugehen, die Mündlichkeit und Schriftlichkeit einander gegenüberstellt. Was man durch das Lesenlernen — aber nicht schlechthin um des Lesens willen — gelernt hat, findet seinen Ort genau dort, wo auch andere Formen kulturell relevanter Informationen, die sprachlich vermittelt werden, angesiedelt sind: nicht auf Pergament, sondern im Geist. Dort sammelt sich sprachlich vermitteltes, soziokulturell relevantes Wissen in spruchartiger Form an. Auch diese Formeln stellen einen sprachlichen Besitz dar.[52] Daß der Zugang zu den heiligen Schriften gerade durch die stark spruchartig geprägten Psalmen eröffnet wurde, kann man daher nicht als historischen Zufall bewerten.

Als schließlich die sprachliche Schranke, die wir für die ersten 250 Jahre veranschlagen müssen — der biblische Besitz ist Lateinisch, der andere ist Englisch —, überwunden wird, indem Übersetzungen in die Volkssprache stattfinden, können die Besitze beider Provenienz zusammenfließen, wodurch die neuen Wege zur sprachlichen Fassung der Verkündigung endgültig frei waren. Wenn wir die entscheidende Übersetzungsphase in der Tat erst im späten 9. Jahrhundert ansetzen, so müssen wir unterstellen, daß es erst als Folge dieser Aktivitäten dazu kommt, daß man von den Aposteln wie von germanischen Helden spricht und daß sich im *Beowulf* christliches Gedankengut manifestieren kann.

Auch zuvor waren die Welten nicht so sauber getrennt, wie es uns dies die Rede von der "heroisch-germanischen Tradition" im Gegensatz zur "christlichen Tradition" suggerieren will.[53] Jackson Campbell hat in mehreren Arbeiten überzeugend nachgewiesen, daß die altenglische Dichtung Zeugnis davon gibt, in welch hohem Maß seine Schöpfer mit der antiken

---

[51] Cf. OED Eintrag *heart*, dort Nr.35. Das deutsche *auswendig* ist eine präfigierte Form zu *wendig* 'elegant', die im Mhd. aufkommt in der Wendung *etwas auswendig können*: "Auch hier bedeutet es urspr. 'äußerlich', d.h. 'ohne Einsicht in ein Buch'" (Kluge 1975: 852, Eintrag *wendig*). Auf seine besondere Weise — e negativo nämlich — bringt also der deutsche Begriff das Buch und gleichzeitig die Vokalität in den Blick.
[52] S. unten S.75ff.
[53] Zum Stichwort "Heroisches Vokabular" stellen Pilch/Tristram treffend fest, viele Kritiker übersähen, "daß für das zeitgenössische Publikum das heroische Vokabular nicht ebenso einseitig wie für uns auf die Konnotation 'germanische Vorzeit' festgelegt war" (1979: 94).

Rhetorik vertraut gewesen sein mußten.[54] Er stellt fest, die "verbal skills" eines angelsächsischen Dichters "might have come from his Latin education as well as from his English aural experience" (1966: 191). Führen wir uns vor Augen, daß diese lateinische Bildung keineswegs stummes Buchwissen war, so wird deutlich, daß die Verfügbarkeit über beide Traditionen im Sinn von Wissensüberlieferung prinzipiell nicht die von oral Tradiertem hier und schriftlich Fixiertem da war. *Beide* waren *vokal*, und dank der Überwindung — besser: dem Verschwinden — sprachlicher Getrenntheit konnten sie in der altenglischen Dichtung, die uns überliefert ist, einen verbalen Ausdruck *uni sono* finden.

Alexandra Olsen stellt ihrer Arbeit zu Cynewulf (1984) Überlegungen zu diesem kulturellen Transfer an und verweist dabei auf *Bedas Totenlied*. Gesetzt, daß Beda in der Tat Autor dieser Zeilen war, dann hat der folgende Gedankengang Olsens etwas Bestechendes:

> [If] Bede was, as most scholars agree, the author of the *Death Song*, he had learned to compose formulaic vernacular songs. Since he entered the monastery at the age of seven and was not a much-travelled man, the only place where he could have learned the formulaic method was the monastery of Jarrow. (1984: 11)

Wenn zu Bedas Zeit das volkssprachliche Dichten in den Klöstern gang und gäbe war, dann erscheint es allerdings umso verwunderlicher, daß gerade Beda selbst sich derart große Mühe gegeben hat, mit der Caedmon-Geschichte volkssprachliche religiöse Dichtung — die natürlich formelhaft war — zu legitimieren.[55] Legitimierte er etwa, was er selbst tat? Und weshalb hat er, wenn er selbst die volkssprachliche Dichtkunst beherrschte, die lateinische Übersetzung der *Hymnus* niedergeschrieben, die ja, nach Bedas eigener Aussage, der Schönheit eines Gedichts Abbruch tut, *neque enim possunt carmina* [...] *ex alia in aliam linguam ad uerbum sine detrimento sui decoris ac dignitatis transferri* ('denn die Lieder können [...] von einer Sprache in die andere nicht ohne Nachteil für ihre Schönheit und Würde übertragen werden'; *HE* chap.IV.24; S.398/399).

Daß da ein Austausch, ja gegenseitige Befruchtung beider Kulturen in den Klöstern stattgefunden haben muß, zeigen meiner Meinung nach u.a. die sogenannten "Skriptorien-Rätsel" aus dem Exeter-Buch, in denen Bücher, das

---

[54] Cf. Campbell 1966, 1967 u. 1978; daneben auch Cross 1956, 1957 (beide zum *ubi-sunt*-Topos) und 1961 (zu *Wanderer*).
[55] Cf. unten S.96f.

Geschriebene, das Schreiben selbst zum Gegenstand wahrhaft *trivialer Beschäftigung* in volkssprachlicher Versifikation werden. Was im Blick auf das Dichten wer wo gelernt hat, wissen wir einfach nicht. Hätten wir — über die frühe Manuskriptüberlieferung des Caedmonschen *Hymnus* und *Bedas Totenlied* hinaus — die Möglichkeit, die auf uns gekommenen altenglischen Gedichte genauer zu datieren und auch zu lokalisieren, wäre wohl auch eine genauere Aussage darüber möglich, auf welche Weise die — als Resultat uns ja vorliegende — Fusion der beiden Kulturen stattgefunden hat.

2.4 "SCHRIFTLICHES" DICHTEN

Ein abschließendes Wort muß in diesem Kapitel gesagt werden zu der Debatte um die Frage, ob die altenglische Dichtung mündlich oder schriftlich komponiert sei. Entfacht wurde sie durch den Artikel Francis P. Magouns aus dem Jahr 1953, der in der Formelhaftigkeit dieser Dichtung ein Indiz dafür sah, daß es sich hier um *mündlich verfaßte* Dichtung handle. Eingehend werde ich mich hiermit in Kap.I.4 auseinandersetzen. Abgesehen von der Frage, welche Beweiskraft der Befund der Formelhaftigkeit hat, sind in erster Linie die materiellen Gegebenheiten angeführt worden, um das Konzept schriftlichen Dichtens im Mittelalter generell in ein anderes Licht zu stellen.[56]

Zum einen heißt, wie wir gesehen haben, Lesenkönnen nicht unbedingt Schreibenkönnen.[57] Und selbst wenn ein Autor selbst schreiben konnte, so mag er oft doch diktiert haben.[58] Darüber hinaus aber sind die materiellen Bedingungen — Pergament war rar und deshalb teuer und darüber hinaus äußerst mühsam zu beschreiben — solcher Art, daß man sich auch einen Dichter, der selbst seine Dichtung aufschrieb, nicht inmitten einer Menge verworfener Versionen und daher zerknüllter Seiten vorstellen darf.[59] Andererseits gab es — für kurze Niederschriften — im Mittelalter wie in der Antike Wachstäfelchen.[60] Man wird sich vorstellen müssen, daß ein Dichter allen-

---

[56] So z.B. von Benson 1966.
[57] Cf. hierzu z.B. Riché 1979; 222ff.
[58] Cf. Bischoff 1986: 62; es sollte hier wenigstens am Rand bemerkt werden, daß das deutsche Wort *dichten* etymologisch auf mlat. *dictare* zurückgeführt wird; cf. Kluge 1975: 131 u.133.
[59] Zum Pergament s. Bischoff 1986: 23ff.; Bischoff veranschlagt im übrigen auch autographe Überarbeitungen (1986: 62).
[60] Cf. Bischoff 1986: 28ff.; aus Irland ist ein Wachstafelchen erhalten, das auf 600 datiert wird. Dort sind in Ogham-Schrift Psalmen notiert (Bischoff 1986: 30).

falls stichwortartige Entwürfe auf diesen Täfelchen festhielt oder festhalten ließ.[61] Allemal sind diese Grundbedingungen so verschieden von den Bedingungen, innerhalb derer wir aktiv mit der Schrift umgehen, daß bereits diese historischen Einsichten den Begriff "schriftlichen Dichtens" selbst gehörig relativieren.

Für noch entscheidender halte ich, was über die Verfügbarkeit von Schriftlichem hier festgestellt worden ist. Die Möglichkeit unmittelbaren Zugriffs auf dieses Schriftliche, das durch die Ausbildung, wie ich sage, in die Vokalität transferiert worden ist, führt schon im Stadium des dichterischen Entwurfs zu ganz anderen Konzeptionen als in der voll ausgeprägten Schriftlichkeit. Der Dichter der *Genesis* hatte nicht aufgeschlagen vor sich einen Bibel-Codex, dem er dann kompositorisch folgte. Um dafür den Ausdruck in *englischer Sprache* zu finden, brauchte er andererseits auch keine englische Übersetzung. Ihm stand ein Repertoire ebenso 'vorgeformter' Ausdrücke zur Verfügung, mit denen er die sprachliche Umsetzung in adäquater Form vornehmen konnte. Und dieses Repertoire war in seinem Gedächtnis gespeichert, wo sich auch jenes christliche Bildungsgut befand.[62]

---

[61] So Zumthor, allerdings für das 12. Jahrhundert: "De plusieurs lettrés du XIIe siècle [...] nous savons qu'ils composaient de tête leurs ouvrages, et les dictaient à un secrétaire qui le notait au stylet sur tablettes [...]" (1987: 111). Auch Zumthor hält hier redaktionelle Überarbeitungen des Niedergeschriebenen durch den Autor für möglich. Willi Erzgräber macht mich darauf aufmerksam, daß noch zu Shakespeares Zeit die Benutzung von Wachstäfelchen für Notizen üblich gewesen sein muß: in *Hamlet* spricht der Titelheld metaphorisch "Yea, from the table of my memory/ I'll wipe away all trivial fond records" (I.5.98f.) und greift kurz danach zur — konkreten — Tafel, um darauf eine Notiz zu machen: "My tables, meet it is I set it down/ That one may smile, and smile, and be a villain [...]" (I.5.107f.).

[62] Daß dies nicht in größerem Maß zu makkaronischen Gedichten führte, ist eigentlich verwunderlich. Die makkaronischen Gedichte (z.B. das Ende von *Phoenix*) werden jedoch in der Forschung allgemein spät datiert.

3. POETISCHE KOMMUNIKATION IN DER VOKALITÄT

3.1 GEGENSTAND DER REZEPTION – GEGENSTAND DER ANALYSE

Die Welt, in welche die altenglische Dichtung eingebettet war, dürfen wir uns also weder denken als eine kommunikative Welt, die primär – und damit ausschließlich – mündlich gewesen, noch als eine, in der Schriftliches unvermittelt von Lesern rezipiert worden wäre. Es scheint mir deshalb dringend notwendig, für diese vokale Welt das, was da kommuniziert wird, begrifflich neu zu überdenken.

Dieser Begriff muß zum einen der Tatsache Rechnung tragen, daß auf der Senderseite *Schriftliches* vorliegt, das auf der Empfängerseite *hörend* aufgenommen wird. Wie – den gelungenen Kommunikationsakt vorausgesetzt – das Schriftliche gestaltet sein muß, um hörend rezipiert und auch verstanden zu werden bzw. wie der hörend Rezipierende das Schriftliche versteht, kann schon aus diesem Grund mit einem Textbegriff, der Schreiben und Lesen, vokale Vermittlung und Hören nicht unterscheidet, kaum erfaßt werden. Es ist deshalb zuerst erneut zu trennen zwischen schriftlichem und mündlichem Diskurs. Dem schriftlichen verbalen Diskurs will ich den Terminus *Text* vorbehalten, dem mündlichen den Begriff *Äußerung* (bzw. *énonciation*). Beide sollen hier näher erläutert, gegeneinander abgegrenzt und im Blick auf die Vokalität neu einander zugeordnet werden.

Diese grundsätzliche Unterscheidung zwischen *Text* und *Äußerung* nimmt einen Gedanken von David Olson auf, den dieser in seinem Aufsatz "From Utterance to Text: The Bias of Language in Speech and Writing" aus dem Jahr 1977 formuliert hat. Der Grundgedanke dieses Aufsatzes, den bereits der Titel umreißt, ist folgender: Olson sieht mit zunehmender Schriftlichkeit auch eine stetig wachsende "Textualisierung". Wachsende "Textualisierung" heißt für ihn, daß die Bedeutung mehr und mehr *im Diskurs* zu suchen ist, während bei der *utterance* laut Olson die Bedeutung *im außersprachlichen Kontext* verankert ist.[1]

---

[1] "My argument will be that there is a transition from utterance to text both culturally and developmentally and that this transition can be described as one of *increasing explicitness*, with language increasingly able to stand as an unambiguous or autonomous representation of meaning" (Olson 1977: 258; meine Hervorhebung). In der Terminologie von Koch/Oesterreicher handelt es sich hier also um eine Verstärkung der Distanzsprachlichkeit in dem Sinn, daß sich der sprachliche "Planungsaufwand" beständig erhöht (1985: 20).

Nun ist die altenglische Dichtung einerseits sicherlich nicht einfach 'gesprochene Sprache'. Andererseits hat man gerade jene Phänomene, die als 'Spuren der Mündlichkeit' in dieser Dichtung ausgemacht worden sind, oft deshalb als solche erkannt, weil sie Ähnlichkeiten mit Phänomenen aufweisen, die in der — für uns beobachtbaren — mündlichen Kommunikation zu finden sind. Kriterium ist hier die Verständlichkeit, im Fall der altenglischen Gedichte eine *Un*verständlichkeit, die anscheinend dadurch zustande kommt, daß *uns*, den *Lesenden*, der außersprachliche Kontext fehlt, in dem die volle Bedeutung sich erst ermitteln ließe.[2]

Eine besondere Bedeutung in der Diskussion um die 'Mündlichkeitsanteile' wurde in den letzten Jahrzehnten der Formelhaftigkeit der altenglischen Dichtung beigemessen, ohne daß allerdings hier die Frage nach der Verständlichkeit besonders in den Blick gekommen wäre. Als Charakteristikum von Mündlichkeit werden allgemein die Formelhaftigkeit des sprachlichen Ausdrucks, aber auch der Gebrauch bestimmter größerer Formelkomplexionen, von Sprichwörtlichem, Redensarten und dergl. in der Forschung vor allem als soziokulturelles Phänomen diskutiert. Und gerade hier wird die Kontextabhängigkeit bzw. die Kontextorientiertheit solchen Ausdrucks immer wieder hervorgehoben. So stellt z.B. Deborah Tannen fest:

> Formulaic expressions function as wholes, as a convenient way to signal knowledge that is already shared. In oral tradition, it is not assumed that the expressions contain meaning in themselves, in a way that can be analyzed. Rather, words are a convenient tool to signal already shared social meaning. (1982: 1f.)

Weil die Formeln aufgrund ihrer sprachlichen Ausgeformtheit (deshalb sind es ja Formeln) als solche in der Dichtung erkennbar sind und weil darüber hinaus ein bestimmter Formeltyp, der der gnomischen Formeln, unbestreitbar auch *außerhalb* der Dichtung existiert haben muß, erscheint mir dieses 'münd-

---

[2] Das 'Unverständlichkeitsargument' findet sich in bezug auf ganz verschiedene Phänomene, jedes Mal jedoch werden in dem Zusammenhang dann Informationslücken unsererseits unterstellt. Konzentriert auf die Mündlichkeit/Schriftlichkeit-Frage hat Hans-Jürgen Diller Referenzprobleme im *Beowulf* untersucht und kommt zu dem Ergebnis: "The strategies of reference identification in *Beowulf* are consistent with oral delivery. They seem in marked contrast to the strategies used in poems whose source material is known to have existed in written form. They thus suggest that the poet knew his sources from hearing" (1988: 25). Für Diller sind also Pronominalreferenzen, die bei der Lektüre nicht eindeutig zuzuordnen sind, Indizien für die Oralität der *Quelle* des *Beowulf*-Dichters, nicht aber unbedingt der mündlichen Komposition des Gedichtes, wie es uns überliefert ist. Interessant ist hier, daß auch Diller bemüht ist, diese 'Mündlichkeitsindizien' in bezug auf die Provenienzfrage zu interpretieren. "Viel gemeinsames Wissen" ist auch ein Merkmal der "Nähesprache" bei Koch/Oesterreicher (1985: 20); cf. auch Oesterreicher 1988: 372.

liche Phänomen' besonders geeignet, Zugang zum Verständnis zu finden für das semiotische Funktionieren der Dichtung in der Vokalität. Indem man die Frage nach irgendwelchen 'Mündlichkeitsanteilen' in der altenglischen Dichtung bisher in erster Linie zum Zweck des Indizienbeweises für bestimmte historische Sachverhalte (z.B. Provenienz aus der vorschriftlichen Zeit) behandelt hat, ist offensichtlich kaum Bewußtsein dafür aufgekommen, daß hier auch neue Wege der poetischen Interpretation beschritten werden können. Dabei ist es der Mediävistik schon lange bewußt, daß die Dichtung, mit der sie umgeht, mit anderen interpretatorischen Maßstäben zu messen ist als die Literatur der Moderne. So hat Hans Robert Jauss immer wieder darauf hingewiesen, daß es notwendig sei, sich der Alterität (im Sinne von 'Andersheit') mittelalterlicher Dichtung bewußt zu werden.[3] Meine Konzentration auf die Fragestellung nach dieser Dichtung als Kommunikation in der Vokalität (und damit einer anderen Art von Kommunikation als in der heutigen Schriftlichkeit) ist deshalb zu verstehen als ein Beitrag dazu, über die Inkenntnisnahme der Alterität hinaus sich auch erneut verstehenden Zugang zu diesem Anderen zu verschaffen.

Um dieser Alterität im Rahmen meiner Fragestellung auf die Spur zu kommen, reicht es nicht, sich einfach auf eine Unterscheidung der schriftlichen und der vokalen Diskurse zu verständigen. Eine solche Unterscheidung ist darüber hinaus notwendig, um damit den andersartigen hermeneutischen Bedingungen der Vokalität Rechnung zu tragen und somit das in ihr Kommunizierte auch adäquat analytisch zu beschreiben und zu interpretieren.

In der Diskussion um die poetische Kommunikation in der Vokalität muß man sich von vornherein darüber klar werden, daß diese hermeneutischen Bedingungen nicht die des schriftlich-lesenden Verstehens sein können. Dies ist zum einen hier notwendig, um uns, die wir so ganz und gar eingeübt sind in die Hermeneutik der Textualität, vor Augen zu führen, in welch starkem Maß die *Schriftlichkeit selbst* Bedingung dieser Hermeneutik ist. Aus dieser Erkenntnis erst kann sich dann — als Konsequenz — die begriffliche Umorientierung ergeben, dort nicht von *Text* zu sprechen, wo die Zeitgenossen keinen Text rezipiert haben, sondern dafür ein Konzept zu finden, das der spezifischen Rezeption in der Vokalität gerechter wird. Um zu diesem Ziel zu gelangen, will ich erläutern, welchen Beitrag die moderne Linguistik zur Unterscheidung von mündlichem und schriftlichem Diskurs geleistet hat, wo der moderne Begriff vom Text einzuordnen ist, und weshalb der Textbegriff, mit

---

[3] Cf. vor allem Jauss 1977.

dem die literaturwissenschaftliche Texttheorie arbeitet, auf die altenglische Dichtung aus rezeptioneller Sicht nicht anwendbar ist.

3.2 TEXT UND TEXTREZEPTION

3.2.1 Linguistischer Primat des Gesprochenen?

In den letzten zwanzig Jahren ist der Begriff *Text* in der Linguistik immer weiter gefaßt worden. Hat man bis zu einer bestimmten Zeit unter *Text* etwas Schriftliches verstanden, so entschied sich seit den sechziger Jahren vor allem die Textlinguistik dafür, diesen Begriff auch auf nicht-schriftliche verbale Diskurse anzuwenden. Programmatisch schrieb bereits 1968 Peter Hartmann, einer der Gründer der Textlinguistik: "Es wird, wenn überhaupt gesprochen wird, nur in Texten gesprochen" (1968: 212).[4] Das heißt also: jeder *parole*-Akt ist "Text". Doch auch außerhalb der Textlinguistik hat sich dieser weite Textbegriff etabliert.

Auf den ersten Blick ist es eigentlich erstaunlich, daß sich die Linguistik hier eines solch stark in der Textualität verankerten Worts bedient, um die menschliche verbale Kommunikation als Untersuchungsgegenstand auf den Begriff zu bringen. Erstaunlich ist dies, weil die strukturalistische Sprachwissenschaft mit ihrer Hinwendung zur synchronen Sprachbeschreibung im Gefolge Saussures deutlich zwischen der geschriebenen und der gesprochenen Sprache unterscheidet.[5] Die moderne Sprachwissenschaft hat sich konsequenterweise zuerst einmal ganz abgewendet von der geschriebenen Sprache und ihre Aufmerksamkeit der *gesprochenen* Sprache entgegengebracht. Schriftliches wurde solchermaßen (nicht ganz zu Unrecht) eingestuft als Sekundär-

---

[4] Im prinzipiellen Gegensatz zu dem, was ich hier darlege, vertritt Konrad Ehlich die Meinung, es sei "möglich, den Terminus 'Text' in einer solchen Weise zu gebrauchen, daß die alltagsweltliche Vorkategorisierung [in 'Text' = *'geschriebener* Text'] sinnvoll aufgehoben und zugleich eine schärfere Bestimmung des Text-Begriffs möglich wird" (1983: 27).

[5] Cf. die Bemerkung in Kap.VI von Saussures *Cours*: "Langue et écriture sont deux systèmes de signes distincts; *l'unique raison d'être du second est de représenter le premier*; l'objet linguistique n'est pas défini par la combinaison du mot écrit et du mot parlé; *ce dernier constitue à lui seul cet objet*" (1915/71: 45; meine Hervorhebungen). Interessanterweise beginnt das nächste Kapitel VII ("La phonologie") mit dem Satz: "Quand on supprime l'écriture par la pensée, celui qu'on prive de cette image sensible risque de ne plus apercevoir qu'une *masse informe* dont il ne sait que faire. C'est comme si l'on retirait à l'apprenti nageur sa ceinture de liège" (1915/71: 55; meine Hervorhebung); cf. hierzu auch Koch/Oesterreicher 1985: 25f.

phänomen, das den Sprachwissenschaftler — wenn überhaupt — nur marginal interessierte. Im Zug der Betrachtung von Sprache als System, das synchron beschreibbar ist, war dies die bewußte Abwendung von der Schriftsprache hin zu den beobachtbaren, *hörbaren* Daten dessen, was täglich von der Gemeinschaft, die sich einer *langue* in der *parole* — eines Sprachsystems in dessen Realisation — bedient.

Aus ganz anderen Erkenntnisinteressen heraus ist andererseits in den vergangenen dreißig Jahren das Bewußtsein entstanden für die Verschiedenheit von gesprochener und geschriebener Sprache, wie ich das in Kap.1 bereits skizziert habe. Hier stand nicht die eigentliche Sprachbeschreibung im Vordergrund, vielmehr gewann man Erkenntnisse über die unterschiedlichen kulturanthropologischen Bedingungen von Mündlichkeit und Schriftlichkeit sowohl in der historischen Entwicklung der westlichen Kultur als auch im individuellen Übergang von Mündlichkeit zu Schriftlichkeit und schließlich auch im sozialen Miteinander, Nebeneinander und manchmal auch Gegeneinander schriftlich und mündlich orientierten kommunikativen Verhaltens.

Unter diesen Vorgaben erscheint es um so mehr als Defizit, daß diejenige Disziplin, die zuerst — und schon vor dem Strukturalismus in der Nachfolge Saussures — das Geschriebene vom Gesprochenen unterschied,[6] dem Unterschied selbst als untersuchenswertes Phänomen kaum Aufmerksamkeit geschenkt hat. Allerdings hat sich die Prager Schule, und dort vor allem Josef Vachek, doch um den Unterschied zwischen gesprochener und geschriebener Sprache bemüht. In seinem Artikel "The Present State of Research in Written Language" von 1973 faßt Vachek seine — bereits zuvor in verschiedenen Publikationen dargelegten — Gedanken zu den "problems of written language and [...] its particular status, as opposed to that of spoken language" (1973: 47) zusammen. Das erscheint vielversprechend, weil damit Abstand genommen wird von den "hostile approaches, denying the specific status of written language", wie sie u.a. Bloomfield und Hockett vertreten haben (ibd.). Vachek insistiert auf einer *funktionalen* Unterscheidung geschriebener und gesprochener Sprache

> insomuch as the written utterances enable the language user to react to a given piece of extralingual reality in a documentary and easily surveyable manner, whereas the spoken utterances serve the purpose of reacting to the same piece of extralingual reality in a manner that can be characterized as ready and immediate. (1973: 48)

---

[6] Cf. hierzu Christmann 1978.

Weiterhin stellt Vachek unter dem funktionalen Aspekt fest, daß "both varieties of language are found to be mutually complementary" (ibd.), wobei es sich um eine Opposition handle, in der die gesprochene Norm das unmarkierte, die geschriebene Sprache das markierte Element sei (1973: 49). Wenn man die beiden als funktional komplementär ansehe, so Vachek weiter, müsse es allerdings auch strukturelle Korrespondenzen zwischen beiden geben.

So weit, so gut — und die Hoffnung erweckend, daß nun aus strukturalistischer Sicht eine weitere linguistische Beschreibung der beiden Normen erfolge. Doch dann heißt es:

> [This] structural correspondence need not be based exclusively on the level of phonemes vs. graphemes [...] The only requirement [...] is that the rules by which spoken utterances are transposed into the corresponding written ones (and vice versa) are not too complex [...]. (1973: 49)[7]

Man ahnt, worauf all dies hinausläuft. Vacheks Erkenntnisinteresse läßt sich in diesem Zitat zusammenfassen:

> [...] orthography [sic!] is, after all, nothing else than a set of rules by which spoken utterances can be transposed into the corresponding spoken ones, and which thus concisely express the mutual relation of the concerned spoken and written norms. (1973: 50)

Jene Normen also sind die der *Verschriftung* bzw. *Verlautlichung*, um Kochs Begriffe zu benutzen.[8] Zwar sollte diese mediale Einengung angesichts von Vacheks Zugehörigkeit zur Prager Schule nicht überraschen, sie tut es aber dennoch angesichts des recht weitgehenden Erkenntnisanspruchs, den die Rede von der funktionalen Differenzierung erhebt.

Man kann allgemein feststellen, daß, trotz Saussure, in der Sprachwissenschaft unseres Jahrhunderts die Schriftlichkeit bzw. die geschriebene Sprache (wieder) unbemerkt Gegenstand der theoriebildenden Reflexionen wurde. Dies geschah — ich meine: zwangsläufig — in dem Moment, als die paradigmatisch verhandelbaren Gegenstände der Phonologie und Morphologie strukturalistisch aufgearbeitet waren und man sich der Syntax zuwandte. Ein Programm lautete, die syntaktische Struktur "both in the broad sense (as opposed to semantics) and the narrow sense (as opposed to phonemics and morphology)" (Chomsky 1957: 5) in das Zentrum der Theoriebildung zu rücken. In

---

[7] Ich habe *written* hier gegen das *spoken* im Originaltext ersetzt. Es handelt sich da offensichtlich um ein Mißverständis oder einen Druckfehler.
[8] S. oben S.17, Anm. 24.

Chomskys Konzept der Generierung 'wohlgeformter Sätze' aus einer — von ihm veranschlagten — Tiefenstruktur werden grammatische Strukturen als gänzlich autonom angesehen. Das heißt: Sprachliches — und eben *nur* dies — generiert autonom *aus sich heraus* Bedeutung bzw. Bedeutungsvolles. Dies hat der Transformationsgrammatik den Vorwurf eingebracht, eine Sprachtheorie zu sein, die von nur einer — eben jener sekundären — Art von Sprache ausgeht, die weitestgehend ohne die außersprachliche Welt funktioniert: die Sprache der Schriftlichkeit also.[9]

Daß bei Chomsky die Schriftlichkeit oder Textualität implizit die Basis einer Theorie bildete, führt nun Labov auf die Folge einer anderen Dichotomie zurück, die Saussure aufgestellt hat: die von *parole* vs. *langue*. Labov mahnt zurecht an:

> The science of *parole* never developed, but this approach to the science of *langue* has been extremely successful over the past half-century. (1972: 186)

Auch Chomskys Theorie bezieht sich allein auf die *competence* (= Saussures *langue*), und somit, so Labov weiter, habe die Saussuresche Abstraktion der Untersuchung schriftlicher Sprache Vorschub geleistet, da Sprache sich dort als immobiles Anschauungsobjekt zeige (ibd.).

Der Soziolinguistik, wie Labov sie entwickelt und theoretisch fundiert hat, geht es ihrerseits nicht darum, kontrastiv die *Unterschiede* zwischen gesprochener und geschriebener Sprache herauszuarbeiten. Ihr Gegenstand und Zweck ist "the study of social behavior or the study of speech" (ibd.) *als solcher*. In diesem Sinn arbeitete auch Bernstein. Seine Untersuchungen zum "elaborierten" und "restringierten Code" stellten die 'Defizite' des letzteren gegenüber dem ersten dar und konnten doch gleichzeitig verdeutlichen, weshalb der restringierte Code allem Anschein nach dennoch kommunikativ 'leistungsfähig' ist, zumindest für jene, die *untereinander* in ihm kommunizieren. Walter Ong kommentiert Bernsteins Beobachtungen so:

> The restricted linguistic code can be at least as expressive and precise as the elaborated code in contexts which are familiar and shared by speaker and hearer. For dealing with the unfamiliar expressively and precisely, however, the restricted code will not do; an elaborated linguistic code is absolutely needed. The restricted linguistic code is

---

[9] Cf. zum Beispiel Olson: "[...] Chomsky's theory applies to a particular specialization of language, namely, the explicit written prose that serves as the primary tool of science and philosophy" (1977: 271); cf. auch Roy Harris 1980: 6-18.

evidently largely oral in origin and use and, like oral thought and expression generally, operates contextually, close to the human lifeworld [...]. (1982: 106)

Folglich schlägt Ong denn auch vor, man könne Bernsteins "restricted" und "elaborated linguistic codes" umbenennen in "oral-based" und "text-based" (ibd.)

Auf der Suche nach Hilfestellungen für die begriffliche Neufassung dessen, was in der Vokalität dichterisch kommuniziert wurde, muß bei der Sichtung des linguistischen Beitrags festgestellt werden: (1) daß die Linguistik die Unterscheidung zwischen mündlichem und schriftlichem Diskurs zwar macht, sich dabei aber doch um die *Implikationen des Unterschieds selbst* — Chomsky dient hier nur als *ein* Beispiel — kaum kümmerte; daß (2) dort, wo der Unterschied wirklich thematisiert worden ist — wie z.b. bei Labov und Bernstein —, folgendes zutage tritt: (a) im Blick auf den Produzenten werden zur Sinn*ver*mittlung in mündlich geprägter Kommunikation deutlich andere sprachliche Strategien verwendet als in schriftlich geprägter; (b) im Blick auf den Rezipienten sind in mündlich geprägter Kommunikation die Techniken der Sinn*er*mittlung deutlich andere als in schriftlich geprägter. Während die schriftliche Kommunikation weitgehend situationsunabhängig funktionieren kann (und muß), hängen für die mündliche Kommunikation die Bedeutungs*ver*mittlung wie auch die Bedeutungs*er*mittlung stark vom außersprachlichen Kontext, von der situationellen Eingebundenheit des Diskurses ab. Genau das aber macht (3) den von der Textlinguistik so weit gefaßten Textbegriff für meine Zwecke unbrauchbar. Es ist — dies zeigen uns die neuesten Forschungen — notwendig, für bestimmte Zwecke doch wieder zu jener Trennung der jeweils zu analysierenden Gegenstände — hier: *schriftlicher Text*, dort: (mündliche) *Äußerung/énonciation* — zurückzukehren.[10]

Diese Notwendigkeit erweist sich für mich aufgrund der Tatsache, daß mein Gegenstand, die altenglische Dichtung, anzusiedeln ist in einem Zwischenbereich *zwischen* Mündlichkeit und Schriftlichkeit. Wie bereits festgestellt, liegt auf der Senderseite schriftlich Fixiertes vor, das auf der Empfängerseite *hörend* aufgenommen wird. Wendet man sich nun der Frage zu, wie

---

[10] Koch/Oesterreicher unterscheiden "*Diskurs* (als Äußerung der Sprache der Nähe) und *Text* (als Äußerung in der Sprache der Distanz)" (1985: 22); ebenso Koch 1987: 809. Koch spricht treffend vom "neuen-alten Textbegriff" (ibd.). In meiner Terminologie ist *Diskurs* der übergeordnete Begriff (so wie 'Äußerung' bei Koch/Oesterreicher), *Äußerung/énonciation* der untergeordnete, dem Begriff *Text* gegenübergestellte (wie 'Diskurs' bei Koch/Oesterreicher); zur Heranziehung des frz. Begriffs *énonciation* s. unten S.54f.

bei dieser Dichtung Bedeutung *ver*mittelt und *er*mittelt wurde, so ist dabei unser Problem, daß uns dazu nur das *Ver*mittelnde — der jeweils auf uns gekommene 'Text' — bekannt ist. Dennoch meine ich: sobald wir uns selbst das Bewußtsein dafür geschaffen haben, daß das, womit uns umzugehen übrigbleibt, nicht in der Weise rezipiert wurde, in die wir eingeübt sind, sobald also dies erreicht ist, sollte ein entscheidender Schritt dazu getan sein, nicht nur jene Alterität erkannt zu haben, sondern auch zu einem adäquateren Verständnis für diese Dichtung gelangen zu können.

3.2.2 Die Rezeptionstheorie der (geschriebenen) Texte

Auf den phänomenologischen Unterschied zwischen einem schriftlich vorliegenden Text und oralen Diskursen haben Walter Ong und andere nachdrücklich hingewiesen. Der schriftliche Text, so Ong, erscheine als etwas "fixed, boxed-off, isolated" (1982: 53), weiter als "thing-like, immobilized in visual space" (1982: 99). Ähnlich äußert sich Goody, der den schriftlichen Text charakterisiert als etwas Statisches, vor dem man zurücktreten könne, um es aus der Ferne zu betrachten und zu untersuchen "[...] in a more abstract, generalized, and 'rational' way" (1977: 37).

Erst in dieser Fixierung kann sich dann auch eine weitgehende Dekontextualisierung, die Dissoziation von Signifikant und Signifikat manifestieren, hier wird sie wahrhaft greifbar. Wenngleich der lautliche Signifikant ebensowenig identisch ist mit dem Signifikat wie der ausbuchstabierte, so verhindert doch das Ephemere des vokalen Diskurses — mit der Artikulation ist der Signifikant vergangen —, daß diese Getrenntheit bewußt wird. Erst in der Fixierung durch die Schrift, in der diese Signifikanten jetzt und auch für die Zukunft geronnen sind in einer fixierten Form, kann die Abgekoppeltheit des Signifikanten vom Signifikat in das Bewußtsein eindringen und dieses auch beeinflussen. Das ist die *réification*, die laut Jacques Derrida durch die Schrift produziert wird und sich in der "distinction entre l'intelligible et le sensible" etabliert (1967: 24).[11] In der mündlichen Kommunikation hingegen erschei-

---

[11] Derrida nimmt mit dieser Opposition eine Definition Roman Jakobsons auf: "[...] every linguistic unit is bipartite and involves two aspects — one sensible and the other intelligible — or, in other words, both a *signans* (Saussure's *signifiant*) and a *signatum* (*signifié*)" (1949/71: 103). In einer späteren Arbeit spricht Jakobson jedoch von "connection between the sensuous *signans* of a symbol and its intelligible (translatable) *signatum*" (1967/71: 335).

nen Signifikant und Signifikat bzw. Symbol und Referent untrennbar, wie Goody und Watt schon 1962-63 bemerkten:

> The intrinsic nature of oral communication [...] makes for a directness of relationship between symbol and referent. There can be no reference to 'dictionary definitions' [...]. Instead, the meaning of each word is ratified in a succession of concrete situations, accompanied by vocal inflections and physical gestures, all of which combine to particularize both its specific denotation and its accepted connotative usage. (1962-63/67: 29)

Angesichts solcher Überlegungen muß es mehr als fraglich erscheinen, ob die vokal vermittelte Dichtung des Mittelalters dem Rezipienten, der zwar um jene 'Fixiertheit' wußte, der aber dennoch diese Dichtung nicht *als Schriftliches*, d.h. im direkten Akt des Lesens rezipierte, wirklich als *Text* erschien. Unser Begriff vom Gegenstand selbst, dem wir uns analytisch (möglichst adäquat) zu nähern suchen, gerät durch solche Fragestellung ins Wanken. Ein Blick auf die moderne literarische Texttheorie vertieft diese Skepsis. Man kann hier fast beliebig texttheoretische Aussagen aufführen, in denen belegt wird, was Olson für den Ort, an dem die Bedeutung eines schriftlichen Texts zu suchen ist, festgestellt hat: "[The] meaning is in the text" (1977: 258).

Michael Riffaterre zum Beispiel äußert sich in seinem Buch *La production du texte* (1979) dazu, wie ein literarischer Text Bedeutung schafft. Da stellt er an einem Punkt fest: "[...] la séquence verbale fournit l'explication pertinente" und fragt daraufhin sogleich: "Ne serait-ce pas que le texte est à lui-même son propre système référentiel?" (1979: 36). Das genau ist die Konsequenz der Abgeschlossenheit schriftlicher Texte. Der Anlaß zu der Klage, die bereits Plato den Sokrates im *Phaidros* vortragen läßt, daß nämlich die geschriebenen Worte auf Befragen, was sie denn bedeuteten, immer und immer wieder dieselbe Antwort gäben (*Phaidros* 275), ist auch die Basis dafür, daß in der Moderne der literarische, fiktionale Text ein autonomes Referenzsystem bildet.

Diese Abgeschlossenheit des schriftlichen Texts ist so zu verstehen: zum einen ist solch ein Diskurs derart organisiert, daß er ohne situationelle Einbindung verstehbar ist und gleichzeitig auch sein muß; dies aber gibt wiederum den Weg dafür frei, daß das sprachliche Kunstwerk *offen* sein kann in dem Sinn, wie Eco das offene Kunstwerk charakterisiert:

> [Ein] Kunstwerk, eine in ihrer Perfektion eines vollkommen ausgewogenen Organismus vollendete und *geschlossene* Form, [ist] doch auch *offen*, kann auf tausend verschiedene Arten interpretiert werden,

ohne daß seine irreduzible Einmaligkeit davon angetastet würde. (1962/77: 30)

Für den modernen, fiktionalen Text gilt weiter auch Riffaterres Feststellung, es gehe bei der Analyse von Literatur um die Darstellung "d'un caractère propre au message verbal littéraire: sa nature de texte." Und Riffaterre fährt fort: "On ne connaît ce type de message que par des textes [...]" (1979: 7).

Der Charakter textualer Abgeschlossenheit ist also für die mittelalterliche *vokale Vermittlung* poetischer Diskurse zumindest für die Rezeptionsseite fraglich. Es ergibt sich nun zum Beispiel aus Isers Ausführungen zum *Akt des Lesens* ein entscheidender Hinweis e negativo im Blick auf die Rezeption in der Vokalität. Iser stellt fest, daß die Gemeinsamkeit der Symbolverwendung die fiktionale Rede mit der (nicht fiktionalen) Äußerung verbinde, der Objektbezug der letzteren jedoch der ersteren fehle.[12] Ist es, so steht zu fragen, in der Vokalität möglich, Sprachliches ohne Objektbezug zu verstehen? Denken wir an die Untrennbarkeit von Signifikant und Signifikat, die nach Derrida solange gegeben ist, wie die *écriture* nicht das Verstehbare (*l'intelligible*) vom Fühlbaren (*le sensible*) isoliert. Diese Trennbarkeit, das muß noch einmal festgehalten werden, ist auch in der Vokalität gegeben, doch drängt sie sich dort dem Bewußtsein nicht so auf wie in der Schriftlichkeit. Interessieren wir uns für die Rezeption, so ist es jedoch wichtig, sich diese verschiedenartigen Bewußtseinslagen vor Augen zu führen.

Komplementär zu den Bemerkungen Isers, die solche Fragen in bezug auf die vokale Rezeption auslösen, sind Stierles Ausführungen zu den Möglichkeiten von Sprachverwendung zu verstehen:

Sprache kann prinzipiell in zweifacher Hinsicht verwendet werden: entweder in referentieller Funktion wie etwa bei der Beschreibung oder Narration oder in autoreferentieller Funktion. Autoreferentielle Funktion gewinnt die Sprache bei systematischen Texten, wo in einer reflexiven Wendung die Bedingung des Gebrauchs der Sprache festgelegt wird. Daneben gibt es eine weitere Möglichkeit der Sprachverwendung, die man als pseudoreferentielle bezeichnen kann. Bei pseudoreferentieller Verwendung von Sprache werden die Referenzbedingungen nicht ein-

---

[12] "Als Organisation von Symbolen [besitzt die fiktionale Rede] eine repräsentierende Funktion. Wenn sich diese nun nicht auf die Präsenz eines Gegebenen beziehen läßt, dann kann sie sich nur *auf die Rede selbst* beziehen. Fiktionale Rede wäre demnach autoreflexiv und ließe sich als *Repräsentation von sprachlicher Äußerung* bezeichnen, denn mit dieser hat sie die Symbolverwendung, jedoch nicht den empirischen Objektbezug gemeinsam" (1976: 105; meine Hervorhebung).

fach als außertextuelle Vorgaben übernommen, *sondern durch den Text selbst erzeugt* (1975: 362; meine Hervorhebung).

Ist es nicht das allgemein anerkannte Charakteristikum mittelalterlicher Epik, daß sie *Narration* — in diesem Sinn — ist, *Beschreibung* mindestens für diejenigen, die dieser Dichtung zuhörten? Ist das nicht genau die andere Seite dessen, was wir, die Modernen, ein wenig herablassend als die mangelnde Unterscheidung zwischen "historischem Faktum" und "deutender Fiktion" ausmachen?[13]

Wenn nun aufgrund der vokalen Vermittlung, der hörenden Rezeption, die frühmittelalterlichen Gedichte nicht als Texte begriffen wurden, wenn weiterhin der Verweischarakter dieser Dichtung eben nicht autoreferentiell (Iser) oder pseudoreferentiell (Stierle) war, so ist zu vermuten, daß diese Diskurse semiotisch funktionierten wie *Äußerungen*.

3.3 VOKALE DICHTUNG ALS *ÉNONCIATION*

3.3.1 Phänomenologisches zur *énonciation*

Während man sich nun über den Begriff *Text* als *geschriebenen Text* wahrscheinlich schnell einigen kann, birgt der Begriff *Äußerung* zuerst einmal terminologische Schwierigkeiten. Im Deutschen sind alle deverbativen Substantive auf *-ung* zweideutig, sie können sowohl den Akt — hier: des Äußerns — wie auch dessen Produkt — hier: das Geäußerte — meinen.[14] Der englische Terminus *utterance* stellt uns vor dasselbe Problem.[15] Allein die französische Dichotomie *énonciation* vs. *énoncé* differenziert zwischen dem Ereignis und dessen Ergebnis. Wie zu zeigen sein wird, kann man in den zu untersuchenden altenglischen Gedichten erkennen, daß sie deutliche Signale von *énonciation* tragen, ihre Organisation also dergestalt ist, daß sie — trotz ihrer faktischen texthaften Abgeschlossenheit — als Kommunikations*akt* erscheinen.

---

[13] So z.B. Hans Robert Jauss: "Historisches Faktum und deutende Fiktion verschlingen sich in der Historiographie wie im Epos des Mittelalters oft in undurchdringbarer Weise; für die meisten *Chansons de geste*, die einzige Geschichtsdarstellung für die zum größten Teil analphabetische Bevölkerung, gilt, daß das historische Ereignis, auf das sie zurückweisen, in der legendären Verarbeitung völlig unkenntlich geworden ist" (1982: 427).
[14] Darauf weist Gauger wiederholt hin, z.B. 1976b: 127.
[15] Cf. hierzu z.B. Lyons 1981: 164.

Stellen wir dies noch einmal klar: natürlich haben *wir* es bei den altenglischen Gedichten mit *Texten* (im engeren Sinn) zu tun. Was jedoch die Zeitgenossen in der Vokalität rezipierten, waren für sie *énonciations*, die sich von anderen, alltagssprachlichen verbalen Diskursen durch bestimmte Signale abgrenzten. Es wäre — unter diesen Vorzeichen — ein hermeneutisches Mißverständnis, wenn wir diesen Signalen zuerst einmal mehr — oder anderes — zuschreiben würden als die zweiseitige Funktion, die diese Signale auch in der primär oralen Kultur hatten: Memorier*bar*keit und daher auch Memorierungs*würdig*keit. Ich denke hier in erster Linie natürlich an die metrische Form und damit auch — in diesem Zusammenhang allerdings sekundär — an die Formelhaftigkeit.[16]

Welche Relevanz hat es nun, die altenglischen Gedichte eben nicht als hermetisch abgeschlossene Texte zu betrachten (wenngleich sie dies für *uns* sind und vielleicht sogar für manche Zeitgenossen auch gewesen sein mochten), sondern zu versuchen, sie zu verstehen als *Äußerungen* im Sinne von *énonciations*? Zuerst und vor allem: *Texte* funktionieren semiotisch anders als *Äußerungen*. Selbst wenn es sich um nicht-fiktionale Texte handelt, verhalten sich solche Diskurse der Welt gegenüber autonomer als mündliche Diskurse. Letztere *können* anders gestaltet sein als schriftliche Texte, weil die außersprachliche Umwelt zur 'Vervollständigung' ihrer Bedeutung unmittelbar zur Verfügung steht. Schriftliche Texte ihrerseits *müssen* weitgehend ihre Bedeutung in sich tragen.

In Abhängigkeit von der Welt steht auch der fiktionalste Text. Wie Iser festgestellt hat, findet im fiktionalen Text eine "Selektion" statt "aus den vorhandenen Umweltsystemen, seien diese sozio-kultureller Natur oder solche der Literatur selbst" (1982: 125). Diese Texte beziehen sich also auf ein Weltwissen, wozu unter anderem auch das der 'normalen' Denotation eines sprachlichen Zeichens gehört. Andererseits ist die (schriftliche) Textualität erst die Grundbedingung dafür, daß es zu dieser relativen Autonomie fiktionaler Texte kommen kann, in denen der Objektbezug, wie Iser sagt, aufgegeben ist, in denen, nach Eco, den "Signifikanten [...] nur aus der *kontextuellen Wechselwirkung* passende Signifikate" zugeordnet werden (1968/72: 147). Im Augenblick geht es mir allerdings noch gar nicht um die Frage der Fiktionalität der in Rede stehenden Dichtung. Vielmehr soll deutlich werden, daß in der Vokalität und durch sie der semiotische Bezug zur unmittelbaren außersprachlichen Welt — ob man dies intendiert oder nicht — immer gegeben ist. Mehr noch:

---

[16] S. dazu ausführtlich Kap.I.5.

diese vokalen poetischen Diskurse haben für den hörenden Rezipienten Bedeutung, weil — als *énonciations* sich gebend — ihre Bedeutung *in der Welt* und *nicht im Text* liegt.

Hans-Martin Gauger hat phänomenologisch orientierte Überlegungen angestellt, die von sprachphilosophischer Seite meinen Ansatz bestätigen. Gauger spricht zwar nicht ausdrücklich von *énonciations*, sondern er wägt den strukturalistischen Begriff der Bedeutung ab, doch arbeiten seine Gedanken dem hier zu entwickelnden Konzept vom Ort, an dem die Bedeutung vokaler poetischer Diskurse festgemacht ist, zu:

> Unter ›*Bedeutung*‹ verstehe ich ein — eng zusammengehörendes — Doppeltes, entsprechend der den Wörtern auf -ung geläufigen Polysemie: das *Bedeuten* und das *Bedeutete*. Das Bedeuten des Worts ist die Tatsache, daß es dem Bewußtsein — darauf kommt es an — als Zeichen und Name eines bestimmten ›Dings‹ gilt, das so und so ist. [...] Bedeutung ist also — als Bedeuten — etwas Akthaftes: das benennende Gerichtetsein des Worts auf ein ›Ding‹. [...] Bedeutung als Bedeutetes ist nun natürlich das ›Ding‹, das das Wort meint [...]: einerseits gehört dies ›Ding‹ zur Sprache, da es ein von und in dieser als so und so Gesehenes ist; es ist durch die Sprache für den Sprechenden ein ›Ding‹; andererseits gehört es zur Welt, da die Sprache, das heißt: das Bewußtsein des Sprechenden, es als zur Welt, nicht als zum Wort gehörend sieht; das Wort bedeutet [...] etwas in der Welt. (1976b: 127f.)

Ich erlaube mir, Gaugers Darlegungen für meinen Zweck zu erweitern. Zum einen kann man, was hier zum 'Wort' gesagt wird, auch auf 'Wortkomplexionen' ausdehnen, vor allem auf Formeln, die von denen, die sie aktiv oder passiv verwenden, allemal als Einheit behandelt werden. In *Bedeutung* als "Akt des Bedeutens", in diesem "Gerichtetsein auf ein ›Ding‹" sehe ich auch die pragmatische Ausrichtung des vokalen poetischen Diskurses, von der gleich noch die Rede sein wird. Und das unfragliche Faktum der 'Weltzugehörigkeit des Wortes', des 'bedeuteten ›Dings‹' also, für den Sprecher/Hörer (fraglich wird sie, wenn wir Derrida folgen, erst dem Schreibenden/Lesenden) kann übersetzt werden in die Vermutung, daß Dichtung als vokale Kommunikation unmittelbar — und in dem von Gauger herausgearbeiteten Sinn —

'etwas in der Welt bedeutet'. Mit Olson ausgedrückt: "The meaning is in the context".[17]

3.3.2 Semiotik der Vokalität

Es geht mir hier darum nachzuzeichnen, wie die altenglische Dichtung in der Vokalität verstehbar war und verstanden wurde. Um dies zu tun, muß ich auf das Instrumentarium der Semiotik zurückgreifen. Ein Mindestmaß dessen, was diese Theorien bereitstellen, um semiotische Prozesse zu analysieren, soll dazu dienen, von solchen Prozessen im Rahmen des hier formulierten Erkenntnisinteresses zu sprechen. Deshalb lege ich im folgenden zuerst einmal Charles W.Morris' — in den dreißiger Jahren entwickeltes und später erweitertes — Konzept von den drei Dimensionen des Zeichenprozesses zugrunde, um das, was ich bisher 'semiotisches Funktionieren' genannt habe, darzustellen.

Morris unterscheidet zum einen "the relation of signs to the objects to which the signs are applicable" (1938/70: 6). Er nennt diese Relation die *semantische* ("the semantical dimension of semiosis"). Die Relation zwischen dem Zeichen und dem Zeicheninterpreten ist für ihn die *pragmatische* ("the pragmatical dimension of semiosis"); und schließlich nennt er die *syntaktische* Dimension ("the syntactical dimension of semiosis") als diejenige der Relation der Zeichen untereinander (1938/70: 6f.). Um begriffliche Verwirrung zu vermeiden, schlage ich allerdings vor, die Begriffe *Syntax/syntaktisch* im Zusammenhang mit semiotischen Betrachtungen durch *Syntagmatik/syntagmatisch* zu ersetzen.[18]

Aus dem, was bisher zum *Text*verständnis gesagt worden ist, sollte klar geworden sein, daß bei der Text*lektüre* das Verständnis des Rezipienten viel stärker von der Syntagmatik der Zeichen abhängt als bei der hörenden Rezeption. Im fiktionalen Text geht dies soweit, daß, wie gerade aus Eco zitiert, die Signifikanten erst auf der Textebene in Wechselwirkung untereinander eine Signifikatszuordnung erreichen. Man könnte auch sagen, daß die semantische Dimension hier (fast) völlig in die syntagmatische überführt ist.

---

[17] Diese 'unmittelbare außersprachliche Welt', von der ich hier spreche, wird landläufig als 'Kontext' bezeichnet. Im Regelfall benutzen Sprach- wie auch Literaturwissenschaftler den Begriff 'Kontext' in bezug auf den *sprachlichen* Kontext. Ich möchte mich dem Sprachgebrauch anschließen, in dem jene 'unmittelbare außersprachliche Welt' *situativer Kontext* genannt wird.
[18] Der Begriff *Syntagma* ist von Saussure eingeführt worden und bezieht sich im *Cours* in erster Linie auf Phänomene in der *parole* (cf. dort Kap.5).

In der Oralität, und somit weitgehend auch in der Vokalität, scheint es sich so zu verhalten, daß die Semantik — zumindest im Bewußtsein der an der Kommunikation Teilnehmenden — in das Außersprachliche verlagert ist. Hier ist wieder die Beobachtung von Goody und Watt zu nennen, daß nämlich die Relation zwischen *symbol* und *referent* als unmittelbare empfunden werde (1962-63/67: 29). Und erinnern wir uns noch einmal an Deborah Tannen, die hier noch weiter geht und sagt:

> In oral tradition, it is not assumed that the expressions contain meaning in themselves, in a way that can be analyzed. Rather, words are a convenient tool to signal already shared social meaning. (1982: 1f.)

Übersetzt in Morris' Terminologie spricht Deborah Tannen hier von einer sekundären Semantik in der Oralität, in der die *pragmatische*, das heißt: auf den Rezipienten bezogene, Signalfunktion sprachlicher Diskurse im Vordergrund steht. Und es ist gerade diese Pragmatik, die Olson dazu bewogen hat, mündliche Kommunikationen als *utterances* von schriftlichen Kommunikationen als *texts* abzugrenzen. Denn es gilt ja, wie oben bereits zitiert, für schriftliche Kommunikation: "The meaning is *in the text*", für mündliche: "The meaning is *in the context*".

4. FORMELN UND FORMELHAFTIGKEIT

4.1 FORMELN ALS PRODUKTIONS-/ REZEPTIONSPHÄNOMEN

4.1.1 Die "Oral-Formulaic Theory"

Die Formelhaftigkeit der altenglischen Dichtung ist nicht erst eine Entdeckung der fünfziger Jahre unseres Jahrhunderts. In der zweiten Hälfte des 19. Jahrhunderts bereits machten sich deutsche Philologen an die Auflistung und Analyse sogenannter "Parallelstellen",[1] und sie taten dies, um eine bestimmte Autorenschaft oder auch das Wirken eines Redaktors nachzuweisen. Es ging ihnen also darum, anhand dieser Formeln einen Indizienbeweis zu führen, der bestimmte Autoren- oder Bearbeiterschaft belegen sollte. Insofern, als diese Philologen sich der Formeln in erster Linie im Blick auf die Produktionsseite annahmen, hatten sie ein ähnliches Ziel wie Francis P.Magoun, der 1953 den folgenreichen Artikel "Oral-Formulaic Character of Anglo-Saxon Narrative Poetry" in *Speculum* publizierte. Allerdings ging es Magoun dabei nicht um die Identifizierung individueller Autoren oder Bearbeiter. Er wollte vielmehr mit der Analyse altenglischer Dichtung in bezug auf ihre Formelhaftigkeit nachweisen, daß diese Dichtung mündlich komponiert worden sein mußte.

Magoun knüpfte damit an die Forschungen Milman Parrys und Albert Lords an, die aus ihrer Feldforschung in Jugoslawien den Befund erbrachten, daß die dort mündlich komponierte Dichtung hochgradig formelhaft ist. Daraus wurde gefolgert, daß Formelhaftigkeit generell als Indiz für eine bestimmte — eben die mündliche — Kompositionsart gelten könne. Schon 1956 stellte allerdings Claes Schaar treffend fest: "[The] proposition 'all formulaic poetry is oral' does not follow, either logically or psychologically, from the proposition 'all oral poetry is formulaic'" (1956: 303). Ich verzichte hier darauf, die weitere Diskussion nachzuzeichnen, die sich an Magouns Artikel ent-

---

[1] Der Begriff der 'Parallelstellen' stammt von J.Kail (1889). Vor ihm sprach E.Sievers (1878) bereits von 'Formeln', wobei er diesen Terminus allerdings viel weiter faßte, als Parry-Lord dies tun: cf. dazu Foley 1988: 65ff.

facht hat, da diese Auseinandersetzung bereits vielfach dargestellt worden und die Diskussion inzwischen auch gut dokumentiert ist.[2]

Ganz ignorieren kann man diese Debatte jedoch aufgrund des Umstands nicht, daß die *Oral-Formulaic Theory* — durch ihre Vertreter wie auch ihre Gegner — die Untersuchung der Formelhaftigkeit der altenglischen Dichtung sozusagen monopolisiert und damit andere Zugänge zur Interpretation der Formelhaftigkeit nahezu gänzlich verbaut hat.[3] So stellt denn auch Alan Dundes in seinem Vorwort zu John Miles Foleys Buch *The Theory of Oral Composition* von 1988 fest, Parry und Lord hätten zwar das Studium epischer Dichtung aus den Bibliotheken in die Feldforschung zurückgeführt, doch hält Dundes es offensichtlich für beklagenswert, daß diese Forschungsrichtung vornehmlich interessiert sei "in texts, not in contexts" (Foley 1988: x). Und Dundes fährt — in Klammern — fort:

> We get little sense of the audience's reactions to epic elements or their interpretations of the possible meanings of such elements in most discussions of Oral-Formulaic Theory. And certainly most of the applications of Oral-Formulaic Theory have been to contextless literary epics.
> (Foley 1988: x-xi)

Wie nun werden im Erkenntniszusammenhang der *Oral-Formulaic Theory* Formeln weiter untersucht? Ich will dieser Frage hier kurz nachgehen.

Der Formelbegriff, mit dem die *Oral-Formulaic Theory* arbeitet, ist sehr formal. Man bedient sich — zumeist — der ursprünglich von Parry stammenden Definition, die sein Schüler Albert Lord übernommen hat. Danach ist eine Formel "a group of words which is regularly employed under the same metrical conditions to express a given essential idea" (Lord 1960: 30). Krite-

---

[2] Zur Entwicklung und Wirkung der Parry-Lordschen 'Theorie' cf. Foley 1988 und in bezug auf die altenglische Dichtung den Forschungsüberblick von Alexandra H.Olsen (1986); in Deutschland ist von der *Oral-Formulaic Theory* kaum Notiz genommen worden; cf. allerdings die Auseinandersetzung in Pilch/Tristram 1979: 192-19; eine längere kritische Würdigung hat auch Hans Dieter Lutz (1974) vorgenommen.

[3] Eine typische Reaktion auf dieses 'Monopol' scheint mir eine Bemerkung von Gerd Wolfgang Weber zu sein, in der er von Formeln als "Konnotationsfeldern" spricht, indem er sagt, diese Konnotationsfelder seien "mit Hilfe der als amüsante Obsession insbesondere in der amerikanischen Forschung grassierenden »oral formulaic theory« nicht erklärbar (1985: 304). Gerade John Foley, den Weber an dieser Stelle (als einen Forscher, der die ursprüngliche Theorie modifiziert habe) auch zitiert, vertritt einen sehr ausgewogenen und wissenschaftlich fundierten Standpunkt zur Übertragbarkeit der *Oral-Formulaic Theory*.

rien sind hier also einmal metrische, zum anderen semantische Identität.[4] Von *traditionellen* Formeln kann man Lord zufolge dann sprechen, wenn sie — nach anfänglicher Benutzung durch einen individuellen Dichter/Sänger — "are taken up by another [poet]" (1960: 130).

Francis P.Magoun, auf den ich hier des öfteren zurückkommen muß, hat diese Theorie als erster auf die altenglische Dichtung angewendet. Ich möchte aus dieser Arbeit einige Beispiele für Formelhaftigkeit anführen, die er in den ersten 25 Zeilen des *Beowulf* identifiziert hat (1953: 464ff.). Zum einen ist da die Eingangsformel *Hwæt we* bzw. die gesamte Exordialpassage *Hwæt we ... in geardagum/ þeodcyninga þrym gefrugnon* (*Bwf* 1f.).[5] Weiter hat Magoun zahlreichst Halbzeilenformeln identifiziert wie *monegum mægþum* (5a), *ofer hronrade* (10a), *geong in geardagum* (13a) etc. Schließlich findet sich dort in Zeile 20a die Formel *swa sceal*, durch die die folgenden viereinhalb (im weiteren Sinn) formelhaft gestalteten Zeilen eingeleitet werden. Ich habe diese Beispiele ausgewählt, weil auch der in der *Oral-Formulaic Theory* nicht so Bewanderte — ja dieser vielleicht noch am ehesten — schnell die unterschiedlichen Funktionen erkennen kann, die diesen Formeln bzw. Formelgruppen zukommen. Allein: für Magoun sind sie alle nur Beleg für die Formelhaftigkeit und damit mündliche Komposition.

Bereits vor der Etablierung der *Oral-Formulaic Theory* gab es *eine* ganz deutlich funktionale Klassifizierung der Formeln des Typs *monegum mægþum*. Letztere sind der Forschung schon lange aufgefallen. Klaeber nennt sie 'Reim-Formeln' (1950: lxvi), Tatlock spricht — in bezug auf *Layamon* — von "expletives to fill in a half-line" (1923/68: 7), Watts (1969) nennt sie "tags" usw. Auch Robert Creed räumt ein, daß solche Formeln "distinctive and decidedly ornamental" seien (1959: 450). Allerdings bestreitet er, daß *diese* Formeln "the type of formula *par excellence*" darstellten, wie Klaeber das zum Beispiel postuliert hat (ibd.). Creed verficht die Ansicht, daß der mögliche Rückgriff auf "a word or group of words regularly employed under certain strictly determined metrical conditions to express a given essential idea" — so seine modifizierte Definition der altenglischen poetischen Formel (1959: 447) — für den Dichter *nützlich* sei (1959: 446). Wie Parry und Lord sieht er

---

[4] Zu beachten ist, daß in der Übernahme dieser Definition eine Formel in der altenglischen Dichtung keineswegs immer Halbzeilenlänge haben muß. Bei Creed 1959 gelten auch einzelne Wörter als Formeln, wie z.B. das weiter unten diskutierte Wort *hrædlice* aus *Bwf* 356.
[5] Als "supporting evidence" führt Magoun für 1a-2b als Formel an: *Exo* 1, *And* 1, *Jul* 1, *FAp* 23, 63, *Ele* 364, 397-98, 852, *Chr* II 586, *Glc* 108 (1953: 464; weitere Belege s.d.).

die dicherische Verwendung bestimmter Formel*typen* folgendermaßen motiviert:

> [...] the making of any Anglo-Saxon poem was a process of choosing rapidly and largely on the basis of alliterative needs *not* between individual words but between *formulas*. (ibd.)

Wichtig ist hier das Adverb *rapidly*, wobei Creed diese Nützlichkeit auch für einen *schreibenden* angelsächsischen Dichter einräumt.[6]

Die Vermutung, daß diese Formeln bzw. Formelsysteme mehr oder anderes waren als reine 'Füller', erscheint einleuchtend. Für wie gültig auch immer man das 'Nützlichkeitsprinzip' halten mag: die Formeln und Formelsysteme, mit denen Creed sich auseinandersetzt, erfüllen in der Tat eine *erzähltechnische* Funktion.[7] Wenn es z.B. darum geht, eine Figur sich in der Erzählung von einem Ort zum anderen bewegen zu lassen, so gibt es dafür verschiedene formelhafte Ausdrücke: *gewat þa, com þa, eode þa*, oder eben *hwearþ þa* wie in Z.356a des *Beowulf*. Zusammen mit der Einwortformel *hrædlice* ergibt dies die Halbzeile *hwearf þa hrædlice*. Die ganze Langzeile 356 lautet *hwearf þa hrædlice þær Hroþgar sæt*, wobei das Verb *hwearf* und das Adverb *hrædlice* aus der ersten Halbzeile zusammen mit *Hroþgar* aus dem Abvers die alliterierenden Hebungen liefern. Wie Creed zur Gestaltung dieser Zeile witzig bemerkt:

> The singer had no particular need to get Wulfgar from Beowulf to Hrothgar with haste [*hrædlice*]; he *did* need to get him to Hrothgar with alliteration. (1959: 448)

Als Verbalisierung des Zielortes macht Creed im *Beowulf* das Formelsystem *þær X sæt* aus, in dem die Position *X* je nach Bedarf des Metrums und der Alliteration mit einem stabenden Lexem gefüllt wird. Solche Systeme nennt Creed "container" (1959: 449). Während man bezweifeln kann, ob es sinnvoll ist, eine Wortkombination wie *þa hwearf* oder ein einziges Wort, die jeweils nur Teil einer Halbzeile sind, als Formel oder Formelsystem zu identifizieren, hat der Gedanke vom alliterierend aufzufüllenden System, das eine Halbzeile umfaßt, etwas für sich.

---

[6] "The degree of schematization of his diction suggests that the singer of *Beowulf* did not need to pause in his reciting *or writing* to consider what word to put next" (1959: 446; meine Hervorhebung).

[7] Ohne sie funktional so festzulegen spricht Pilch — in bezug auf Layamons *Brut* — von "stilistischer Formel" (1960: 97ff.).

Die Halbzeile als Einheit veranschlagt Donald K.Fry, der 1967 die Formel definiert als "a group of words, one half-line in length, which shows evidence of being the direct product of a formulaic system" (1967: 204). Und zum Begriff 'System' hält er fest:

> A system in Old English Formulaic poetry may be defined as a group of half-lines, usually related metrically and semantically, which are related in form by the identical relative placement of two elements, one a variable word or element of a compound usually supplying the alliteration, and the other a constant word or element if compound, with approximately the same distribution of non-stressed elements. (1967: 203)

Abgesehen von dieser Einschränkung (oder Ausweitung) auf eine Halbzeile weichen Frys Beobachtungen zur Formelhaftigkeit der altenglischen Dichtung in zwei wichtigen Punkten von Parry(/Lord) und Creed ab. Zum einen hält Fry Parrys Bedingung "under the same metrical conditions" für redundant, ja bedeutungslos, "since all Old English half-lines are metrically equivalent" (1981: 173). Zweitens – und das scheint mir sehr wichtig – verwirft er für das Altenglische aus Parrys Definition die abschließende Maßgabe "to express a given essential idea" (ibd.). Frys Begründung: "Old English formulas seem to be related only in form, not in content" (ibd.).

Fry nimmt insofern eine ausgesprochen radikale Position ein, als durch das Postulat der Halbzeilen-Formelsysteme die inhaltliche Seite der Formeln völlig irrelevant wird. Die Formelhaftigkeit der altenglischen Dichtung ist für ihn das Ergebnis einer dichterischen Tätigkeit, die – zumindest was Caedmon angeht – in einzelnen Fällen unmittelbar Systeme verwendet, die in der primären Mündlichkeit ausgeformt worden waren. Damit ging und geht es Fry wie den anderen Verfechtern der *Oral-Formulaic Theory* letztlich nur darum, anhand der Formeln eine Kompositions*technik* zu postulieren.

Der Begriff des "Systems", einer abstrahierten Schablone mit Variablen, muß fast zwangsläufig Linguisten auf den Plan rufen. Albert Lord selbst hat die moderne Linguistik – wenn auch wohl nicht willentlich – geradezu eingeladen, der *Oral-Formulaic Theory* ein sprachwissenschaftliches Modell zuzuordnen, indem er feststellte:

> The method of language is like that of oral poetry, substitution in the framework of the grammar. [...] In studying the patterns and systems of oral narrative verse we are in reality observing the "grammar" of the poetry, a grammar superimposed, as it were, on the grammar of the language concerned. Or, to alter the image, we find a special grammar within the grammar of the language concerned. (1960: 35f.)

Einige Gedanken, die man sich von sprachwissenschaftlicher Seite zur Formelhaftigkeit der altenglischen Dichtung gemacht hat, sollen im folgenden kurz diskutiert werden.

4.1.2 Linguistische Auseinandersetzungen mit der *Oral-Formulaic Theory*

Bei den Formelsystemen, wie Fry (und — mit gewissen Einschränkungen — auch Creed) sie aufgezeichnet hat, handelt es sich, linguistisch gesehen, in der Tat um die paradigmatische Auffüllung von Stellen in einem syntagmatisch vorgegebenen Gefüge, wobei die Elemente der jeweiligen paradigmatischen Klasse neben den grammatischen Vorgaben durch die Versifikation (Betonungsmuster und Alliteration) bestimmt werden.

Weil die *Oral-Formulaic Theory* so sehr den kompositorischen — und damit den 'kreativen' — Aspekt der von ihr betrachteten Dichtung hervorhebt, liegt es nahe, daß man sich von linguistischer Seite der Frage mit Hilfe der Generativen Transformationsgrammatik im Gefolge Chomskys nähert. So zum Beispiel Patrick W.Conner in einem Artikel aus dem Jahr 1972. Dort spezifiziert er — ausgehend von der gerade zitierten Bemerkung Albert Lords — die Definition der Formel (für das Altenglische) so:

> [A] formula is the product — one half-line in length — of a grammar of poetic diction superimposed upon the grammar of the spoken language. (1972: 206)

Conner sieht sich vor die Aufgabe gestellt, die "grammar of the spoken language" dergestalt zu untersuchen, "so that the position of the poetic grammar might be determined" (ibd.). Für diese 'poetische Grammatik' veranschlagt er nun, im Sinn der Generativen Transformationsgrammatik, bestimmte Basiskomponenten, die es zu isolieren gilt. Da ist einmal die strukturelle Komponente des Lexikons, die nach Conner dieses solchermaßen organisiert, "that words may be retrieved not only for their semantic value but also for their metrical possibilities and their phonological attribute" (210). Dazu bedarf es eines Systems, "which will rapidly supply the surface structure with lexical units which are semantically, metrically, and alliteratively suitable" (215). Dies Postulat zeigt schon, daß hier nur mit etwas aufwendigerer Terminologie ausgedrückt wird, was Fry und Creed bereits festgestellt hatten. So überrascht es auch nicht, daß Conner das Formel-*pattern*, das Creed (1966) postuliert hat, übernimmt. Die Vorstellung von den aufzufüllenden Formelsystemen wird einfach dynamisiert. Da jedoch über die Tiefenstruktur keine belegbaren Aussagen zu machen sind, muß Conner sich sodann auf den Begriff der *Kollokation* zurückziehen, wie er schon von Randolph Quirk (1963) im Blick auf die altenglische Formelhaftigkeit geprägt worden ist.

Bevor ich mich den — wesentlich ergiebigeren — Überlegungen Quirks zuwende, soll aber noch eine zweite Arbeit angesprochen werden, die ebenfalls versucht, über die Transformationsgrammatik einen beschreibenden Zugang zur altenglischen poetischen Formelhaftigkeit zu gewinnen. Es ist dies der Aufsatz von John Schwetman mit dem verheißungsvollen Titel: "The Formulaic Nature of Old English Poetry: A Linguistic Analysis" (1980). Was den Erkenntnisgewinn auf der Basis der Transformationsgrammatik angeht, so ist dieser nur in einem Punkt wichtig, und auch dieser hätte des theoretischen Aufwands nicht bedurft. Schwetman zeigt, daß z.B. der "Formel" *acenned wearþ* (wie in *Ele* 5a, 178a und 775a) ganz verschiedene Tiefenstrukturen zugrundeliegen können. Mit anderen Worten: *acenned wearþ* ist in den einzelnen Fällen (passives) Prädikat verschiedenartiger Satztypen. Darüber hinaus aber — und nur das sagt auch diese Analyse der genannten 'Formel' aus — handelt es sich nach Meinung von Schwetman bei solchen 'Formeln' um Ausdrücke, die sich von der Thematik her — fast von selbst — ergeben. Sehr richtig stellt Schwetman fest, daß *bearn godes* ('Sohn Gottes') oder *godes bearn* ('Gottes Sohn') ganz gewöhnlich sei in einem Diskurs über ein christliches Thema (83). Und eine 'Formel' wie *in/geond middangeard* (wie in *Ele* 6a/16a) erklärt er treffend damit, daß *middangeard* mit einer Präposition bequem eine Halbzeile fülle (88). Damit wären wir wieder bei den *fillers* oder *tags*, die schon lange von der Forschung beobachtet worden sind.

Bei Conner wie auch bei Schwetman wird dies deutlich: zumindest einige Formeln, die die *Oral-Formulaic Theory* für die altenglische Dichtung ausfindig gemacht hat, sind einfach Kollokationen, die auch aufgrund des Zwangs der Versifikation in Kombination mit den Gründen dessen, was ausgesagt werden soll, um die Erzählung weiterzuführen, einfach *so* ausgedrückt werden *müssen*.

Randolph Quirk versucht seinerseits, ebenfalls angeregt durch Magouns Arbeiten, nun nicht die *black box* irgendwelcher Tiefenstrukturen poetischer Diktion zu veranschlagen, sondern vielmehr auch auf die rezeptionelle Erwartungshaltung einzugehen. 1963 gibt er *seine* Definition der Formel:

> The formula is a *habitual collocation*, metrically defined, and is thus a *stylization* of something which is fundamental to linguistic expression, namely the *expectation* that a sequence of words will show lexi-

cal congruity, together with (and as a condition of) lexical and grammatical complementarity. (1963: 150f.; meine Hervorhebung)

Auf den ersten Blick erscheint diese Definition der Formel überraschend einfach, fast zu einfach. Diese Definition, die sich zuerst einmal rein linguistisch an der syntagmatisch-lexikalischen Erwartbarkeit orientiert, nähert sich mit diesem Kriterium jedoch einem Phänomen, das über das Innersprachliche weit hinausgeht. Deborah Tannen hat, wie schon zitiert (s.S.44), den formelhaften Ausdruck allgemein semiotisch charakterisiert als das Signalisieren von "knowledge that is already shared" (1982: 1). Mit anderen Worten stellt Quirk ganz ähnliches fest, wenn er zum Beispiel zu der Kollokation *æpelingas ellen fremedon* (*Bwf* 3) bemerkt: "[...] the behaviour of their princes fits the heroic ideal, enshrined in the metrical and lexical system" (1963: 153).

Quirk versucht, die Ästhetik der Formeln als poetisches Phänomen zu greifen und führt dazu — neben anderen — bezeichnenderweise zahlreiche Beispiele aus den altenglischen *Gnomai* an, in denen Gleiches oder Entgegengesetztes einander zugeordnet wird. Er stellt folgende These auf:

It may [...] be fairly claimed that an expectation of the congruous and complementary, expressed through recurrent collocations, is built into the poetic system of Old English, and it may be supposed that this is close to the starting point in estimating the original audience's pleasurable experience [...]. (ibd.)

Man beachte hier, daß Quirk unsere Verwunderung über die Repetitivität (früh-)mittelalterlicher Dichtung zu überwinden sucht, indem er implizit nicht bloß feststellt, man habe dort offensichtlich Freude gehabt an einer Art von sprachlichem Ausdruck — eben jene formelhafte Repetitivität —, den man heute geradezu verurteilt. Er führt diese Freude — ein Kriterium, das mir *so* im übrigen nicht hinreichend erscheint — darüber hinaus zurück auf eine alltagssprachliche Erfahrung, die auf dem sprachlichen System als solchem fußt.

Quirks Beobachtungen sind wertvoll, weil sie sich nicht so sehr auf die 'Erstellung' formelhafter Dichtung konzentrieren, sondern das Augenmerk auf den Rezipienten lenken, dem diese Formeln 'etwas zu sagen haben'. Ich kann Quirk allerdings nur sehr eingeschänkt zustimmen, wenn er weiterhin sagt, jener Ausgangspunkt der "pleasurable experience" für die ursprünglichen Rezipienten altenglischer Dichtung sei "close to our starting point in criticism of the poetry today" (ibd.). *Unser* Ausgangspunkt ist insofern derselbe, als unsere poetischen Erwartungen naturgemäß zuerst einmal auf dem 'normalen Sprachgebrauch' basieren, ganz einfach weil wir es auch in der Poesie mit Sprachlichem zu tun haben. Nur so kann zustandekommen, was Michael

Riffaterre die "stilistische Einheit" (*unité de style*) im literarischen Kunstwerk genannt hat, die unsere Aufmerksamkeit erregt. Er definiert sie als "une dyade aux pôles inséparables dont le premier crée une probabilité et le second frustre cette probabilité" (1979: 12). Das aber ist das genaue Gegenteil dessen, woran der (früh-)mittelalterliche Zuhörer ästhetische Freude zu haben schien.

Es bleibt Quirks — im übrigen wenig beachtetes — Verdienst, der Formel eine rezeptionsästhetische Funktion zuzuschreiben, die er sehr elementar linguistisch zu begründen sucht. Eine weitergehende Begründung — zum Beispiel im Rahmen der Diskussion um Mündlichkeit/Schriftlichkeit — sucht Quirk gar nicht. Dort aber hat sich in neuerer Zeit die literaturwissenschaftliche Forschung dem Phänomen der Formelhaftigkeit zugewandt und damit dazu beigetragen, endlich aus der Sackgasse der *Oral-Formulaic Theory* als Auseinandersetzung mit einem reinen *Kompositions*phänomen zu gelangen.

4.1.3 Formelhaftigkeit als Rezeptionsphänomen

Soweit ich die Forschungslage übersehe, ist nach einer anderen als einer kompositionstechnischen Funktion der Formeln in der mediävistischen Forschung zur volkssprachlichen Dichtung kaum gefragt worden. Franz H.Bäuml macht hier — im Rahmen der Germanistik — eine bemerkenswerte Ausnahme.[8] Bereits in seinem 1980 erschienenen Artikel "Varieties and Consequences of Medieval Literacy and Illiteracy" verweist Bäuml darauf, daß man innerhalb der Fragestellung nach Mündlichkeit und Schriftlichkeit in der mittelalterlichen volkssprachlichen Dichtung auch den Aspekt der Rezeption zu sehen habe. In engerem Bezug auf die Formelhaftigkeit sagt Bäuml dann ein paar Jahre später, ihn interessiere weniger die Formelhaftigkeit als Indikator einer bestimmten Kompositionsart, vielmehr wolle er sich befassen mit "the applicability of the concept of the formula as a structure integrating the semantic, syntactic and rhythmical organization of the text" (1984/85: 35).

---

[8] Alain Renoir macht ebenfalls einen vorsichtigen Schritt in Richtung auf die rezeptionelle Fragestellung, wenn er sagt, daß "a gifted oral-formulaic poet [...] might wish to shape these materials [of the formulaic thematic patterns] as to take advantage of the familiarity and expectations of his audience" (1981a: 422). Dann allerdings formuliert er diesen Punkt noch einmal und sagt: "[...] what I am suggesting is that the particular oral-formulaic elements within a given poem are likely to be apprehended — at least by the intended audience — within the context of familiar occurrences of the same elements [...]" (ibd.); cf. ganz ähnlich auch Renoir 1986.

Bäuml stellt somit aus literaturwissenschaftlicher Sicht die Frage nach der "formula as function" (ibd.) und ist sich sehr wohl dabei bewußt, daß sich auch die funktionale Frage wieder in viele Einzelfragen verzweigt:

> [...] the functional concept of the formula raises the question of which of a number of possible questions is meant: composition as envisaged by the [Oral-Formulaic] theory, an aid to memorization or to remembrance? Whose remembrance, the poet's or the public's? Is one concerned at any given time with the formula as a limitation of indeterminacy in the process of composition, or in that of reception? And in the reception of what? The poet's reception of the tradition in order to formulate his text, or the public's reception of the text in light of the tradition — which may have come to mean something quite different? (ibd.)

Damit nimmt Bäuml einen Gedanken wieder auf, im Rahmen dessen er — im Nachtrag zu einem 1968 erstmals veröffentlichten und 1979 noch einmal abgedruckten Aufsatz — forderte, sich mehr der *Funktion* mittelalterlicher volkssprachlicher Dichtung zuzuwenden, die mit Hilfe der Semiotik beschrieben werden sollte.[9]

Es erscheint prinzipiell einigermaßen erstaunlich, wie wenig in der gesamten Diskussion um die Formelhaftigkeit der mittelalterlichen Dichtung Notiz davon genommen worden ist, daß, auf einer ganz allgemeinen Ebene, der formelhafte sprachliche Ausdruck eine semiotische Sonderrolle spielt und daher im Blick auf die Rezeption von eminenter Wichtigkeit sein muß. Um diese Sonderrolle weiß die moderne Linguistik schon lange, doch leider ist hier ein Transfer bisher nicht versucht worden. In Quirks Aufsatz zu den Formeln in der altenglischen Dichtung klingen solche Überlegungen bestenfalls an.

Dabei wird auch in der einschlägigen allgemeinen Literatur die Formelhaftigkeit sprachlichen Ausdrucks als Kennzeichen mündlicher Kommunikation aufgeführt und aus kulturanthropologischer Sicht als Merkmal solcher Gesellschaften gesehen, in denen die mündliche Kultur (noch) eine entschei-

---

[9] "Sofern nun die Funktion der Literatur innerhalb dieser [i.e. der mittelalterlichen] Kultur und der ihre Funktion bestimmenden Überlieferungs- und Rezeptionseigenschaften Rechnung getragen werden kann, ist es erst möglich — zum Teil in Anlehnung an die *von der Semiotik erarbeiteten Begriffe* —, sie historisch als kommunikativen Prozeß [...] zu sehen" (1968/79: 247; meine Hervorhebung).

dende Rolle spielt.[10] Allerdings wird auch hier kaum das Augenmerk darauf gerichtet, wie im einzelnen formelhafte Ausdrücke semiotisch funktionieren.

Einerseits also machen die allgemeineren Arbeiten aufmerksam auf die Affinität zwischen Oralität und Formelhaftigkeit, andererseits hat die Linguistik zur Semantik und weiteren Semiotik des formelhaften Ausdrucks wichtige Befunde vorzuweisen. Dennoch ist der Mediävistik bisher nicht sonderlich daran gelegen gewesen, sich die kulturanthopologischen und linguistischen Erkenntnisse für ihre Zwecke nutzbar zu machen. Man wird hier allerdings einräumen müssen, daß diese Erkenntnisse offensichtlich solange uninteressant erscheinen mußten, als man sich alleine auf die Produktionsseite konzentrierte und dem Kommunikationsvorgang keine weitere Aufmerksamkeit schenkte.

Diese Mißachtung ist um so erstaunlicher, als Ruth Crosby bereits vor mehr als fünfzig Jahren in ihrem Aufsatz "Oral Delivery in the Middle Ages" in *Speculum* der Formelhaftigkeit in der mittelalterlichen Dichtung entscheidende kommunikative Funktionen zuwies. Es ist anzunehmen, daß ihre Ausführungen durch das Aufkommen der *Oral-Formulaic Theory* in den fünfziger Jahren in Vergessenheit gerieten. Da aber Ruth Crosbys Aufsatz in gewisser Weise den neuesten — nicht weiter wahrgenommenen — Erkenntnissen der Linguistik zur Formelhaftigkeit viel näher steht als dem, was die Arbeiten zur *Oral-Formulaic Theory* bisher erbracht haben, konnte man sie wohl auch nicht in den Dienst nehmen für die Beweisführung mündlicher Komposition.

Was den Dichter und dessen Gebrauch formelhafter Ausdrücke angeht, so bezieht Ruth Crosby bereits deutlich die Kommunikations*situation* mit ein:

> Today we attempt to avoid repetition; whether we are writing prose or poetry, we seek for variety of phrasing. It was not so, apparently, with the mediaeval poet. The more often a theme or a phrase had been used, the better suited it was to his purpose. He was not interested in polishing the style of his story, but in getting it told. So it is with most of us when we speak. We must bear in mind that this literature we are discussing was meant to be spoken. (102)

Ruth Crosby macht dabei einen grundsätzlichen Unterschied zwischen zwei Formelarten: solchen, die eine direkte Verbindung zwischen dem Dichter oder Minstrel und dem Publikum herstellen, und solchen "intended to be heard but

---

[10] Allen voran hier natürlich Ong 1982; cf. auch Goody 1977, der allerdings dort in dem Kapitel "Following a formula" einen sehr weiten Formelbegriff zu etablieren sucht (1977: 112-28); cf. dazu auch die mehr linguistisch ausgerichteten Arbeiten in Tannen 1982.

showing no specific intention of uniting the poet or minstrel with his hearers" (ibd.). Zur Funktion der Formeln der letzteren Gruppe stellt sie fest:

> These phrases appeal [...] to that fondness of the popular audience — well known, no doubt, to those who wrote for it — for *hearing things said in a familiar way*. (102; meine Hervorhebung)

Wichtig ist hier dies: Ruth Crosby ging es in erster Linie darum, die Aufmerksamkeit der mediävistischen Literarhistoriker darauf zu lenken, daß, wie sie es ausdrückte,

> [in] the Middle Ages the masses of the people read by means of the ear rather than the eye, by hearing others read or recite rather than by reading to themselves. (88)

Im Rahmen dessen weist sie der Formelhaftigkeit der volkssprachlichen Dichtung eine Funktion innerhalb der *hörenden Rezeption* zu, so wie dies in der vorliegenden Arbeit geschieht. Selbst wenn ihre Feststellungen mehr auf Intuition denn auf einer theoretischen Fundierung ruhen, so ist es doch unverständlich, daß — mit Ausnahme der Arbeiten von Franz H.Bäuml — die Frage nach der Rolle der Formelhaftigkeit in der Rezeption dieser Dichtung so in Vergessenheit geraten konnte.

Mit seinem Buch *La lettre et la voix* von 1987 hat Paul Zumthor die Betrachtung der Formelhaftigkeit wieder gelöst aus der (inzwischen sich als Weg in eine Sackgasse erweisenden) Fragestellung nach der Kompositionsart.[11] Für ihn ist das Konzept eines 'oralen' Stils, den man anhand der Formelhaftigkeit nachweisen könne, zirkulär, denn nach ihm gilt: "Tout texte médiéval est «oralisant»" (1987: 214). Die Verwendung von Formeln in der mittelalterlichen Dichtung ist denn auch für Zumthor ein Phänomen, dessen Ursache wie auch Wirkung sehr weit zu fassen sind:

> [...] le formulisme embrasse le discours [poétique] comme tel, plus encore que son organisation langagière, et, dans sa mise en pratique, concerne la performance plutôt que la composition: telle est la fonction des *lieux* ou *topoi*, originellement partie de la *memoria* et de l'*actio* rhétoriques [...]. Le *lieu commun* a pour fonction de rapprocher de l'auditeur la *materia remota* du discours, de concrétiser un contenu, en évitant néanmoins toute particularisation [...]. (1987: 218f.)

---

[11] Die Mißachtung der Arbeit Ruth Crosbys wird auch von Zumthor (1987: 17) mit Erstaunen vermerkt.

Da diese Formelhaftigkeit in der Tat das Hauptcharakteristikum vor allem der frühen mittelalterlichen Dichtung ist, sind es die Formeln, anhand derer die Bedeutungs*ver*mittlung und in der die Bedeutungs*er*mittlung stattgefunden hat. Um diese nachzuzeichnen, können wir uns einiger Erkenntnisse bedienen, die aus der linguistischen Forschung bereits vorliegen.

4.2 SEMANTIK, PRAGMATIK UND TRADITIONALITÄT DER FORMELN

4.2.1 Semantik der Formeln

Gelenkt durch ihr spezifisches Erkenntnisinteresse legt die *Oral-Formulaic Theory* ihren Untersuchungen die hier schon einmal angeführte Parry-Lordsche Definition der Formel als "a group of words which is regularly employed under the same metrical conditions to express a given essential idea" (Lord 1960: 30) zugrunde. Während ich oben (S.60ff.) die formal-metrische Seite dieser Definition in den Blick genommen habe, soll nun gefragt werden, in welcher Weise sie die Semantik von Formeln einbezieht. Offensichtlich handelt es sich bei den "essential ideas" im Sinn von Parry und Lord in erster Linie um erzähltechnische 'Ideen', wie "names of the actors, the main actions, time and place" (Lord 1960: 34). Hierzu gehören solche Formeln des Typs *þær X sæt*, wie sie z.B. von Robert Creed als 'Container'-Formeln ausgemacht worden sind (s. oben S.62).

Neuere Forschungen haben den Blick geweitet dafür, daß formelhafter sprachlicher Ausdruck typisch ist für den mündlichen Diskurs im allgemeinen und für die Technik mündlichen Erzählens im besonderen. In letzterem treffen sich die Postulate der Verfechter der *Oral-Formulaic Theory* mit diesen linguistischen Befunden zum Aufbau oraler Diskurse.[12] Dabei kommt der Formelhaftigkeit im Kommunikationsakt jedoch nicht alleine die Rolle praktischer, dem Diskursproduzenten leicht verfügbarer, sprachlicher Versatzstücke zu. Dies sind sie mit Sicherheit *auch*. Allerdings drängt sich schon aus unserer vorwissenschaftlichen Kenntnis vom Gebrauch formelhafter Sprache die Erkenntnis auf, daß verschiedene formelhafte Ausdrücke zu verschiedenen Zwecken verwendet werden. Ein Sprichwort wird im Diskurs anders einge-

---

[12] Cf. Gumperz/Kaltman/O'Connor in Tannen 1984: 3-19.

setzt als Begrüßungs- oder Abschiedsformeln und diese wieder anders als eine (sprichwörtliche) Redensart.

Ohne den Fehler einiger Vertreter der *Oral-Formulaic Theory* zu begehen und die Formeln in der altenglischen Dichtung nivellierend einem einzigen Erkenntnisinteresse zu beugen, stellt sich doch die Frage, *ob etwas* bzw. *was die pragmatisch unterscheidbaren Typen* formelhaften Ausdrucks in einem solchen Maße *eint*. Wenn dies nicht einfach die Tatsache war, daß der improvisierende Dichter damit Fertigbauteile zur Hand — vielmehr: im Kopf — hatte, muß dieses Gemeinsame auf der Ebene des semiotischen Funktionierens von Formeln allgemein zu suchen sein. Was bisher hier dargestellt worden ist, legt es nahe, die Formeln in der altenglischen Dichtung als Zeichen innerhalb eines semiotischen Systems zu sehen, dessen Andersartigkeit in bezug auf unsere modernen Bedingungen poetischer Semiotik es zu erkennen gilt, damit man sich in einem zweiten Schritt das Wissen um und über dieses andere System heuristisch nutzbar machen kann.

Die Alterität wird hier veranschlagt zum einen für die Art und Weise, in der poetische Kommunikation im frühen Mittelalter funktioniert. Andererseits jedoch wird unterstellt, daß es in der Semiotik Universalien gibt, die unabhängig von der historischen Einzigartigkeit der in den Blick genommenen Kultur gelten. Nur wenn letzteres als heuristisches Axiom akzeptiert werden kann, ist es legitim, an modernem Material gewonnene Einsichten auf die hier in Rede stehende historische Dichtung anzuwenden. Als solche Universalien setze ich hier voraus, daß formelhafte Ausdrücke, da sie sprachlich sind, (1) Signifikate haben, daß sie (2) designativ — wie an zeitgenössischem Material beobachtet — *als Gesamtausdruck* festgelegte Designata haben und daß sie aufgrund dieser speziellen Semantik (3) eine ihnen eigene Pragmatik haben. Mit den Punkten (2) und (3) wird also der Weg zu Analogieschlüssen bereitet.

Den mediävistischen Puristen, die solchen Analogien (mindestens) mit dem Argument der Anachronismusgefahr begegnen, kann entgegengehalten werden, daß in meinem Ansatz das Bewußtsein um die Alterität des Mittelalters Ausgangspunkt für alle weiteren Überlegungen zum methodischen Vorgehen ist. Zuerst und vor allem ist es dabei geboten, bei der Interpretation der Dichtung nicht stillschweigend zu unterstellen, diese Dichtung habe durch die Jahrhunderte hindurch für ihre jeweiligen Rezipienten einen stets identischen phänomenologischen Status gehabt. In dieser Unterstellung sehe ich die größte Gefahr anachronistischer Übertragungen. Sie ist hier, so denke ich, dadurch aus dem Weg geräumt, daß wir keine Textualität unterstellen, wo Kommunikation nicht textuell erfolgte.

Auch bei noch so starken Zweifeln im Blick auf Analogien, die vor allem zu primär oralen außereuropäischen Kulturen gezogen werden (ich verzichte hier weitgehend darauf),[13] wird man doch zustimmen können, daß der formelhafte Ausdruck selbst ein kulturelles Universale darstellt. So will ich den Begriff der Formel auch im folgenden verstanden wissen und aus diesem Grund einen sehr weiten Begriff von Formel und Formelhaftigkeit zugrunde legen. Ich schließe mich hier wieder Paul Zumthor an, der Formelhaftigkeit und formelhaften Ausdruck — sehr wohl auch in bezug auf die mittelalterliche Dichtung — so charakterisiert hat:

> *Formulisme* fait référence à tout ce qui, dans les discours et les modes d'énonciation propres à telle société, a tendance à se redire sans cesse en termes à peine diversifiés, à se reproduire avec d'infimes et infinies variations [...]. (1987: 216f.)

Auch für Zumthor ist die Formelhaftigkeit der mittelalterlichen Dichtung kein absolutes Kriterium für deren Komposition, da — unter dem Zeichen der Vorherrschaft der Stimme — sowieso alle mittelalterlichen Texte "oralisant" seien (1987: 214). Ihm ist die Formelhaftigkeit vielmehr Ausdruck des "régime d'oralité dominante", einer Ausdrucksform, die ebenso charakteristisch sei für unseren alltäglichen verbalen Austausch, für die "oralité quotidienne «sauvage»" (1987: 217).

In der Linguistik haben sich nun verschiedene Termini für diese Art sprachlichen Ausdrucks etabliert. Coseriu zum Beispiel spricht von *discours répété* und definiert diese "wiederholte Rede" als "[...] tout ce qui est traditionnellement figé comme ‹expression›, ‹phrase› ou ‹locution› [...]" (1966: 195). Coulmas benutzt den Begriff der *verbalen Stereotype* für

> alle festen Lexemverbindungen, die konventionellerweise dazu verwendet werden, bestimmte Dinge zu sagen und von den Sprechern unabhängig von den grammatischen Regeln der Sprache erlernt werden. (1981: 3)

Er zählt dazu "Redewendungen", "Sprichwörter", "Gemeinplätze" und "Routineformeln"[14] und faßt das sprachliche Phänomen unter den Begriff der

---

[13] Jeff Opland z.B. arbeitet in seinem Buch *Anglo-Saxon Oral Poetry* (1980) mit einer solchen Analogie zwischen dem angelsächsischen England und südafrikanischen Eingeborenenkulturen.
[14] Cf. dazu das Kap.II in Coulmas 1981.

Idiomatizität (1981: 7ff.). Für Weinreich ist wiederum das *idiom* eine semantische Sonderform der *phraseological unit* (1969: 42).[15]

Beim formelhaften — uns ganz besonders beim idiomatischen — sprachlichen Ausdruck liegt eine Korrelation — und damit auch für die Zeichenbenutzer die Notwendigkeit eines Besitzes — zweiten Grades vor. Der fixierte sprachlicher Ausdruck *in toto* Signifikant für *ein* Signifikat sei, eine Bedeutung nur "en bloc" habe.[16] Einzuräumen ist hier, daß natürlich *jeder* Gebrauch sprachlicher Zeichen davon abhängt, daß die Fähigkeit, über die — prinzipiell arbiträre — Korrelation von Signifikant und Signifikat zu verfügen, gemeinsamer *Besitz* ist, wie Hans-Martin Gauger dies nennt (1976a: 11f.). Phraseologische Einheiten, Formeln erscheinen darüber hinaus jedoch in besonderem Maß als Diskursteile, die einer bestimmten Gesellschaft eignen, weil sie in ihr und durch sie *traditionell* fixiert sind.[17] Als *soziokulturell spezifische* Phänomene, die eine ganz besondere Art soziokulturellen Besitzes darstellen, sollte daher auch die Formelhaftigkeit — im Blick auf die altenglische Dichtung — nicht reduziert werden zu reiner *Kompositionstechnik*.

Formeln (im weitesten Sinn) stellen ein — restringiertes wie restriktives — Repertoire bereit, innerhalb dessen menschliche Kommunikation sich in größerem oder geringerem Maß abspielt. Deborah Tannen, ich habe schon mehrfach darauf hingewiesen, sieht im Gebrauch formelhafter Ausdrücke "a convenient way to signal knowledge that is already shared" (1982: 1f.). Das heißt aber auch umgekehrt, daß dieser Gebrauch Gemeinsamkeit *stiftet*.[18]

---

[15] Es gibt zahlreiche Definitionen des formelhaften Ausdrucks. Es sei hier aber nur noch verwiesen auf die Definition Uriel Weinreichs des *idiom* als "a grammatically complex expression A+B whose designatum is not completely expressible in terms if the designata of A and B respectively" (1966: 181) und auf die Definition des idiomatischen Ausdrucks durch Fraser als "a constituent or a series of constituents for which the semantic interpretation is not a compositional function of the formatives of which it is composed" (1970: 22).

[16] Coseriu stellt für formelhafte Ausdrücke fest, daß "[...] elles ne s'opposent pas à d'autres expressions par une partie quelconque de leurs éléments constitutifs" (1966: 195f.); cf. dazu auch Thun 1978: 17; Uriel Weinreich (1966) spricht von "semantically exocentric" Ausdrücken; ähnlich auch Fraser 1979.

[17] Bar-Hillel stellt fest: "[...] an expression is idiomatic not absolutely, but relative to a particular dictionary" (1955: 186).

[18] Eine Art von 'Gegenprobe' ergibt sich — zumindest in unserer Zeit — aufgrund einer leicht nachvollziehbaren Beobachtung, die wiederum Coulmas anführt. Er spricht hier zwar ganz allgemein von 'Kommunikationshandlungen', doch meine ich, das folgende treffe in ganz besonderem Maß auf den Gebrauch formelhaft-idiomatischer Ausdrücke zu: "Jede sprachliche Kommunikationshandlung findet in einer sozialen Situation statt, die auf ein soziales System bezogen ist, innerhalb dessen sie definiert ist. Durch Konventionen und ihnen übergeordnete *allgemein anerkannte Werte* wird bestimmt, was in einer gegebenen Situation erwartbar, erwünscht oder akzeptabel ist. Verhaltensweisen, die dem widersprechen, werden auf die eine oder andere Weise sank-

Formelhafte Ausdrücke erwirbt man auf andere Weise als die sonstigen Bestandteile der *langue*. Was ihre Eigenschaft als spezifisch soziokulturellen Besitz angeht, so hat man, um sie adäquat benutzen zu können, vorgängig über jenes "knowledge that is already shared" zu verfügen. Was ihren Aufbau, ihren Umfang angeht, so ist dieser — in gewissem Maß — exempt von der reproduktiven Struktur der *langue*, denn sie werden, wie Coulmas das ausdrückt, "unabhängig von den grammatischen Regeln der Sprache erlernt" (1981: 3).[19] Hier schließt sich in gewisser Weise der Kreis zu dem, was oben in Kap.2.3.1 zur literaten Bildung im (frühen) Mittelalter festgestellt worden ist. Ich habe dort verdeutlicht, daß der Zugang zum (lateinisch) Geschriebenen über Memorierung erfolgte, daß also ein 'mentaler Besitz' geschaffen wurde, der der Lesefähigkeit voranging, ja dafür offensichtlich erst die Grundlage schuf. Mit dem Lesenlernen lernten die angehenden angelsächsischen *litterati* gleichzeitig auch Latein, das heißt, eine vollkommene *Fremdsprache*.[20] Es ist zum Beispiel anhand von Briefen (ich denke hier insbesondere an die Briefe englischer Nonnen an Bonifatius) nachzuvollziehen,[21] daß sich in dieser Fremdsprache Analoges vollzog zu dem, was man in einer vokalen Kultur für die Kompetenz in der Volkssprache unterstellen kann. Zum einen werden da, in der Fremdsprache, — grammatisch (meist) perfekt — eigene Gedankengänge und Darstellungen von Sachverhalten formuliert. Zum anderen häufen sich in denselben Texten 'Zitate' aus den kanonischen Schriften. Für die 'Grammatizität' der aktiven Lateinkompetenz sorgte ein spezielles Training, das über grammatische Merkverse ablief.[22] Für die 'Venerabilität' (wenn man so sagen darf) der Diskurse sorgte die Übernahme ganzer Zeichenketten, formelhafter Ausdrücke, die *in toto* aus jenem Memorierten abgerufen wurden.

---

tioniert. Ausländern wird in manchen Gesellschaften bzw. von manchen gesellschaftlichen Gruppen in dieser Hinsicht ein gewisser Bonus eingeräumt, d.h. die Sanktionen gegen abweichendes Verhalten werden partiell suspendiert. Das bedeutet aber zugleich, daß ihnen die *vollgültige Mitgliedschaft in der Gesellschaft verweigert* wird" (1985: 56; meine Hervorhebung); cf. hierzu auch die Ausführungen bei Thun 1978: 26f.

[19] Dehalb kann das Chomskysche Modell die *"idiomaticity"* bestenfalls als Anomalie behandeln. Für W.Chafe ist die ein (weiteres) Indiz für "the obvious inability of generative syntactic theory to relate itself to the way in which language is used" (1968: 127).

[20] Dies muß stets in Erinnerung behalten werden: in der Romania (in der man sich derselben didaktischen Methoden bediente) war der Abstand der Volkssprache zum Latein ungleich geringer als in den germanischen Kulturen.

[21] Cf. dazu meinen Aufsatz "Two Women ..." (1986: passim).

[22] Cf. Riché 1979: 231ff.

Mir ist hier wichtig, daß folgende Parallele sichtbar wird: neben dem kompetenten aktiven wie passiven Erwerb der Muttersprache als *langue* — diesen Saussureschen Begriff will Gauger spezifizieren, wenn er von "Sprachbesitz" spricht —, der sich auf der Ebene primären Zeichengebrauchs abspielt, werden zum anderen in der Muttersprache auf einer sekundären Ebene der Signifikant-Signifikat-Relation ganze Formeln zum kompetenten Gebrauch erworben. Beim Zweitsprachenerwerb (des Lateinischen), der mit dem Lesenlernen einher ging, hat anscheinend — in einer komplizierten Verflechtung — ein ständiger Austausch zwischen der primären und sekundären Signifikationsebene stattgefunden. Man lernte aus Formeln Formen und extrapolierte so einerseits — linguistisch gesagt — produktive grammatische Paradigmen aus einer 'toten' Sprache zum Zweck der Generierung grammatischer Syntagmen. Andererseits benutzte man aber auch größere Teile des Memorierten zum Zweck des Ausdrucks in dieser Sprache.

Was den Erwerb der primären wie formelsprachigen Kompetenz in der Muttersprache angeht, so handelt es sich bei beiden Arten des Besitzes einerseits um das, was Gauger zum "Erstsprach*besitz*" gesagt hat, daß dieser nämlich "das schlechthin Übernommene, das fraglos Vorgegebene" sei (1976a: 24). Wie Gauger weiter ausführt, liegen allerdings im Erwerb der Muttersprache, den er als einen "Prozeß der Übernahme" charakterisiert, "[...] zahlreiche Elemente des Kreativen und des Aktiven" (1976a: 25). In eben diesem Punkt ist der grundsätzliche Unterschied zwischen dem Erwerb des kompetenten Gebrauchs der (muttersprachlichen) primären Signifikationskorrelationen (Wortbedeutungen) und dem Erwerb formelhafter, auf einer zweiten sekundären Signifikationsebene funktionierenden, Rede zu sehen. Das Formelhafte muß *komplett* übernommen werden, innerhalb des so Übernommenen sind weder Kreativität noch Aktivität angebracht.[23] Im Gebrauch des sekundärsprachlichen Latein jedoch erscheinen — nachvollziehbar und belegbar, da uns dafür Quellen in schriftlicher Form vorliegen — Formelhaftigkeit und die erworbene Fähigkeit, sich grammatisch korrekt auszudrücken, auf ganz besondere Weise sich miteinander zu verweben.

Bei der Muttersprache bedeutet Spracherwerb nicht nur, daß man in den Stand versetzt wird, aus einem sprachspezifisch limitierten Inventar sprach-

---

[23] Harald Thun unterscheidet hier zwischen "äußerer" und "innerer Fixiertheit". Für die äußere Fixiertheit sieht er zum einen die "situationelle", zum anderen die "textpositionelle" Fixiertheit (1978: 66). Diese äußere Fixiertheit kann man auch 'pragmatische Fixiertheit' nennen. Die 'innere Fixiertheit' ist vielschichtiger; zur genauen Unterteilung s. Thun 1978: 67-70. Was die 'innere Fixiertheit' der Formeln in der altenglischen Dichtung angeht, so kann man sich formal wohl auf die Frysche Definition des *system* (≠ Parry-Lord) einigen; cf. oben S.63.

licher Laute sinntragende Einheiten zu bilden, sondern darüber hinaus diese sinntragenden Einheiten noch einmal wie das (primäre) Lautinventar zur Zusammensetzung sinntragender Einheiten — Formeln und formelhafter Ausdrücke — zu benutzen. Was den mittelalterlichen Erwerb von Lateinkenntnissen angeht, so scheint dieser Vorgang ein umgekehrter zu sein. Zuerst lernt man — für den Anfänger mehr oder minder signifikante — Zeichenketten und erwirbt anhand derer extrapolierend eine aktive Sprachkompetenz. Ähnliches unterstellen diverse Theorien zum Erwerb der Muttersprache. Allerdings muß festgehalten werden, daß ein Kind nicht zuerst in Formeln im hier dargelegten Sinn redet, ganz im Gegenteil. Der richtige Gebrauch von Formeln scheint der letzte — und schwierigste — Schritt auf dem Weg vollständiger Integration in eine soziokulturelle Gemeinschaft zu sein.

Doch zurück zur Semantik der Formeln. Im Blick auf zwei Sonderformen formelhafter Rede, Sprichwörter (*proverbes*) und sprichwörtliche Redensarten (*dictons*) macht A.J.Greimas semiotisch eine interessante Unterscheidung. Was das *dicton* angeht, weist er darauf hin, daß es zu dessen Verständnis reiche, über den Besitz ersten Grades, über die Kenntnis der Signifikant-Signifikat-Korrelation der einzelnen Komponenten des *dicton* zu verfügen. Greimas trifft im weiteren die folgende Unterscheidung:

> Une autre distinction [...] nous paraît importante: c'est la séparation de tous les éléments sémiologiques en éléments *connotés ou non*. Nous entendons par connotation le transfert du signifié d'un lieu sémantique (celui où il se placerait d'après le signifiant) en un autre.
> *Les proverbes* sont des éléments connotés. Dans le cas de *Bonjours lunettes, adieu fillettes* le signifié ne se situe pas au niveau de la signification de *lunettes* ou de *fillettes*, le sens du proverbe se trouve là où se déroulent les considérations sur la jeunesse et la vieillesse.
> *Les dictons* sont, au contraire, des éléments non connotés; on n'a pas besoin de chercher la signification de *Chose promise, chose due* en dehors de l'intentionnalité linéaire où elle se trouve. (1970: 310f.)

Dort, wo in der Tat die Bedeutung des sprachlichen Ausdrucks sich nur "en bloc" entfaltet, liegt eine 'sekundäre Konvention' vor.[24] Genau das versteht die Semiotik unter *Konnotation*, und deshalb kann Greimas auch zu Recht feststellen, daß Sprichwörter konnotierte Elemente seien. Ich möchte dem die Definition des Begriffs der Konnotation von Roland Barthes zur Seite stellen,

---

[24] Herbert Pilch macht mich darauf aufmerksam, daß man hier auch von konventioneller Textbedeutung sprechen kann.

der die Konnotation definiert als Umkehrung des semiotischen Vorgangs, der beim metasprachlichen Gebrauch vorliegt:

> [...] un système connoté est un système dont le plan d'expression est constitué lui-même par un système de signification [...].
> [...] un métalangage est un système dont le plan du contenu est constitué lui-même par un système de signification [...]. (1964: 130)

Für Barthes, der damit Hjelmslevs Gedanken zur Konnotationssemiotik einerseits und Metasemiotik andererseits erweitert,[25] handelt es sich in beiden Fällen um sekundäre Signifikationskorrelationen, wobei der grundlegende Unterschied darin besteht, wie im sekundären System das primäre wiederverwendet wird. In der Konnotation liefert das primäre System den Signifikanten, in der Metasprache liefert es das Signifikat. Die letztere Art sekundärer Signifikation scheint eine zutiefst *textuelle*, dem Schriftlichen zugehörige zu sein, die von Stierle bezeichnet worden ist als "autoreferentielle Funktion" der Sprache, die diese insbesondere gewinnt "bei systematischen Texten, wo in einer reflexiven Wendung die Bedingung des Gebrauchs der Sprache festgelegt wird" (1975: 362; cf. oben S.53f.).

Der explizite Bezug von Sprache auf Sprache stößt offensichtlich unter den kulturanthropologischen Bedingungen der (primären) Mündlichkeit weitgehend auf Unverständnis. Dies zeigen die Befunde, die der russische Psychologe Aleksandr Lurija (1974/86) vorgelegt hat.[26] In den Tests, die er und sein Team in den dreißiger Jahren mit illiteraten oder nur spärlich literaten Bauern in Usbekistan und Kirgisien gemacht haben, wußten die Probanden mit metasprachlichen Äußerungen überhaupt nichts anzufangen. Hier nur ein Beispiel.[27] Drei solcher Testpersonen werden ein Hammer, eine Säge, ein Holzscheit und ein Spaten vorgelegt. Sie werden gefragt: "Welche drei Gegenstände sind auszuwählen, wenn ich darum bitte, alle diejenigen auszuwählen, die man mit einem Wort bezeichnet?" Die drei Testpersonen antworten

---

[25] Cf. Barthes 1964: 130.
[26] Cf. oben S.13.
[27] Hier wie bei anderen Tests ist zu verzeichnen, daß "das anschauliche, 'situative' Klassifizierungsprinzip [...] absolut dominiert" (Lurija 1974/86: 93). Lurija führt noch eine große Zahl weiterer solcher Beispiele an. Ähnliche Reaktionen in bezug auf metasprachliche Anforderungen kann man auch bei Kindern im Vorschulalter beobachten, wenn sie nach Wortdefinitionen gefragt werden. So bezeichnete der dreieinhalbjährige Sohn von Freunden in meinem Beisein seinen Vater als *doof*, worauf hin ihn seine Mutter (eine Deutsch- und Englischlehrerin) um eine Wortdefinition bat, indem sie fragte: "Was ist *doof*?" (mit einer deutlichen intonatorischen Heraushebung des Wortes *doof*). Der Sohn antwortete, indem er auf seinen Vater (mit Vornamen *Fritz*) zeigte: "Fritz ist doof".

nacheinander: "Ich verstehe das nicht." — "Alle vier kann man hier auswählen." — "Wenn das Holzscheit nicht da ist, brauchen wir die übrigen drei auch nicht." (1974/86: 87). Auf 'Werkzeug' kam jedoch keine dieser Testpersonen.

Ganz im Gegensatz zum metasprachlichen Gebrauch ist der Gebrauch von Sprachzeichen, bei denen ein sekundäres Signifikationssystem das primäre als Signifikant wiederbenutzt, geradezu ein Charakteristikum mündlichen Ausdrucks. Insbesondere in der primären Mündlichkeit finden sich (formelhafte) Sprachverwendungen, die kultisch-religiöser Natur sind und/oder soziale Verbindlichkeiten — man denke zum Beispiel an Eidesformeln — markieren. Dies sind im klassischen Sinn performative Sprechakte, wie Austin (1960/75) sie dargestellt hat. Dabei werden Sprachzeichen — einzelne oder Kombinationen *in toto* — wiederverwendet, indem ihnen neue Signifikate zugeordnet werden. Allerdings ist dies hier von entscheidender Bedeutung: diese sekundären Sprachverwendungen sind unauflöslich verbunden mit dem situativen Kontext. Die sich hieraus ergebende pragmatische Konsequenz ist meines Erachtens nicht mehr in den Parametern von "Nähesprachlichkeit/Distanzsprachlichkeit" zu fassen. Im Blick auf 'orale Dichtung' stellt Koch fest, es werden dort "Wiederholungen, Formeln und Stereotype eingesetzt zur Vermeidung von [...] Informationsverlusten (Rezipientendistanz; nur partielle Partner-Nähe: *man konzentriert sich auf den gemeinsamen Teil des Wissens)*" (1987: 99). Ob diese Konzentration "auf den gemeinsamen Teil des Wissens" ein Zeichen der Distanz oder der Nähe ist, vermag ich nicht zu sagen. Allemal ordnet der verweisende Rückgriff auf das gemeinsame Wissen den Diskurs in die *gemeinsame Sinnwelt* ein. Er rückt die Welt, auf die diskursiv Bezug genommen wird, "in aktuelle Reichweite" und schafft damit ein Analogon zur "lebendigen Wir-Beziehung" (Schütz/Luckmann 1979: 100).

Doch zurück zu Greimas' Unterscheidung zwischen *proverbe* und *dicton*. So erhellend die Unterscheidung zwischen konnotiertem und unkonnotiertem Sprichwörtlichem ist, so wird doch folgendes von Greimas nicht genügend herausgestellt: zwar ist die Komponentenkomplexion eines *dicton* wie "chose promise, chose due" (entsprechend dem deutschen "Was man verspricht, muß man auch halten") auch linear in seiner Semantik unmißverständlich. Was jedoch ihren Gebrauch angeht, so geschieht dieser nur "en bloc". Dieser spezielle Gebrauch erst macht eine solche Phrase zum *dicton*. Somit aber trifft es zwar zu, daß die Signifikation — so Greimas — im *dicton*, in der sprichwörtlichen Redensart selbst, vorhanden ist, andererseits sind solche binär strukturierten Formeln intern paradigmatisch ebenso unauflöslich wie die konnotativ funktionierenden Sprichwörter. Deshalb kann es im konkreten Diskurs auch zur Verständigung absolut reichen, zum Beispiel nur den ersten Teil eines solchen *dicton* auszusprechen und dabei als Sprecher doch ganz sicher zu sein, daß der Rezipient die zweite Hälfte — und *nur diese* — hinzudenkt. Aus dieser speziellen Semantik bestimmter formelhafter Ausdrücke resultieren die Restriktionen für den Gebrauch, die Pragmatik alles Sprichwörtlichen. Sprichwörtliches wird niemals für sich allein, ohne den entsprechenden situativen Kontext, als Proposition geäußert oder verstanden, es kann also nie, um mit Austin zu sprechen, 'nur' einen lokutionären Akt der Äußerung darstellen. Immer wird mit dem Äußern selbst Illokutionäres vermittelt. Aus diesem Grund sind Sprichwort wie auch sprichwörtliche Redensart aus informationstheoretischer Sicht nur sekundär informativ.[28] Sie informieren darüber, daß die Situation, in der der sprichwörtliche Diskurs angewendet wird, ein Exemplum dessen ist, was dieses Sprichwörtliche bedeutet. Zwar deutet es auf dieses Exemplum, kann aber nur dann als sinnhaft verstanden werden, wenn die Rückkoppelung mit dem kulturellen Besitz funktioniert, denn das Denotatum liegt nicht im Exemplum — auch dieses setzt sich ja aus anderen Signifikant-Signifikat-Zuordnungen zusammen —, sondern der sprichwörtliche Ausdruck deutet auf die außerdiskursive Welt, zu deren kulturellem Besitz das Wissen um das 'eigentliche' Signifikat vorgängig, traditionell, gehört. Aus einer primär mündlichen Kultur zitiert Shippey einen Häuptling, der — in Shippeys Worten — feststellte: "[A] proverb is useless and incommunicable without a particular situation to give it birth" (1977: 29).

4.2.2 Pragmatik der Formeln

Aus dieser Sonderform semiotischen Funktionierens ergibt sich eine besondere Pragmatik des Sprichwörtlichen. André Jolles hat eben diesen Sachverhalt in seinen Überlegungen zum "Spruch" vor sechzig Jahren bereits so formuliert:

> [...] die Erfahrung in der Form, in der sie der Spruch faßt, ist ein Schluß. Ihre Tendenz ist rückschauend, ihr Charakter ist resignierend. Dasselbe gilt von ihrer Vergegenwärtigung. Auch das Sprichwort ist kein Anfang, sondern ein Schluß, eine Gegenzeichnung, ein sichtbares Siegel, das auf etwas aufgedrückt wird und womit es seine Prägung als Erfahrung erhält. (1930/69: 158)

---

[28] In der (kybernetischen) Informationstheorie gilt eine Kommunikation als umso informativer, je Unerwarteteres (Unwahrscheinliches im Sinne von Unerwartbarem) in ihr kommuniziert wird.

Kurz darauf bringt Jolles denselben Gedanken noch einmal in die treffende Formulierung: "In jedem Sprichwort deckt man den Brunnen zu — aber erst, wenn das Kind ertrunken ist" (1930/69: 159).

Es widerspräche der Grundcharakteristik des Spruchs, wenn mit ihm etwas Neues, Überraschendes ausgedrückt würde. In der Repetitivität, in der Fixiertheit liegt das Bestätigende — und Bestätigungen können nur *a posteriori* erfolgen. Insofern ist auch das didaktische Element, das dem Spruch bzw. seiner Verwendung eigen ist, zu sehen als Affirmation des Bestehenden. Das heißt, mit dem Spruch lernt man nichts Neues — ganz im Gegenteil.

Es muß allerdings gefragt werden, ob das, was hier für das Spruchhafte herausgearbeitet wurde, auf *alle* Arten formelhaften Ausdrucks anwendbar ist, die uns in der altenglischen Dichtung begegnen. Auf den ersten Blick ist es sicherlich weniger einsichtig, daß eine Formel wie *þær X sæt* semiotisch etwas anderes bewirken sollte, als propositional auszudrücken, daß es sich hier im Diskurs um einen bestimmten Ort handelt, an dem eine bestimmte Person sitzt. Hingegen ist die Verweiskraft eines Sprichworts aus dem Gedicht heraus in die Welt des Rezipienten sofort evident.

Auch der moderne Leser erkennt diese starke Verweiskraft in gnomischen Wendungen, wie sie, um ein sehr evidentes Beispiel zu nennen, am Ende von *Seafarer* zu finden sind:[29]

    dol bið se þe his dryhten ne ondrædeþ   cymeð him se deað
        unþinged
    eadig bið se þe eaþmod leofaþ   cymeð him seo ar of heofonum
        (*Sfr* 106f.)

[toll ist derjenige, der seinen Herrn nicht fürchtet; ihm kommt
    der Tod unerwartet.
selig ist derjenige, der demütig lebt; ihm kommt die Gnade vom
    Himmel].

Da sich dieser Spruch fast wörtlich in den *Gnomai* des Exeter-Buchs wiederfindet,[30] liegt hier wohl etabliert Sprichwörtliches vor, auf das der Dichter des *Seafarer* zurückgreifen konnte. Dieses Gnomon, das die abschließende homiletische Passage des Gedichts einleitet, signalisiert uns, daß auch diesen Zeilen die Funktion zukommt, die Jolles dem Spruch zugewiesen hat: hier

---

[29] Zur eingehenden Interpretation der Funktion solcher Passagen s. unten II.3.3.
[30] *dol bið se þe his drihten nat to þæs oft cymeð deað unþinged/ snotre men sawlum beorgað ...* (*Mxm I* 35f; 'toll ist, der seinen Herrn nicht kennt; so kommt der Tod oft unerwartet;/ weise Menschen hüten ihre Seele ...').

handelt es sich, was den Bezug zum restlichen Gedicht angeht, um einen "Schluß, eine Gegenzeichnung, ein sichtbares Siegel, das auf etwas aufgedrückt wird und womit es seine Prägung als Erfahrung erhält" (1930/69: 158). Diese Funktion hat das Gnomon auch für die zeitgenössischen Rezipienten, aber nicht nur diese. Alleine durch die Kontiguität in bezug auf das zuvor Gesagte ist dies schon ein abschließender Kommentar zum Vorherigen, gleichzeitig aber binden diese sprichwörtlichen Zeilen das gesamte Gedicht fraglos an die Welt der zeitgenössischen Rezipienten an und in diese Welt ein.

Ganz ähnlich tun dies auch die maximenhaften Formeln, wie sie zum Beispiel ebenfalls im *Seafarer* gerade im Schlußteil vorkommen. Eine solche formelhafte Passage ist diese:

stieran mon sceal strongum mode   ond þæt on staþelum
   healdan
ond gewis werum   wisum clæne
          (*Sfr* 109f.)

[steuern soll man das starke Gemüt und es im Zaum halten
und gewiß (sein gegenüber) den Menschen und rein im Verhalten].

Hier ist für den *Leser* der 'textliche Zusammenhang' möglicherweise unklar, dem zeitgenössischen Zuhörer hingegen sind diese formelhaften Ermahnungen das, was bereits sinnhaft *in der Welt* vorliegt und was dann auch dieses Gedicht zu bereits sinnhaft Vorliegendem macht, auch wenn das Gedicht selbst nicht traditionell ist.

Formeln der Art *þær X sæt* oder *gewat þa, com þa, eode þa, hwearþ þa,* mit der sich die *Oral-Formulaic Theory* so intensiv auseinandergesetzt hat, binden hingegen nicht ebenso evident das Gedicht an die Welt. Ganz im Gegenteil: man könnte sogar vermuten, daß sie die Gedichte von der Welt abkoppeln, wenn man diese Formeln als *poetisch* in dem Sinn ansieht, wie Jakobson die *poetische Funktion* der Sprache definiert hat. Für ihn ist der Sprachgebrauch "poetic", in dem die Einstellung gelenkt wird "on the message for its own sake" (1960/67: 302). Andernorts habe ich bereits dargelegt, daß mit wachsender Schriftlichkeit die Formeln in der Tat zu ästhetischen Phänomenen werden können.[31] Dies wird im folgenden Kapitel noch einmal zusammenfassend darzustellen sein.

Unter den Verdacht, nichts anderes als ästhetisches Beiwerk zu sein, können in noch stärkerem Maß die sogenannten *tag*- oder Reimformeln ge-

---

[31] Cf. Schaefer 1988a.

raten. Denn während wir bei den erzähltechnischen Formeln noch ganz praktisch die Funktion der Weiterführung der Narration — und damit eine *designative* Funktion — erkennen mögen, entfällt dies bei den Reimformeln weitgehend. Wenn man weiterhin einräumen muß, daß für uns als distanzierte Leser vielleicht gar nicht in allen Fällen zweifelsfrei erkennbar ist, was nun Erzählformeln im engeren Sinn und welche Formeln reine *tags* sind, wäre dies ein weiteres Argument dafür, in den Formeln, die nicht sprichwörtlich sind, nicht die Funktion der Anbindung an den außersprachlichen Kontext, sondern der Ablösung von diesem zu vermuten.

Die altenglische Dichtung belegt jedoch in aller Deutlichkeit durch die Art, wie in ihr formelhafte Ausdrücke verwendet werden, daß für die ästhetische Ablösung der Dichtung — und damit für deren Autonomisierung — in dieser Kultur die Zeit noch nicht reif war. Dort nämlich tragen zumindest die gnomisch-formelhaften Signale dafür Sorge, daß sich die Gedichte nicht von der Welt ablösen. Solange dies der Fall ist, sind auch erzähltechnische Formeln und Reimformeln aufgrund der Intertextualität — besser: aufgrund ihrer Paratextualität — eher Anzeichen für die Traditionalität des poetischen Diskurses in dem Sinn, daß auch mit ihnen semiotisch auf einen Besitz verwiesen wird.[32]

Damit greife ich ein Stichwort auf, das so oft — unhinterfragt — in die Debatte um die hier in Rede stehende Art von Dichtung eingebracht wird. Es sind dies die Begriffe von Tradition und Traditionalität sowie — eng damit zusammenhängend — der Begriff poetischer Konvention.[33] Formeln und Tradition gehören zusammen, doch was heißt das eigentlich, wenn wir von 'Tradition' und 'Traditionalität' sprechen?

---

[32] Der Begriff *Paratextualität* wird unten in II.1 eingeführt und erläutert.
[33] Greenfield z.B. benutzt die Termini *tradition* und *convention* anscheinend synonym, z.B.: "A highly stylized poetry like Anglo-Saxon, with its many formulas and presumably many verbal conventions, has certain advantages in comparison with a less traditional type of poetry" (1955: 205).

4.2.3 Formelhaftigkeit als Tradition und Konvention

Bei den formal wie erzähltechnisch relevanten Formeln handelt es sich schon in der primären Oralität um Elemente, die für den Dichter nicht nur eine Erleichterung im improvisierenden Erzählen darstellen, sondern für ihn auch (wohl vorbewußt) integraler Bestandteil dieser Art des Erzählens sind. Dasselbe gilt *mutatis mutandis* auch für die Rezipienten dieser Erzählungen. Nun sind metrische Gestaltung und Formelhaftigkeit Phänomene, die gerade in der primären Oralität nicht auf diese besondere Art der Wissensvermittlung durch Erzählen beschränkt sind. Im bisher zu Formeln und Formelhaftigkeit Gesagten ist die spezielle Semiotik umrissen worden, innerhalb derer der formelhafte Ausdruck funktioniert. Anhand der Begriffe *Tradition* und *Traditionalität* gilt es nun zum Abschluß dieses Kapitels, einige Gedanken zur weiteren *kulturellen* Pragmatik der Formelhaftigkeit aufzugreifen.

Allgemein erleichtern rhythmische Geformtheit und Formelhaftigkeit des sprachlichen Ausdrucks einerseits die *Memorierung* des so Fixierten. Was in solche sprachliche Form gebracht ist, wird durch diese Gestalt – aus ganz praktischer Sicht – tradierbar. Im Blick auf primär orale Kulturen stellt sich dies für Eric Havelock so dar:

> What is required is a method of repeatable language (meaning acoustically identical sound patterns) which nevertheless is able to alter its content to express diverse meanings. The solution discovered by the brain of early man was to convert thought into rhythmical talk. This supplied what was automatically repeatable [...]. Variable statements could then be woven into identical sound patterns to build up a special language system which was not only repeatable for re-use, and which could tempt the memory to lead on from one particular statement to a second, and a different one, which nevertheless seemed familiar because of acoustic similarity. (1986: 71)

Die Form also ist die Grundlage für eine bestimmte Art der 'Tradition(alität)' in der Oralität. 'Tradition' ist hier ganz konkret zu verstehen als die ununterbrochene oral-aurale Kommunikationskette, durch die das solchermaßen metrisch und formelhaft versprachlichte Wissen weitergegeben wird.

Ohne daß nun Ursache und Wirkung im Bewußtsein der Betroffenen unterscheidbar wären, ergibt sich aus dem Faktum der fixierten Geformtheit des auf diese Weise sprachlich Vermittelten, also aus der Tradier*fähigkeit* (der erleichterten leichte Memorier-/Rezipierbarkeit), auch die Tradier*würdigkeit*: was *so* geformt ist, ist *traditionell* im Sinn von bewahrenswertem gemeinsamem Besitz. Das gilt zum einen für 'kleine Formen' wie Merksprüche und

Zaubersprüche, für Eidesformeln, Sprichwörtliches usw.³⁴ Wenn man mit Jauss annimmt, daß die poetischen Gattungen des Mittelalters sich herausgebildet haben aus "im Ursprung an kultische, religiöse und gesellschaftliche Funktionen gebundenen Gattungen" (1972: 132), dann ist auch anzunehmen, daß sich diese Wechselwirkung von Tradier*barkeit* und Traditions*würdigkeit* des Formalen auf größere Formen übertragen hat.³⁵ Ganz allgemein wird man sagen können: metrische und formelhafte Formung verleihen den so geformten Inhalten Würde. Allerdings ist diese Würde solange nur sekundär ästhetischer Natur, wie die Formung selbst nicht nur zur Ausgrenzung des Diskurses, sondern auch praktisch zu dessen Vermittelbarkeit gehört.³⁶ Die Beobachtung, daß die Formelhaftigkeit in der Dichtung proportional zur vermehrten Schriftlichkeit im Mittelalter nachläßt, bestätigt dies. Was Hans Robert Jauss in bezug auf den *"Prozeß* einer allmählichen Literarisierung" der Gattungen im Mittelalter bemerkt (1972: 132), hat Paul Zumthor mit der Formelhaftigkeit in Verbindung gebracht und so umrissen:

> L'apparition et la diffusion de l'écriture réelle s'accompagne en revanche d'un effet de *dé-formulisation*, le langage de la poésie prenant dès lors une orientation autoréflexive: on observe ce phénomène, dans les textes médiévaux, de façon d'abord sporadique, dès la fin du XIIe siècle. (1987: 217)

Auf die Formelhaftigkeit als Anzeichen dafür, daß die altenglische Dichtung poetischen Konventionen der Zeit folge, hat innerhalb der Diskussion um die *Oral-Formulaic Theory* bereits Larry Benson hingewiesen.³⁷ Da

---

³⁴ Zum bewahrenswerten Besitz gehört selbstverständlich auch das mündlich tradierte Recht.
³⁵ Cf. auch Havelock, der im Anschluß an die gerade zitierte Passage fortfährt: "Such was the birth of what we call poetry, a performance now relegated under literacy to the status of pastime, but originally the functional instrument of storage of cultural information for re-use or, in more familiar language, the instrument for the establishment of a cultural tradition" (1986: 71).
³⁶ Ähnlich auch Bäuml: "[...] whatever the mechanical role of formulism in performance and reception may be, its referential function is clear: the written formulaic text inescapably refers the receiver to the oral-formulaic tradition, provided only that he is familiar with its attributes. In referring to the oral tradition, the written text fictionalizes it. Since the one is given a role to play within the other, since oral formulae in the garb of writing refer to 'orality' within the written tradition, the oral tradition becomes an implicit fictional 'character' of literacy" (1984/85: 43).
³⁷ Im Blick auf Layamons *Brut* hat H.Pilch bereits 1960 — nicht zuletzt Bezug nehmend auf die Formelhaftigkeit dieses Werks — im Kontext der damals in Deutschland (noch) aktuellen Diskussionen festgestellt: "Statt mit Nationalliteraturen oder Quellenstammbäumen rechnen wir mit literarischen Stiltraditionen. Unter einer literarischen Tradition rechnen wir mit Šklovskij die Summe der technischen und strukturellen Möglichkeiten einer Literaturgattung im weitesten Sinne, d.h. einer Gruppe von literarischen Werken mit einer gemeinsamen Thematik bzw. einer gemeinsamen, geschriebenen oder ungeschriebenen ars poetica" (1960: 233). Dabei veranschlagt er als

Benson hier einerseits gegen das Postulat Magouns argumentiert, die Formelhaftigkeit der altenglischen Dichtung sei Indiz für deren mündliche Komposition, und da er andererseits diese Formelhaftigkeit gar nicht bestreiten will, ist die Art, wie er argumentiert, verständlich, auch wenn damit nicht alle Implikationen der Formelhaftigkeit der altenglischen Dichtung aufgedeckt werden. Seiner Meinung nach bedient sich der angelsächsische Dichter einer bestimmten formelhaften Phrase, weil diese Teil sei "of a poetic diction that is clearly oral in origin but that is now just as clearly a *literary convention*" (1966: 339; meine Hervorhebung). Noch weiter − in meine rezeptionsorientierte Richtung − geht Franz H.Bäuml, wenn er sagt:

> In written composition [of the Middle Ages] thematic and lexical stereotypes [...] *necessarily* serve a referential function: they refer to a specific type of text, the oral text, and thus represent, without being part of it, the convention which lies behind the written text. (1987: 39)

Diese Argumente kann man zu folgender Erkenntnis ausweiten: die Anbindung der Formelhaftigkeit an die Oralität − und damit die Traditionalität der Formelhaftigkeit − darf nicht nur für die Bestimmung ihrer materiellen Provenienz herangezogen werden. Ebensowenig reicht es aber aus, Metrum und Formelhaftigkeit als rein poetische, ästhetische Phänomene zu sehen. Sie dienen zwar als Abgrenzungssignale in der Oralität wie auch in der Vokalität, und insofern zeigen sie an, daß der so geformte Diskurs *anders* ist als der Alltagsdiskurs. Auf für uns Moderne kaum mehr nachzuvollziehende Art aber zeigten eben diese Signale den zeitgenössischen Rezipienten auch an, daß die betreffenden Diskurse immer gleich sind, daß sie *traditionell* sind und damit Bewahrt-Bewahrenswertes vorstellen. Solchermaßen haben diese äußerlich-formalen Phänomene eine viel bedeutsamere Funktion als nur formale Konventionen fortzusetzen, wie wir dies legitimerweise in den literarisch-poetischen Konventionen der vollen Schriftlichkeit sehen. In der Vokalität, in der Kultur also, in der die stimmliche Vermittlung versprachlichter Kulturgüter noch die entscheidende Rolle spielt, ist die formale Poetisierung demnach nicht nur wirksam aufgrund konventioneller Akzeptanz, das heißt: aufgrund eines stillschweigenden "Kontrakts zwischen Autor und Leser" (cf. Warning 1982: 194; Iser 1982: 135).

Es handelt sich bei der Formelhaftigkeit in der Dichtung um zwei Arten von Traditionalität, die sich gegenseitig stützen. Zum einen dient sie als

---

eine dieser "verschiedene[n], ursprünglich voneinander unabhängige[n] literarische[n] Traditionen [...] die westgermanische Stabdichtung" (ibd.).

Signal für die Traditionalität auf der Ebene des *Inhalts*. Formelhafter Ausdruck zeigt an, daß es sich um gemeinsames, somit soziokulturell relevantes, Wissen handelt. Was Bäuml in bezug auf die *mündliche* Epik festgestellt hat, kann man meiner Meinung nach auf *vokale* Dichtung übertragen: "[Formulism] serves the cultural memory by providing culturally essential links to the tradition which it formulates" (1987: 29). Traditionalität bedeutet den tatsächlichen oder auch nur vorgegebenen Umstand, daß das Formelhafte eine Art des Wissens ist, in das sich die Gesellschaft teilt, daß also Wissen und Wissende noch personal vereint sind (Havelock 1963).

Zum anderen handelt es sich um die Traditionalität der *Form* dieses Wissens, das heißt: man kennt die Form, in der das Tradierungswürdige als solches erscheint. Deshalb kann die poetische Funktion der Sprache im Sinne Jakobsons, die Einstellung also "on the message for its own sake" (1960/67: 302), in jener Kultur nie die Oberhand gewinnen.

Letzteres ist nämlich erst dann möglich, wenn sich der Akt tradierenden Bewahrens vom Gedächtnis der Einzelnen verselbständigen kann, in solchen medialen Umständen also, in denen die Bewahrung nicht mehr der ununterbrochenen Traditionskette bedarf. Erst die Entlastung durch die wachsende Schriftlichkeit erlaubt es, potentiell ästhetische Phänomene als solche wirksam werden zu lassen. Allerdings will es scheinen, daß durch das gesamte Mittelalter hindurch die Dichtung noch dieses Erbteil aus der (primären) Oralität und Vokalität mitschleppt, daß sie also, um inhaltliche Akzeptanz zu erreichen, die Markierung der Traditionswürdigkeit aufrechterhalten muß, wenngleich für die Absicherung der Tradierung selbst die Schriftlichkeit Sorge trägt.

5. DER ÄSTHETISCHE ORT DER DICHTUNG IN DER VOKALITÄT

5.1 ÄSTHETISCHE IDEOLOGIE UND KOMMUNIKATIVE WIRKLICHKEIT

Die in den Kapiteln I.3 und I.4 vorgenommene Rekonstruktion der kommunikativen Bedingungen, die für den poetischen Diskurs im frühen Mittelalter vorauszusetzen sind, war geleitet durch die Annahme, daß gerade in diesen Bedingungen die Alterität des Mittelalters zu orten sei. Dabei wurde davon ausgegangen, daß die literarhistorische Betrachtung im besonderen für diese Dichtung über den rezeptionstheoretischen Ansatz zu neuen Befunden gelangen kann.

In einem Aufsatz von 1975, in dem Hans Ulrich Gumbrecht eine erste Standortbestimmung der damals noch in der Herausbildung befindlichen Rezeptionstheorie vornimmt, charakterisiert er den durch diese Theorie sich manifestierenden "Wandel des Erkenntnisinteresses" folgendermaßen:

> Seine Pointe liegt [...] darin, daß die wissenschaftliche Diskussion [... gelten kann] als Rekonstruktionsbemühung, die dem Ziel unterstellt ist, die Bedingungen *verschiedener Sinnbildungen* über jeweils einem Text durch *Leser mit verschiedenen geschichtlich und sozial vermittelten Rezeptionsdispositionen* zu verstehen. (1975: 389f.)

Notwendig zu dieser Rekonstruktion wäre es zunächst, genauere Einsicht in den soziokulturellen Hintergrund zu finden, in den diese "geschichtlich und sozial vermittelten Rezeptionsdispositionen" zu einem gegebenen historischen Zeitpunkt eingebettet waren. Für das angelsächsische England sind unsere Informationen dazu ausgesprochen spärlich. Über Situationen und Ereignisse, im Rahmen derer Dichtung zum Vortrag kam, wann und wo man sich *Beowulf* anhörte, für wen Cynewulfs Spiel mit seinen Runensignaturen gedacht war, wer die altenglischen Elegien vortrug und vor welchem Publikum dies geschah, von all dem wissen wir so gut wie nichts. Zwar werden im *Beowulf* selbst Situationen geschildert, in denen Dichtung zum Vortrag kommt, ja es wird sogar ein Scop bei der Arbeit dargestellt. Den mimetischen Gehalt dieser Darstellungen vermögen wir jedoch nur schwer abzuschätzen, da es immerhin möglich sein kann, daß es sich dabei um aus der (primären) Oralität ererbte

Darstellungen des Scop und seines Publikums handelt.¹ Andererseits wird man — gerade im Blick auf das, was hier zur Semiotik der Vokalität gesagt worden ist — unterstellen dürfen, daß solche Darstellungen nicht absolut konträr sein konnten zu dem, was tatsächlich in den zeitgenössischen Situationen aktueller poetischer Kommunikation ablief.²

Über einen Aspekt, der die *vermittelten* Rezeptionsdispositionen — jedenfalls idealiter — beeinflußt haben muß, haben wir allerdings genaue, außerpoetische Kenntnis: es ist hinlänglich bekannt, daß die gesamte mittelalterliche Dichtung einer präskriptiven Wirkungsästhetik unterstand. Diese Wirkungsästhetik kann als ideologisch angesehen werden im Sinn des von der Wissenssoziologie benutzten Begriffs. Berger und Luckmann verstehen unter *Ideologie* eine bestimmte *Wirklichkeitsdefinition*, die verbunden wird mit konkreten Machtinteressen (1966/71: 141). Sie spezifizieren weiter: "The distinctiveness of ideology is [...] that the *same* overall universe is interpreted in different ways, depending upon concrete vested interests within the society in question" (ibd.). Die Frage nach jenen konkreten Machtinteressen steht hier nicht zur Diskussion, wenngleich bereits Arbeiten dazu vorliegen, die einen solchen Interessenkonflikt zwischen Kirche und Laienkultur des Adels inzwischen in den Parametern von Mündlichkeit und Schriftlichkeit ausmessen wollen.³

Wenn nun die christliche Ästhetik als ideologisch apostrophiert wird, so legt dies vielleicht die Vermutung nahe, daß ich hier in alte Oppositionen wie "weltlich" vs. "religiös" oder gar "heidnisch" vs. "christlich" verfalle. Ich halte solche Polarisierungen generell für wenig fruchtbar, weil sie der Dichtung Klassifikationsmuster aufzwängen, die anachronistisch sind.⁴ Vertretbar ist eine Einteilung in "weltlich" und "religiös" insofern, als bestimmte Gedichte wie z.B. *Beowulf* oder *Battle of Maldon*, vom Erzählstoff her gesehen, sicherlich "weltlicher" sind als die altenglische Bibelepik oder Heiligenlegenden. Verfehlt ist es aber, darüber noch ein Raster "heidnisch" (oder auch: "germanisch") vs. "christlich" stülpen zu wollen. Berger und Luckmann ma-

---

¹ In Zz.86-98 wird erzählt, daß Hrothgars Scop vor Grendels erster Attacke einen Schöpfungshymnus singt; in Zz.496b-97a singt der Scop zur Unterhaltung der Gäste in Heorot; in Zz.867b-874a wird gezeigt, daß der Scop nach dem ersten Kampf gegen Grendel Beowulfs Preis singt; gleich anschließend (Zz. 874b-913a) wird die vom Scop vorgetragene Geschichte von Sigemund präsentiert; die sog. *Finn Eposiode* (Zz. 1065ff.) wird von Hrothgars Scop vorgetragen; etc.
² D.Whitelocks *The Audience of Beowulf* gibt auch nur Auskunft über "the people whom [the Christian author] had in mind" (1951: 3). Dabei denkt sie an ein Publikum, das aus Geistlichen *und* Laien bestand (1951: 9).
³ Cf. Busse 1988.
⁴ Cf. Busses Auseinandersetzung mit diesen Dichotomien (1987. 102-134); cf. in diesem Sinn auch Weber 1985: 284f.

chen in der Diskussion ihres Ideologiebegriffs zum Mittelalter eine für unseren Zusammenhang bedenkenswerte Feststellung:

> It makes little sense [...] to speak of Christianity as an ideology in the Middle Ages — even though it had obvious political uses for the ruling groups — for the simple reason that the Christian universe was 'inhabited' by everyone in medieval society [...]. (1966/71: 141)

Während der angelsächsischen Zeit wurden offensichtlich in diesem 'gemeinsam bewohnten Universum' verschiedene poetische Äußerungen voneinander unterschieden, als konkurrierend verstanden und gegeneinander ausgespielt. Das Argument gegen bestimmte Gedichte war jedoch nicht, daß in ihnen eine 'falsche' Sinnwelt gezeigt würde, gegen die als solche es zu kämpfen gelte. Was man an dieser Kunst ablehnte, war ihre *Nichtigkeit*. Die Wirkungsästhetik gab das Maß an, sie war ideologisch in dem Sinn, daß zu ihrer "Weltinterpretation" (Berger/Luckmann) jene 'leere' Dichtung nichts beitrug.

Die christliche Ästhetik hat uns nicht so sehr zu interessieren, weil damit ein für alle Mal die tatsächliche Wirkung der Dichtung, die auf uns gekommen ist, festgelegen hätte und damit auch jede mögliche Rezeption sich nur im Rahmen dieser Vorgabe hätte abspielen können. Der christlichen Ästhetik muß hier aus zwei anderen — in sich sehr verschiedenen — Gründen Rechnung getragen werden. Einmal ist sie zweifellos die Instanz, deren Zensur die schriftliche Überlieferung prinzipiell unterstand. In erster Linie wurde, was ihr konform war, überhaupt verschriftet und in schriftlicher Form weitergegeben.[5] Darüber hinaus ist vom rezeptionsästhetischen Ansatz her interessant, daß der ideologischen Ästhetik die Art, in der poetische Kommunikation in der Vokalität allemal semiotisch funktionierte, entgegenzukommen schien.

Die dem Mittelalter durch Augustin verbindlich gemachte Ästhetik weist dem Kunstwerk einen festen Ort zu. Der Philosoph Walter Schulz charakterisiert das augustinische Erbe so:

> Überdenkt man den Ansatz Augustins im ganzen — und dies ist nötig, um die durch ihn inaugurierten Weltbezüge zu verstehen, auf denen die christliche Kunst aufbaut —, so sieht man, daß Schönheit als *kosmologi-*

---

[5] Mit "Verschriftung" meine ich jenen Prozeß, in dem ein Gedicht, das bis dahin ausschließlich mündlich überliefert wurde, in schriftlicher Form fixiert wird. Als offensichtlichste Belege einer solchen Verschriftung sehe ich die altenglischen Zaubersprüche an, die mit großer Sicherheit oral tradiertes Wissen wiedergeben. Daß bei der Verschriftung solcher Verse - oft in sehr weitgehendem Maß - auch 'christliche' Elemente eingeflossen sind, widerspricht dem nicht, muß aber auch nicht heißen, daß erst im Prozeß der Verschriftung selbst diese Elemente Eingang gefunden haben.

scher Grundcharakter erscheint. Die Welt gilt als Kunstwerk, und als solches verweist sie auf Gott. Dieser Ansatz hat für die Konzeption der künstlerischen Tätigkeit bedeutsame Folgen. Der Künstler wird nicht von der an sich möglichen Parallele zu Gott als schaffender verstanden, der Gott, natürlich in geringerem Maße, nachahmt. Vielmehr wird der Künstler dem kosmologischen Prinzip gemäß auf die *kosmische Ordnung* verwiesen, die von Gott nach den Gesetzen der Ordnung gemacht wurde, denn Gott ist »Inbegriff« des an sich Guten und Schönen. [...] Verwesentlichung ist *Angleichung an vorgegebene Ordnung* [...]. (1985: 221f.)

Diese 'Weltangebundenheit' (Schulz 1985: 220) hatte nun, so meine ich, ihre Homologie in der Art, wie verbale Kommunikation in der Vokalität nur funktionieren konnte. In den hier vorangehenden Kapiteln ist deutlich geworden, daß die Formelhaftigkeit der altenglischen Dichtung Zeugnis gibt von einer Signifikationsart, die die Sin*ner*mittlung nicht im Diskurs, sondern in der außersprachlichen Welt verankert. Auch hier also ist "Weltangebundenheit" zu diagnostizieren.

Weil sich nun der poetische Diskurs im frühen Mittelalter — ungeachtet jeder philosophischen Legitimierung und Ortung — den kommunikativen Bedingungen der Vokalität zu beugen hatte, ist die folgende Beobachtung Ecos in dieser doppelten Hinsicht treffend:

[Jede] künstlerische Form [kann] mit höchstem Recht wenn nicht als Surrogat der wissenschaftlichen Erkenntnis, so doch als *epistemologische Metapher* angesehen werden: das will heißen, daß in jeder Epoche die Art, in der die Kunstformen sich strukturieren [...], die Art, wie Wissenschaft oder überhaupt die Kultur dieser Epoche die Realität sieht, widerspiegelt.

Das geschlossene und eindeutige Kunstwerk des mittelalterlichen Künstlers spiegelte eine Konzeption des Kosmos als einer Hierarchie von geklärten und von vornherein festgelegten Ordnungen. Das Kunstwerk als pädagogische Botschaft, als monozentrische und [...] notwendige Strukturierung spiegelt [...] ein deduktives Bewußtsein, dem die Realität Schritt für Schritt ohne Unvorhersehbarkeiten und in einer einzigen Richtung [...] ergründet werden kann. (1962/77: 46f.)

Der "Art, wie die Kultur die Realität sieht" — und das heißt auch: *wie sie über sie Diskurse führt* — muß nicht von vornherein eine ausformulierte "Konzeption des Kosmos" zugrundeliegen. Für die christianisierten germanischen Kulturen des frühen Mittelalters — hier im angelsächsischen Bereich — lag allerdings in der Tat eine solche Ausformulierung vor: Augustin hatte in der christlichen Spätantike eine Ästhetik entworfen, die der Kunst diesen festen — weltangebundenen — Platz zugewiesen hat.[6] Diese wurde kanonisch-doktrinär übernommen in das Mittelalter, und zwar auch von jenen Kulturen, die gemeinsam mit dem christlichen Glauben all jenes Kulturgut zu übernehmen hatten, das aus der Spätantike zusammen mit der Religion zu ihnen kam. Nun traf aber dieser Import auf eine *andere* Kultur, die ihrerseits natürlich über ihre eigene Tradition, das heißt: über die ihr eigenen Formen und Arten der Konservierung bewahrenswerten Wissens, verfügte.

Zwar brachte die Christianisierung gleichzeitig auch die Schriftlichkeit mit sich, dadurch wurde aber nicht mit einem Schlag alles zunichte, was sich in dieser Kultur an Tradition im weitesten Sinn angesammelt hatte. Dies kann schon allein deshalb nicht der Fall gewesen sein, weil man unterstellen muß, daß in einer Gesellschaft, in der es nur ein bis zwei Prozent Lesekundige gab, auch nach der Christianisierung die vorherrschende Form der Konservierung und Weitergabe sozialen Wissens die oral-aurale Traditionskette blieb. Außerdem ist bekannt, daß durch Umdeutungen das Christentum ihm entgegenstehende Traditionen sich einzuvernehmen im Stand war.

Es existierte daneben aber das 'festgeschriebene', schriftliche Wissensgut, und es wurde auch neues produziert. Doch auch dies brachte nicht die kolonialisierende Revolution der Kultur, von der oben (S.21) die Rede war. Denn dieses Schriftliche blieb den semiotischen Bedingungen der Oralität weiterhin verhaftet, da hier ebenfalls die oral-aurale Transmission vorherrschte. Zum einen las man dieses schriftlich Existierende nicht beständig in Eigenlektüre vom Pergament ab (man kannte es ja zu großen Teilen auswendig), andererseits waren die vielen, die selbst nicht lesen konnten, davon abhängig, daß man ihnen jenes schriftlich Existierende zu Gehör brachte. Eben dies hat mich dazu bewogen, für diese Kultur nicht von Mündlichkeit *oder* Schriftlichkeit, sondern vielmehr von *Vokalität* zu sprechen, die beides — die Tatsache, daß Schriftliches existierte, wie auch die Tatsache, daß man oral-aural damit umging — auf besondere Weise in sich vereint.

In der Vokalität herrschten die semiotischen Bedingungen der oral/auralen Kommunikation, die ihrerseits wiederum in einer ihr eigenen Weise das Verbale unlösbar mit der außersprachlichen Welt verknüpften. Sinn*er*mittlung *kann* in der Oralität/Vokalität nur *in der Welt* erfolgen. Und genau so will es

---

[6] Zur Diskussion, inwieweit die sogenannte christliche Ästhetik wirklich autonom christlich ist, cf. die Diskussion "Gibt es eine ›christliche Ästhetik‹?", die in Band III der Reihe *Poetik und Hermeneutik* wiedergegeben ist. Manfred Fuhrmann vertritt hier den Standpunkt: "Augustins theoretische Äußerungen unterscheiden sich nicht wesentlich von den platonisch-neuplatonischen Lehren, auf denen sie allenthalben beruhen [...]" (Fuhrmann 1968: 583f).

die augustinische Ästhetik: dort *muß* der Sinn eines sprachlichen Kunstwerks in der Welt liegen, weil sich der poetische Diskurs unmittelbar auf diese Welt bezieht, ja unautonomer Teil dieser Welt ist. Solchermaßen waren diese Kommunikationsbedingungen, die vorgefunden wurden, auf für die Kirche glücklichste Art kongruent mit der importierten kanonischen Ästhetik. Beda hatte dies offensichtlich gespürt und mit seiner Caedmon-Geschichte die Vereinigung auch noch autoritativ legitimiert.

Daß es sich in der Vokalität des frühen Mittelalters um eine willkommene Kongruenz der beiden Arten von Weltangebundenheit handelt, zeigt sich in dem Moment, wo sich durch die Veränderung der zugrundeliegenden Bedingungen Verschiebungen ergeben. Als nämlich im 12. Jahrhundert vermehrte Schriftlichkeit beginnt, die Semiotik der Oralität/Vokalität poetischer Kommunikation zu unterminieren, wird die kanonische Ästhetik ganz offenkundig zum ideologischen Argument. Der Interessenkampf bricht – von Seiten der Präskription her – explizit aus.[7]

Im folgenden will ich kurz eingehen auf Belege aus der frühmittelalterlichen Periode, die die 'augustinische Vorgabe' einlösen. Dabei sind solche Quellen ausgewählt, die uns gleichzeitig auch Einblicke gewähren in die Dichtung, deren Rezeption – und dies heißt hier immer: deren *Wirkung* – von der Vorgabe nicht sanktioniert werden konnte. Interessanterweise ist dort ein Kampfruf nicht mehr und auch noch nicht zu hören: daß sich die beiden Arten von Dichtung dadurch unterschieden, daß die eine – Bibelepik, Heiligenlegenden usw. – *Wahrheit*, die andere – in der es zum Beispiel um Ingeld geht – jedoch *Lügen* verkünde. Mit anderen Worten: Fiktivität ist hier noch kein Thema.

Fiktivität, so scheint mir, kann erst da in das Zentrum ideologischen Interesses rücken, wo man ihrer habhaft zu werden im Stand ist. Die Welt der Vokalität des frühen Mittelalters beherbergt noch gleichermaßen die orale wie die schriftliche Tradition. Man vergleiche hierzu nur die Anfänge von *Beowulf* und Cynewulfs Legende von der heiligen Juliana. Die ersten drei Zeilen des *Beowulf* lauten:

---

[7] Dies zeigt sich auf zwei Weisen. Einerseits kommt das Argument der 'Lüge' wieder auf (s. unten I.5.2.3). Zum anderen macht sich eine Tolerierung der dichterischen Fiktionalität breit, die sich augenscheinlich durch die Schriftlichkeit unaufhaltsam wieder etablierte; cf. dazu Jauss 1982.

> Hwæt we gardena   in geardagum
> þeodcyninga þrym gefrunon
> hu ða æþelingas   ellen fremedon
>   (*Bwf* 1-3)
>
> [Horcht! Wir erfuhren — in alten Tagen — der Speerdänen,
> der Volkskönige Ruhm;
> wie die Edelinge Heldentaten vollbrachten]

Cynewulf beginnt *Juliana* so:

> Hwæt we ðæt hyrdon   hæleð eahtian
> deman dædhwate   þætte in dagum gelamp
> maximianes
>   (*Jul* 1—3a)
>
> [Horcht! Wir hörten das: den Helden loben,
> den Kühnen preisen. Dies geschah in des Tagen
> des Maximianus]

Aus unserer Sicht kann man in Anbetracht des Beginns von *Juliana* einen 'Fiktivitätsvorwurf' anderer Art erheben. Cynewulf *gibt vor*, orale Tradition vorzuführen, wo er doch — wenn auch in der traditionellen Form — einen Stoff aus den *Acta sanctorum* verarbeitet. Der *Beowulf*-Dichter hingegen kann sich wahrhaftig auf oral Tradiertes beziehen, denn der '*Beowulf*-Stoff' — so wir der etablierten Forschung folgen — geht auf die Zeit primärer Oralität zurück. Von der Art der Fingierung, wie Cynewulf sie betreibt, wird später noch zu sprechen sein. Wichtig ist hier dies: solange die Vokalität diese Einheit schafft (weil sie sie aufgrund der kommunikativen Bedingungen schaffen *muß*), kann, ja darf die Frage nach der Erfundenheit des Erzählten nicht auftreten.

Wenn es sich jedoch aufdrängt zu fragen, ob das Erzählte 'freie' Erfindung ist, scheint dies sogleich die Frage nach der Akzeptanz von Fiktionalität nach sich zu ziehen. In der westeuropäischen Kultur ist diese Frage nach der Akzeptanz in grundsätzlicher Form zweimal aufgekommen: in der griechischen Antike und im Hochmittelalter. Parallelen und Unterschiede werden im folgenden zu behandeln sein. Dabei übersehen wir nicht, daß wir es hier mit *früh*mittelalterlicher Dichtung zu tun haben. Allerdings sollte die Parallele zwischen den Anfängen von *Beowulf* und *Juliana* bereits in Andeutung gezeigt haben, daß wir uns auch hier mit Fiktivität — und folglich auch mit Fiktionalität — auseinanderzusetzen haben.

Fiktivität kommt in der altenglischen Epoche bereits sichtbar zum Vorschein an dem Punkt, der sich schon bei den Anfängen von *Beowulf* und *Juli*-

ana andeutete. In der Dichtung, die für die Vokalität und in ihr produziert wurde, trifft Schriftliches auf die semiotischen Bedingungen der Oralität. Dieses Zusammentreffen produziert ein Hybrid, das zwar — je für sich genommen — der Ideologie *und* den Gegebenheiten der kulturanthropologischen Bedingungen widerspricht, aber dennoch gerade aus der Kreuzung beider generiert wird: fingierte Mündlichkeit in der *persona* des poetischen Ich. Diese Fingierung präsentiert sich in der Vokalität als "literarische Fiktion" im Sinn Wolfgang Isers,[8] weil es keinen Weg gibt, die Fiktivität des Erzählers unentdeckt zu lassen. Da diese Fiktionalität Resultat eben jener Kreuzung ist und sich noch in starkem Maß von der modernen literarischen Fiktionalität unterscheidet, habe ich deshalb andernorts hierfür den Begriff der "konditionalen Fiktionalität" vorgeschlagen.[9] Der frühmittelalterlichen Kultur ist diese Fiktionalität noch kein Problem. Was die Vertreter der Ideologie monieren, ist noch nicht jene Verselbständigung, in ihrer Kritik geht es noch viel unmittelbarer um die von ihnen als einzig legitim betrachtete Wirkung poetischer Diskurse.

5.2 *DILECTIO* CONTRA *LAETITIA*: DICHTUNG ZWISCHEN WAHRHEIT UND LÜGE

5.2.1 Frühmittelalterliche Thematisierungen ästhetischer Erfahrung

Hans Robert Jauss sieht die im Mittelalter normativ vorgegebenen Formen ästhetischer Erfahrung, wie sie sich aus dem augustinischen Verständnis von Kunst ergeben, als programmatisch gegen den "ästhetischen Kanon der Antike" konzipiert:

> [...] der ästhetisch-kontemplativen Distanz wird das Ergriffensein in Andacht und Erbauung, der Reinigung durch Katharsis das in die Tat überleitende Mitleid, dem folgenlosen Genuß des Imaginären die fortzeugende Kraft des Exemplarischen und dem ästhetischen Vergnügen der Nachahmung das appellative Prinzip der Nachfolge entgegengesetzt. (1977: 142)

---

[8] Iser unterscheidet zwischen nicht gewußter und gewußter Fiktionalität. Letztere ist die literarische, die sich selbst als Fiktion zu erkennen gibt; cf. Iser 1982: 135-148.
[9] Schaefer 1988a: 47.

Ein recht früher Beleg für dieses Kunstverständnis im Rahmen der kanonischen Vorgaben ist Bedas Geschichte von Caedmon.[10] Caedmon, vor seiner Aufnahme in die Mönchsbruderschaft von Whitby ein illiterater Viehhüter desselben Klosters, pflegte "für Gottesdienst und Frömmigkeit passende Lieder zu komponieren" (*carmina religioni et pietati apta facere solebat*). Diese Fähigkeit besaß er, weil ihn die "göttliche Gnade besonders ausgezeichnet" hatte (*diuina gratia specialiter insignis*). Bevor ihm dies zuteilgeworden war, hatte er bereits in seinem weltlichen Leben stets gesellige Zusammenkünfte verlassen, "wenn der Unterhaltung wegen verfügt wurde, daß alle der Reihe nach singen sollten" (*cum esset laetitiae causa decretum, ut omnes per ordinem cantare deberent*) und er die Harfe auf sich zukommen sah. Dann jedoch wurde er durch göttliche Inspiration (*caelestem ei a Domino concessam [...] gratiam*) — und auch durch das, was er von den Brüdern vorgelesen bekam (*ipse cuncta, quae audiendo discere poterat*) — in die Lage versetzt, von der Genesis bis zur Apokalypse alles auf Englisch (*in sua, id est Anglorum, lingua*) in Gedichtform zu fassen. Diese Dichtung Caedmons bewirkte bei den Brüdern im Kloster, daß viele "zur Verachtung der Welt und zum Streben nach dem himmlischen Leben angeregt" wurden (*ad contemtum saeculi et appetitum sunt uitae caelestis accensi*). Die göttliche Inspiration steht hier anstelle der Möglichkeit, daß der Dichter als Schöpfender aus sich selbst heraus tätig wird.[11] Was Caedmon komponiert, sind *carmina religioni et pietati apta*, denn er konnte gar keine "wertlosen oder nichtigen Gedichte" (*nil friuoli et superuacui poematis*) verfassen. Deswegen auch bewirkt Caedmons Dichtung das "Streben nach himmlischem Leben".[12]

Andererseits ist uns überliefert, daß man sich in englischen Klöstern keineswegs immer streng an die von Augustinus sanktionierte und in der Caedmon-Geschichte widergespiegelte kontemplativ-erbauliche Kunstrezeption

---

[10] Alle folgenden Zitate aus der *Historia Ecclesiastica* chap.IV.24 (Kapitelzählung und Zitate aus Spitzbart 1982: 396/397-398/399).

[11] Es wird in Kap.IV.24 auch mehrfach ausdrücklich verneint, daß Caedmon seine Kunst von Menschen gelernt haben könnte, unter anderem mit einer Stelle aus Gal.1,1: "nicht von den Menschen und nicht durch einen Menschen" (*non ab hominibus, neque per hominem*). Letzteres ist übrigens ein weiterer Beleg für die 'kontextlose Zitatpraxis' (cf.oben S.37ff.). Paulus nämlich beruft sich an dieser Stelle auf sein Apostolat. Nach unserem Gefühl ist es recht unangebracht, die von Gott verliehene Apostelwürde mit der Fähigkeit eines Viehhüters, englische Verse zu komponieren, in eins zu setzen. Zur Dichterinspiration im frühen Mittelalter s. Klingenberg 1984: 386ff.

[12] In letzterem, das Folge des *contemtus saeculi* ist, zeigt sich eine spezifische Seite frühmittelalterlich religiösen Weltverständnisses, auf das im Kapitel zu den altenglischen Elegien (s. unten II.3.3.3) näher eingegangen wird.

gehalten hat. Das beweist rund 60 Jahre nach Beda die bekannte Stelle aus einem Brief Alcuins aus dem Jahr 797 an den Bischof Hygebald von Lindisfarne.[13] In diesem Brief ermahnt Alcuin den Bischof, daß die Praxis, *carmina gentilium* ('Lieder der Laien') bei den Mahlzeiten der Geistlichkeit vortragen zu lassen, unterbunden werden solle, denn es gehöre sich, "die Stimmen des Lektors in Deinen Häusern zu hören, nicht aber den Trubel der Spaßmacher auf den Marktplätzen" (*voces legentium audire in domibus tuis, non ridentium turbam in plateis*). "Was ist Ingeld im Vergleich zu Christus?" (*quod Hinieldus cum Christo*), so lautet Alcuins mahnende Frage.[14]

Schwieriger einzuordnen sind Assers Berichte über Alfreds Umgang mit Dichtung. Asser erwähnt mit keinem Wort, daß dies der Erbauung des (zukünftigen) Königs dienlich gewesen sei. Da heißt es in Alfreds Vita einfach: "[Er war] Tag und Nacht aufmerksamer Zuhörer englischer Gedichte, denen er — von anderen vorgetragen — oftmals zuhörte und gelehrig in seinem Gedächtnis behielt" (*Saxonica poemata die noctuque solers auditor, relatu aliorum saepissime audiens, docibilis memoriter retinebat*; chap.22, S.20).[15] Hielt Asser es für überflüssig, das normativ Selbstverständliche zu erwähnen, oder hat er über allem Eifer des Nachweises, daß Alfred — trotz elterlicher Versäumnisse in dessen Jugend — schon in jungen Jahren gelehrig-gelehrsam war und doch noch irgendwann des Lesens und Schreibens kundig wurde, es übersehen, die Zwecke solcher dichterischen Rezeption noch einmal klarzustellen? Wir wissen es nicht.

Bedas Bericht über Caedmon und Alcuins Mahnbrief belegen zum einen jene Norm, zum anderen sind sie uns aber auch willkommene — weil ausgesprochen rare — Zeugnisse dafür, daß es auch Dichtung gab, die nicht in die Maßgaben dieser Norm paßte. Im 12. Jahrhundert nehmen solche Klagen eine radikalere Wendung. Peter von Blois mahnt:[16]

---

[13] *MGH*, ep.4, Brief Nr.124, S.181-184, hier: 183.
[14] Cf. hierzu die Feststellung Gerd Wolfgang Webers: "Die berühmte Ermahnung Alcuins [...] charakterisiert eine Situation, in der die geistliche Dichtung als Ersatz der weltlichen Unterhaltung eintreten soll. Die geistlichen Epen [...] sollen für ein adliges und des Lateins nicht kundiges Publikum im engsten Umkreis von Kirche und Königen in der Heptarchie in die gleiche erbauliche Funktion eintreten, welche die heroische Dichtung für diese sie noch immer tragende Schicht, die sich in ihr ihres eigenen Normensystems vergewisserte, bis dahin allein besessen hatte" (1985: 297).
[15] Cf.zu dieser Stelle auch oben S.33.
[16] Zitiert aus Migne *PL* 207, col.1088; Peter von Blois gehört zu den hervorragenden Humanisten des ausgehenden 12. Jahrhunderts. Von seinem Lehrer Johannes von Salisbury übernimmt er u.a. das von Bernard von Chartres geprägte Bild, sie seien "quasi nanos, gigantium humeris insidientes" ('sozusagen Zwerge, die auf den Schultern von Riesen sitzen'; Johannes von Salisbury, *Metalogicus* III,4, in Migne *PL* 199, col.900) und wandelt es, wie Erich Köhler bemerkt, "in ein

Nulla etiam affectio pia meritoria est ad salutem, nisi ex Christi dilectione procedat. Saepe in tragoediis et aliis carminibus poetarum, in joculatorum cantilenis describitur aliquis vir prudens, decorus, fortis, amabilis et per omnia gratiosus. Recitantur etiam pressurae vel injuriae eidem crudeliter irrogatae, sicut de Arturo et Gangano et Tristanno, fabulosa quaedam referunt histriones, quorum auditu concutiuntur ad compassionem audientium corda, et usque ad lacrymas compunguntur.

[Es ist nämlich keine Ergriffenheit ein frommer Verdienst für das Heil, wenn sie nicht aus der Liebe zu Christus hervorgeht. Oft wird in Tragödien und in anderen Liedern von Dichtern, in den Gesängen der Spielleute irgendein Mann beschrieben, der weise, ehrenvoll, tapfer, liebenswert und zu allen freigebig ist. Es werden auch die ihm grausam auferlegten Leiden oder Verletzungen rezitiert; so erzählen von Artur und Gawain und Tristan die Spielleute manch Sagenhaftes, wodurch die Herzen derer, die dies hören, heftig zum Mitleid bewegt und sogar zu Tränen erschüttert werden.]

Aus den Worten Peters von Blois kann man ersehen, daß sich zu diesem Zeitpunkt Dichtung etabliert hat, die offensichtlich in scharfe Konkurrenz zur religiös-erbaulichen getreten war.[17] Interessant ist hier, daß die Schelte sich darauf bezieht, daß die — prinzipiell begrüßenswerte — Wirkung von *compassio* und *compunctio* sich am falschen Objekt entfaltet. Bei Beda war von der 'anderen' Dichtungsrezeption nur als *laetitia* die Rede, und säkulare Gedichte wurden dort als *friuola et superuacua poemata* gekennzeichnet. Bemerkenswerterweise wendet der altenglische Übersetzer der *Historia Ecclesiastica* den Satz *nil umquam friuoli et superuacui poematis facere potuit* in [...] *he næfre noht leasunge ne idles leoþes wyrcan meahte*. In der altenglischen Übersetzung von Joh 8,44 gibt *leasung* lat. *mendacium* wieder, und daher müssen wir wohl die Stelle im altenglischen Beda als "Lügen und eitle Lieder" verstehen. Es ist sehr wohl möglich, daß zur Zeit der Wende vom 9. zum 10. Jahrhundert die Bewertung nichtreligiöser Dichtung strenger wird und sich bereits zubewegt auf die unerbittliche Verurteilung, der wir im hohen Mittelalter begegnen. Beda selbst jedoch — das ist zu unterstreichen — benutzte nicht *mendax*, sondern *friuolus*!

---

glühendes und aggressives Glaubensbekenntnis zur Antike um" (Köhler 1970: 53).
[17] Wohl nach dem Muster Peters vermerkt im deutschen Sprachraum in der zweiten Hälfte des 13. Jahrhunderts Hugo von Trimberg im *Renner*, die Damen seien nun Dietrich in Minne zugetan: *daz hoert man noch vil manige frouwen/ mere klagen und weinen ze manigen stunden/ danne unsers herren heilige wunden* (Zz.21694-96); cf. Schmid-Cadalbert 1984: 87.

Was Alcuin seinerseits in jenem Mahnbrief diskreditiert, ist nicht die *ridentium turba* schlechthin, anstößig ist nur deren Verlagerung von den Marktplätzen in das Refektorium. Assers Bericht von den *saxonica poemata* schließlich, die Alfred so begierig auswendig lernte, gilt vielen Forschern als Beleg für schriftliche bzw. schriftlich niedergelegte säkulare volkssprachliche Dichtung vor dem 10. Jahrhundert, und wenn man dieser Forschungsmeinung folgt,[18] so wäre diese Stelle ein Beleg dafür, daß der geistliche Lehrer Alfreds und Verfasser seiner Vita an der Rezeption solcher Dichtung nichts Anstößiges fand.

Gesichert kann man aus den angeführten Belegen dies schließen: (1) es gab zweierlei Dichtung: solche, die dem Zweck der religiösen Erbauung rechtmäßig diente, und solche, die (wenn man Wirkung hier überhaupt thematisierte) diese kanonisch vorgeschriebene Wirkung nicht hatte; (2) die für die Ideologie einzig legitime Wirkung von Dichtung aber war es, den *appetitus uitae caelestis* zu entfachen (Beda) oder die *affectio ad salutem ex Christi dilectione* (Peter von Blois).

Diese Belege machen deutlich, daß die ästhetische Norm die von poetischer Rezeption bewirkte *laetitia* zuerst einmal nicht ausmerzen konnte. Mit anderen Worten: die Belege zeugen von der Unkontrollierbarkeit der Kunstproduktion, beweisen, daß, wie Walter Schulz es ausgedrückt hat, "die *faktische* Kunstproduktion nicht abhängig ist von der möglichen Klärung philosophischer Grundfragen, die die Ordnung der Kunst *überhaupt* betreffen" (1985: 222). Dasselbe gilt für die Kunst*rezeption*: sie läßt sich offenbar nicht gänzlich unter das Diktat einer ideologischen Ästhetik zwingen.

---

[18] Das Problem bei dieser Art von 'Beleg' ist natürlich, daß die Forschung - im Blick auf ihre Aussage über das Vorhandensein einer bestimmten schriftlichen Dichtung - Gefahr läuft, sich in einen Zirkelschluß zu verlaufen: (1) man nimmt an, daß es in der altenglischen Zeit immer 'weltliche', volkssprachliche Dichtung gegeben hat, die schriftlich fixiert wurde; (2) Asser belegt, daß es schriftliche Dichtung in englischer Sprache vor dem 10. Jhd. gab; (3) Asser spricht von 'weltlicher' Dichtung.

5.2.2 Abgrenzungen von Fiktionalität und Realität

Bei allen — expliziten oder impliziten — Vorwürfen, die der Dichtung gemacht werden, die nicht dem Heil dient: davon, daß es sich bei dieser anderen Dichtung um Erfindungen handle, ist weder bei Beda (im lateinischen Original) noch bei Alcuin die Rede. Es ist hingegen kennzeichnend für das hohe Mittelalter, daß Theologen wie Peter von Blois die Geschichten von Artur, Gawain und Tristan als *fabulosa* diskreditieren.[19] Wenn wir die lateinische *Historia Ecclesiastica*, Alcuins Brief und selbst die altenglische Beda-Übersetzung betrachten, so sehen wir, daß das frühere (englische) Mittelalter nur zögernd dahin kam, die Unterscheidung 'wertvoller' und 'wertloser' Dichtung auf diese Weise zu treffen. Der Grund dafür liegt, einmal mehr, in dem, was an semiotischen Bedingungen aus der primären Oralität in die Vokalität übergreift.

Prinzipiell setzt das Erkennen von Fiktivität zum einen Schriftlichkeit und zum anderen — aus ihr resultierende — Textualität voraus. Die Akzeptanz fiktionaler Darstellung — der Verzicht also auf den Vorwurf, bestimmte Darstellungen seien unwahr — wiederum kann sich nur dort etablieren, wo das Erzählte nicht im Dienst soziokultureller Identitätswahrung steht. In der primären Mündlichkeit ist für solche Identitätswahrung die Tradition zuständig, indem die ununterbrochene oral-aurale Kommunikationskette für die Konservierung und Weitergabe soziokulturell relevanten Wissens vom kleinsten Merkvers bis zum Mythos sorgt. In diesem Sinn habe ich oben (I.4.2.3) Tradition bzw. Traditionalität charakterisiert: das Traditionelle ist das Relevante, ebenso wie nur das relevant sein kann, was traditionell ist. Das Traditionelle ist somit unfraglicher Besitz durch die untrennbare Identiät von Wissen und Wissendem (Havelock). Indem Tradition durch das Bewahrte Identität stiftet, darf durch sie auch nichts anderes als *Wahres* verkündet werden. Am nur *Möglichen* kann man hier nicht interessiert sein.

---

[19] Aus dem insularen Bereich ist noch ein Beleg zu nennen aus der *retractio* zur irischen *Táin Bó Cúalnge*: "Sed ego qui scripsi hanc historiam aut uerius fabulam quibusdam fidem in hac historia aut fabula non accommodo. Quaedam enim ibi sunt praestigia demonum, quaedam autem figmenta poetica, quaedam similo uero, quaedam uero, quaedam non, quaedam ad delectitationem stultorum" (O'Rahilly 1967: 13); 'Aber ich, der ich diese Geschichte oder diese mit Wahrem vermischte Fabel geschrieben habe, traue dieser Geschichte oder Fabel nicht. Denn einiges darin ist Dämonenzauber, anderes dichterische Erfindung, anderes dem Wahren angepaßt, anderes wahr, anderes nicht, wieder anderes zur Erheiterung der Dummen [gemacht].'). Das *Buch von Leinster*, in dem sich diese *retractio* findet, wird auf ca. 1160 datiert. Ich verdanke den Hinweis auf diesen Beleg meiner Kollegin Hildegard Tristram; cf. auch Tristram 1990a: 247f.

In literater Kultur nun kommt es, wie Brian Stock sagt, zur "Exteriorisierung von Verhaltensmodellen":

> When written models for conducting human affairs make their appearance, a new sort of relationship is set up between the guidelines and realities of behaviour: the presentation of self is less of a subjectively determined performance and more of an objectified pattern within articulated norms. One no longer responds through inherited principles handed down by word of mouth. *The model is now exteriorized.* (1983: 18; meine Hervorhebung)

Mit der Verschriftlichung werden also 'objektive Muster' produziert, und somit ist das Geschäft der Identitätsstiftung und Identitätswahrung zum Teil nach außen verlagert, es werden Modellangebote gemacht, die nun nicht mehr verkörpert sind in der realen Traditionskette.[20] Dies, so meine ich, schafft erst die Rahmenbedingungen, in denen jene Modelle 'nur' fiktive, im aristotelischen Sinn *mögliche* sein dürfen.

Wolfgang Iser hat darauf verwiesen, daß es auch Fiktionen außerhalb literarischer Texte gebe, die eine wichtige Rolle spielten "in den Aktivitäten des Erkennens, Handelns und Verhaltens [...] wie in der Fundierung von Institutionen, Gesellschaften und Weltbildern" (1982: 136). Der grundlegende Unterschied zur literarischen Fiktion bestehe darin, daß letztere sich als solche zu erkennen gebe, sich als solche "entblöße", wie Iser sagt:

> Immer dort, wo die Entblößung unterbleibt, geschieht das mit Rücksicht auf die Erklärungs- und Fundierungsleistungen, die die Fiktion zu erbringen hat. Dabei muß der Verzicht auf die Entblößung noch nicht einmal einer Täuschungsabsicht entspringen; sie hat allein deshalb zu unterbleiben, weil sonst die Geltung der erbrachten Erklärung bzw. Fundierung in Mitleidenschaft gezogen würde. (ibd.)

Die von Iser hier gemeinten Fiktionen sind solche, die weder für diejenigen, die sie verbreiten, noch für jene, die sie rezipieren, als solche erkennbar sein können. In der primären Oralität wie auch in der Vokalität des frühen Mittelalters wird nun ein großer Teil an "Erklärungs- und Fundierungsleistungen" von der Dichtung selbst erbracht. Deshalb schon kann die dichterische *Fiktion*

---

[20] Unter diesem Aspekt ist die Ausprägung des hochmittelalterlichen Ritterideals zu fassen als die 'Exteriorisierung' eines Verhaltensmodells in dem Sinn, wie Erich Köhler dies in *Ideal und Wirklichkeit* (1970) dargestellt hat. Wenn Brian Stock feststellt, der geschriebene Text könne wirken als "a medium for social integration or alienation" (1983: 18), so wirkte die höfische Dichtung in der Interpretation Köhlers eindeutig als *intergrierendes* Modell, das zu einer neuen Klassenbildung führte; cf. hierzu Schaefer 1977: 56-100.

dort keinen Ort haben. Mit der "Außenverlagerung" (Stock) durch das Vorhandensein von Schriftlichem aber wird literarische Fiktionalität erträglich. Die Dichtung ist nicht oder nicht mehr allein der Garant für soziokulturelle Identitätswahrung und kann deshalb auch das Mögliche durchspielen, anstatt allein das Wahre zu sichern. Für den Einzelnen wird Fiktionalität akzeptabel, weil das Schriftliche die Möglichkeit der Distanzierung einräumt.

Distanzierung aber ist die Grundvoraussetzung für Kunstrezeption als einer bewußt ästhetischen Erfahrung. Im Sinn der in der Caedmon-Geschichte geringgeschätzten *laetitia* kennt wohl auch die Oralität poetische Rezeption als Aktivität, die schieres Vergnügen bereitet.[21] Was sie nicht kennen *kann*, ist die 'ästhetische Distanz', weil diese einer Totalansicht des poetisch Vermittelten bedarf, jene Möglichkeit des Abrückens vom Vermittelten selbst, von der Goody anhand der Ausbreitung von Schriftlichkeit spricht:

> [...] the human mind was freed to study static 'text' (rather than be limited by participation in the dynamic 'utterance'), a process that enabled man to stand back from his creation and examine it in a more abstract, generalised, and 'rational' way. (1977: 37)

Goody zeichnet hier nicht eigentlich die Bedingungen ästhetischer Erfahrung nach, sondern bezieht sich allgemeiner auf den von Havelock (1963) aufgedeckten Zusammenhang zwischen der Ausbreitung der alphabetischen Schriftlichkeit im antiken Griechenland und der Entfaltung des kategorial-analytischen Denkens der antiken griechischen Philosophie.[22]

Wie Wolfgang Rösler (1980) nachgewiesen hat, bestand aber im antiken Griechenland auch ein enger Zusammenhang zwischen dem Aufkommen der Schriftlichkeit und der Autonomisierung der Dichtung. Die Schriftlichkeit nämlich führte zur "Entdeckung der Fiktionalität in der Antike".[23] Ich fasse Röslers Ausführungen, die er zu dieser Entdeckung macht, hier kurz zusammen, weil sich daraus auch maßgebliche Unterschiede zur "historischen Gene-

---

[21] Cf. hierzu auch Havelock, der in primär oralen Kulturen mit der Rhythmisierung dessen, was sprachlich an kulturellem Wissen konservierbar und tradierbar geworden ist, den Beginn der Dichtung ansetzt als "instrument for the establishment of a cultural tradition". Er führt weiter aus: "[...] we should simultaneously recognize its recreational purpose as also original. It is arguable that in its various guises rhythm [...] is the foundation of all biological pleasures - all the natural ones, sex included - and possibly of the so-called intellectual pleasures as well. However that may be, its linkage to music and dance and its involvement with the motor responses of the human body seem indisputable" (1986: 71f.).
[22] Letzteres hat seine Parallele, wie ich meine, in der Scholastik des hohen Mittelalters, die sich in der Zeit entfaltet, da eine vermehrte Schriftlichkeit zu diagnostizieren ist.
[23] So der Titel von Röslers 1980 erschienenem Artikel, auf den ich mich hier beziehe; cf. auch Rösler 1983.

se der Scheidung von Fiktion und Realität"[24] im europäischen Mittelalter ergeben.

Rösler zeichnet nach, wie in der griechischen Antike durch zunehmende Schriftlichkeit in einer ersten Phase (6./5. Jahrhundert) Widersprüche in der mythologischen Überlieferung zutage treten. Daß dies zu Erschütterungen führt, erklärt sich für Rösler aufgrund der Übergangssituation, in der die mythologische Dichtung noch einem absoluten Wahrheitsanspruch genügen muß, um als Ausdruck der *mémoire collective* — ein Begriff, den Rösler von Maurice Halbwachs (1950/68) übernommen hat — gelten zu können (1980: 291f.). In der Folge kommt es zur Abgrenzung der Arbeit des Historikers von der des Dichters, wobei die dichterische Tätigkeit noch recht gering geschätzt wird. So befindet gegen Ende des 5. Jahrhunderts Thukydides, die Dichter "nähmen es mit der Wahrheit nicht so genau, weil es ihnen [...] um nicht mehr gehe, als Freude bei ihren Zuhörern zu erregen" (Röslers Paraphrase (1980: 307f.)). Die endgültige Trennung vollzieht schließlich im 4. Jahrhundert Aristoteles in seiner *Poetik*, indem er feststellt, der Unterschied zwischen Geschichtsschreibung und Dichtung sei nicht nur ein formaler (Geschichtsschreibung ist nicht metrisch), der Unterschied bestehe vielmehr "darin, daß der eine tatsächliches Geschehen vermittelt, der andere hingegen, was geschehen könnte" (*Poetik* 9; Übersetzung Rösler (1980: 309)).

Dichterische Fiktionalität stellt das christliche Mittelalter vor anders gelagerte Probleme. Von vornherein war durch das antike Erbe fiktionale Dichtung ja vorhanden und prinzipiell — mehr oder weniger — als solche gekannt. Schon in der spätantiken christlichen Dichtung wird die Unterscheidung von Fiktionalem und Nicht-Fiktionalem im Gegensatz *wahr — falsch* gefaßt. Der 'heidnischen' Dichtung werden Lug und Trug vorgeworfen. So im 5. Jahrhundert bei Sedulius:[25]

Cum sua gentiles studeant figmenta poetae
Grandisonis pompare modis, tragicoque boatu
Ridiculove Getae [...]
Cur ego [...]
Clara salutiferi taceam miracula Christi?

[Wenn die heidnischen Dichter sich bemühen, ihre dichterischen Erfindungen in lauttönender, dröhnender Manier der Tragödie oder der Komödie des Geta (...) auszuschmücken, warum (...) verschweige ich dann die berühmten Wunder des heilbringenden Christus?]

---

[24] So der Titel eines Aufsatzes von Jauss 1982.
[25] Migne *PL* 19, col.553-555.

Führt man diese Stelle aus Sedulius' *Carmen paschale* an, so muß darauf verwiesen werden, daß Asser genau sie zu Beginn seiner Alfred-Biographie heranzieht, wo er die genealogische Reihe der Herkunft Alfreds aufstellt. In dieser Reihe kommt bei Asser auch ein *Geata* vor, *quem Getam iamdudum pagani pro deo venerabantur* ('den die Heiden als Geta vor langer Zeit als Gott verehrten'; chap.1, S.3). Keynes und Lapidge nehmen an, daß die Quelle für Assers Feststellung, jener Geat — im übrigen ein gänzlich anderer als der bei Sedulius gemeinte — sei als Gott verehrt worden, das Kapitel 31 der *Historia Brittonum* aus dem 9. Jahrhundert sei (1983: 229, Anm.6). Dies ist einmal mehr ein sehr deutlicher Beleg für die Art, wie man sich im Mittelalter anderer 'Texte' bediente. Erinnern wir uns, was Dom Leclercq zur 'Zitierpraxis' sagt, daß es sich nämlich oft um Anspielungen handle, "qui s'évoquent les unes les autres, sans aucun effort, par le seul fait de la similitude des mots" (1957: 73). Sedulius' Gedicht war im angelsächsischen England wohl bekannt und geschätzt, also steht die Provenienz des 'Zitats' über dessen Aussagegehalt. Die schiere Namensgleichheit läßt Asser vollkommen übersehen, in welchem Kontext jener Geat — die Figur in einer römischen Komödie[26] — dort verhandelt wird.

Man kann daraus im übrigen schließen, daß Asser selbst den Vorwurf, den Sedulius der antiken Dichtung — hier: der Dramendichtung — in dem Zusammenhang macht, nicht verstand. Dies fügt sich sehr gut in die Beobachtung, daß in den anderen oben genannten Zeugnissen aus der angelsächsischen Zeit Fiktivität nicht der Vorwurf ist, der von Alcuin gegen die *carmina gentilium* ('Lieder der Laien') vorgebracht wird, und daß auch Beda sich nur beschränkt auf die Charakterisierung weltlicher Dichtung als *friuola et superuacua poemata*. Alcuins Frage *Quod Hinieldus cum Christo?* mahnt nicht den Wahrheitsgehalt der weltlichen Geschichte, sondern deren mögliche Wirkung an. Fiktivität als Vorwurf und Fiktionalität als Möglichkeit für den poetischen Ausdruck hatte in der frühmittelalterlichen Kultur noch keinen hermeneutischen Ort. Die Passage aus den *Confessiones* des Peter von Blois wiederum ist ein Zeugnis aus der hochmittelalterlichen Epoche, in der der wiederbelebte Neuplatonismus das Fikionale nicht nur wieder aufkommen läßt, sondern in der nach Jauss sogar eine "Nobilitierung des Fiktiven geschieht" (1982: 429).

---

[26] Cf. Keynes/Lapidge 1983: 229, Anm.6.

5.2.3 Vers und Fiktionalität

Ende des 12. Jahrhunderts beginnt man, den Vorwurf der Lüge gegen die *Vers*-Dichtung zu erheben, man macht also eine (scheinbar) formale Eigenschaft zum Kriterium, das über die Wahrhaftigkeit des Vermittelten entscheidet.[27] Zumthor bemerkt hierzu:

[Le vers] maintient [...] tous les éléments d'une présence physique et de son environnement sensible. [... Le] vers, en vertu de cette présence même, indiscutable, échappe au contrôle rationnel; ce qu'il énonce est par l'auditeur reçu pour vrai, sans autre critère: son discours est donc, en réalité et de manière fondamentale, «mensonge». (1987: 304)

Die Diskriminierung, die letztlich die poetische Vokalität in Frage stellt, verdankt die Versdichtung dem aufkommenden (schriftlichen) Prosaroman, der, so Zumthor, zu dieser Zeit in Frankreich bereits "une capacité d'abstraction, de réflexion sur soi" (ibd.) aufweise. Was also in früheren Epochen vorherrschender Vokalität (und minderer Schriftlichkeit) — wie im angelsächsischen Mittelalter vor der Jahrtausendwende — als Garant unfraglicher Wahrheit der religiösen Verkündigung dienen konnte, kam, eben weil es *unhinterfragbar* schien, im späteren Mittelalter in Mißkredit.

Grundsätzlich davon zu unterscheiden — dies sei hier eingeschoben — ist das Problem, wie sich mittelalterliche Geschichtsschreiber zu mündlich und schriftlich Überliefertem stellen. Christian Schmid-Cadalbert vermerkt zum Beispiel: "Die Verläßlichkeit mündlicher Überlieferung scheint für die lateinische Geschichtsschreibung im 11. und 12. Jahrhundert immer zweifelhafter zu werden" (1984: 99). Und im Blick auf die volkssprachliche (deutsche) 'Geschichtsschreibung' stellt Schmid-Cadalbert fest, "daß der Wahrheitskonflikt im Bereich der Historiographie als Konflikt der Überlieferungsmodi [d.h. 'mündlich' oder 'schriftlich'] zu verstehen ist" (1984: 102, Anm.31).[28] Schmid-Cadalbert führt als Belege hierfür unter anderem Stellen aus den *Res gestae Saxonicae* des Widukind von Corvey (10. Jhd.) und aus Geoffrey von Monmonths *Historia regum Britanniae* (12. Jhd.) an. Solche 'Geschichtsschreibung' sollte zuerst und vor allem Herrschaften legitimieren. Da geht es nicht — jedenfalls keineswegs in erster Linie — um 'historische Wahrheiten' in unserem Sinn. Vielmehr werden in ideologischem Interesse Schneisen in jenes Gefühl für die Vergangenheit geschlagen, "that is primarily based on

---

[27] Eben jener Peter von Blois spricht in einem Brief von *versus et ludicra*; cf. Curtius 1948: 430.
[28] Einen solchen Konflikt erkennt auch Busse (1988) - allerdings nicht eingeschränkt auf die 'Geschichtsschreibung' - im angelsächsischen England des 10. Jahrhunderts.

hearing tales from others" (Eisenstein 1966: 49). Mit solchen *res gestae* wird 'Geschichte *gemacht*'. Und diese Notwendigkeit — wie auch Möglichkeit — besteht erst dort, wo es gilt, eine geschlossene Chronologie zu (re-)konstruieren, aus der sich eine Legitimation ableiten läßt. Gerade in diesem Zusammenhang ist es sehr erhellend, daß zum Beispiel Geoffrey von Monmouth, den man den Schöpfer der Artus-Legende nennen kann, vermerkt, Gildas oder Beda seien lückenhaft:

> [...] in mirum contuli, quod [...] nihil de regibus qui ante Incarnationem Christi inhabitaverant, nihil etiam de Arturo ceterisque compluribus successerunt repperissem, cum et gesta eorum digna aeternae laudis constarent et a multis populis *quasi inscripta* iocunde et *memoriter* praedic[ar]entur.[29]

> [... ich vermerkte verwundert, [...] daß ich nichts über die Könige, die vor Christi Menschwerdung lebten, noch auch von Artur und den vielen anderen, die folgten, erfahren hatte, wenngleich ihre Taten würdig ewigen Lobes waren und von vielen Menschen — gleichsam wie aufgeschrieben — frohen Herzens und aus der Erinnerung erzählt wurden.]

Bei Geoffrey hat das Argument '*memoriter* oder *quasi inscripta*' keineswegs die Glaubwürdigkeit geschwächt. Und daß auf der Grundlage dieser 'historischen Stofferweiterung' dann Layamon den *Brut* komponierte, zeigt, daß man noch an die Macht des versifizierten Wortes glaubte. Nachdem die — auf den Kontinent gerichtete — Legitimation (durch Geoffrey (in Latein) und Wace (in Französisch)) geleistet war, mußte es nun darum gehen, auf englischem Boden und in der englischen Sprache wie auch in deren poetischer Tradition diese Legitimation unter das Volk zu bringen.[30] Damit sind wir wieder beim Vers, dessen Funktionen wie auch Einschätzung keineswegs für das *ganze* Mittelalter identisch war.

Gerade im Blick auf die Versifikation zeigt sich deutlich, daß man sich hüten sollte, zeitlich und geographisch nicht weiter differenzierend von *der* mittelalterlichen Kultur zu sprechen. In der Romania verläuft die Geschichte der Metrik gänzlich anders als im germanischen — vor allem im angelsächsischen — Kulturbereich. Die Geschichte der silbenzählenden Metrik der romanischen Versifikation braucht hier nicht nachgezeichnet zu werden.[31] Es kommt mir nur auf einen grundlegenden Punkt an: das silbenzählende Metrum, das sich in England nach der normannischen Eroberung auch in der eng-

---

[29] Ed. Hammer 1951, I.1., S.22; meine Hervorhebung.
[30] Cf. Köhler 1970: 55-71.
[31] Cf. dazu u.a. Lüdtke 1991.

lischsprachigen Dichtung ausbreitet, ist, wenn man so sagen kann, viel 'abstrakter' als die germanische Langzeile mit ihren je zwei Hebungen pro Kurzzeile, wobei im Regelfall die beiden Hebungen der ersten mit der ersten Hebung der zweiten Halbzeile alliterieren. Mit 'abstrakter' meine ich, daß das silbenzählende Metrum ein starres Schema von Hebungs- und Senkungsabfolgen vorgibt, dessen lexikalische Füllung dennoch recht beliebig ist. Bei der alliterierenden Langzeile ist der durch das Metrum ausgeübte Zwang konkreter, er ist nicht nur suprasegmental, sondern betrifft durch die Alliteration die Lexik selbst. Drei Lexeme mit gleichem Anlaut müssen in eine Langzeile gepackt werden, die dazu noch imstande sind, den Akzent zu tragen. Dieser Zwang legt es nahe, wenigstens zu Teilen lexikalisch-prosodisch 'vorgefertigte' Wortgefüge — Formeln also — zu verwenden. Das Auftreten des Endreims im silbenzählenden Metrum allerdings hat ebenfalls einen solchen Zwang zur Folge, und es ist nicht verwunderlich, daß es auch hier zu "Reimformeln" kam.[32]

Durch die Variabilität der Füllung von Hebungen und Senkungen vermittelt dilettantische silbenzählend-reimende Dichtung oft den Eindruck, als nähme der Dichter eine Art von metrischem Anlauf, um endlich zu seinem Punkt zu kommen; inhaltslose Geschwätzigkeit macht sich in solchen Gedichten breit, wo der Dichter mit der Suche nach Reimen zu kämpfen hat und unter dem Diktat des Metrums ihm die Sprache sozusagen davonläuft. Im alliterierenden Metrum verhält es sich anders. Dort wird die Sprache durch das Metrum nicht *fortgetrieben*, vielmehr führt der Zwang alliterierend-metrischer Füllung eher zu dem "appositionalen" Stakkato, das syntagmatisch retardiert.[33] Als Beispiel hier die Anfangszeilen der (von der Forschung allgemein *spät* datierten) Elegie *Resignation*, wo der Dichter mit nahezu allen Formeln für Gott aufwartet, die in der altenglischen Dichtung gängig sind:[34]

---

[32] Zur Verneinung der erneut aufgekommenen Frage, ob der *Endreim* autochthon germanisch sei, cf. Klaus von See 1980; K.Schneider hingegen stellt fest: "Die herrschende Annahme, daß der Silbenreim aus der frühchristlichen lat. Hymnendichtung in die ae. Dichtung übernommen worden sei [...], erweist sich im Hinblick auf das funktionale Silbenreimvorkommen in den beiden heidnischen Altgattungen der Zauberspruchdichtung und Kultdichtung als eine kulturhistorische Unmöglichkeit [...]" (1981: 27f.); zur "Kultdichtung" gehört nach Schneider auch der "sogenannte Cædmon-Hymnus auf den heidnischen Schöpfergott" (1981: 27); cf. zur Enstehung des Reims im Mittelalter neuesten Lüdtke 1991.
[33] Cf. dazu auch Robinson 1985: 60f.
[34] Formeln für 'Gott' hervorgehoben.

    Age mec *se ælmihta god*
helpe min *se halga dryhten* þu gesceope heofon ond eorþan
ond wundor eall   *min wundorcyning*
þe þær on sindon   *ece dryhten*
micel ond manigfeald   ic þe *mære god*
mine sawle bebeode   ond mines sylfes lic
ond min word ond min weorc   *witig dryhten*
ond eal min leoþo   *leohtes hyrde* ...
                (*Rsg* 1—8)

[Möge mich der *allmächtige Gott* besitzen;
mir helfen, der *heilige Herr*. Du schufst Himmel und Erde
und alle Wunder, *mein Wunderkönig*,
(die) darin sind, *ewiger Herr*,
groß und mannigfaltig. Dir, *ruhmreicher Gott*,
vertraue ich meine Seele an,
und meine Worte und meine Werke, *weiser Herr*,
und mein ganzes Lied, *Hirte des Lichtes* ...]

    Ein amüsantes spätmittelenglisches Beispiel für kunstlos-mühevolle Reimversifizierung im silbenzählenden Metrum ist die Romanze von *Sir Thopas*, die der Dichter Chaucer den 'Pilger Chaucer' — seine *persona* — in den *Canterbury Tales* erzählen läßt. Letzterer müht sich mit Versmaß und Endreim derart ab, daß er über 200 Zeilen gar nicht richtig dazu kommt, seine Geschichte zu erzählen. Die Ironie Chaucers ist perfekt, als er den Wirt das schreckliche reimende Tun, das diesen "an den Ohren schmerzt", mitten in einer Zeile unterbrechen läßt.[35] Auch hier gibt es 'Versatzzeilen', die einzig Lieferanten eines Reimworts sind (z.B. *For sothe, as I yow telle may*; 'Fürwahr, wie ich euch erzählen kann' als Reim auf *And so bifel upon a day*; 'Und so geschah es eines Tags'; *Sir Thopas* Z.748f.). Dies ist jedoch eine andere Art von Formelhaftigkeit als in der altenglischen Dichtung. Das Beispiel von *Sir Thopas* kann hier als Beleg für die ästhetische Einschätzung der 'Versatzformeln' gelten: was Chaucer den 'Pilger Chaucer' — als Parodie auf die mittelenglischen Romanzen des 14. Jahrhunderts — vortragen läßt, zeigt nicht etwa Konventionalität, sondern Unfähigkeit.

    Auch im Altenglischen gab es solche Reim- oder *tag*-Formeln.[36] Ihre metrische wie alliterative Auffüllfunktion ist auf genau eine Halbzeile beschränkt,

---

[35] "'Now swich a rym the devel I biteche!/ This may wel be rym dogerel,' quod he" ("Nun, solchen Reim übergebe ich dem Teufel./ Das mag wohl (ein) Knittelvers sein!', sagte er.' *Canterbury Tales*, VII 924f.).
[36] Cf. oben S.61, 65 und 83.

was anzeigt, wie eng das Metrum der germanischen Langzeile mit dem formelhaften Ausdruck verquickt gewesen sein muß. Welches Phänomen bedingte nun aber welches? Forderte die Formelhaftigkeit das Metrum der alliterativ gebundenen Langzeile, oder führte der Zwang der Alliteration zu formelhaft erstarrten Wortkomplexionen? Donald Fry wagt die Spekulation — wie er selbst dies nennt —, "that Germanic formulas preceded and ultimately produced Germanic metre" (1975: 60). Karl Schneider meint dezidierter (und noch viel gewagter), im Blick auf die Verbindung von Metrum und Stabreim folgendes feststellen zu können:

> Der Stabreim gehört nicht wesenhaft zum ae./germ.Vers hinzu. Die Rechts-, Spruch- und besonders die Zauberspruchdichtung, die zu den ältesten Dichtungsgattungen zu rechnen sind, zeigen nicht selten stablose Verse. Aus diesem Befund darf nicht gefolgert werden, daß diese korrupt oder zersagt seien. Gerade in der Rechts- und Zauberspruchdichtung kommt es zur Erreichung einer erstrebten Wirkung auf den genauen und festen Wortlaut an. [...] Stablose Verse dieser Gattung sind Relikte eines älteren Zustands des germ.Verses. (1981: 21)

Das heißt — und dies überrascht nicht weiter —, daß hier die *Formelhaftigkeit* den "perlokutionären Akt" (Austin) erst möglich macht. Ob sich nun allerdings zum Beispiel in den Zaubersprüchen in der Tat "Relikte eines älteren Zustands des germ[anischen] Verses" manifestieren, kann man bestenfalls vermuten. Man wird jedoch Schneider dies zugestehen müssen: verbinden wir die Frage nach der Metrik mit der nach der Formelhaftigkeit, so können wir einmal festhalten, daß die Formelhaftigkeit selbst — in welcher metrischen Form auch immer — der (primären) Oralität zuzuordnen ist. Zum zweiten sind wir in der Lage, für das Metrum — in welcher lexikalisch sich manifestierenden Form auch immer — phonologische Argumente anzuführen.

Weshalb sich in der Germania das silbenzählende Metrum erst im Hochmittelalter als Import etablieren konnte, wird linguistisch durch Phonologen auf zweifache Weise begründet. Als autochthones Metrum hat sich das silbenzählende deshalb nicht entwickelt, weil sich die germanischen Sprachen — aufgrund ihres festen Wortakzents — einfach weniger dafür eignen. Daß sich hier statt dessen das tonische Versmaß etabliert hat, erklärt Herbert Pilch mit folgender Feststellung: "Das Versmaß der altenglischen Dichtung beruht auf den Intonationsgruppen der gesprochenen Prosa, und diese sind im Englischen im wesentlichen bis heute gleich geblieben" (Pilch/Tristram 1979: 83).[37] Akzeptiert man diese These von der Nähe zur "gesprochenen Prosa", so ist die Formelhaftigkeit der altenglischen Dichtung eine Erklärung zumindest für das Versmaß selbst.[38]

Caedmons *Hymnus* ist uns in diesem Zusammenhang ein wertvoller Beleg. Die Formelhaftigkeit dieses Gedichts ist mehrfach untersucht worden.[39] Es kommt, im Rahmen des hier abgesteckten Erkenntnisinteresses, wieder nicht darauf an, mit der Formelhaftigkeit des *Hymnus* zu beweisen, Caedmon (oder wer auch immer dieses Gedicht verfaßt hat) aufgrund der Formelhaftigkeit seines Gedichts als historischen Nachweis dafür anzuführen, daß ein mündlicher — im Sinn von illiteratem — Dichter (ein solcher war Caedmon nach den Aussagen Bedas) formelhaft dichtet. Viel entscheidender ist, daß es sich hier tatsächlich um ein *frühes* Gedicht handelt, die rein zeitliche Nähe zum Erbe aus der primären Oralität also unfraglich ist.[40] Unter dieser Maßgabe kann der Befund, daß Caedmons Gedicht sowohl formelhaft als auch strikt metrisch ist, als Beleg dafür dienen, daß mit den Formeln das Metrum ererbt worden ist und mit dem Metrum die Formeln. Beide sind aufs engste miteinander verbunden gewesen.[41]

Mit zunehmendem Gebrauch als formgebendem Element, als ästhetischem Element also, kann aus der metrischen *Formel*haftigkeit reine *Form*haftigkeit werden. Sie mag dann immer noch signalisiert haben, daß es sich bei einem solchermaßen geformten Diskurs um einen traditionellen und damit bedeutsamen Diskurs handelt. Die Formelhaftigkeit wird aber dennoch langsam ihres eigentlichen Signifikationscharakters entleert, gesichertes Wissen, dessen Sinn außersprachlich zu ermitteln ist, zu kommunizieren. Eine solche Entleerung liegt eindeutig bei den *tag*-Formeln vor.

---

[37] Cf. auch: "Die linguistischen Voraussetzungen für kanonische Verse bestehen im Neuenglischen fort. Die fünf Sieversschen Typen können nachgebildet werden, z.B. A: *þrítig wíntra* (Deo 18) 'thírty wínters' [...]; E: *ánhẏ́dig éorl* (Deo 2) 'hárd-hèarted man'" (Pilch/Tristram 1979: 138); s.auch S.10.
[38] René Derolez stellt darüber hinaus fest, daß die Alliteration die volkssprachliche auch mit der lateinischen Dichtung verbinde: "[...] here at least Latin and OE poetry had a common ground, although the basic binding principle in the latter, alliteration, was no more than a mannerism in the former" (1961/68: 55).
[39] Cf. Fry 1975.
[40] Die älteste Manuskriptüberlieferung wird auf 737 datiert; Caedmons *Hymnus* als "Preislied auf den heidnischen Schöpfergott" und somit als Rest einer "heidnischen Kultdichtung" anzusehen, wie K.Schneider (1981: 35) dies tut, ist wohl nicht haltbar.
[41] Auch der Dichter in der Romania, allemal der literate Dichter, lernte seine Versifikation über bereits vorhandene Muster. Die Muster waren aber eben Schablonen, die Wort für Wort, Lexem für Lexem neu aufgefüllt werden konnten.

Anita Riedingers 1985 unternommener Versuch nachzuweisen, daß in der altenglischen Dichtung manche Formeln sogar bei ein und demselben Dichter — z.B. bei Cynewulf — mal "thematisch", mal als *tag*-Formel Verwendung fänden, belegt wohl weniger die These der Verfasserin von der Existenz "thematischer" Formeln. Der unterschiedliche Einsatz identischer Formeln zeigt hingegen sicherlich, in welch hohem Maß das Metrum von Formeln getragen wird. Die Abhängigkeit ist *so* groß, daß 'leere' Formeln verwendet werden können — oder müssen —, nur um den Regeln der Versifikation gerecht zu werden.

In der nachweisbaren Übersetzungsdichtung, wie zum Beispiel in den Metren der *Consolatio Philosophiae* des Boethius oder in den Nachdichtungen der Psalmen, wird dies noch deutlicher.[42] Als Beispiel sei die 'Container'-Formel *X drihten* genannt.[43] Realisationen dieses Formeltyps sind u.a. *witig drihten, mihtig drihten, halig drihten* und *ece drihten*.[44] Zuerst Beipiele aus originär volkssprachlicher Dichtung. Im *Beowulf* beginnt eine von Hrothgars Reden mit den Zeilen:[45]

þe þa wordcwydas   *wigtig drihten*
on sefan sende   ne hyrde ic snotorlicor ...
        (*Bwf* 1841f.)

[dir sandte *der weise Herr* diese Worte
in den Sinn; ich hörte nie weiser ...]

In *Exodus* heißt es über Moses' Begegnung mit Gott u.a.:

þær he him gesægde   soðwundra fela
hu þas woruld worhte   *witig drihten*
        (*Exo* 24f.)

[da sagte er ihm viele wundersame Wahrheiten,
wie der *weise Herr* diese Welt machte]

Vor der Schlacht mit Grendel ruft Beowulf den Gauten *gylpworda sum* ('einige Worte des Eigenruhms') zu:

---

[42] Cf. Whitman 1975.
[43] 'Container'-Formeln sind nach Robert Creed Formeln in der zweiten Halbzeile, deren erste Hebung die zu füllende Position X ist (1959: 449); s. oben S.62.
[44] Da es hierfür sehr viele Belege gibt, verweise ich zur Verifizierung auf den Eintrag *drihten* in Bessinger/Smith 1978: 213f.
[45] Dieses Zitat wie auch die zweite Stelle, in der *witig drihten* im *Beowulf* vorkommt (Z.1554), bezieht sich auf den 'christlichen' Gott, wenngleich in Z.1841f. der 'Heide' Hrothgar spricht. Z.1554 ist Teil einer Erzählpassage. Das realisierte System ist im folgenden hervorgehoben.

> ond siþðan *witig god*
> on swa hwæþere hond   *halig dryhten*
> mærðo deme
> (*Bwf* 685b—87a)

> [und dann teile *der weise Gott*
> in irgendeine Hand, der *heilige Herr*,
> Ruhm zu]

Bemerkenswert ist an dieser Stelle, daß, wo es darum geht, *drihten* zu variieren, ein verwandter 'Container' auftritt, in dem *witig* diesmal in Kombination mit *god* die Alliteration füllt.

Witig god findet sich auch in den altenglischen Psalmenübersetzungen. In Psalm 77 wird die *populi Israel ingratitudo* (so die Überschrift in der Vulgata) angeprangert, wo die Israeliten u.a. in Vers 19 (bzw.20) fragen: *Numquid poterit Deus parare mensam in deserto* ('Kann uns denn Gott den Tisch decken in der Wüste?'). In der altenglischen Version heißt es:[46]

> ac we þæs ne wenað   þæt us *witig god*
> mæge bringan to   beod gegearwod
> on þisum westene   widum and sidum
> (P77.20)

> [aber wir wähnen nicht, daß uns *der weise Gott*
> einen gerichteten Tisch bringen kann
> in diese Wüste, weit und breit]

Im streng textualen Sinn ist *witig* hier nicht nur eine altenglische 'Zugabe' zum lateinischen Text, vielmehr erscheint es darüber hinaus geradezu unpassend, daß die Israeliten, die hier ja Gottes Macht anzweifeln, diesen als 'weise' apostrophieren. An der Stelle siegte offensichtlich die alliterative Notwendigkeit über die textual (logische) Stringenz.

Die Realisation *ece drihten* ist die ältest belegte. In Caedmons *Hymnus* ist sie zweimal verwendet:[47]

> sue he uundra gihuaes
> *eci dryctin*   or astelidæ
> (*Caed* 3b—4)

---

[46] Gänzlich füllend ist hier auch *widum and sidum*, für das es leider im überlieferten Corpus keine Parallele gibt, und folglich im landläufigen Sinn hier nicht von einer Formel gesprochen werden kann.

[47] Ich zitiere die nordhumbrische Version.

> [als er allen Wundern,
> *der ewige Herr*, den Anfang setzte]

und:

> tha middungeard moncynnæs uard
> *eci dryctin* æfter tiadæ ...
> (*Caed* 7f.)
>
> [da machte die Erde der Hüter des Menschengeschlechts,
> *der ewige Herr*, danach zeugte er ...]

Diese Realisation ist auch in den altenglischen Psalmen belegt. So in Vers 18 des Psalm 70:

> nis þe wuldres cyning
> ænig æfre gelic *ece drihten*
> (P70.18)
>
> [niemals ist dir, König der Herrlichkeit,
> je irgendeiner gleich, *ewiger Herr*]

Dies übersetzt den lateinischen Vers 19 in der Zählung der Vulgata:

> Quae fecisti magnalia, Deus, quis similis tibi?
>
> [Du hast Großes vollbracht. Mein Gott, wer ist wie du?]

Und noch einmal im selben Psalm:

> forþon ic þe andette *ece drihten*
> and þe on sealmfatum singe be hearpan
> (P70.20)
>
> [deshalb preise ich dich, *ewiger Herr*,
> und singe dir in Psalmenform mit der Harfe]

Im Lateinischen (Vulgata Vers 22) heißt dies:

> Nam et ego confitebor tibi in vasis psalmi veritatem tuam, Deus ...
>
> [Dann will ich dir danken mit Saitenspiel und deine Treue preisen;
>   mein Gott ...]

Zu vermerken ist, daß in den hier zitierten Zeilen — außer bei Caedmon — die Formel stets im *Ab*vers auftritt, also an der Stelle, an der die Not des Dichters, die Alliteration aufzufüllen, sich eben ergibt. Bei Caedmon erscheint *ece Drihten* in beiden Fällen im *An*vers, macht also die Vorgabe für die Alliteration der zweiten Halbzeile, und zwar mit *ece*, nicht mit *drihten*.

Zu der möglichen Herkunft der Formel in Caedmons *Hymnus* sagt Donald K.Fry:

Metodes meahte easily applies to Odin: *ece Drihten* less so. Perhaps Caedmon incorporated some pagan epithets by merely capitalizing [sic! ein illiterater Dichter versieht Wörter mit Großschreibung!?] the nouns for deity; others he modified, as easily as filling the system "(adjec'tive) Drih'ten", a source of useful phrases for describing princes, with the adjective *ece*. Caedmon had it all in his head [auch die Großschreibung?], and his dream launched his singing career. (1975: 48)

Fry ist sich seiner Sache — bis auf ein leises *perhaps* — sicher. Später stellt er in diesem Artikel noch einmal fest: "This system [*ece drihten*] probably originated in pre-Christian and pre-Caedmonian epithets for princes, perhaps even for gods [...]" (1975: 53). In gewisser Weise leuchtet dies ein, wenngleich ein Beweis nie wird erbracht werden können.

Sicher aber ist, daß diese und andere Formeln sich lange in der altenglischen Dichtung gehalten haben. In der Übersetzungsdichtung ist auf alle Fälle endgültig aus Tradition Konvention geworden; was ehemals in der Präsentation von Sinnhaftigkeit seine Daseinsberechtigung hatte, verliert diese Funktion, erscheint um seiner selbst willen als 'würdevoll'. Aus der Form der Würde, so könnte man sagen, wird die Würde der Form, und dies bringt Poetisierung, damit auch eine Tendenz zur ästhetischen Distanzierung, auf den Weg. Formelhaftigkeit — und Metrum — sind jedoch in der Vokalität des frühen Mittelalters so lange nicht in der Gefahr, auf den Status rein ästhetisierender Mittel 'abzurutschen', als die in Schriftlichem verankerte christliche Kultur sie für ihre Zwecke einsetzt und funktionalisiert.

5.3 DIE EINGESCHRIEBENE STIMME

Kann man in der altenglischen Dichtung bereits an der Metrik feststellen, daß Formelhaftigkeit, die ja doch ursprünglich über die Memorierbarkeit hinaus die Funktion hatte, den Diskurs 'an die Welt anzubinden', der Ästhetisierung dieses Diskurses Vorschub leistet, so sind die Konsequenzen, die sich aus einem zweiten Phänomen für den Status der altenglischen Dichtung ergeben, noch viel weitreichender. In diesem Phänomen sind, auch in dieser frühen Zeit, Autonomietendenzen des poetischen Diskurses festzustellen, die sich dort etablieren, wo das Universum der primären Oralität ein für allemal verlassen ist. Ich meine die Fingierung von Mündlichkeit durch die *persona* des Erzählers.

Ich muß hier noch einmal auf die grundlegende Unterschiedlichkeit des semiotischen Funktionierens von schriftlichem und mündlichem Diskurs kommen. Paul Zumthor hat diesen Unterschied in das folgende prägnante Diktum gefaßt: "l'écrit nomme; le dit montre" (1987: 179).[48] Mit diesem Gegensatz hat der christliche Wille zur Verbreitung seines Wortes zu kämpfen, wenn man sich zu dessen volkssprachlichem Ausdruck der Dichtung in der Vokalität — und damit deren Formelhaftigkeit — bedient. Das schon gesichert *Genannte*, *Verkündete* also (das, was, der Formel nach, in den Büchern — *swa us secgaþ bec*, 'so sagen uns (die) Bücher' — steht) muß innerhalb der Möglichkeiten der Vokalität *gezeigt* werden. Um zeigen zu können, braucht die frühe christliche Dichtung einerseits den Index der Formel. Weil dieser poetische Diskurs in der angelsächsischen Zeit in der Vokalität verharrt, bedarf er vor allem aber der indizierenden Instanz des Erzählers, einer Stimme, die diese Zeigehandlung durchführen kann: das Schriftliche mußte mündlich sein, dazu aber mußte es dieses erst werden. Dort, wo es darum geht, Schriftliches zu vermitteln, müssen Wissen und Wissender, Erzählung und Erzähler künstlich — künstlerisch — wieder vereint werden.

Darauf, daß mit der Schriftlichkeit oder Verschriftlichung von Dichtung der Erzähler notwendigerweise eine fiktive Figur wird, hat Franz H.Bäuml (1980) nachdrücklich hingewiesen. Rainer Warning führt im Blick auf den mittelalterlichen Dichter, der seine Dichtung, die zum mündlichen Vortrag gelangt, schriftlich fixiert, den Begriff "fingierte Mündlichkeit" ein (1982: 194f.).[49] Warning gelangt dazu im Rahmen allgemeinerer Überlegungen zum

---

[48] Cf. hierzu ganz ähnlich Paul Ricoeur: "[...] dans la parole vivante, le sens *idéal* de ce qu'on dit se recourbe vers la référence *réelle*, à savoir ce *"sur quoi"* on parle; à la limite, cette référence réelle tend à se confondre avec une désignation ostensive où la parole rejoint le geste de montrer, de faire voir" (1970: 184).

[49] Dieser Begriff ist zu unterscheiden von dem, den Paul Goetsch (1985) geprägt hat. Goetsch meint mit *fingierter Mündlichkeit* in erster Linie die *Imitation mündlicher Rede* innerhalb von modernen Romanen. Cf. dagegen Warning: "Über die Rolle des Erzählers nimmt der höfische Roman solchermaßen *Mündlichkeit als eine fingierte* in seine eigene Schriftlichkeit hinein [...]" (1982: 195; meine Hervorhebung). Terminologisch interessant scheint mir, daß in einer zwei Jahre zuvor erschienenen englischen Version von Warnings Aufsatz der gleiche Gedanke so formuliert ist: "Thus by means of the role of the narrator, the courtly novel draws *the oral tradition as fictionalized* into its own written form [...]" (1980: 45; meine Hervorhebung); ähnlich wie Warning in seinem englischsprachigem Aufsatz argumentiert auch Bäuml, wobei er allerdings von der Formelhaftigkeit aus argumentiert: "In referring to the oral tradition, the written text fictionalizes it. Since the one is given a role to play within the other, since oral formulae in the garb of writing refer to 'orality' within the written tradition, the oral tradition becomes an implicit fictional 'cha-

fiktionalen Diskurs als "inszenierte[m] Diskurs, der Rollenspiel seitens des Autors und seitens des Rezipienten voraussetzt" (1982: 193). Sein mittelalterliches Corpus ist die Dichtung des französischen Hochmittelalters. Dem dort auftretenden Erzähler des höfischen Romans sieht Warning den epischen Rhapsoden gegenübergestellt, der "nur eine ihm und seinem Publikum vorgängig vertraute Wahrheit verkündet", woraus resultiert, daß "in letzter Instanz die Tradition selbst als Subjekt der Narration" fungiere (1982: 195). Warning wendet sich in diesem Zusammenhang auch dem lyrischen Ich zu und legt dessen Entstehung ebenfalls in die Zeit der Anfänge der französischen höfischen Lyrik. Die in diesen Gedichten auftretenden ersten Personen stehen für ihn "im Zeichen einer ganz ähnlichen Spannung zwischen Autor und fiktivem Ich" (ibd.) wie das narrative Ich.

Übertragen wir aus Warnings Darlegungen die drei Kategorien vom mündlichen Rhapsoden, dem schriftlichem Dichter, der sich in seiner epischen Dichtung als Erzähler, und dem, der in seiner lyrischen Dichtung als lyrisches Ich manifestiert, auf die altenglische Dichtung, so ist festzustellen, daß es hier interessante Mischformen gibt. Dabei halte ich es im übrigen für praktischer, innerhalb der Fragestellung, wo der in der reinen Oralität physisch präsente Dichter in der Vokalität verbleibt, wie er sich in der Dichtung eine stellvertretende Stimme schafft, mich auf die in Gedichten vorkommende erste Person mit dem neutralen Terminus des *poetischen Ich* zu beziehen.[50]

Beowulf hat zweifellos einen Erzähler, auch wenn man dieses Gedicht wohl als Heldenepos zu klassifizieren hat. Zwar erscheint es in der Tat, als sei hier "die Tradition selbst Subjekt der Narration" (Warning). Wenn man jedoch nicht annehmen will, daß dies ein 'eigentlich' mündliches Gedicht sei, das sich in der uns überlieferten Form irgendwie einmal auf das Pergament sedimentiert hat, dann ist sehr wohl ein poetisches Ich greifbar.

In diesem Zusammenhang steht der Sonderfall Cynewulf an. Cynewulf scheint mit dieser Instanz des Erzählers auf zwei Arten zu kämpfen. Einerseits geriert sich Cynewulf formelhaft-rhapsodisch, andererseits widerspricht Cynewulf allen Gemeinplätzen über die Dichtung des Mittelalters, die da behaupten, der Dichter selbst trete in dieser Kultur — nicht zuletzt wegen der normativen Ästhetik — hinter seinem Werk zurück. Cynewulf tritt deutlichst hervor: so deutlich, daß er seinen Namen in seine Dichtung einschreibt.

---

racter' of literacy" (1984/85: 43). Von der Fiktionalität des poetischen Ich spricht Bäuml bereits 1980.

[50] Ich übernehme diesen Terminus von Leo Spitzer (1946), um sowohl die erste Person im narrativen Gedicht als auch die im lyrischen zu fassen.

Schließlich sehe ich auch bei den altenglischen Elegien in deren *personae* eine Mischform der Typen, die Warning aus der altfranzösischen Dichtung extrapoliert hat. In für uns mehr oder weniger verständlicher Form *erzählen* diese *personae* etwas. Dabei sind sie aber scheinbar selbst Gegenstand der Erzählung. Auf sie trifft auf den ersten Blick Käte Hamburgers — an modernerer Dichtung entwickelte — phänomenologische Bestimmung des lyrischen Ich zu: "[...] das lyrische Aussageobjekt macht nicht [wie das erzählende] das Objekt des Erlebnisses, sondern das Erlebnis des Objekts zu seinem Aussageinhalt" (1968: 222). Allerdings tut es dies in den Elegien in einer Weise, die doch wieder einzubinden ist in Aussageformen, die typisch für mündlich orientierte Kulturen sind. So stellt Walter Ong fest: "Oral cultures concern themselves with doings, with happenings, not with being as such: they narrativize their own existence and their environment" (1987: 378).

Hat man sich einmal davon gelöst, unbedingt diese Erzählungen als konsequente Narrationen textuell erhellen zu wollen, so wird deutlich, daß die altenglischen Elegien anderes transportieren als ein bedauerliches Einzelschicksal. Paßt dies nicht zum einen in das mittelalterliche Sozialverständnis, dem das Individuum — bis zur italienischen Renaissance — so wenig zu bedeuten scheint? Wird mit dieser *persona*, durch die (scheinbar) ein Dichter nur von sich selbst spricht — und doch wohl alle Menschen meint —, bloß ein Tribut gezollt an die Notwendigkeit, daß solchen Verkündigungen eine Stimme gegeben werden mußte? Oder war es der Zufall der Überlieferung, der uns diese Gedichte ohne jede Einbindung in einen Erzählkontext bietet? Diesen Fragen nachzugehen, behalte ich mir für die Gedichtanalysen des Teil II vor. Soviel aber schon hier: in dieser eigenartigen Verschränkung von erzählendem und lyrischem Ich ist in den Elegien — mindestens hundert Jahre vor der Troubadourlyrik — diese erste Person, die doch für alle zu stehen scheint, hochgradig fiktiv. Daß solch eine Art von poetischem Diskurs — trotz aller für diese Kultur angebrachten Vorbehalte im Blick auf Fiktionalität — möglich sein konnte, bedarf eingehenderer Analysen.

Im Blick auf die Manifestation des poetischen Ich kann schon jetzt festgehalten werden, daß dem altenglischen Dichter zu dessen sprachlicher Präsentation Formeln zur Verfügung standen. Somit wird die Frage, inwieweit der Erzähler als fiktiver erkennbar war, am Formelgebrauch zu untersuchen sein. Diese weitere Analyse altenglischer Gedichte wird unter anderem zeigen, daß in der Erzähldichtung dem poetischen Ich verschieden deutliche Rollen zugeschrieben werden. Im *Beowulf* ist der Erzähler sicherlich noch der 'rhapsodischste' (cf. Warning), er scheint — bis auf ein paar bedeutsame Stellen — wirklich hinter der Erzählung selbst zurückzutreten. Cynewulf hat mit dieser

Rolle Probleme. In seiner Dichtung wird mehr und mehr eine Trennung sichtbar: hier der *Erzähler* (der in *Elene* innerhalb der Legendenerzählung nur einmal auftritt), dort der *Dichter*, der sich selbst am Ende des Gedichts — wenn auch an dieser Stelle wieder rollenhaft — zu erkennen gibt. Cynewulfs Epiloge zeigen wiederum thematisch Affinitäten zu den Elegien. Die Selbstbeschau verbindet sich in den Elegien allerdings in unterschiedlicher Art mit erzählenden Passagen (wie z.B. in *Wife's Lament* und *Wanderer*). Insofern haben wir es auch da mit Erzählern zu tun. Doch können diese Erzähler vordergründig noch nicht einmal *vorgeben*, Traditionelles hervorzubringen, und rein formal tun sie dies auch nicht, jedenfalls nicht durch explizite Referenzen auf Gehörtes. Weder gehen diese ersten Personen auf im kollektiven *Wir*, noch wird das *Ich* — wie bei Cynewulf — namhaft gemacht. In den Elegien wird die poetische *persona* zum Ausdruck *ut pluribus*,[51] Fiktion eines namenlosen Exempels.

---

[51] Cf. Spitzer: "[In the Middle Ages] literature dealt not with the individual but with mankind: the 'ut pluribus' was an accepted standard" (1946: 415).

TEIL II

1. DAS CORPUS

Was uns an altenglischer Dichtung überliefert ist, ist fast vollständig in vier großen Codices aus dem 10./11. Jahrhundert enthalten.[1] Daraus sind seit dem Beginn der Altanglistik im frühen 19. Jahrhundert dem Heldenepos *Beowulf* und den sogenannten altenglischen Elegien die meiste Aufmerksamkeit zuteil geworden. Zwischen diesem Epos und den altenglischen Elegien werden sich die folgenden Analysen bewegen, wobei es geboten ist, auf dem Weg zwischen diesen Gedichten immer wieder weitere poetische Zeugnisse aus der altenglischen Zeit in den Blick zu nehmen. Es ist mir dabei nicht um umfassende Werkinterpretationen zu tun. Vielmehr erfordert es meine Fragestellung — wie erfolgt poetische Sinnvermittlung in der Vokalität? —, daß anhand der überlieferten Gedichte die Elemente analysiert werden, in denen sich diese Sinnvermittlung vollzog. Ich will hier erneut Dom Leclercq anführen, der zur Frage der mittelalterlichen Zitierpraxis folgende Beobachtung gemacht hat:[2]

> Le plus souvent, [les moines] citent de mémoire; les citations par mots-agrafes se groupent dans leur esprit et sous leur plume en des sortes d'ensemble, comme les variations d'un même thème; il arrive que l'on retrouve ce même contexte plusieurs fois chez un même auteur et chez d'autres: non que l'un se réfère nécessairement à ce qu'il a déjà dit ou cite un autre auteur qui utilise la même série de textes; *tout simplement les mêmes mots appellent des citations semblables.* (1957: 73; meine Hervorhebung)

Weit davon entfernt, die Gesamtheit der altenglischen Dichtung im eigenen Gedächtnis gespeichert zu haben, ist man bei der Analyse einzelner Gedichte doch immer wieder an Stellen aus anderen Gedichten erinnert, und in paralleler Lektüre und mit Hilfe der Konkordanz erhält man eine vage Ahnung davon, wie Formelsysteme immer wieder variierend gefüllt wurden, wie die eine Konstruktion die andere hervorgerufen haben mag und ähnliches. Wir werden so zu Zeugen jener Verfügbarkeit, von der Dom Leclercq spricht, stellen fest, *wie* — vor allem in bezug auf *unseren* Kontextbegriff — grenzen-

---

[1] MS. Cotton Vitellius A.xv mit *Beowulf* und *Judith* (10./11. Jhd.); MS. Junius 11 mit *Genesis, Exodus* und *Daniel* (Anf.11. Jhd.); das *Vercelli*-Buch mit *Andreas, Dream of the Rood* und den beiden die Signatur Cynewulfs tragenden Gedichten *Fates of the Apostles* und *Elene* (2.Hälfte 10. Jhd.); das Exeter-Buch u.a. mit *Christ, Phoenix,* Cynewulfs *Juliana,* den sog. Elegien, den ae. Rätseln und Gnomai (2.Hälfte 10. Jhd.); in der Datierung der Codices folge ich Pilch/Tristram 1979: 135.
[2] Cf. S.37f.

los diese Verfügbarkeit war, denn die von Dom Leclercq skizzierte kompositorische Praxis galt zweifellos auch für die altenglischen Dichter. Dabei schöpften diese Dichter aus zwei Quellen — der oral-autochthonen und der christlichen Überlieferung. So müssen wir uns denn auf viel mühsamere Art als jene Dichter daran machen, uns auf dem umgekehrten Weg ein Bild zu verschaffen von jenen Ressourcen, über die die Dichter verfügten. Direkt zugänglich ist uns dabei nur jener Fundus der Bibel und der kanonischen Schriften, die dem Mittelalter aus der Spätantike überliefert worden sind. Der andere, die oral-autochthone Tradition hingegen ist längst versiegt, und ihren Bestand können wir bestenfalls aus den Textbefunden extrapolieren.

Es kommt notwendig zu einer solchen Vorgehensweise, wenn man in der Formelhaftigkeit dieser Dichtung den zentralen Ort der Sinnvermittlung sieht, denn die Formelhaftigkeit ist ja per definitionem ein die einzelnen Gedichte übergreifendes Phänomen. Dabei überschreiten wir auch Grenzen, die uns Moderne als hohe — und prinzipiell sehr hermetische — Mauern erscheinen: ich meine damit die Grenzen zwischen zwei der drei von Goethe so genannten 'Naturformen der Poesie': zwischen Epik — *Beowulf* und auch die Dichtung Cynewulfs — einerseits und der Lyrik — die altenglischen Elegien — andererseits.

Es werden hier zwei Grenzen überschritten: die der individuellen Gedichte und die der Gattungen. In der semiotisch orientierten Literaturwissenschaft wird das Phänomen, um das es mir geht, *Intertextualität* genannt.[3] Nun ist oben (I.3.2.2) festgestellt worden, daß der Begriff *Text* aus rezeptioneller Sicht für die (früh-)mittelalterliche volkssprachliche Dichtung, deren originäres 'Habitat' die Vokalität war, nicht angemessen ist. Es wurde festgestellt, daß es sich für die zeitgenössischen Rezipienten aus semiotischer Sicht vielmehr um Äußerungen, *énonciations* handelte. *Wir* jedoch haben es mit 'Texten' oder 'Textualität' zu tun, denn uns erscheinen diese Gedichte ja notwendigerweise als abgeschlossene Einheiten. Bei der Betrachtung der Formelhaftigkeit bauen wir die Geschlossenheit der Texte allerdings wieder ab und dringen damit — auf analytischem Weg — in das Reich der Vokalität vor, in dem das Auftreten zum Beispiel von Formeln von Zuhörern nicht als 'Referenz auf andere Texte' (auch nicht als Referenz auf andere Gedichte) ver-

---

[3] Cf. dazu Riffaterres Definition: "L'intertextualité est la perception, par le lecteur, de rapports entre une oeuvre et d'autres, qui l'ont précédée ou suivie. Ces autres oeuvres constituent l'intertexte de la première" (1980: 4); er benutzt diesen Terminus bereits 1978/80 und 1979 (passim); die Begriffe *intertextualité* und *intertexte* grenzt er noch einmal gegeneinander ab in Riffaterre 1981.

standen wurde, weil der 'ganzheitliche Text', dies wurde oben dargelegt, für die Rezipienten nicht so existierte, wie es für uns heute der Fall ist. Die Sinn*er*mittlung eines Gedichts fand nicht qua Gedicht, 'gedichtintern', statt. So gesehen sind auch die Formeln keine *inter*textuellen Phänomene, sondern sie sind *para*textuell, als Vehikel semiotischer Sinnortungen sind sie nicht vom Text, noch nicht einmal vom einzelnen Diskurs, abhängig.

Daß es unsererseits zu diesen hermeneutisch folgenreichen Überschreitungen von Genre- und 'Text'-Grenzen überhaupt kommt, liegt nicht an der — vermeintlich eingeschränkten — Fragestellung. Nicht weil die Formelhaftigkeit 'für sich' — und damit als ein Phänomen neben anderen — untersucht würde, ist Paratextualität als Befund wie als heuristische Vorgehensweise unvermeidlich. In Teil I dieser Arbeit ist die Formelhaftigkeit als das *zentrale* Phänomen dichterischer Sinnvermittlung in der Vokalität ausgemacht worden. Akzeptiert man dies, so kann man keines der altenglischen Gedichte mehr 'für sich' betrachten in der Hoffnung, adäquate Aussagen über die Art der Sinnvermittlung *in diesem einen Gedicht* zu machen. Selbstverständlich geht man auch bei der modernen Textanalyse nie wirklich so isolierend vor. Stets wird auch dort das Gesamtoeuvre eines Autors berücksichtigt, ist sich der Interpret der ästhetischen Strömungen der Zeit bewußt und ordnet das Werk in ein Genre ein. Dennoch sind diese Einbeziehungen anderer Natur als das Vorgehen, das sich aufgrund der hier dargelegten Befunde zur Kultur der Vokalität ergeben muß.

Die "Offenheit" von Dichtung in der Vokalität, ihre Nicht-Textualität im Gegensatz zur oben dargestellten Abgeschlossenheit von (schriftlichen) Texten ist zweiseitig. Einmal, so habe ich gezeigt, wird durch Traditionalität, Formelhaftigkeit, Gnomik auf den Ort der Sinn*er*mittlung außerhalb des poetischen Diskurses verwiesen. Zur Sinn*ver*mittlung bedienen sie sich dabei — im Sinn der von Dom Leclercq so genannten *mots-agrafes* — frei der poetischen Ausdrucksmittel, die vorgegeben sind. Weil diese Gedichte alle *einer* Kultur angehören — wobei unerheblich ist, ob diese Kultur wiederum eine 'gemischte' ist —, also teilhaben an *einer* Tradition, *einem* Formelfundus und *einer* Gnomik, erscheinen sie uns auch als untereinander offen.[4]

Gänzlich neu ist diese Einsicht keineswegs. Die Mediävistik ist sich — zumeist — selbstverständlich der Gegebenheit bewußt, daß z.B. Originalität für das Mittelalter kein ästhetischer Parameter ist. Wenn nicht die Parry-Lordsche Formel, so ist es seit Curtius der *Topos*, den man identifiziert und zeigt, daß

---

[4] Auch hier gilt, daß *eine* Tradition, *ein* Formelfundus, *eine* Gnomik nicht heißt, daß dort nicht originär Verschiedenartiges zusammengeflossen ist.

es diesen oder jenen Topos hier, da und dort gibt.[5] Zu Recht hat man dieser Identifizierungsarbeit vorgeworfen, daß sie, solange sie nichts als dies bleibt, zur Interpretation der so untersuchten Dichtung wenig beitrage.[6] Meine Analyse hier soll aber nicht nur Formelhaftigkeit ausfindig machen — dies wäre angesichts des in Teil I Gesagten ein zirkuläres Vorgehen —, vielmehr wird im Rahmen meines rezeptionell-semiotischen Ansatzes zu zeigen sein, auf welche Weise die Formelhaftigkeit als entscheidende sinnvermittelnde Instanz in der hier untersuchten Dichtung fungiert.

Dabei wird vorausgesetzt, daß *alle* Gedichte, die hier herangezogen werden, innerhalb eines kulturellen Sinnsystems kommuniziert wurden. Das bedeutet, daß mir die Datierung der einzelnen Gedichte, ihre — absolute oder relative — Chronologie nur von untergeordneter Bedeutung ist. Daß dies ein gerechtfertigtes Vorgehen ist, ergibt sich für mich aus der Überlieferungslage, die zu Beginn dieses Kapitels bereits kurz angesprochen worden ist. Die Tatsache, daß diese Gedichte — bis auf Caedmons *Hymnus* und Bedas *Totenlied* — fast zur selben Zeit und in derselben westsächsischen 'Literatursprache' überliefert sind, läßt den Schluß zu, daß es für diese Dichtung insgesamt — synchron — *ein* Publikum gab.[7] Brian Stock hat solch ein Publikum eine "textual community" genannt, eine 'Mikrosozietät' "organized around the common understanding of a text", wobei er auch feststellt, daß solch eine Gemeinschaft nicht notwendigerweise gänzlich aus *litterati* habe bestehen müssen (1986: 12).[8]

Beowulf also wird eines der Gedichte sein, von dem die paratextuelle Analyse ausgeht. Daß *Beowulf* bei einer Fragestellung, in der es um Mündlichkeit und Schriftlichkeit geht, von besonderem Interesse sein muß, ist aufgrund seiner herausragenden Stellung innerhalb der gesamten mittelalterlichen volkssprachlichen Dichtung nahezu selbstverständlich. Selbst wenn man die spä-

---

[5] Zur relativ unscharfen Abgrenzung des Toposbegriffs bei Curtius selbst cf. Obermayer 1969.
[6] Carol Edwards stellt z.B. im Blick auf die Formelidentifizierung richtig fest: "Significantly, Parry and Lord eschew literary interpretation; neither presents an *explication de texte*" (1983: 151). Ob man 'literary interpretation' allerdings mit dem von Spitzer geprägten Begriff der 'explication de texte' gleichsetzen darf, sei dahingestellt. Allemal kann man die Feststellung, daß *Interpretation* von Dichtung ausbleibt, auch für die Topoi-Analyse treffen. Ein Beispiel für solche Formelauszählung samt Prozentangaben, die aber keinerlei weitere Einsicht ergibt, ist die Arbeit zu Cynewulf von Diamond 1959. — In einer Plenumsdiskussion bei der Tagung *Con-Texts: Orality and Textuality in the Middle Ages*, die am 15. und 16.April 1988 an der University of Wisconsin-Madison stattfand und an der ich teilzunehmen die Ehre hatte, monierte Michael Riffaterre, bei bloßer Toposidentifizierung werde sogar soweit gegangen, daß man dem Topos selbst eine Semantik abspreche.
[7] Zur westsächsischen Literatursprache cf. Gneuss 1972.
[8] Cf. hierzu auch Irvine 1986.

teste Datierung — 10./11. Jahrhundert — ansetzt,[9] bleibt *Beowulf* das älteste volkssprachliche mittelalterliche Heldenepos, das uns vollständig überliefert ist — die *Chanson de Roland* dagegen wird um 1100 datiert, der *Cantar de Mio Cid* um 1140, das *Nibelungenlied* in der uns überlieferten Fassung um 1200.[10]

Weniger selbstverständlich mag es erscheinen, daß die altenglischen Elegien hier einbezogen werden sollen: sind sie doch, wenn nicht ausdrücklich als Produkte der Schriftlichkeit so doch eine Zeit lang als deren Opfer angesehen worden. Die Theorie, es handle sich insbesondere bei *Seafarer* und *Wanderer* um von mönchischen Schreibern kontaminierte 'germanisch-heroische' Gedichte, wies der — christlichen — Schriftlichkeit eine besonders schimpfliche Rolle bei der Tradierung volkssprachlicher Dichtung zu.[11] Diese Spekulationen sind inzwischen längst verworfen und brauchen hier nicht mehr Gegenstand der Untersuchung zu sein. Die Elegien sind hier vielmehr von Interesse, weil sich in ihnen eine Art der Sinnvermittlung manifestiert, die einerseits durch den Inhalt ihrer Botschaft tief in der christlichen Lehre verwurzelt ist, die sich andererseits zur poetischen Vermittlung offensichtlich dichterischer Elemente verschiedenster Provenienz bedient und die schließlich dies alles mit semiotischen Mitteln tut, die der Vokalität durchaus Rechnung tragen.

Darüber hinaus will ich eingehen auf den 'literatesten' aller altenglischen Dichter — den einzigen, den wir neben Caedmon mit Namen kennen: Cynewulf. Ihm gilt das Interesse innerhalb meines Ansatzes, weil wir in seiner Dichtung — den *Fates of the Apostles*, den Legenden von der Heiligen Juliana und von der Kreuzesauffindung durch Helena sowie dem sogenannten *Christ II* — deutliche Spuren der Auseinandersetzung mit seinem eigenen dichterischen Schaffen finden, eine Auseinandersetzung, die einerseits geistliche Schriftlichkeit thematisiert und andererseits als Versuch gesehen werden

---

[9] Die Datierung des *Beowulf* — wie letztlich fast aller altenglischen Dichtung — ist sehr umstritten; die in der Forschung vorgeschlagenen Datierungen reichen von 650 bis 1000; cf. dazu den Forschungsüberblick von Wetzel 1985.
[10] Zur jeweiligen Datierung cf. Pollmann 1974: 54; Neuschäfer 1964: 7; de Boor 1988: VII.
[11] Die Kontaminationstheorie für *Wanderer* und *Seafarer* vertrat Anfang des Jahrhunderts vor allem R.C.Boer (1902-03). Sieper schließt sich dem in seiner Elegien-Monographie von 1915 an. Dort sagt er z.B. zum *Wanderer*: "[...] Gründe verschiedener Art zwingen uns anzunehmen, daß das Gedicht von v.58 ab eine spätere Zutat ist. [...] Der Verfasser des ersten Teiles, also der eigentlichen Klage, verrät sich als ein Dichter von Zartheit, Innigkeit, leidenschaftlichem Gefühl [sic!], von Phantasie, ja visionärer Kraft. [...] Der Verfasser des zweiten Teiles zeigt weder eine einheitliche Metrik, noch auch bestimmte Stileigentümlichkeiten. Seinem Werke fehlt nicht bloß die innere Beziehung zum Gegenstande, sondern auch jede Geschlossenheit. Es ist *Flickarbeit*, deren Nähte deutlich sichtbar sind" (1915: 198f.; meine Hervorhebung).

sollte, eigene dichterische Ausdrucksformen in der Vokalität zu finden. Cynewulf dient solchermaßen als Folie, auf der zu erkennen ist, wie Traditionen funktionieren – und manchmal *nicht* funktionieren – können, weil Cynewulfs Dichtung eine Bruchstelle in der poetischen Kultur des angelsächsischen England manifestiert.

2. ERSCHEINUNGSFORMEN DES POETISCHEN ICH IN DER ALTENGLISCHEN DICHTUNG

2.1 PHÄNOMENOLOGIE DES POETISCHEN ICH

Nach der üblichen generischen Einteilung in Epik und Lyrik haben wir es bei *Beowulf* und in der Cynewulfschen Dichtung mit Epik zu tun, bei den Elegien hingegen mit Lyrik. Ich räume ein, daß trotz der eben gemachten Ausführungen zur Paratextualität der altenglischen Dichtung phänomenologische Bedenken angemeldet werden können, wenn man nicht nur — wie ich es bereits vorgeschlagen habe — unter dem Terminus 'poetisches Ich' das narrative und das lyrische Ich subsumiert, sondern, darüber hinaus, beide auch auf gleicher Ebene verhandelt, als habe das narrative, epische Ich dieselbe semiotische Funktion wie das lyrische.

Ich zeige jedoch im folgenden, daß man die Elegien — zumindest *Wanderer*, *Seafarer* und *Wife's Lament* — eher als kleine Ich-Erzählungen sehen sollte, wobei der Zweck dieser Erzählungen allerdings nicht die Wiedergabe des 'historischen Ablaufs' eines individuellen Lebens sein kann. Die narrativen Züge der altenglischen Elegien zur Grundlage ihrer phänomenologischen Einordnung zu machen, halte ich für legitim, wenn man auch hier ausgeht von den kommunikativen Gegebenheiten der Vokalität, wie sie in Teil I dargestellt worden sind. Hierzu ist die dritte 'natürliche Form der Poesie', das Drama, heranzuziehen.

Wie bekannt und wenig verwunderlich sind uns im altenglischen poetischen Corpus keine Dramen überliefert.[1] Die Gattung 'Drama' bedürfte also keiner besonderen Erwähnung, wenn wir es nicht mit Dichtung in der Vokalität zu tun hätten. Eine Analyse der altenglischen Dichtung braucht zwar das Drama nicht als Gattung in deren Abgrenzung in der Triade Epik-Lyrik-Drama in den Blick zu nehmen, doch muß sie es zur Bestimmung des *phänomenologischen* Orts dieser Dichtung tun, wenn sie eine rezeptionsorientierte Analyse der uns überlieferten Gedichte vornehmen will. Ob es sich dabei um epische oder 'lyrische', 'Ich-erzählende' Gedichte handelt: wo diese Dichtung vorrangig in der vokalen Vermittlung der Rezitation ihre Rezipienten erreicht, steht sie phänomenologisch dem Drama viel näher als dem schriftlichen Roman oder der schriftlichen Lyrik.

---

[1] Zur Frage, inwieweit wandernde *histriones* als Nachfahren der antiken *mimi* im 6. Jahrhundert in England aufgetaucht sind und inwieweit sie einheimische Dichter oder letztere diese beeinflußt haben, cf. Opland 1980: 92-98.

Was Käte Hamburger zum "Ort des Dramas" (so eine Kapitelüberschrift in Hamburger 1968) sagt, kann man zu großen Teilen übertragen auf Dichtung, die erst durch *performance* — nicht umsonst wählte Zumthor diesen Begriff (1983: 32; 1987: 19) — vermittelt und damit rezipierbar wird. So bemerkt Käte Hamburger zur Verfügbarkeit der Sprachlichkeit des Dramas:

> [Das] Drama ist dasjenige Wortkunstwerk, bei dem das Wort nicht mehr frei, sondern gebunden ist. Es ist Gestalt geworden, wie der Stein, aus dem die Statue gebildet ist. (1968: 160)

Übertragen wir dies auf Dichtung in der Vokalität: von vornherein gibt es dort den Gegensatz von 'freiem Wort' — damit meint Käte Hamburger das Wort der schriftlichen Epik, das sich von einem konkreten Sprecher gelöst hat — und dem an einen Sprecher, an eine veritable Stimme 'gebundenen' Wort gar nicht. In der reinen Oralität war und ist das Wort — ob im alltäglichen Diskurs oder im poetischen — immer *Gestalt*, weil es immer *Stimme* ist. Dort also handelt es sich um originäre Identität zwischen Gestalt und Wort. In der Vokalität, in der sehr wohl das 'freie Wort' insofern existiert, als es schriftliche oder verschriftete Dichtung gibt, liegt für die aktuelle Kommunikationssituation Ähnliches vor. Dabei, und dies ist besonders wichtig, kommt es in bezug auf das narrative Ich bei schriftlich fixierter Dichtung zu einer 'Wieder-Gestalt-Werdung'. Die eingeschriebene Stimme ist dort das Analogon zur Figur im Drama. Weil dies so ist, hat man diesem Erzähler-Ich den Status der Fiktivität zugewiesen (s. oben I.5.3).

Man stelle sich den Vortrag des *Beowulf* vor — ob mit oder ohne Harfenbegleitung. Der Rezitierende hat auf zwei verschiedenen Ebenen Rollen zu spielen. Zum einen aktualisiert er die eingeschriebene Erzählerstimme. Innerhalb der Erzählung selbst hat er dann darüber hinaus die verschiedensten Rollen zu übernehmen, denn das Epos ist voller direkter Reden. Beowulf selbst, der Dänenkönig Hrothgar aber auch andere Charaktere halten lange Wechselgespräche, wobei die *þa maðelode*-Formel wie gesprochener Nebentext, Regieanweisungen also, erscheint. Beim Vortrag wird der Rezitator die Worte des biertrunkenen (*beore druncen* nennt ihn Beowulf in Z.531) Unferth (506-528) anders hervorbringen als Beowulfs Replik hierauf (530-606); gibt er die Rede der Königin Wealtheow (1216-1231) beim Überreichen ihres Dankesgeschenks an Beowulf wieder, so wird seine Stimme eine andere Qualität angenommen haben als zum Beispiel bei Hrothgars Trauer- und Bittrede an Beowulf, nachdem Grendels Mutter Heorot attackiert und einige Helden getötet hat (1322-1382). Für Dichtung mit solch großem Anteil von "texte «parlé»" (Zumthor 1987: 235), wobei es sich meistens noch um Dialoge handelt, kann man sicherlich mit Zumthor von "Theatralisierung" sprechen (ibd.).[2]

Auch hier ist wieder ein Vergleich mit der Cynewulfschen Dichtung interessant. Seine Legende von der Kreuzesauffindung, von der Forschung nach der Heiligen, die das Kreuz fand, *Elene* genannt, besteht aus drei Teilen, die Daniel Calder "a historical narrative'", "a dramatic dialogue" und "a confessional monologue" nennt (1981: 106). Dieser dramatische Dialog, Helenas Auseinandersetzung mit den Juden, kann in den Erzählerpassagen wie ein dramaturgischer Nebentext gelesen werden. Hier nur drei Beispiele: *hire Iudas oncwæð/ stiðhycgende* (*Ele* 682b-683a; 'ihr antwortete Judas trotzigen Mutes'); *ongan þa hleoðrian helle deofol/ eatol æclæca yfela gemyndig* (*Ele* 900f.; 'da begann der Höllenteufel zu schreien, der entsetzliche Dämon, eingedenk der Übel'); *to þam biscop bald reordode* (*Ele* 1072; 'zum Bischof sprach [sie] kühn'). Die Beispiele könnten beliebig vermehrt werden. Man kann sie einmal mehr interpretieren als Zeichen der tiefen Literarität Cynewulfs, der der Vokalität nicht zu trauen scheint und durch vermehrte Versprachlichung hier die *richtige* Realisierung sicherstellen möchte.

Wie nun muß man im Blick auf diese 'Theatralität' die *personae* der Elegien klassifizieren? Kann man zeigen, daß rezeptionell-semiotisch dem Ich der Elegien derselbe phänomenologische Status zukommt wie dem episch-narrativen, sagen wir, des *Beowulf*? Dazu ist die folgende Feststellung Käte Hamburgers zum Drama von Relevanz:

> Daß das Wort im Medium der Gestalt steht, enthält zweierlei einander bedingende, aber dennoch invers entgegengesetzte Aspekte. Es bedeutet, *daß das Wort Gestalt und die Gestalt Wort wird.* Aus diesen beiden Formeln ist der eigentümliche Zusammenstoß der Fiktionsebene und der Wirklichkeitsebene abzulesen, der die Bedingung der dichterischen Existenz und Erzeugung der dramatischen Gestaltenwelt ist. (1968: 161)

Wie bereits gesagt, trifft das Diktum vom "Wort, das Gestalt wird", für den vokalen Vortrag der altenglischen Dichtung im allgemeinen zu, wenn die

---

[2] Zumthor macht darauf aufmerksam, daß die hoch- und spätmittelalterlichen Dramen oftmals längere narrative Passagen enthalten, was die gerade gemachte Beobachtung für diese frühe Phase der Wiedererstehung des Dramas sozusagen umkehrt und auch den fließenden Übergang zwischen diesen 'Genres' zeigt; umgekehrt hat Otmar Werner anhand einer eingehenden Analyse der Strickerschen Verserzählung "Das heiße Eisen" nachgewiesen, daß dort — im Vergleich mit den Osterspielen — "das Epos (schon) bei einer hohen Dramatisierung angelangt war, als das Drama (noch) in einem Stadium des epischen Ausbreitens war" (1966: 406).

'eingeschriebene Stimme' des Erzählers — der zum Beispiel im *Beowulf* ein sehr anonymer ist — aktualisiert wird. Bei der 'lyrischen', Ich-erzählenden Dichtung wird darüber hinaus eine Gestalt selbst nicht nur durch, sondern *in* ihren Worten wahrnehmbar.

Das für das lyrische Objekt konstitutive "Erlebnis des Objekts" (Hamburger 1968: 222) — hier: das Erlebnis der Vergänglichkeit der Welt (und der daraus resultierenden Notwendigkeit, sich Gott zuzuwenden) — stellt sicherlich in *Wanderer, Seafarer, Ruin* und meines Erachtens auch bei *Wife's Lament* die Aussage dieser Gedichte dar. Andererseits aber wird jeweils das "Objekt des Erlebnisses" (ibd.) — der Verlust menschlicher Bindungen — in einer 'Lebensgeschichte' scheinbar individuell schicksalhaft präsentiert. Insofern sind *Wanderer, Seafarer* und *Wife's Lament* kleine Ich-Erzählungen: es werden (scheinbar) Geschichten erzählt, die den Sprechern, den ersten Personen dieser Gedichte widerfahren sind. Die Geschichte einer Frau, die den Ehemann (*Wife's Lament*), von einem Krieger, der seinen Herrn verloren hat (*Wanderer*), von einem Mann, der hin und hergerissen ist zwischen dem Leben an Land und auf dem Meer (*Seafarer*).

Das erzählerische Element in diesen Gedichten stellt uns aber nicht nur vor phänomenologische Probleme. *Daß* erzählt wird, ist klar, keineswegs jedoch, *was* erzählt wird. Die Forschung, vor allem zu *Wife's Lament*, zeigt dies deutlich. In zahlreichen Publikationen ist versucht worden, dem Gedicht einen — narrativen — Sinn zu entlocken, indem man emendierte, kontaminierte und fabulierte.[3] Wegen der 'Unverständlichkeit' kam man zu Beginn dieses Jahrhunderts auf den Gedanken, es handle sich bei den Elegien teilweise um Monologe, die ohne ihren narrativen Kontext überliefert worden seien.[4] Zwar sind Spekulationen in diese Richtung längst verworfen worden, allerdings ist ein solcher Gedanke gar nicht so abwegig, wenn man die *Beowulf*-Passage 2247-2266 (die sog. "Elegie des letzten Überlebenden"), die unzweifelhaft elegischen Charakter hat, betrachtet. Dort wird die 'Elegie' einer Person in den Mund gelegt, die diese zu einer bestimmten Gelegenheit äußert.[5] Dennoch: die eigenständigen Elegien sind so andersartig strukturiert

---

[3] Cf. hierzu die Literatur in Schaefer 1986.
[4] 1908 behauptete Imelmann dies für *Wanderer* und *Seafarer*. 1920 hingegen nimmt er teilweise einen abrupten Seitenwechsel vor und schließt sich Heuslers These an, hier lägen Gedichte vor, die auf klassischen Modellen, wie z.B. den *Heroides* des Ovid, beruhen.
[5] In der *Beowulf*-Stelle vom Vater, der seinen gehenkten Sohn beklagt (2444-2462a), finden sich ebenfalls Motive der Elegien, so z.B. das morgendliche Klagen (2450-2451a) und die verlassene Halle (2455-2457a). Sie ist Teil von Beowulfs Darstellung der versehentlichen Ermordung Herebalds durch seinen Bruder Haethcyn. Im Gegensatz zu der "Elegie des letzten Überlebenden" in

als die *Beowulf*-Passage, daß man hier bestenfalls paratextuelle Gemeinsamkeiten entdecken kann. *Wanderer*, *Seafarer* und *Wife's Lament* haben eine in sich abgeschlossene Struktur und müssen als Manifestationen 'lyrischer Narrativität' oder 'narrativer Lyrik' angesehen werden. Was sagt dies jedoch über ihren phänomenologischen Ort? Gehören sie in den der Lyrik oder des Epos?

Betrachten wir daraufhin, was Käte Hamburger zum Status des lyrischen Ich sagt:

> Das Erlebnis [des lyrischen Ich] kann ›fiktiv‹ im Sinne von erfunden sein, aber das Erlebnis- und mit ihm das Aussagesubjekt, das lyrische Ich, kann nur als ein reales und niemals ein fiktives vorgefunden werden. (1968: 222)

Wieder gesehen in der aktuellen Kommunikationssituation der Vokalität des frühen Mittelalters gilt für das Ich jener kleinen Ich-Erzählungen gerade das Umgekehrte. Die lebendige Stimme, durch die das Gedicht vorgetragen wird, ist dort in der Tat nur *persona*, Sprachrohr. Sie entdeckt sich selbst als fiktive — und den gesamten Diskurs damit als fiktional —, denn hier wird (anders als in der Epik) explizit nicht das Traditionelle — das, was wir alle bereits 'durch Hören erfahren' haben — verkündet, sondern das, was 'wir alle erleben'.

Der Gegensatz zwischen dem poetischen Ich der epischen Er-Erzählung und dem poetischen Ich dieser elegischen Erzählungen besteht darin, daß das epische Ich verkündet 'was wir alle (ob aus Büchern oder durch rein mündliche Tradierung) *durch Hören* erfahren haben', das elegische jedoch 'was die *persona* — und damit jeder Mensch — *durch das Leben auf Erden* erfahren hat'. Der Zweck des Erzählens in der primären Oralität ist die Weitergabe von bereits kollektiv Bekanntem, was in der Vokalität dazu führen kann, daß die kollektive Bekanntheit nur vorgegeben wird. Ist es deshalb aber auch rechtens, jenen elegischen Ich-Erzählungen Kollektivität zu unterstellen?

Um die Kollektivität der Diskurse der *personae* der Elegien zu erkennen, muß man auf Komponenten des Hintergrunds sehen, auf dem die Zeitgenossen solche Dichtung verstanden haben. Diese Komponenten lassen sich an einer weiteren Feststellung Käte Hamburgers zum lyrischen Ich aufzeigen: "[Wir haben es] zu tun mit der subjektiven Wahrheit und Wirklichkeit, nur mit dem Erlebnisfeld des aussagenden Ich selbst" (1968: 221). Die kulturanthropologischen Dispositionen des frühen Mittelalters, die noch sehr stark

---

Zz.2247 2266 aber ist dies keine direkt ausgesprochene Elegie, vielmehr berichtet Beowulf mit Elementen der Elegie hier von den Gefühlen des — nicht weiter spezifizierten — Vaters, dessen Sohn (weil dieser seinen Bruder ermordet hat?) gehenkt wird.

von der Oralität geprägt sind, haben noch keinen Raum geschaffen für 'subjektive Wahrheiten', geschweige denn für 'subjektive Wirklichkeit(en)'. In kaum mehr entflechtbarer Verquickung von Ursache und Wirkung hängt damit eng das frühmittelalterliche Verständnis vom Individuum zusammen. Hierzu der Historiker Arno Borst:

> Ich kenne keinen mittelalterlichen Text, der vor dem 11. Jahrhundert vom Verhalten des Einzelmenschen zu sich selbst spräche. Die frühmittelalterlichen Personenverbände achten auf Beziehungen zwischen Menschen, nicht auf die Eigenart des einzelnen [...]. (1973: 252)

Diese Feststellung Borsts ist in zweierlei Hinsicht für die Elegien äußert relevant: zum einen gibt sie uns den hermeneutischen Hinweis, daß hier wohl gar nicht von einem 'Einzelschicksal' die Rede gewesen sein kann.[6] Gleichzeitig erklärt sie die vorherrschende Oberflächenthematik der Gedichte: die Tatsache, daß hier von Menschen die Rede ist, deren zwischenmenschliche Beziehungen gestört sind.[7] Dazu jedoch später.

Die dritte Komponente, die das zeitgenössische Verständnis der Elegien gelenkt hat, ist die theologische. Nicht nur wäre eine 'subjektive Wahrheit und Wirklichkeit' in einer vokalen Gesellschaft ein weithin unverstehbares Phänomen und aufgrund der soziokulturellen Gegebenheiten auch ein gänzlich irrelevantes.[8] Zumindest *Wanderer* und *Seafarer* werden inzwischen allgemein als christlich-homiletisch verstanden, als Darstellungen der Vergänglichkeit des irdischen Lebens und der daraus resultierenden Notwendigkeit der Hinwendung zu Gott.[9] Das 'Einzelschicksal' hat hier *exemplarischen* Charakter. Es erfährt, was nach christlicher Lehre die *objektive Wahrheit* ist: die Welt ist vergänglich, die einzige Sicherheit liegt bei Gott. Daher ist Jerome Mandel uneingeschränkt zuzustimmen, wenn er — was die Genrefrage angeht nicht als erster — feststellt:

---

[6] Das bestätigt, allerdings von anderer Warte, auch J.Mandel. Er verneint den durchgängig elegischen Charakter der altenglischen Elegien und fährt dann fort: "Nor are these poems consistently lyrical in the normative sense. They do not convey the passionately felt emotion of an individual voice" (1987: 187).

[7] Dies habe ich bereits ausführlich dargestellt in Schaefer 1986.

[8] Beides hängt meiner Ansicht nach eng miteinander zusammen, wobei dieser Zusammenhang für das (frühe) Mittelalter noch einer genaueren Untersuchung bedarf. Der Befund, daß wachsende Schriftlichkeit zu erhöhter Individuation des Einzelnen führt, müßte korrigiert werden mit der Beobachtung, daß die Identitätsstiftung durch den sozialen Verbund das ganze Mittelalter hindurch bedeutsam ist.

[9] So — sehr differenziert — von G.W.Weber 1985: 298-307.

Perhaps the most surprising thing about the Old English elegies is that they are not elegies at all. [...] The sadness of these Old English poems reflects the attitude of the speaker toward the present state of the world, and not toward his own existential state. But the present state of the world is transient and so is the tone of sadness. Indeed, all the poems end on a positive note, with hope for a better life in a better world. (1987: 187)

Dabei haben es die Schöpfer dieser Gedichte verstanden, die scheinbar subjektive Präsentation dieser Wahrheit mit dem Ausweis der Objektivität, der Verbindlichkeit dieser poetischen Diskurse zu versehen, indem sie sie prägten mit dem Siegel des Gnomons.

Wenden wir uns im folgenden Stellen in der altenglischen Dichtung zu, in denen sich die erzählende Figur — im Epos wie in den elegischen Ich-Erzählungen — manifestiert. Dabei wird die paratextuelle Formelhaftigkeit dieser Manifestationen auch Anlaß geben, erneut die Frage nach der Provenienz dieser Formeln zu stellen.

2.2 EXORDIALE FORMELHAFTIGKEIT

2.2.1 Narrativ-epische Exordien

Die ersten Zeilen des *Beowulf* geben diesem Gedicht jenen Klang, den wir als 'traditionell' und 'heroisch' zu erkennen glauben. Da freilich *Beowulf* das einzige englische uns mit seinem Anfang überlieferte 'Heldenepos' ist — *Waldere* und *The Battle of Maldon* sind Fragmente, in denen keine Erzählerperson identifizierbar wird —, haben wir offensichtlich die Kriterien für unser Erkennen aus eben dem, was wir erkennen wollen, gewonnen. Allerdings beginnen drei weitere altenglische Gedichte mit *hwæt we...* und einer Form des Verbs *frignan*: die Legende vom Apostel Andreas, das Bibel-Epos *Exodus* und Cynewulfs Legende von der heiligen Juliana. Hält man an den etablierten Dichotomien 'christlich vs. heroisch (traditionell/germanisch/heidnisch)' fest, und hört man im *Beowulf* das Traditionell-Heroische schon in den Anfangszeilen, so muß man sich fragen, weshalb die Dichter von *Andreas, Exodus* und *Juliana* — von durch und durch 'christlichen' Gedichten — eben diesen Ton anschlagen.

Daß *Beowulf* — in einer von den Literarhistorikern verschieden gewichteten Form — auf irgendeine Weise beides ist, sowohl heroisch-traditionell (mit heidnischen Anklängen) als auch christlich, hat sich inzwischen als Lehrmeinung weitgehend durchgesetzt.[10] Bleibt man dabei, 'heroisch-traditionell vs. christlich' als sich ausschließende Gegensätze anzusehen, drängt es sich auf, die unmittelbar sich daraus ergebende Frage zu stellen, wie es im *Beowulf* zu diesem Miteinander hat kommen können. Wenn man mit Dorothy Whitelock unter dem *Beowulf*-Autor "the Christian author who was responsible for giving the poem the general shape and tone in which it has survived" (1951: 3) versteht, erübrigt sich jedoch diese Frage, weil sich in einem solchen Menschen 'beide Kulturen' — und zwar ohne deutliche Unterscheidungen — verbinden konnten zu einem Neuen, Dritten. Und wenn man *Beowulf* in der uns überlieferten Form als Untersuchungsgegenstand akzeptiert und weiter unterstellt, daß dieses Gedicht auch im 10./11. Jahrhundert (noch) verstanden wurde, so könnte man sagen: Ausdruck dieses Neuen, Dritten sind *Exodus*, *Andreas* und *Juliana* ebenso wie *Beowulf* und auch *The Battle of Maldon*.

Die Tatsache, daß drei andere — 'gänzlich christliche' — Gedichte einen ähnlichen Anfang haben wie *Beowulf*, sollte aber nicht dazu führen, darum zu rechten, welcher Dichter von welchem was übernommen oder kopiert hat. Eine solche Frage hat sich, denke ich (auch außerhalb des Rahmens dieser Arbeit) erledigt.[11] Diese Dichter schöpfen alle aus einem gemeinsamen Fundus, der Elemente der "tradition of oral-formulaic rhetoric" (Renoir 1986: 70) ebenso enthielt wie solche anderer Provenienz.[12] Die Suche nach Quellen, die Frage nach Imitation oder Zitat, ist angesichts dessen, was hier in Teil I zur vokalen Kultur festgestellt worden ist, ein inadäquater Ansatz für den Umgang mit solchen Parallelen. Viel wichtiger ist es zu sehen, daß diese identischen formelhaften Elemente verwendet werden für die erzählerische Darstellung unterschiedlicher Thematiken. Identität der Form und Unterschied-

---

[10] Hierfür kann noch immer exemplarisch Dorothy Whitelocks Arbeit *The Audience of Beowulf* von 1951 zitiert werden.
[11] Die Frage ist vor allem anhand der Parallelen zwischen *Beowulf* und *Andreas* diskutiert worden. Charles Kennedy zum Beispiel stellt fest, daß der Dichter des *Andreas* "has frequently given evidence of knowledge, and here and there of conscious imitation of the *Beowulf*" (1943: 279); cf. dazu auch Renoir 1986: 70f. Unter dem bezeichnenden Titel "*Andreas* und *Beowulf*. Parallelstellen als Zeugnis für literarische Abhängigkeit" ist Hans Schabram dieser Frage anhand dieser beiden Gedichte nachgegangen. Er sichtet dort die Arbeiten zu diesem Problem und kommt zu dem Schluß: "[Wir dürfen] getrost feststellen, daß die Parallelen nicht einmal den Schluß gestatten — geschweige denn erzwingen —, daß der *Andreas*-Autor den *Beowulf* gekannt haben muß. So ketzerisch das klingen mag: Was das Zeugnis der Parallelstellen angeht, könnte der *Andreas* gut v o r dem *Beowulf* entstanden sein" (1965: 218); cf. zum selben Thema auch Schabram 1981.
[12] Schon Kail spricht von einem "gemeinsamen poetischen formelschatz" (1889: 32); cf. zur 'Gemischtheit' des Fundus auch Greenfield 1972: 30-59.

lichkeit im thematischen Einsatz lassen das sinn*ver*mittelnde Funktionieren dieser Elemente vorscheinen. Zuerst jedoch zu den Anfangszeilen des *Beowulf* selbst:

Hwæt we gardena   in geardagum
þeodcyninga   þrym gefrunon
hu ða æþelingas   ellen fremedon
(*Bwf* 1-3)

[Horcht! wir erfuhren — in alten Tagen — der Speerdänen,
der Volkskönige Ruhm;
wie die Edelinge Heldentat(en) vollbrachten][13]

Das Thema wird eingeführt durch *gardena ...þeodcyninga þrym* und dessen Variation *hu ða æðelingas* [*in geardagum*] *ellen fremedon*. Darüber hinaus wird gesagt, wie sich die Geschichte zu diesem Thema manifestiert hat: *we ... gefrunon*. Mit letzterem wird auch der Erzähler — aufgehend in der ersten Person Plural — auf ganz besondere Weise eingeführt. Das *we* kann hier niemand anderen meinen als die Gemeinschaft, der der Erzähler *und* seine Zuhörer angehören. Es ist dies ein unüberhörbares Signal für die *Traditionalität* des im folgenden Erzählten, wobei 'Traditionalität' hier wieder zu verstehen ist als Ausweis der Würde dieses Erzählten: das Memorier*bare*, das, weil es *so* gestaltet ist, gleichzeitig auch memorier*würdig* ist.[14]

Dieser Beginn ist — ganz im Sinn der antiken wie mittelalterlichen Rhetorik — ein *Exordium*.[15] Darüber, ob sich der *Beowulf*-Dichter oder die Dichter der anderen drei Gedichte an irgendein explizit ausformuliertes Rezept gehalten haben, kann man nur spekulieren. Aus dem hohen Mittelalter kennen wir

---

[13] Spamer hat versucht darzulegen, daß der Genitiv *gardena* kaum — wie allgemein üblich und auch von mir so interpretiert — als Variation von *þeodcyninga* angesehen werden kann. Er plädiert dafür, *gardena* als Erweiterung von *geardagum* anzusehen. Daher übersetzt er: "Lo! We have heard of the courage of the tribal kings,/ in the bygone days of the Spear-Danes,/ how the nobles achieved deeds of glory" (1981: 214). Dem hat G.Kjellmer widersprochen, da er es für problematisch hält, eine Genitivweiterung (*gardena*) zu postulieren, wenn diese vom Kern durch eine Zäsur getrennt ist (1984: 192f.). Auf das hier Gesagte hat es jedoch keinen Einfluß, welcher Version der Vorzug gegeben wird.
[14] Cf. oben S.86f.
[15] Cf. hierzu auch den Artikel von Margaret Bridges (1979), in dem sie die Anfänge von *Andreas, Elene, Guthlac A, Guthlac B* und *Juliana* als Exordien miteinander vergleicht. Der Titel dieser Arbeit "Exordial Tradition and Poetic Individuality in Five OE Hagiographical Poems" verrät bereits, daß es der Verfasserin darum geht, anhand dieser Exordien darzustellen, "how the Anglo-Saxon verse hagiographer's elaboration of the multiple conventions of his art invites us to an appreciation of his poem's specific qualities" (1979: 379). Sie nimmt also auch an, daß es eine einheimische Exordialkonvention gegeben haben muß.

solche Anleitungen. Paul Zumthor weist in *La lettre et la voix* darauf hin, daß in den hochmittelalterlichen *artes dictandi* — wie er sie nennt — auf viel ausführlichere Art die Rede sei "de l'*exordium* que du corps du texte et de sa conclusion" (1987: 231). Er führt dies auf die faktischen Umstände (poetischer Kommunikation) zurück und fragt anschließend:

> Dans la perspective d'une performance, ce qui importe davantage, n'est-ce pas ce signal initial, isolant du flux des messages ordinaires celui qui, commençant ainsi, déclare se situer sur le plan de l'intemporel? (ibd.)

Den Beginn des *Beowulf* kann man in der Tat als Anfangssignal, als eine hermeneutische Maßgabe für das im folgenden Erzählte verstehen. Und dies umso mehr, als sich andere Dichter dieser Signale ebenfalls bedienen. Hier die drei anderen Gedichtanfänge. Zuerst *Andreas*, der auf den ersten Blick dem *Beowulf*-Beginn am ähnlichsten ist:

> Hwæt we gefrugnan   on fyrndagum
> twelfe under tunglum   tireadige hæleð
> þeodnes þegnas   no hira þrym alæg
> camprædenne   þonne cumbol hneoton
> sioðan hie gedældon   swa him dryhten sylf
> heofona heahcyning   hlyt getæhte
>
> (*And* 1-6)

[Horcht! wir erfuhren, in/aus fernen Tagen,
von zwölf Helden, herrlich gesegnet unter den Sternen,
des Herrn Mannen; ihr Ruhm erlag nicht
dem Kampf, als die Banner aufeinanderschlugen,
nachdem sie sich getrennt hatten, so wie ihnen der Herr selbst,
der hohe König der Himmel, das Los zugewiesen hatte.]

Unter Verwendung ähnlicher Elemente, jedoch in der für den Dichter üblichen komplizierten Syntax, beginnt das Bibel-Epos *Exodus* mit den Zeilen:

> Hwæt we feor 7 neah   gefrigen habbað
> ofer middangeard   Moyses domas
> wræclico wordriht   wera cneorissum
> in uprodor   eadigra gewham
> æfter bealusiðe   bote lifes
> lifigendra gewham   langsumne ræd
> hæleðum secgan   gehyre se þe wille
>
> (*Exo* 1-7)

[Horcht! Wir haben erfahren fern und nah
in dieser Welt die Anweisungen des Moses,
außerordentliche Gesetze, für die Menschengeschlechter,
im Himmel allen Seligen
nach der gefährlichen Reise, als Wohltat des Lebens
allen, die leben, den lang andauernden Rat,
(wie) er den Menschen gesagt wird. Höre, wer da möchte ...]

Auch Cynewulf experimentiert mit diesem Exordium. Seine Legende von der heiligen Juliana beginnt:

Hwæt we ðæt hyrdon   hæleð eahtian
deman dædhwate   þætte in dagum gelamp
Maximianes   se geond middangeard
arleas cyning   eahtnysse ahof
cwealde cristne men   circan fylde
geat on græswong   godhergendra
hæþen hildfruma   haligra blod
ryhtfremmendra
                  (*Jul* 1-7a)

[Horcht! Wir hörten das die Helden loben,
die Kühnen preisen, was geschah in den Tagen
des Maximianus, der in diese Welt,
ehrloser König, die Verfolgung hervorrief,
Christenmenschen tötete, Kirchen verunreinigte,
auf die Wiesen goß (das Blut) derer, die Gott preisen,
der heidnische Kriegsführer, das Blut der Heiligen,
der Rechtschaffen(d)en]

Am augenfälligsten — und für die zeitgenössischen Rezipienten wohl (ähnlich einer Fanfare) am wenigsten zu überhören — ist der *hwæt*-Einsatz, mit dem alle vier Gedichte beginnen. Daß *hwæt* ein starkes Anfangssignal gewesen sein muß, ist nicht nur der Tatsache zu entnehmen, daß es hier jeweils am *Gedicht*-Beginn steht.[16] Im *Beowulf* heben zwei Reden Beowulfs mit *hwæt* an, die im zweiten *Waldere*-Fragment überlieferte Rede Waltharius' wie auch Offas Rede in *Battle of Maldon* beginnen ebenfalls mit *hwæt*.[17]

---

[16] Margaret Bridges spricht von der "vocative function" dieses *hwæt* (1979: 364). Für den gedichtinternen Gebrauch des *hwæt* in *Andreas* stellt sie fest, daß es sich dort fast immer um Anreden von Antagonisten handle (ibd.).
[17] Es sind dies Beowulfs Rede gegen Unferth (530ff.) und seine Rede zu Hrothgar, in der er ihm Grendels Kopf präsentiert (1652ff.); Wld II, 14: *hwæt ðu huru wendest wine burgenda ...* ('Horch, du glaubtest in der Tat, Freund der Burgunder ...'); Mld 231: *hwæt þu Ælfwine hafast ealle*

Der Beginn von *Beowulf, Andreas, Exodus* und *Juliana* lautet ebenfalls nicht nur *hwæt*, es heißt in allen vier Fällen: *hwæt we*. Die oben im Blick auf den Beginn des *Beowulf* gemachte Beobachtung, es werde mit diesem Signal 'Traditionalität' vermittelt, hat John Niles in der Feststellung formuliert, der Erzähler bringe seine Worte hervor "as a spokesman for all" (1983: 198). Auch Fred Robinson vermerkt: "The pronoun *we* unites the audience with the poet in his own time" (1985: 28). Allerdings schränkt er sofort ein, daß der Dichter unter anderem durch die temporale Phrase *in geardagum* (*Bwf* 1b) das Subjekt des Gedichts "firmly in the past in 'days of yore'" setze (ibd.).

Robinson führt dies an, um sein Argument zu stützen, daß es dem *Beowulf*-Dichter mit diesem Epos darum zu tun gewesen sei, "his Christian nation with the heroic age of their heathen ancestors" zu konfrontieren (1985: 27). Ähnlich sieht dies auch Stanley Greenfield:

> Emphasis on the pastness, the historicity, of the events of the narrative is rather obvious. The poem begins by calling attention to the 'other voices, other rooms' aspect of its presentation [...]. (1976: 53)

Weder an Greenfields "emphasis on the pastness, the historicity" noch an Robinsons Behauptung, der Dichter des uns überlieferten *Beowulf* habe das Gedicht "firmly in the past" gesetzt, kann ich recht glauben, weil ein solcher dichterischer Wille ganz einfach dem mittelalterlichen 'historischen' Verständnis zuwiderläuft. Erinnern wir uns an die Bemerkung Hanna Vollraths, die ich oben (S.14) zitiert habe. Sie stellt fest, daß für das Mittelalter gerade *nicht* unser "Verständnis von Vergangenheit als dem, was *gewesen* und damit [...] unserer Verfügungsgewalt entzogen ist", zu diagnostizieren sei (1981: 577). In Umkehrung der Perspektive gilt für das Mittelalter, daß der Mensch im Hier und Jetzt — aufgrund der Traditionalität dieser Kultur — Vergangenes nicht begreift als etwas, dem man entzogen wäre, das, ob seines Vergangenseins, keine Gewalt mehr über den Menschen hätte.

Darüber hinaus spricht ein anderes Argument, nämlich die *Andreas*-Parallele, gegen die Sicht von Greenfield und Robinson. Auch dort heißt es:

> Hwæt we gefrunan on fyrndagum
> twelfe under tunglum tireadige hæleð
> þeodnes þegnas
>
> (*And* 1-3a)

---

gemanode ('Horch, du Ælfwine, hast [dich] gänzlich erinnert ...').

[Horcht! wir erfuhren, in/aus fernen Tagen,
von zwölf Helden, herrlich gesegnet unter den Sternen,
des Herrn Mannen]

Gerade die Parallele zwischen *Beowulf* und *Andreas* zeigt besonders gut, so meine ich, daß der Verweis *in geardagum* (*on fyrndagum* in *And*) im *Beowulf* gerade *nicht* dazu dient, Distanz zwischen jetzt und damals zu schaffen, den Stoff zu historisieren. Die Leidensgeschichte des Andreas wird mit Bestimmtheit *nicht* erzählt, um das *Vergangensein* dieser Geschehnisse zu zeigen, sondern sie dient vielmehr dem Zweck, daß der angelsächsische Hörer davon ergriffen und erbaut werde. Um dies bewirken zu können, darf historische Distanz aber keine Rolle spielen. Für unsere analytische Draufsicht bedeutet dies, daß man die semiotische Funktion einer Phrase wie *in geardagum* oder *on fyrndagum* nicht aus ihrer absoluten Semantik extrapolieren kann. Im Fall von *Andreas* hilft uns die Kenntnis der christlichen Ästhetik bei der Einschätzung der beabsichtigten — wie auch im Rezeptionsakt sich wohl wirklich entfaltenden — Wirkung einer solchen Formel.[18] Um dem Zweck der Erbauung zu dienen, muß aus christlich-didaktischer Sicht Betroffenheit, *compunctio* erzeugt werden. Damit dieser Zweck erfüllt wird, muß die Geschichte mit der in der Oralität und Vokalität Betrefflichkeit, Relevanz signalisierenden Traditionalität ausgestattet sein. Dafür, daß die (christlich intendierte) Wirkung eintreten kann, sorgt die (in der Vokalität notwendige) Brücke, die durch das *we gefrunan on fyrndagum* in *Andreas* geschaffen wird.

Dies bestätigt auch das Auftreten von *we ...gefrigen habbað* in *Exodus*. Ich zitiere noch einmal die ganze einleitende Passage:

Hwæt we feor and neah   gefrigen habbað
ofer middangeard   Moyses domas
wræclico wordriht   wera cneorissum
in uprodor   eadigra gewham
æfter bealusiðe   bote lifes
lifigendra gewham   langsume ræd
hæleðum secgan   gehyre se þe wille
(*Exo* 1-7)

[Horcht! Wir haben erfahren fern und nah
in dieser Welt die Anweisungen des Moses,
außerordentliche Gesetze für die Menschengeschlechter,
im Himmel allen Seligen

---

[18] Cf. hierzu oben I.5.1 und 5.2.1.

nach der gefährlichen Reise, als Wohltat des Lebens
allen, die leben, den lang andauernden Rat,
(wie) er den Menschen gesagt wird. Höre, wer da möchte]

Die Prädikatsform für das 'Erfahrenhaben' ist hier ein Perfekt: *gefrigen habbað*. In der Geschichte selbst wird der gesamte Exodus der Israeliten nacherzählt, im Exordium aber wird nur die Folge eines Geschehens in diesem Teil der Geschichte Israels — die Verkündigung der Zehn Gebote und deren Wirkung für die Menschen — als thematische Exposition angeboten. *Deswegen*, so scheint der Dichter hier zu sagen, wird die Geschichte des Exodus erzählt. Wilhelm Busse interpretiert diese Zeilen ebenfalls thematisch-rezeptionssteuernd: das "Aufmerken [wird] auf die zentralen Objekte [ge]lenkt: Gesetze, Wortrechte, Lohn und Rat sollen folgen" (1987: 237). Gleichzeitig weist Busse diesen einleitenden Zeilen auch die folgende pragmatische, die Hermeneutik lenkende, Funktion zu:

Die Relevanz des Erzählten für die Vergangenheit und auch die Gegenwart wird bedeutet: des Moses Gesetze galten für Generationen von Menschen, und noch jetzt liegt in ihnen Rat für die Lebenden und Verheißung für das Leben nach dem Tod. (ibd.)

Ich räume ein, daß in *Exodus* auf andere Weise als in *Beowulf* und *Andreas* die Vergangenheit erzählerisch in die Gegenwart hineingeholt wird: den *wera cneorissum* (*Exo* 3b; 'den Menschengeschlechtern') waren (und sind) *Moyses domas* (2b; 'die Anweisungen des Moses') von Bedeutung. Damit machen diese Zeilen explizit, was wir den anderen beiden Anfängen nur interpretierend entnehmen können: der rein zeitliche Abstand wird in *Beowulf* und *Andreas* genannt, mit dieser 'Historizität' — und das zu sehen fällt uns Modernen offensichtlich sehr schwer — wird aber nicht Distanz, sondern *Nähe* geschaffen. Wir verstehen unter *erfahren* allzu leicht: 'eine Information bekommen, etwas Neues hören'. Traditionelles Erzählen hingegen ist immer zu verstehen in der Simultaneität Aufnehmen - Weitergeben - Aufnehmen.[19] Mit dem Ausdruck *we gefrunon* (und seinen Varianten) wird eine Stelle in jener ununterbrochenen Traditionskette geortet und gleichzeitig *diese* Erzählung hinzugefügt: "wir haben erfahren" drückt das Aufnehmen aus, aus dem ein Weitergeben zur erneuten Aufnahme resultiert. Die hier untersuchten Exordien sind also gewissermaßen Schmieden für die Anfügung eines neuen Glieds in dieser Kette, die das Fortbestehen oral relevanter Information im Sinn von 'bewahrtem Wissen' garantiert.

---

[19] Cf. oben I.4.2.3.

Wenden wir uns zum Schluß dem Beginn von Cynewulfs *Juliana* zu. Ich sagte oben, daß Cynewulf mit der hier diskutierten Form des Exordiums experimentiere. Ich beziehe dieses Experimentieren auf seine eigene Dichtung, auf die Tatsache, daß er die andere uns von ihm überlieferte Legende, die von der Kreuzesauffindung (*Elene*), ganz anders beginnen läßt.[20] Hier noch einmal die ersten Zeilen von *Juliana*:

> Hwæt we ðæt hyrdon   hæleð eahtian
> deman dædhwate   þætte in dagum gelamp
> Maximianes   se geond middangeard
> arleas cyning   eahtnysse ahof
> cwealde cristne men   circan fylde
> geat on græswong   godhergendra
> hæþen hildfruma   haligra blod
> ryhtfremmendra
>
> (*Jul* 1-7a)

[Horcht! Wir hörten das die Helden loben,
die Kühnen preisen, was geschah in den Tagen
des Maximianus, der in diese Welt,
ehrloser König, die Verfolgung hervorrief,
Christenmenschen tötete, Kirchen verunreinigte,
auf die Wiesen goß (das Blut) derer, die Gott preisen,
der heidnische Kriegsführer, das Blut der Heiligen,
der Rechtschaffen(d)en]

Hier ist noch am ehesten 'Historizität' oder 'Historisierung' zu verzeichnen. Cynewulf nennt den 'ehrlosen' römischen Kaiser Maximianus, sagt, man habe gehört, was in jenen Tagen geschehen sei. Allerdings hörte man Lob und Preis über diese Zeit. Für uns Moderne scheint sich hier ein Paradox aufzutun, indem Lob und Preis einerseits, Greueltaten andererseits in einem Atemzug genannt werden. Man könnte dies als erzählerischen Trick ansehen, mit dem Spannung erzeugt werden soll. Dem wird aller Wahrscheinlichkeit nach die Genreerwartung in bezug auf die Heiligenlegende entgegengearbeitet haben. Daß es hier nicht darum gehen wird, Maximianus' Christenverfolgung zu preisen, sondern jene, die darunter gelitten haben, wird dem zeitgenössischen Zuhörer von vornherein klar gewesen sein. Dennoch muß die Besonderheit

---

[20] Der Beginn von *Elene* erscheint gänzlich 'historisierend': *þa wæs agangen geara hwyrftum/ tu hund ond þreo geteled rimes/ swylce xxx eac þinggemearces/ wintra for worulde þæs þe wealdend god/ acenned wearð* (*Ele* 1-5a; 'Dann waren vergangen im Zeitenlauf, zweihundert und drei gezählte Jahre, und auch dreißig der Winterzeit in der Welt, seit der herrschende Herr geboren war').

des Cynewulfschen Umgangs mit der Eingangsformel vermerkt werden. Der Gebrauch durch Cynewulf — der, wie später weiter darzulegen ist, in der angelsächsischen Zeit die weitaus 'literateste' volkssprachliche Dichtung produziert — zeigt nämlich, daß man dieses Exordium nicht beliebig einsetzen konnte. Auch Cynewulf markiert mit diesem Eingang — allerdings recht halbherzig — seine Geschichte als 'traditionell'. Bei ihm scheint es sich mir am ehesten um den *bewußten* Versuch zu handeln, den Busse für den *Exodus*-Erzähler veranschlagt, daß nämlich der vokalen Vortragssituation Rechnung getragen werden soll.[21] Welch geringes Vertrauen Cynewulf in die sinnortende Wirkung solcher Formeln hatte, zeigt sich in seinem Epilog zu *Juliana*. Davon jedoch später.

Halten wir dies fest: der uns so traditionell anmutende Beginn des *Beowulf* führt als Exordium thematisch, aber auch hermeneutisch in die Erzählung ein. Die Parallelen von *Andreas* und *Exodus* bestätigen, daß es sich hier nicht nur auf formaler Ebene um ein Erbe aus der Oralität handelt. Wie immer, wenn ein solches Erbe postuliert wird, können wir nur (mehr oder weniger überzeugende) Hypothesen aufstellen. Die Annahme allerdings, daß der *Hwæt we*-Einsatz in den hier gezeigten Manifestationen letztlich zur "tradition of oral-formulaic rhetoric" gehört,[22] hat eine hohe Wahrscheinlichkeit. Althochdeutsche Parallelen wie der Beginn des *Hildebrandlieds*: *Ik gihorta dat seggen/ dat sih urhettun aenon muotin ...* ('Ich hörte das sagen, daß sich Herausforderer einzeln trafen ...') oder auch der Beginn des *Wessobrunner Gebets*: *Dat gafregin ih mit firahim firiwizzo meista* ('Das erfuhr ich unter den Menschen als der Wunder größtes ...') sprechen hierfür.[23]

Mit der Übernahme — und Variation — der Formeln selbst wird auch ein Modus der Sinnvermittlung und damit eine durch "initiale Signale" (Zumthor) auf den Weg gebrachte hermeneutische Lenkung fortgesetzt. Über das fanfarenhafte *hwæt* hinaus geben diese Exordien zu verstehen, daß das Erzählen nicht um seiner selbst willen geschieht, sondern daß das Erzählte Erzähler und Zuhörer (nur aus *unserer* analytischen Sicht 'immer noch') betrifft. Dabei werden in den parallelen Beispielen *Beowulf*, *Andreas* und *Exodus* drei verschiedene Varianten des Betreffens, der fortbestehenden Gültigkeit von Werten, gezeigt: das Ethos jener dänischen (und gautischen) Helden oder auch nur

---

[21] "Die Präsenz eines Erzählers (*we*, *gehyre*) kennzeichnet die Vortragssituation: gemeinschaftliches Hören ist damit die für diesen Text angestrebte Rezeptionsform [...]" (1987: 237).
[22] So Renoir 1986: 70f.
[23] Zu bemerken ist, daß in den deutschen Belegen die erste Person *Singular* spricht. Mit *gafregin* im *Wessobrunner Gebet* haben wir auch die ahd. Form zu ae. *gefrægn*.

des Helden im *Beowulf*, die exemplarische Christlichkeit des Apostels Andreas als Märtyrer und die eschatologische Relevanz der Taten Moses'.
   Der in der Tat stark historisierende Beginn von Cynewulfs *Juliana* ist dafür kein Gegenbeweis. Er zeigt, wie später noch genauer auszuführen sein wird, daß dieses traditionelle Erzählen auch problematisch werden kann, wo ein Dichter — aus welchen Gründen auch immer — ein gebrochenes Verhältnis zu dieser Art der Sinnvermittlung hat. Man kann den Beginn von *Juliana* als redlichen Versuch Cynewulfs ansehen, mit der erzählerischen Tradition fertig zu werden. *Fates of the Apostles* ist dafür ein noch beredterer Beleg — der aber auch gleichzeitig zeigt, wie ungelenk Cynewulf (auf dem Weg zu seiner eigenen erzählerischen Identität) diese Tradition handhabt.

2.2.2 Narrativ-lyrische Exordien

Bei der narrativ-epischen Dichtung liegt es nahe zu vermuten, daß ihre Exordien einer rhetorischen Konvention folgen. Daß es sich dabei ausschließlich um eine autochthone Konvention handelt, wie es der *Beowulf* auf den ersten Blick vermuten läßt, kann nicht belegt werden. Die für die Oralität typischen Verweisungen auf die Traditionalität der Erzählung deuten zumindest auf die auktoriale Bemühung, diesen Erzählungen wenigstens den Habitus der Traditionalität zu verleihen. Dieser Habitus wird einerseits durch die Vokalität sozusagen provoziert, weil der Erzähler sich als Traditionsträger gerieren muß, andererseits bildet die Vokalität auch die hermeneutische Basis für solch traditionelles Erzählen.
   Genau entgegengesetzt zum Epos scheint das 'lyrische' Gedicht nicht das allgemein Bekannte, sondern das individuell Erfahrene wiederzugeben. Wie ich bereits oben dargestellt habe, kann es der frühmittelalterlichen Kultur aufgrund ihrer kulturanthropologischen Dispositionen, die noch sehr stark von der Oralität geprägt sind, nicht darum getan sein, eine "subjektive Wahrheit und Wirklichkeit", nur "das Erlebnisfeld des aussagenden Ich selbst" (Hamburger (1968: 221) zum modernen lyrischen Ich) aufzuzeigen. Gedichte wie die altenglischen Elegien scheinen dies allerdings zu widerlegen, denn schließlich machen die *personae* dieser Gedichte — wenn auch nur vordergründig — Aussagen über sich selbst.

Möglicherweise unterstellt man zu Recht,[24] daß es eine germanische Totenklage gegeben haben muß, wenn man von den einschlägigen Beispielen im *Beowulf* ausgeht, in denen zum einen von Hildeburh gesagt wird, daß sie den Tod ihres Bruders und ihres Sohns in einem Lied beklagte (*ides gnornode/ geomrode giddum* (1117b-1118a; 'die Frau weinte, sie jammerte mit Liedern')) und zum andern eine (gautische?) Frau ein Klagelied über Beowulfs Tod anstimmt (3150b-3155a).[25] Dennoch ist diese Hypothese noch keineswegs eine Erklärung für die sogenannten altenglischen Elegien, die eben eines *nicht* sind: Totenklagen. Ich meine, man hat einem anderen möglichen Modell, das wir — und auch die gebildeten Angelsachsen — genauestens kennen, bisher viel zu wenig Aufmerksamkeit geschenkt: den Psalmen.[26]

Oben habe ich gezeigt, daß die Psalmen zur fundamentalen Kenntnis jedes Gebildeten gehörten.[27] Wie später (II.3) noch zu sehen sein wird, klingen die Psalmen in der altenglischen Gnomik mehrfach an, und die Elegien weisen ihrerseits Gnomisches auf. An dieser Stelle jedoch geht es um anderes. Die Psalmen haben zweierlei mit den altenglischen Elegien gemein: (1) es spricht in beiden Fällen eine erste Person; (2) der Ton der Psalmen wie der Elegien (deshalb hat man dieses Genre ja postuliert) ist — zu Teilen — klagend. Dies alleine scheint mir Grund genug, in den Psalmen ein mögliches generisches Vorbild für die Elegie zu sehen. Hier trifft, denke ich, sehr genau Jauss' schon 1972 gemachte Beobachtung zur "Theorie der Gattungen und Literatur des Mittelalters":

> Stellt man sich die Ergebnisse der ‹Literaturgeschichte der Bibel› vor Augen, so kann man sich nur wundern, warum die mediaevistische Forschung noch keinen systematischen Versuch unternommen hat, das mögliche Vorbild der in der Bibel vorgegebenen literarischen Gattungen für die mittelalterliche Literatur zu untersuchen. (1972: 131)

Es soll damit keineswegs geleugnet werden, daß sich im Altenglischen neue, andere Formen des Ausdrucks gefunden haben. Der spezifische Ausdruck zeigt sich unter anderem darin, daß die altenglischen Dichter kleine Ich-Erzählungen geschaffen haben, die als solche geeignet waren, in einer vokalen

---

[24] Cf. dazu Opland 1980: 52f.; cf. ebenfalls Mustanoja 1967.
[25] Die Stelle ist stark emendiert; in Z.3152a ist im MS. *ng cearig* lesbar, vor *ng* wird gängig *so* emendiert, was 'Klagelied' ergibt.
[26] Renoir geht in seiner Interpretation von *Wife's Lament* (1977) auf die Psalmenübersetzungen ein, um zu zeigen, daß ein Gedichtbeginn mit *ic* nichts Ungewöhnliches sei. Über eine statistische Aussage geht aber auch er nicht hinaus.
[27] Cf. oben S.31 und S.35.

Kultur als sinnvermittelnde poetische Diskurse zu fungieren. Durch die Dynamisierung eines Erfahrungsinhalts — hier der Vergänglichkeit der Welt —, der sich lebensweltlich relevanter Erzählgegenstände bediente, wurde poetisch die Möglichkeit zum Nachvollzug geschaffen, woraus sich dann mit Hilfe der abschließenden Gnomik der Sinn wieder aus dieser Scheinsubjektivität in die Kollektivität verlagern konnte. Betrachten wir uns hierzu, wie durch Exordien der Grund für eine solche Sinnvermittlung gelegt wird.

Sechs der kürzeren, nicht-epischen Gedichte aus dem Exeter-Buch, die eindeutig nicht zu den Rätseln gehören, weisen bereits in der ersten Zeile einen Sprecher oder eine Sprecherin in der ersten Person Singular auf. Ob dann diese Person im folgenden von sich selbst sprechen will, ist nicht bei allen gleichermaßen deutlich. Bei zwei Gedichten wird in der zweiten, beziehungsweise ersten Zeile darüber hinaus eine zweite Person Singular angesprochen. So im Beginn von *Resignation*, der diesem Gedicht Gebetscharakter verleiht:

> Age mec se ælmihta god
> helpe min se halga dryhten   þu gesceope heofon ond eorþan
> (*Rsg* 1f.)

> [Möge mich der allmächtige Gott besitzen,
> mir helfen, der heilige Herr. Du schufst Himmel und Erde]

In *Husband's Message* wird neben dem Sprecher ebenfalls ein 'Gesprächspartner' angesprochen. Hier gewinnt man den Eindruck, es handle sich um eine sehr private Mitteilung. Was jedoch Gegenstand dieser Mitteilung sein soll — diese erste Person oder auch die zweite oder beide — wird hier nicht deutlich:[28]

> Nu ic onsundran þe   secgan wille
> (*HbM* 1)

> [Nun will ich dir allein sagen]

Bei *Wulf and Eadwacer* tritt die erste Person zu Beginn nur im flektierten Possessivum auf, und in der dritten Zeile, die mit der zweiten als eine Art Refrain in Zeile 7/8 noch einmal wiederkehrt, wird auf die erste Person Plural verwiesen:

---

[28] Dies liegt natürlich auch daran, daß gleich nach dieser Zeile das Manuskript stark beschädigt ist.

> Leodum is minum　swylce him mon lac gife
> willað hy hine aþecgan　gif he on þreat cymeð
> ungelic is us
>
> (*WlE* 1-3)

[Meinen Leuten ist es, als ob man ihnen ein Geschenk/Spielzeug
　　　　　　　　　gäbe.
Sie wollen ihn empfangen, wenn er mit einer Truppe kommt.
Mit uns ist es anders.][29]

Ob im Anschluß nun von der *persona*, die sich in Z.10 erst (und nur dort offensichtlich) als eine Frau erweist,[30] von ihrem Volk oder von jenem Geschenk/Spielzeug — oder von allen zusammen — die Rede sein wird, bleibt noch undeutlich. Jedenfalls wird gleich ein Gegensatz aufgebaut, der *us* betrifft. Der ersten Person Plural muß hier besondere Bedeutung zukommen, da später im Gedicht das Possessivum der ersten Person *Dual* auftritt (Z.16, 19). *Us* muß also mehr Angesprochene umfassen als nur die Sprecherin und eine Ansprechperson. Zum zweiten Mal tritt der Dual dann in den abschließenden, gnomisch strukturierten Zeilen auf, deren Ende der Ausdruck *uncer giedd geador* ('unser beider gemeinsames Lied') bildet.

Eine deutlich rückwärts gewandte Erzählhaltung, die sofort Gott in diese Rückbesinnung einschließt, wird im Beginn des *Riming Poem* deutlich:

> Me lifes onlah　se þis leoht onwrah
> ond þæt torhte geteoh　tillice onwrah
>
> (*RiP* 1)

[Mir verlieh das Leben, der dieses Licht entfaltete
und diese Helligkeit hervorbrachte, sie gütig entfaltete]

---

[29] Die gängige Übersetzung von *lac* ist 'Geschenk'. Herbert Pilch bleibt mit seiner Übersetzung 'Spiel, Spielzeug' (deverbativ von *lacan* 'spielen', s. Pilch 1971b: 55 und 72) bei der ursprünglicheren Bedeutung. Auch die Bedeutung von *aþecgan* ist keineswegs unumstritten. Als Hapaxlegomenon hat es die verschiedensten Deutungen erfahren (cf. Malone (1962: 108f.)). Pilch identifiziert das Verb als kausativ zu *þicgan* 'empfangen' und glossiert "jemanden zum Empfang veranlassen, jemandem etwas aufzwingen, jemanden peinigen, es ihm geben" (1971b: 56). Ich bleibe bei 'empfangen', ohne daß dies jedoch unbedingt eine positive Konnotation haben muß. Auch *þreat* ist hier umstritten. Ae. bedeutete es sowohl 'Truppe' als auch 'Angst' (letzteres hat sich zum Ne. fortgesetzt; cf. Malone 1962: 109. Pilch glossiert und kommentiert "*on þreat cuman* 'zur Truppe kommen', ironisch für 'gefangen genommen werden'" (1971b: 62); cf. auch Weber 1985: 291.

[30] *ic reotugu* (10b; 'ich [, die] Weinerliche'); das *-u* ist die Endg. des Nom.Sg. fem. der starken Substantivflexion.

Zeile 3 fährt fort mit *glæd wæs ic gliwum* ('ich war glücklich vor Freude'), womit die 'Lebenserzählung' beginnt. Mit dem Auftakt wird deutlich gemacht, daß von diesem durch Gott verliehenen Leben unter dieser Maßgabe der Gottverliehenheit die Rede sein wird.

Die beiden Elegien *Seafarer* und *Wife's Lament* weisen ein Exordium auf, das vergleichbar ist mit den Exordien der episch-narrativen Art, wie sie oben untersucht worden sind. Zuerst zu *Seafarer*:

> Mæg ic be me sylfum   soðgied wrecan
> siþas secgan   hu ic gescwincdagum
> earfoðhwile   oft þrowade
> bitre breostceare   gebiden hæbbe
> gecunnad in ceole   cearselda fela
> atol yþa gewealc
>
> (*Sfr* 1-6a)

[Ich kann über mich selbst eine wahre Geschichte hervorbringen,
meine Fährnisse sagen, wie ich in mühevollen Tagen
eine harte Zeit oft ertrug,
bitteren Kummer in der Brust erfahren habe,
erkundet (habe) in meinem Schiff viele Hallen des Kummers,
das furchtbare Tosen der Wellen]

Wo genau das Exordium endet, läßt sich schwer sagen. Z.6b fährt fort mit *þær mec oft bigeat*. *Þær* kann relativisch interpretiert werden, somit hieße die Halbzeile 'wo mich oft überkam', ebenso gut kann mit *þær* auch ein neuer Satz beginnen: 'dort überkam mich oft'. Dies ist eine der unzähligen Stellen vor allem in den Elegien, in denen wir eine zweideutige Syntax vorfinden, die allerdings nur solange wirklich zweideutig ist, als wir uns gezwungen sehen, ins Neuenglische oder Deutsche zu übersetzen. Im Altenglischen wird zum einen im Vortrag ein solcher Anschluß allemal eindeutig gemacht worden sein, zum anderen scheint es sich für uns nur deshalb um eine Zweideutigkeit zu handeln, weil wir von einem Syntaxmodell ausgehen, das solche syntaktischen 'Offenheiten' nicht zuläßt.[31] Diese Schwierigkeiten grammatischer Interpretation ergibt sich aus der Isotopie ab Z.5, die sich um das Bild des in der Kälte der Nacht auf einem Schiff leidenden Seemannes

---

[31] Cf. dazu Pilch: "[...] are we not simply projecting into Old English one of the assumptions of modern School Grammar? Must every text be divided into a sequence of whole sentences, each sentence containing at least one main clause and, optionally, one or more subsidiary clauses? We have been taught so at school and some of us may feel that this is a linguistic universal" (1970b: 57).

aufbaut. Vor der Entfaltung dieser Isotopie kann andererseits aus eindeutigen syntaktischen Gründen kein Einschnitt vorliegen: der zu *soðgied wrecan* (1b)/ *siþas secgan* (2a) gehörende Objektsatz, der in Z.2b (*hu ic..*) beginnt, erstreckt sich mindestens bis Z.6a, das heißt, bereits in diesem Objektsatz wird das Bild der mühe- und sorgenvollen Seefahrt aufgenommen.

Das Exordium von *Wife's Lament* ist deutlicher abgegrenzt:

Ic þis giedd wrece bi me ful geomorre
minre sylfre sið ic þæt secgan mæg
hwæt ic yrmþa gebad siþþan ic up [a]weox
niwes oþþe ealdes no ma þonne nu
a ic wite wonn minra wræcsiþa

(*WfL* 1-5)

[Ich bringe dieses Lied hervor um mich, die jammervolle,
die Fährnisse meiner selbst; ich kann das sagen,
was ich an Unbill erfuhr, seit ich aufwuchs,
von neuen und alten, nie größer als jetzt.
Ich erlitt immer das Leid meiner schlimmen Lage][32]

Im Anschluß beginnt die — äußerlich zumindest bis Z.20/21 deutlich gegliederte — Aufzählung der Geschehnisse und Dinge, die der Sprecherin (die -*re*-Endungen in Z.2a weisen die *persona* als eine Frau aus) jenen Kummer bereitet haben und/oder immer noch bereiten.[33] Daß diese Aufzählung für uns keineswegs klare Informationen enthält, zeigen die zahllosen Versuche, hinter diesem Gedicht die 'wahre Geschichte' zu erkennen.[34] Darum geht es augenblicklich jedoch nicht. Es interessieren uns hier die deutlichen Parallelen zwischen dem Beginn zweier sonst so unterschiedlicher Gedichte.

Wieder einmal gehört nach dem Schema 'weltlich' vs. 'geistlich' oder 'nicht-religiös' vs. 'religiös' *Wife's Lament* landläufig in die erste, *Seafarer* in die zweite Kategorie.[35] Halten wir für den Moment an dieser Klassifizierung fest. Auch hier hätten wir — wie bei den eben untersuchten Exordien von *Beowulf, Exodus, Andreas* und *Juliana* — einmal mehr formale Übereinstimmung bei thematischer Abweichung: hier säkulare Liebeslyrik *(Wife's La-*

---

[32] Zur Übersetzung von *wite* Z.5a cf. Malone: "The meaning 'blame' is familiar for the verb but not the noun, though it fits the context admirably. The gloss 'pain' would be safer but less significant" (1962: 113).
[33] Das weibliche Geschlecht der *persona* ist, aus den verschiedensten Gründen, immer wieder bestritten worden; so neuerlich von Mandel 1987: 149ff.
[34] Cf. dazu Schaefer 1986.
[35] So zum Beispiel C.L.Wrenn zu *Wife's Lament*: "This poem is entirely secular in expression" (1967: 153).

ment),³⁶ dort "religiös-exhortatives" Gedicht.³⁷ Vielleicht erscheint diese exordiale Übereinstimmung, von der natürlich die Forschung Notiz genommen hat,³⁸ weniger dringlich, weil im Blick auf *Wife's Lament* dies die einzigen Zeilen sind, die man eindeutig verstehen kann. Zusammen mit dem noch dunkleren *Wulf and Eadwacer* hat man andererseits *Wife's Lament* der gemeineuropäischen Tradition des 'Frauenlieds' zugeordnet.³⁹ Müßte da die strukturelle Übereinstimmung mit dem Exordium des *Seafarer* nicht umso mehr erstaunen? Mir scheint, daß man in der Forschung zu den Elegien zwei gänzlich getrennte Wege gegangen ist, die beide auf eigenartige Weise eine Zusammenschau behinderten. Bei allen Bemühungen, die Gattung 'altenglische Elegie' nachzuweisen, kam es immer wieder zu Befunden, die letztlich mehr auf die Verschiedenheit als auf die Ähnlichkeit dieser so genannten Gedichte deutete. Andererseits vergrub man sich in die einzelnen Gedichte, um deren religiösen oder säkularen Inhalt nachzuweisen oder, wie vor allem bei *Wife's Lament* (und auch *Wulf and Eadwacer*), deren 'wahre Geschichte' zu (re-)konstruieren. Hierauf ist gleich noch einmal einzugehen. Betrachten wir uns zuerst einmal die beiden Exordien von *Seafarer* und *Wife's Lament* genauer.

Die ersten vier Halbzeilen von *Wife's Lament* und die ersten drei Halbzeilen von *Seafarer* zeigen weniger gleiche Formelsysteme als fast identische Wortwahl auf. Diese Identität betrifft vor allem jene Wörter, die auf das Gedicht selbst verweisen. Nach den Überlegungen, die ich hier zum phänomenologischen Status der Elegien vorgetragen habe, gebührt solchen metatextuellen

---

³⁶ So u.a. Malone 1962; Greenfield 1966: 163; Wrenn 1967: 152f.; Renoir 1975; Pearsall 1977: 55; usw.
³⁷ So sehr überzeugend charakterisiert von Weber (1985: 299-302).
³⁸ So z.B. S.Greenfield: "Lines 1-5 [of *Wife's Lament*] are an introduction by the speaker in a conventional exilic manner, very similar, indeed, to the introduction of *The Seafarer*" (1953: 908). Ohne den direkten Vergleich mit *Wife's Lament* zu suchen, macht Jackson Campbell sich mit komplizierten statistischen Berechnungen daran nachzuweisen, daß der Dichter des *Seafarer* möglicherweise "was adapting an older poem and perhaps putting it to a thematic use which it did not originally have" (1960: 91). Er spekuliert, das 'ursprüngliche Gedicht' sei "narrative" gewesen (1960: 95). Er findet in den ersten 39 Zeilen von *Seafarer* zwanzig formelhafte Halbzeilen (1960: 94) und meint, wenn man Magoun folgen würde (hohe Formelhaftigkeit = mündliche Komposition), wären die ersten 39 Zeilen zweifellos "oral" (1960: 96). Ich führe dies hier an, weil, ungeachtet der Frage nach dem Erkenntniswert solcher statistischer Bemühungen, die Traditionalität, die Campbell für den ersten Teil von *Seafarer* nachzuweisen sucht, ein weiteres Argument dafür sein könnte, daß hier einer exordialen Konvention gefolgt wird. Im Anschluß an Huppé stellt E.G.Stanley für die Anfänge der beiden Gedichte fest, der Gebrauch der 1.Ps.Sg. sei ethopoetisch, und vermerkt dann: "The ethopoetic opening formula [of *The Wife's Lament*] is almost the same as that of *The Seafarer*" (1955: 450).
³⁹ So Malone 1962, Renoir 1975, Greenfield 1986.

Verweisen besondere Aufmerksamkeit. Dies umso mehr, wenn man sich die Vortragssituation vorstellt, in der diese Worte wahrscheinlich rezitiert wurden. Dazu ist zuerst das Verbum *wrecan*, das ich mit 'hervorbringen' glossiert habe, näher zu untersuchen. Gollancz übersetzt im ersten Band der Early English Text Society-Ausgabe des Exeter-Buchs das Verb im *Seafarer* als 'tell', Mackie im zweiten Band für *Wife's Lament* 'compose'. Kemp Malone gibt es für *Wife's Lament* mit 'sing' wieder (1962: 112), Jane Curry mit 'make' (1966: 197). Gollancz' und Malones Übertragungen sind die neutraleren, umfassenderen, während Mackie und Jane Curry einen in bezug auf das Gedicht (zumindest fiktiv) prozessuralen Akt ansetzen, das Ich also nicht nur das *Hervor*bringen, sondern auch das *Zustande*bringen des Gedichts thematisieren lassen. Zieht man hierzu andere Gedichte heran, in denen *wrecan* in ähnlicher Verwendung vorkommt, so fällt zuerst einmal auf, daß eine deutliche Affinität zwischen diesem Verb und dem Substantiv *giedd* oder einem seiner Komposita besteht. Zu Ende des *Beowulf* reiten zwölf Edle um Beowulfs Grabhügel, und dann heißt es von ihnen:

woldon [ceare] cwiðan   kyning mænan
wordgyd wrecan

(*Bwf* 3171-3172a)[40]

[sie wollten (ihren Kummer) sagen, ihres Königs gedenken,
ein Lied hervorbringen][41]

In *Vainglory* wird vor dem — im doppelten Sinn — eitlen Leben der Krieger gewarnt, die müßig in der Halle umhersitzen und sich am Wein betrinken:

þonne monige beoð   mæþelhegendra
wlonce wigsmiþas   winburgum in
sittaþ æt symble   soðgied wrecað
wordum wrixlað

(*Vgl* 13-16a)

[Dann sind da viele/Denn da sind viele, die Versammlung halten,
stolze Kampfschmiede; in Weinburgen
sitzen sie beim Fest, bringen ein wahres Lied hervor,
tauschen Worte aus]

---

[40] Das Ende des *Beowulf*-Manuskripts ist bekanntlich stark beschädigt. Z.3172a, auf die es hier ankommt, ist jedoch unstrittig so lesbar; *ceare* ist von Grein eingefügt, Klaeber emendiert *care*.
[41] Chickering übersetzt Z.3172a: "... to weave a lay"; mit meiner Übersetzung von *wrecan* als 'hervorbringen' soll bewußt unentschieden bleiben, ob es sich hier um Rezitation oder Komposition handelt.

Angesichts der Myrmidonen, die ihren Kampf offensichtlich verloren haben, heißt es in *Andreas*:

ðær wæs yðfynde   innan burgum
geomorgidd wrecen   gehþo mændan
forhtferð manig   fusleoð golon
(*And* 1547-1549)

[dort war leicht zu finden in den Burgen
ein hervorgebrachtes Jammerlied, ausgedrückter Kummer,
manch ein fürchtender Geist, das Todeslied gesungen][42]

Diese drei Stellen zeigen nicht nur die Affinität von (-)*giedd* und *wrecen*. Darüber hinaus legen sie nahe, daß hier ein Formeltyp "X-*gied wrec-*" vorliegt. Als Formel im Abvers (wie in *Vainglory* und *Seafarer*) ist das erste Element von "X-*gied*" für den Stab verfügbar, als Formel im Anvers (wie in *Beowulf* und *Andreas*) trägt es den Stab zur ersten Hebung des Abverses. Mit lexikalisch denselben Elementen, jedoch in anderer metrisch-syntaktischer Anordnung, finden wir in *Beowulf* 2446, dort also, wo die 'Elegie des Vaters' wiedergegeben wird:

þonne he gyd wrece
sarigne sang   þonne his sunu hangað
(*Bwf* 2446b f.)

[dann mag er ein Lied hervorbringen,
einen traurigen Gesang, wenn sein Sohn hängt]

Dabei ist die Halbzeile 2446b eine Variante der Formel aus *Wife's Lament*: *ic þis giedd wrece*.[43]

Welche Schlüsse können wir nun aus der syntagmatischen Affinität von (-)*giedd* und *wrecan* ziehen? Kombinationen kommen für traurige wie weinselige Anlässe vor. Also ist die Kombination nicht 'elegiespezifisch'. Der Beleg aus *Vainglory* zeigt, daß es sich um verschiedene Arten eines *giedd* handeln kann, und was das semantische Gewicht von *soð* im Kompositum *soðgied* angeht, so erscheint mir diese durch den Formelbefund stark redu-

---

[42] Cf. auch die Parallele "X mænan" zu *Bwf* 3171b.
[43] Ein weiterer Beleg, der stützt, daß es sich hier um eine Formel handeln muß, findet sich an der Stelle, in der Cynewulf im Epilog zu *Juliana* nach der Runensignatur seine Sünden beklagt, dann die Heilige um Hilfe bittet und im folgenden seine Bitte erweitert: *bidde ic monna gehwone/ gumena cynnes þe þis gied wræce/ þæt he...* (*Jul* 718b-720; 'Ich bitte jeden der Menschen des Menschengeschlechts, der dieses Lied hervorbringen möge, daß er ...'). Hier kann *wrecan* nicht anderes heißen als 'hervorbringen', denn komponiert hat dies Gedicht Cynewulf; zu dieser Stelle s. unten S.167.

ziert. Das zeigt sich besonders wieder an der Stelle in *Vainglory*, in der damit offensichtlich jene Lieder gemeint sind, die in Bedas Caedmon-Geschichte als *friuola et superuacua poemata* bezeichnet werden.[44]

Wovon diese *giedde* in *Seafarer* und *Wife's Lament* handeln, wird ebenfalls in diesen Anfangspassagen mitgeteilt. Im *Seafarer* geschieht dies, wie bereits angedeutet, innerhalb eines Objektsatzes, der seinerseits gleich eine besondere Art von Temporalangabe macht: *geswincdagum*, 'in den Tagen der Not', unmittelbar variiert durch *earfoðhwile* 'in harter Zeit'. In *Wife's Lament* ist die Zeitangabe sowohl durch das, *was* in der Zeit erlebt wurde, gekennzeichnet, als auch durch die Angabe einer Zeitspanne: *hwæt ic yrmða gebad siþþan ic up weox* (*WfL* 3; 'was an Unbill ich erfuhr, seit ich aufwuchs').

Abstrahieren wir ein 'Exordialschema' für einen narrativen Text nach den Maßgaben der narrativ-epischen Exordien, wie sie in II.2.2.1 analysiert wurden, so ergibt sich das Gerüst: <"Wir hörten" + ZEITANGABE + THEMAANGABE>. Bis in den Satzbau hinein haben wir Parallelen zwischen diesen epischen und den hier untersuchten Exordien: die Einsätze von *Seafarer* und *Wife's Lament* variieren das Schema als <"Ich erzähle von mir selbst" + ZEITANGABE + THEMAANGABE>. Dies soll nicht heißen, daß mit dem einen Typ der andere imitiert wird. Wenngleich es unmöglich ist, hier eine chronologische Reihung vorzunehmen, so denke ich doch, daß das epische Exordium das vorgängige ist und diese Elegienanfänge sich an diesem Typ orientierten.

Als verfügbare Bausteine innerhalb des rhetorischen Schatzes, der den altenglischen Dichtern zu Gebote stand, *konnten* Gedichte solchermaßen beginnen, sie mußten es jedoch nicht. Wie der epische Einsatz mit *hwæt we gehyrdon* sehr wohl auch an anderer Stelle im Gedichtkontinuum dazu dienen kann, das Weitererzählen zu befördern — *Fates of the Apostles* wird uns gleich als Beispiel hierfür dienen —, so kann auch der Teil <"Ich erzähle von mir selbst"> sozusagen wandern, an anderer als an der Anfangsstelle auftreten. Wie bereits gezeigt wurde, beginnt *Resignation* als Gebet mit einer direkten Anrede Gottes. Es folgen — weiter im Gebetston — eine Bitte um göttliche Führung (10-20a), die Bitte um Vergebung der Sünden (20b-28), Thematisierung der späten Buße des Sprechers, der dennoch auf Gott vertraut (29-40), nochmalige Bitte um Vergebung der Sünden und Errettung vor dem Teufel angesichts der bevorstehenden Reise (41-75a). Mit Z.75b beginnt ein scheinbar individuellerer Rückblick auf das tatsächlich sündige Leben des

---

[44] Cf. oben S.96.

Sprechers. Nun, wie ein Schlußstrich unter diesem irdischen Leben und mit gleichzeitigem Blick auf das andere Leben, heißt es:

>   ic bi me tylgust
> secge þis sarspel   ond ymb siþ spræce
> longunge fus   ond on lagu þence
>   (*Rsg* 96b-98)

[Ich sage bestimmt über mich selbst
diese schmerzliche Geschichte und spreche über die Fahrt,
im Verlangen bereit, und denke an das Meer]

Weder in der Lexik noch in einem weiteren Sinn in der Formelhaftigkeit sind hier Parallelen zu den Anfängen von *Seafarer* und *Wife's Lament* zu verzeichnen. Zu erkennen ist vielmehr nur die spiegelbildliche Verwendung eines metatextuellen Kommentars, der allerdings an einer erzählstrategisch wichtigen Stelle eingesetzt wird. In der vokalen Kommunikation wird hier ein Signal gehört worden sein, diesmal ein abschließendes, das jedoch gleichzeitig überleitet zu einer Klage über das irdische Alleinsein, um letztlich zu enden in einem Gnomon.

Unmittelbare Wiederholung von Formeln finden wir in der Schlußpassage von *Deor*. Nachdem in den ersten 28 Zeilen für uns zum Teil unverständlich die Geschicke von Charakteren aus germanischen Heldensagen angesprochen worden sind, die jedesmal mit dem refrainartigen *þæs ofereode þisses swa mæg* (7, 13, 17, 20 und 27) angeschlossen werden, werden in einer weiteren siebenzeiligen 'Strophe' verallgemeinernd die Lage eines Kummervollen und dessen Gedanken zur Schicksalszuweisung durch Gott dargestellt. Die letzten sieben Zeilen beginnen:

> þæt ic bi me sylfum   secgan wille
> þæt ic hwile wæs   heodeninga scop
> dryhtne dyre   me wæs deor noma
>   (*Deo* 35-37)

[Das möchte ich über mich selbst sagen,
daß ich eine Weile der Scop der Heodenings war,
teuer meinem Herrn. Meine Name war Deor/teuer]

Hier ist in Z.35 die Formel 'X *ic be me sylfum*' (wie *Sfr* 1a) wiederzuerkennen, es folgt ein Objektsatz mit dem Inhalt dessen, was gesagt werden soll, eine Zeitspanne (*hwile*) wird genannt, dann aber geht es im Blick auf die anderen Gedichte sehr untypisch weiter: der Name des früheren Herrn, ja wahrscheinlich der Name der *persona* werden genannt. Auch hier markiert die Formel einen narrativen Umschwung, was zeigt, wie flexibel die Formel eingesetzt werden konnte.

Welche Signale nun sind hier gesetzt, um die Kollektivität der in den Gedichten dargestellten Erfahrungen zu markieren? Fangen wir mir *Deor* an: hier dient die Exordialformel 'X *ic be me sylfum*', dies muß eingeräumt werden, am ehesten der Individualisierung. Bei *Resignation* ist die Verwendung der Formel ebenfalls nicht ganz eindeutig. Allemal beendet sie eine — scheinbar individuelle — Passage, bestärkt deren Narrativität, um dann sogleich zum Allgemeinen, zur eigentlichen 'Botschaft' des Gedichts überzuleiten. In *Seafarer* und *Wife's Lament* hingegen etablieren die Exordien analog dem traditionellen epischen Erzählen eine narrative Situation, wie die 'Exordialschematik' im Vergleich zu den epischen Gedichten gezeigt hat. Die ausdrückliche 'Individualität', die in *Seafarer* und *Wife's Lament* durch *be me sylfum* (*Sfr* 1a), *bi me* (*Wfl* 1a) und *minre sylfre sið* (*WfL* 2a) betont wird, hat, so dürfen wir annehmen, durch das Vorbild der Psalmen für den zeitgenössischen Zuhörer bereits einen wesentlich exemplarischeren Klang als für uns, die wir unsere ästhetischen Erfahrungen an moderner Lyrik erworben haben.

2.3 INTERNE ERZÄHLERFORMELN

2.3.1 Die *ic hyrde*-Formel im *Beowulf*

Kurz muß ich hier noch auf die 'internen Erzählerformeln' im *Beowulf* eingehen. Die Funktion von *ic gefrægn*, *ic hyrde* und *mine gefræge* hat man auf ganz verschiedene Weise eingeschätzt. Greenfield, der *ic gefrægn/ic gehyrde* in Anlehnung an die Frysche Terminologie ein "formulaic system" und *mine gefræge* als dessen Variante bezeichnet,[45] weist ihnen eine 'atmosphärische' Wirkung zu:

> This repeated and varied use of the 'I have heard' formula suggests something of an antiquarian atmosphere: the story material has moved into the body of things told and been handed down from generation to generation. It is part of the storehouse of memory and literally true, the voice assures us, as action or value from the past. (1976: 54)

---

[45] Zur Fryschen Definition des "formulaic system" s. oben S.63.

Greenfield will daran also die "historizing or distancing" Funktion der "authenticating voice" des *Beowulf* festmachen. Wie gesagt, stehe ich dem Argument der 'Historisierung' — und damit Distanzierung — aus mehreren Gründen skeptisch gegenüber. Greenfield selbst räumt ein, daß die Stimme nicht nur dies tue, sondern andererseits auch die Aufgabe habe, "a continuity between the past and the present" zu suggerieren (1976: 53). Unzweifelhaft ist es heuristisch legitim, ein und derselben Instanz — der Erzählerperson also — verschiedene Funktionen zuzuschreiben. Doch auch hier gilt meine Skepsis gegenüber der Möglichkeit, daß ein frühmittelalterlicher Dichter bewußt und willentlich solche Distanzen schafft. Daß an den zwölf Stellen ihres Auftretens diese Formeln von der 'Stimme' ("voice") dazu verwendet werden "to bring its material into reportorial focus" (Greenfield 1976: 54), ist die weitestgehende Aussage, die man dazu machen kann. Greenfield bemerkt weiter, daß die Unterschiedlichkeit der Umstände, unter denen die Formeln auftreten, "interesting" sei. Er macht — im Anschluß an Rumble (1964) — vier Funktionen dieser Formeln aus. Seiner Meinung nach dienen sie dazu, (1) explizite narrative Handlung zu beschreiben, (2) allgemeine, vergleichende Beobachtungen zu einer Handlung zu machen, die bereits abgeschlossen ist, (3) vergleichende, allgemeine "character reports" und schließlich (4) vergleichende Beschreibung von Objekten erzählerisch einzuleiten (ibd.). Da ich mir für den narrativen Part kaum weitere Aufgaben als die von Greenfield aufgezählten vorstellen kann, mag man dieses Ergebnis der Funktionsanalyse für "interesting" halten. Ist aber der Erkenntniswert daraus besonders groß?

Viel weiter als Greenfield geht Rumble. Angesichts des Befunds, daß diese Formeln in erster Linie zur "description of things old and decorated" verwendet würden, meint Rumble, feststellen zu können:

> [...] since the passages it [i.e. the formula] is set into are so rarely in any way climactic, one senses that, in an *effort to individualize his particular version* of this well-known story, the poet is *adding details of his own*, and attributing his embellishments to old and authoritative traditions. (1964: 17; meine Hervorhebung)

Sicherlich ist die Beobachtung zutreffend, daß das Auftreten der Formeln keine Erzählhöhepunkte markiert, wie dies Schücking noch meinte.[46] Die

---

[46] Im Glossar der Heyne-Schückingschen *Beowulf*-Ausgabe (1961) zitierte Else von Schaubert zu den entsprechenden Stellen diese Feststellung Schückings: "Die *þa ic gefrægn*-Stellen [...] bringen jedesmal 'eine starke Steigerung in der Bedeutsamkeit des Erzählten' und drücken eine Emphase in der Sprache aus" (Eintrag *frignan*).

Beobachtung Rumbles, daß anstelle dessen die Formel *ic hyrde/gefrægn* eine Individualisierung der Erzählung erbringen soll, ist allerdings ebensowenig einsichtig. Es handelt sich da wohl eher um eine moderne Einschätzung, die gewohnt ist, mit innovativ-kreativer Dichtung umzugehen. Innovativ-kreativ jedoch will ein mittelalterlicher — zumal ein frühmittelalterlicher — Dichter gerade nicht sein: dies ist für *ihn* kein Kriterium (und darf es auch für *uns* nicht sein). Rumble legt im Geist bei diesen Formeln den Akzent auf *ic*, metrisch wie auch semiotisch jedoch liegt er immer auf *hyrde/gefrægn*. Zwar ist das Possessivum in der — im übrigen ausschließlich dem Erzähler in den Mund gelegten — Formel *mine gefræge* (*Bwf* 776, 837, 1955, 2685, 2837) betont und liefert sogar mit *mine* einen Stab; allerdings ist zu beachten, daß diese Formel durchweg nur im Abvers vorkommt und daher als *tag*-Formel angesehen werden kann. So wird man im Blick auf die Funktion dieser Formel(n) eher der Beobachtung Niles' zustimmen können:

> None of these phrases is meant to call up the idea of a human being with an individual sensibility or with an original story to relate. At the most, they suggest that the narrator speaks from his deep familiarity with the stories of Germanic antiquity, a familiarity that he has gained from oral tradition. (1983: 199)

2.3.2 Erzählerformeln bei Cynewulf

Die Entstehungszeit der vier altenglischen Gedichte, die die Runensignatur *CYN(E)WULF* aufweisen, ist umstritten. Über ihre relative Chronologie meinte man — vor allem aufgrund der scheinbar autobiographischen Angaben im Epilog zu *Elene* — genauere Aussagen machen zu können.[47] Inzwischen hat jedoch auch hierfür Dan Calder in seiner Cynewulf-Monographie die Feststellung treffen müssen: "The whole question must be left unresolved" (1981: 22). Daß *Fates of the Apostles* das früheste Werk sein könnte, wurde aufgrund der relativ kunstlosen Komposition dieses Katalogs vermutet.[48] In

---

[47] Rosemary Woolf hält es für wahrscheinlich, "that the *Fates of the Apostles* with its Riddle-like signature was the first of the four Cynewulfian poems, that *Christ* Part II and the *Elene* represent the height of Cynewulf's poetic development, and that *Juliana* shows its decline" (1977: 7); Schaar meint, daß die Legenden vor *Fates* entstanden seien (1949: 261); E.R.Anderson hat wieder die Unmöglichkeit der Reihung unterstrichen (1983: 22f.).

[48] Cf. K.Sisams Einschätzung: "[...] *Fates of the Apostles* has no claims to originality or poetic merit" (1933/53: 8).

der Tat erscheint vor allem die Handhabung der Erzählerformeln in *Fates of the Apostles* ungelenk und eher zufälliger Natur. Der Katalog beginnt:

[H]wæt ic þysne sang siðgeomor fand
on seocum sefan samnode wide
hu þa æðelingas ellen cyðdon
(*FAp* 1-3)

[Horcht! Ich, mit jammervollem Sinn, fand dieses Lied,
sammelte in schwachem (wörtl.: krankem) Geist von weit her,
wie die Edlen (ihren) Mut kundtaten]

Dies ist wieder ein Exordium, das ähnlich dem Exordien-Typ des *Beowulf* aufgebaut ist, wobei jedoch nicht das allen gemeinsam durch Hören Bekannte eingeführt wird, sondern vielmehr das, was das poetische Ich — bei Cynewulf ist man eher geneigt, wirklich vom *Dichter* zu sprechen — zusammengetragen hat. Dies wird uns später noch einmal zu interessieren haben, wenn es um Cynewulfs Thematisierungen des dichterischen Schaffens geht. Hier fällt auf, daß der *hwæt*-Einsatz zwangsläufig, wie es scheint, den Objektsatz in Z.3 *hu þa æðelingas ellen cyðdon* nach sich zieht, der bis auf die letzte Position identisch ist mit Z.3 des *Beowulf*. Eigenart, fast Individualität zum einen — er, dieses erzählende 'Ich', das sich im Epilog noch namentlich identifiziert, hat die Geschichten gesammelt —, exordiale Formelhaftigkeit zum anderen, die allerdings in dem Objektsatz das Thema des Folgenden treffend umreißt.

Traditionelle Erzählerformeln benutzt Cynewulf in diesem Gedicht auch zur Verkoppelung der verschiedenen, kurz gehaltenen Berichte über das Leben der einzelnen Apostel. So leitet er zu Johannes über mit den Versen:

hwæt we eac gehyrdon be Iohanne
æglæawe menn æðelo reccan
se manna wæs mine gefrege
þurh cneorisse Criste leofast
on weres hade
(*FAp* 23-27a)

[Horcht! Wir hörten auch über Johannes',
des gesetzesweisen Mannes, Adel erzählen.
Der Mann war, wie ich erfuhr,
in seiner Generation Christus der liebste
der Menschheit]

Als gliederndem Einschnitt, der das zuvor im zweiten Teil des Gedichts Erzählte noch einmal in der für dieses System üblichen Konstruktion mit einem

Objektsatz zusammenfaßt, benutzt Cynewulf das Formelsystem 'hwæt we...' dagegen in *Christ II*:

> hwæt we nu gehyrdan   hu þæt hælubearn
> þurh his hidercyme   hals eft forgeaf
> gefreode and gefreoþade   folc under wolcnum
> mære meotudes sunu   þæt nu monna gehwylc
> cwic þendan her wunað   geceosan mot
>
> (*Chr II* 586-589)

[Horcht! Wir hörten nun, wie der Heilssohn
durch sein Herkommen wieder die Erlösung brachte,
das Volk unter den Wolken befreite und befriedete,
der große Sohn des Herrn, daß nun jeder lebendige Mensch,
solange er hier wohnt, wählen muß]

Darauf folgt das 'große Finale' dieses zweiten Teils, in dem Cynewulf in *swa...swa*-Gegenüberstellungen endreimend die Alternativen aufzählt, die der Mensch nach dem Erlösungswerk Christi hat.

Eine Besonderheit Cynewulfs ist die folgende — auf den ersten Blick erstaunliche, widersprüchliche — Formel, mit der er in *Fates of the Apostles* zu Matthäus überleitet:

> hwæt we þæt gehyrdon   þurg halige bec
> þæt mid Sigelwarum   soð yppe wearð
> dryhtlic dom godes
>
> (*FAp* 63-65a)

[Horcht! Wir hörten dies durch heilige Bücher,
daß bei den Äthiopiern die Wahrheit bekannt wurde,
der herrliche Ratschluß Gottes]

Bemüht, der Besonderheit dieser Formel Rechnung zu tragen, stellt Earl R. Anderson in seiner Cynewulf-Monographie fest, das Auftreten der Formel in *Fates of the Apostles* gebe uns einen biographischen Hinweis zu Cynewulfs Leben. Hier sei die *we gehyrdon*-Formel nicht, wie sie es normalerweise ("normally (as in *Beowulf*)") tue, Hinweis für die "oral transmission of a traditional story" (1983: 19). Im Blick auf die exordialen Parallelen zu *Beowulf*, die oben (II.2.2.1) diskutiert wurden, muß die Feststellung zum 'normalen' Gebrauch, der 'mündliche Weitergabe einer traditionellen Geschichte' indiziert, sehr in Frage gestellt werden.

Anderson weiß jedoch aus der Formel noch mehr zu lesen. Erstens ist der Plural *bec* für ihn Beleg, daß Cynewulf für *Fates of the Apostles* mehr als eine *Vita* benutzt habe. Dann fährt er fort:

Second, the verb "gehyrdon" indicates that these *vitae* were read aloud. Third, the subject "we" indicates that Cynewulf was with a group of auditors when he heard the books being read aloud. The "we gehyrdon" formula, and its variant [?] "mine gefrege" (*Fates*, 23, 25b, 70), suggest a group of auditors gathered at regular intervals to hear reading-portions from a collection on the apostles. [...] Cynewulf's use of "we gehyrdon" suggests, further, that he regarded these refectory lections as the monastic counterpart of the scop's secular entertainments in the hall. (1983: 19f.)

Zu allererst stört bei diesen Ausführungen Andersons, daß er aus einer Formel, die eine solche ist, weil sie auch an anderen Stellen in Cynwulfs Gedichten auftritt, in *Fates of the Apostles* drei faktische, außerpoetische Informationen herauslesen will: (1) mit dem Pl. *bec* verweise Cynewulf auf die Anzahl seiner Quellen; (2) aus der 1.Ps.Pl. *we* sei die mönchische Gemeinschaft herauslesbar; (3) mit *gehyrdon* werde die konkrete Vorlesesituation im Refektorium angesprochen (woraus weiterhin zu schließen ist, daß Cynewulf ein Mönch war). Abgesehen davon, daß die Vorlesesituation im Refektorium keine Besonderheit war, scheint Anderson unterstellen zu wollen, daß solche Formeln — er zählt ja auch das *mine gefrege* hinzu — *mimetisch-autobiographische* Funktionen haben könnten. Man kann diesen Argumentationsgang ad absurdum führen, wenn man dazu noch die exordialen Zeilen hinzunimmt und behauptet, daß Cynewulf — da er *samnode wide* (1b; 'sammelte von weit her') — zur Sammlung eine Tournee durch verschiedene Refektorien gemacht habe (dies ein weiteres — aus einer Formel deduziertes — Detail seiner 'Biographie'), um den Stoff zusammenzutragen.

Auf einem solchen Weg gelangt man offensichtlich nicht zu einer adäquaten Einschätzung dieser Formel. Da allerdings in *Elene* die Zeile *hwæt we þæt (ge-)hyrdon þurh halige bec* (*Ele* 364, 852) aus dem Mund der Heiligen in der Tat ein Argument in der Diskussion mit den Juden darstellt, kann man Anderson bei folgendem Punkt zustimmen: Cynewulf hat diese Formel wahrscheinlich auf der Grundlage des exemplarischen Systems *hwæt we ... gefrunon*, wie im *Beowulf* — und von ihm selbst zu Beginn der *Juliana* als *hwæt we ðæt hyrdon* in der ersten Halbzeile verwendet — geschaffen.[49] Und es ist

---

[49] Daß es solche *typisch christlichen* — und das heißt: durch das Christentum schriftlichen — Formeln überhaupt gibt, schwächt für Jeff Opland beträchtlich das Argument der oralen Provenienz altenglischer dichterischer Formeln wie altenglischer Dichtung überhaupt: "Cynewulf's formulas may be taken to demonstrate the relative rapidity with which a purely Christian formulaic diction arose after the conversion, and this has relevance to our earlier discussion about the antiquity of the Old English tradition of narrative poetry. The presence of

auch nicht gänzlich auszuschliessen, daß diese Schöpfung zum Aufbau eines Gegenbilds zum poetischen Vergnügen in der Methalle gedacht war. Allerdings wird dann die Interpretation des Gebrauchs der 'oralen Formel' in *Juliana* problematisch, es sei denn, man unterstellte Cynewulf, er habe sich mit diesem Beginn der Heiligenlegende dem Scop und dessen weltlicher Unterhaltung angleichen wollen. Unnötig zu sagen: dies sind reine Spekulationen.

In *Christ II* bedient sich Cynewulf ebenfalls der formelhaften Berufung auf Bücher, wobei es sich hier wieder um Erzählerformeln handelt, Formeln also, die auf der obersten Erzählebene liegen. Wir finden dort in Z.453b *hwæþre in bocum ne cwið* ('doch heißt es in [den] Büchern nicht'), in Z.547b *swa gewritu secgað* ('wie die Schriften sagen'), in Z.701b *swa hit on bocum cwið* ('wie es in [den] Büchern heißt') und schließlich in Z.785b *us secgað bec* ('uns sagen [die] Bücher'). Diese letzte Formel ist — neben ihrem Auftreten in *Fates of the Apostles* — mehrfach auch in Gedichten belegt, die nicht von Cynewulf (signiert) sind, ebenso *swa gewritu secgað*.[50]

Auf den ersten Blick erstaunlich ist die Formelvariante *hwæþre in bocum ne cwið* ('aber in den Büchern sagt es nicht') in Z.453 von *Christ II*. An dieser Stelle geht es um eine exegetische Frage, die in unserem Zusammenhang selbst unwichtig ist. Zu vermerken ist, daß gerade hier Cynewulf sich jedoch wörtlich an eine seiner Vorlagen, die Homilie Nr.29 Gregors des Großen, hält, in der es in diesem Kontext heißt: *et tamen non leguntur*.[51]

---

formulas in poems like *Beowulf* does not necessarily mean that *Beowulf* derives from an ancient tradition of narrative poetry" (1980: 158f.).

[50] *Gen* 969b, 1723b; *Glc* 878b; cf. auch *þe þæs us secgað bec* in *Brb* 68b und *þæs þe secgað bec* in *LP II* (= ae. Paternoster-Paraphrase) 20b; *swa* kann dabei auch durch *us* bzw. *þæs* ersetzt sein; Belege in *Gen* 1121b, 2565b, 2612b; *Ele* 674b; *Phx* 313b, 655b; ein besonders interessanter Beleg hierfür findet sich in *The Coronation of Edgar*, einem 20-zeiligen 'Gedichteinschub' in die Anglo-Saxon Chronicle für das Jahr 971: *þær wæs preosta heap/ micel muneca ðreat mine gefrege* [!]/ *gleawra gegaderod and ða agangen wæs/ tyn hund wintra geteled rimes/ fram gebyrdtide bremes cyninges/ leohta hyrdes buton ðær to lafe þa get/ wæs wintergeteles þæs ðe gewritu secgað/ seofon and twentig swa neah wæs sigora frean/ ðusend aurnen ða þa ðis gelamp* (*EgC* 8b-16; 'Da waren viele Priester, eine Menge Mönche — wie ich erfahren habe —, weise Männer versammelt. Und da waren vergangen zehnhundert Winter gezählter Zeit, seit der Geburt des berühmten Königs, des Wächters des Lichts; doch da verblieben noch — so sagen uns die Schriften — siebenundzwanzig Winter zu zählen, als nah war der Siegesherr, tausend Jahre, als dies geschah'). Interessant ist hier, daß die Erzählerformel *mine gefrege* (Z.9b) — nach dem Jahr 971/973 (i.e. der Krönung Edgars) als *terminus post* — noch 'produktiv' ist und daß darüber hinaus bei den komputistischen Anstrengungen der Bezug auf die Bücher stattfindet. *gewritu secgað* bzw. *ac gewritu secgað* kommt auch in Rätsel 39 (Zz.1, 13b) der altenglischen Rätsel im Exeter-Buch vor; cf. dazu oben S.36, Anm. 46.

[51] Migne *PL* 76, col.1218.

Andererseits benutzt Gregor im nächsten Satz die Formel *sic etenim scriptum est*, die ihrerseits wieder biblisch ist.[52]

In letzterem sollten wir einen Hinweis sehen für die 'Herkunft' der 'Buch-Formeln', ja vielleicht sogar der Cynewulfschen *we þæt gehyrdon þurh halige bec*. Der Unterschied zum biblischen Gebrauch und auch zum Auftreten der Formel in anderen lateinischen Schriften besteht — zumindest in *Fates of the Apostles* — allerdings darin, daß in der Bibel, in den patristischen Schriften und auch in mittelalterlichen lateinischen Schriften mit der Formel 'Zitate' markiert werden, während bei Cynewulf der Erzählgang befördert wird, ebenso wie dies die Formeln *ic gehyrde, mine gefrege* u.ä. tun. Cynewulf — das muß angesichts der Feststellungen Andersons noch einmal deutlich gemacht werden — benutzt *beide* Formelarten, sowohl jene, die wir als aus der oralen Tadition kommend verstehen, als auch solche, die auf die christliche Schriftkultur verweisen. Hier zeigt sich — allerdings nur für die letztere wirklich nachweisbar — die Ineinanderverschiebung von Schriftlichkeit und Mündlichkeit in der Vokalität. Dennoch ist, wie im folgenden Kapitel zu sehen sein wird, Cynewulf eher in der Schriftlichkeit zu Hause.

2.4 ERZÄHLER UND DICHTER: DER 'SONDERFALL' CYNEWULF

2.4.1 Die Schriftlichkeit Cynewulfs

Schriftlichkeit spielt in der Dichtung Cynewulfs eine wichtige Rolle. 'Schriftlichkeit' soll hier verstanden werden als 'Textualität' im Sinn Brian Stocks, der mit *textuality* einfach "the use of [written] texts" meint (1983: 7).[53] Schon Cynewulfs Formel *swa we þæt gehyrdon þurh halige bec* läßt uns moderne Leser aufmerken, weil sie uns den Eindruck vermittelt, daß darin die beiden Traditionstypen — die der Buchreligion des Christentums und die orale Tradition — ineinander transponiert werden. Es handelt sich bei dieser Formel in Cynewulfs Gedichten jedoch nicht ausschließlich um eine

---

[52] Cf. oben S.22.
[53] Ich benutze im folgenden den Begriff *Textualität* in diesem Sinn; oben (I.3.2.1) meine ich mit 'Textualität' textinterne Sinnermittlung, was offensichtlich nur ein Segment dessen ist, was Stock — und darüber hinaus wohl überhaupt die angelsächsische Forschung — im Blick auf das Mittelalter unter *textuality* versteht; cf. dazu z.B. Irvine 1986.

'Quellenangabe', vielmehr, dies wurde schon kurz angedeutet, wird sie zum Beispiel innerhalb der *Elene* von der Heldin auch als Argument benutzt, um darzutun, die Juden hätten bewußt Teile der Heiligen Schriften ignoriert. Die Schriftlichkeit, das Schriftliche hat auch für das Sprecher-Ich, das man hier vielleicht sogar mit dem Dichter in eins setzen darf, Bedeutung. Wieder ist es hier 'Textualität' im Sinn der 'Affiziertheit' durch den geschriebenen Text, durch das Buch. In *Christ II* sagt das Ich, es fürchte sich vor dem Jüngsten Tag

> þe ic ne heold teala þæt me hælend min
> on bocum bibead
>
> (*Chr II* 792-793a)
>
> [(ich,) der ich nicht gut befolgte, was mir mein Heiland
> in Büchern gebot]

Im Epilog zu *Elene* wiederum zeigt Cynewulf die positive Wirkung der Beschäftigung mit (den) Schriften auf:

> ic þæs wuldres treowes
> oft nales æne hæfde ingemynd
> ær ic þæt wundor onwrigen hæfde
> ymb þone beorhtan beam swa ic on bocum fand
> (*Ele* 1251b-1254)
>
> [dieses Wunderbaums
> gedachte ich oft, nicht nur einmal,
> bevor ich dieses Wunder entdeckt hatte
> über den strahlenden Baum, wie ich (es) in Büchern fand]

Nun ist dem Ich die Bedeutung des Kreuzes bewußt geworden und zwar dadurch, daß ihm die göttliche Inspiration *bancofa onband breostlocan onwand/ leoðucræft onleac* (*Ele* 1249-1250a; 'entfesselte den Körper, öffnete die Seele, ließ die Liedkraft frei'). Mit anderen Worten: das Dichten selbst hat ihm erst die volle Bedeutung dessen zugänglich gemacht, was in den Büchern steht. Die dichterische Tätigkeit hängt also ebenfalls mit Textualität zusammen und wird von Cynewulf auch solchermaßen thematisiert. Dem will ich mich gleich zuwenden. Es ist zuvor noch ein weiterer Punkt zu nennen, an dem die Forschung zu Cynewulf — abgesehen von dem Streitpunkt der Formelhaftigkeit als Argument für oder wider die mündliche Komposition — das in den Blick genommen hat, was ich die Vokalität des frühen Mittelalters nenne: Cynwulfs Runensignaturen.

In *Fates of the Apostles*, *Christ II* und *Elene* ergeben sich die akronymischen Signaturen aus dem Auftreten von Runen, die im Gedicht ihren lexikalischen Wert manifestieren und darüber hinaus in der Addition ihrer Werte als Buchstaben den Namen *CYN(E)WULF* ergeben.[54] In *Christ II* und *Elene* stehen die Runen dabei in Reihenfolge, während sie dies in *Fates of the Apostles* nicht tun. In *Juliana* schließlich repräsentieren sie anscheinend nur den Buchstaben beziehungsweise den Laut. In der Forschung nun hat man sich gefragt, ob oder wie diese Signaturen im Fall des vokalen Vortrags verstehbar gewesen sein konnten. T.A.Shippey meint, die Art der Signaturen spreche für ein 'gemischt-literates' Publikum, da nur literate Rezipienten die Runen als Buchstabenrepräsentanten hätten entziffern können (1972: 156ff.). Weiter geht die Feststellung Daniel Calders: "[...] Cynewulf's name could be *heard* as well as *seen*" (1981: 23). Kenneth Sisam verweist auf die zeitgenössische insular-lateinische Praxis des Akrostichon und zieht den Schluß:

> But this method would not serve Cynewulf. It depended on each verse beginning a new line, and Old English verse was written continuously, like prose. More important still, it was intended for the eye of a reader, whereas a vernacular poet addressed himself primarily to the ear of a listener. It is doubtful whether any listener could follow the Latin method. Cynewulf used runes because, while they were obvious to a reader, they made possible the communication of his name to an audience in a way at once memorable and sure. (1933/53: 25)

Bedeutsam ist hier der Hinweis auf die Memorierbarkeit, wobei man sich allerdings fragen muß, ob und wie dann dem zeitgenössischen Zuhörer klar geworden sein soll, daß die Wörter, die im schriftlichen Gedicht durch Runen repräsentiert sind, gleichzeitig akronymisch als einzelne Buchstaben oder Laute zu verstehen waren. Hierauf weiß Sisam eine überzeugende Antwort:

> An Anglo-Saxon hearing *cen* ['Fackel'], *yr* ['Bogen'], would know at once that he was dealing with runes; his attention would be directed at once to the task of solution because runes sometimes played a part in Old English riddles; and he would listen closely for the succession. (ibd.)

Wenn dies zutrifft, so kann sich die Signatur dennoch nur an literate Hörer wenden, denn nur sie können wohl die Synthese von als Buchstaben verwendeten Runen zu Wörtern — hier zu einem Namen — nachvollziehen.

Wo die Runen in Reihenfolge im Gedicht auftreten, mag darüber hinaus die folgende Beobachtung Sisams zutreffen: "So far from regretting that *cen* and *yr* were not ordinary words, [Cynewulf] probably blessed his luck in hav-

---

[54] In *Christ II* fehlt die Rune *eoh* 'Pferd' für <e>.

ing a name that began so unambiguously in runes" (1933/53: 26). In *Fates of the Apostles* jedoch beginnt die eigentliche Runenpassage mit der *feoh*-Rune. Da, so meint Sisam, hat Cynewulf für die Verständlichkeit im Blick auf seine Zuhörer gesorgt, indem zuvor eine Art 'Warnung' ausgegeben wird: *hwa þis fitte fegde* (*FAp* 98a; 'wer dieses Lied (zusammen-)fügte') weise deutlich darauf hin, daß im folgenden die Signatur beginnt (Sisam 1933/53: 26). Sofern wir Sisams Argument der — auch für die (literaten) Zuhörer zu bemerkenden — Auffälligkeit der Runen akzeptieren können, weist dies Cynewulf einmal mehr aus als Dichter, der einerseits der Vokalität ihren notwendigen Tribut zahlt, andererseits jedoch auch der Schriftlichkeit als Textualität im Sinn Stocks bewußt war und sie in seiner Dichtung thematisierte.

2.4.2 Cynewulfs Thematisierung dichterischen Schaffens

Der Legende der Kreuzesauffindung durch Helena, die Mutter Kaiser Konstantins, folgt ein 85 Zeilen langer Epilog. Im Gegensatz zu *Juliana*, wo innerhalb einer Zeile von der Legende zum Epilog übergegangen wird, ist der *Elene*-Epilog auf zwei Weisen deutlich — sichtbar und hörbar — abgetrennt von der eigentlichen Legende. Z.1235 endet mit dem lateinischen *finit:-*, und wenn dies kein reiner Kopistenzusatz ist, markiert dies hör- und sichtbar einen Einschnitt. Noch auffälliger ist jedoch, daß in den Zeilen 1235-1250 die Halbzeilen einer Langzeile untereinander reimen bzw. Assonanz oder Konsonanz aufweisen:[55]

> þus ic frod ond fus   þurh þæt fæcne hus
> wordcræftum wæf   ond wundrum læs
> þragum þreodude   ond geþanc reodode
> nihtes nearwe   nysse ic gearwe
> be ðære rode riht   ær me rumran geþeaht
> þurh ða mæran miht   on modes þeaht
> wisdom onwreah   ic wæs weorcum fah
> synnum asæled   sorgum gewæled
> bitrum gebunden   bisgum geþrungen
> ær me lare onlag   þurh leohtne had
> gamelum to geoce   gife unscynde

---

[55] In der uns überlieferten westsächsischen Form des Gedichts sind die Reime in Zz.1240-1242 und 1247 nicht rein. Ersetzt man einige der Reimwörter mit Brechung durch die ungebrochenen mercischen Formen, so ist die 'Reinheit' wieder hergestellt. Daraus hat man geschlossen, daß Cynewulf mercischer Herkunft gewesen sein muß; cf. dazu Gradon 1977: 13f.

mægencyning amæt   ond on gemynd begeat
torht ontynde   tidum gerymde
bancofan onband   breostlocan onwand
leoðucræft onleac   þæs ic lustum breac
willum in worlde
(Ele 1236-1251b)

[So webte ich, alt und (zum Weggang (= Tod)) bereit wegen dieses
   hinfälligen Hauses,
mit Wortkraft, und las (i.e. sammelte) wundersam;
dachte manchmal (tief) nach und überprüfte meinen Gedanken
in der Beklommenheit der Nacht; ich wußte nicht genau
das Rechte über das Kreuz, bevor mir ein weitläufigerer
   Gedanke
durch die glorreiche Macht in den Gedanken meines Geistes
die Weisheit entdeckte; ich war durch Werke schuldig,
durch Sünden gefesselt, durch Sorgen gequält,
bitterlich gebunden, gedrungen durch Sorgen,
bevor mir die Lehre gewährte — in strahlender Art,
dem Alten zur Hilfe — ein makelloses Geschenk,
mir der mächtige König (dies) zumaß und den Geist gab,
die Helligkeit eröffnete; er weitete es manchmal noch aus,
entfesselte den Körper, öffnete die Seele,
ließ die Liedkraft frei; deren erfreute ich mich mit Lust
und Freude in d(ies)er Welt]

Daniel Calder interpretiert diese Passage so:

> Cynewulf's deliverance from the strife of sin and misery comes through the revelatory power of poetry working on his inner mind as he himself *wordcræft wæf* the poem. Besides the bright vision God also *leoðucræft onleac*. His conversion to the truth of the cross occurs as he writes his own poetry [...]. (1981: 135)

Zweifellos ist diese Konversionsdarstellung "zu konventionell, als daß wir sie ohne weiteres als sachlich wahr hinnehmen könnten", wie Pilch und Tristram bemerken (1979: 123). Dennoch ist im Blick auf die anderen Epiloge der von *Elene* besonders zu gewichten: die göttliche Inspiration nämlich öffnete dem Sprecher die *leoðucræft*, und das Dichten wiederum bewirkte im dichterischen Ich die Erkenntnis über die wahre Bedeutung des Kreuzes das Wunder, das ihm durch Schriften (*on bocum*, Z.1254b; *on gewritum*, Z.1255b) zugänglich war.

In den Zeilen 1257b-1369b folgt dann die eigentliche "Runensignatur". Wie Dolores Frese herausgearbeitet hat, ist der Rezipient auf diese 'verrätselte' Namensenthüllung hier wie in den anderen Epilogen Cynewulfs durch die Nachdrücklichkeit in der Erwähnung des *ic* wohl vorbereitet (1975: 314). Im Vergleich zu *Fates of the Apostles* und *Juliana* erscheint die Namensenthüllung in *Elene* allerdings fast bescheiden, denn eines fehlt hier, was in den beiden anderen Gedichten und auch in *Christ II* sehr deutlich präsent ist: die Anrede des Rezipienten. Wie oben bereits erwähnt, drückt das dichterische Ich in *Christ II* die Angst vor einem harten Gericht aus, weil es sich nicht daran hielt *þæt me hælend min/ on bocum bibead* (*Chr II* 792b-793a; 'was mir mein Heiland in Büchern gebot'). Die Runensignatur ist dort wie auch in *Elene* in eine Darstellung der Vergänglichkeit der Welt eingekleidet, die starken Anklang an die Elegien aufweist. Dann aber folgt in *Christ II*:

forþon ic leofra gehwone   læran wille
þæt he ne agæle   gæstes þearfe
(*Chr II* 815f.)

[deshalb will ich jeden der Lieben belehren,
daß er nicht vernachlässige das Bedürfnis des Geistes]

Hier wird offen der didaktische Aspekt von Dichtung angesprochen, wobei diese Didaktik direkt dem Dichter — vorsichtiger: dem 'dichterischen Ich' — zu obliegen scheint. 'Ich, Cynewulf', so könnte man diese Stelle verstehen, 'lasse es mir angelegentlich sein, euch arme Sünder auf den rechten Weg zu führen'. Das Besondere hier wie auch in *Elene* ist, daß eigentlich keine 'Notwendigkeit' besteht, den Namen dessen kundzutun, der zum einen selbst den rechten Weg durch die Verkündigung gefunden hat und zum anderen jene 'Lieben' auf diesen Weg leiten möchte. Wie in den Elegien, so könnte es doch auch hier hinreichen, wenn das poetische Ich seine heilbringende Erfahrung in anonymer Exemplarität darlegte. Dies jedoch scheint Cynewulfs Sache nicht zu sein.

In *Juliana* und *Fates of the Apostles* hat die Namensnennung — zumindest für uns heutige Leser — eine evidentere Funktionen als in *Elene*. Und wenn überhaupt irgendwo in Cynwulfs Dichtung, dann sind es die Epiloge zu diesen beiden Gedichten, in denen uns eine Art von autobiographischer Auskunft über diesen Dichter gegeben wird. Es sind dies weder Lebensdaten noch Auskünfte über Lebensumstände, wie Anderson das in bestimmten Formeln zu finden vermeint, vielmehr erhalten wir — wenn auch sehr indirekt — Auskunft darüber, wie ein Dichter in der Vokalität die Seinsweise seiner eigenen Schöpfungen einschätzt.

Zuerst zu *Juliana*. Dort wird wieder mit dem Umschwung zur ersten Person in Z.695b die Sündhaftigkeit dieses Ichs dargestellt:[56]

is me þearf micel
þæt seo halge me helpe gefremme
(*Jul* 695bf.)

[groß ist mein Bedürfnis,
daß die Heilige mir Hilfe verschaffe]

Es folgt die Runensignatur innerhalb einer furchtvollen Vorausschau auf das Gottesgericht. Dafür braucht das dichterische Ich die dringende Hilfe der Heiligen (i.e. Juliana) bei Gott: *þæt me seo halge ... geþingige* (*Jul* 716a, 717a; 'daß die Heilige ... für mich bitte'). Sodann wird wieder der Rezipient angesprochen:

bidde ic monna gehwone
gumena cynnes þe þis gied wræce
þæt he mec neodful bi noman minum
gemyne modig and meotud bidde ...
(*Jul* 718b-720)

[ich bitte jeden Menschen
des Menschengeschlechts, der dieses Lied hervorbringen möge,
daß er ernst meiner bei meinem Namen
mutig gedenke und den Herrn bitte ...]

Über die Semantik des Verbs *wrecan* habe ich oben (S.150f.) bereits gesprochen. Hier kann es nur im Sinn von 'Hervorbringen eines bereits existierenden Lieds/Gedichts' gemeint sein, denn schließlich will Cynewulf damit ja bei *gehwam monne* mit diesem — seinem — Gedicht etwas bewirken: dieser Mensch soll für ihn beten, bei Gott Fürsprache halten. Erstaunlicherweise hat wenig Beachtung gefunden, was Sisam bereits 1933 zur Erklärung der Namensnennung festgestellt hat:

> The desire that moved [Cynewulf] appears everywhere in the Latin letters of his time; it gives us the names of scribes and authors in the colophons of Latin manuscripts, and fills confraternity books like the

---

[56] Hier sei angemerkt, daß das Formelsystem der Halbzeile 695b als *is us þearf micel* in *Chr II* 751b und 847b, in *Ele* 426b und in *And* 1605b auftritt. Es scheint dies also wieder eine typische Cynewulf-Formel zu sein, die darüber hinaus nur noch in *Andreas* auftritt. *Andreas* wurde ja im 19. Jahrhundert ebenfalls für ein Gedicht Cynewulfs — oder aus der 'Cynewulf-Schule' — gehalten.

> Lindisfarne *Liber Vitae*: it is the desire to be remembered by name in the prayers of others [...]. (1933/53: 23)

Es handelt sich hierbei um die Institution, die in der historischen Forschung 'Gebetshilfe' genannt wird: seit dem 7. Jahrhundert schlossen sich dazu auch Gebetsbruderschaften zusammen, die eine solche Gebetshilfe garantierten.[57]

Die Bitte um Gebetshilfe am Ende von *Juliana* mag man also als topisch ansehen, wenngleich auch hier wieder der Dichterstolz vorscheint. Die Vermutung drängt sich auf, daß die Bitte um Gebetshilfe von Cynewulfs genutzt wurde, um einen Vorwand für die — sonst unübliche — Namensnennung zu haben.[58] Im Epilog zu *Elene*, der dichterisch der eindrucksvollste ist, unterbleibt die explizite Bitte. Hat sich — wie auf formaler Ebene mit dem Endreim — Cynewulf hier über eine weitere christlich-dichterische Konvention hinweggesetzt? Darüber, weshalb es zu diesem uns eigenartig anmutenden Zusammenstoß von Betonung eigener Sündhaftigkeit und Unwürdigkeit einerseits, dann jedoch auch zu dem — zumindest durch die Namensnennung individualisierenden — Bezug auf das dichterische Schaffen selbst kommt, können letztlich wieder nur Vermutungen angestellt werden. Alexandra H.Olsen meint, die Namensnennung sei in der Art zu verstehen,

> [...] that Cynewulf may mention his name because he is proud of his authorship of the poems and that his requests for prayers may exemplify the use of a "modesty formula" rather than, literally, [...] "penitential concern". Indeed, in *Elene*, Cynewulf's use of his name [...] seem[s] to indicate pride of authorship. (1984: 76)[59]

Sisam, der in den Runensignaturen ebenfalls "an artist's pride which naturally comes to the surface when he asks for prayers as the reward of his finished work" sieht (1933/53: 24), hat hierfür auch eine Deutung, die allerdings nicht mehr als spekulativ sein kann:

> Deep down in the heart of the Anglo-Saxon is a consciousness of merit which makes uneasy to him the formulas of self-abasement that

---

[57] Cf. dazu Karl Schmid 1979/83; s. ebenfalls Schaefer 1986: 515ff.

[58] In seinem Exkurs XVII: "Nennung des Autorennamens im Mittelalter" weist Curtius gegen Julius Schwietering nach, daß es z.B. in der frühmittelalterlichen lateinischen Dichtungen Namensnennung des Autors bei Josephus Scottus (2.Hälfte des 8.Jhd.) sowie bei Theodulf und Walahfrid (beide 9. Jhd.) gegeben hat. Bei den beiden letztgenannten Autoren handelt es sich um Signatur im Schlußvers, die "beide Male mit dem Ersuchen um Fürbitte verbunden" ist (Curtius 1948: 504). Die erste "Namensnennung zwecks Fürbitte" findet Curtius im 5. Jahrhundert bei Orentius (1948: 503).

[59] Olsen zieht hier ebenfalls Curtius' Exkurs XVII heran.

are natural enough in Celtic piety. It is not that he uses these forms insincerely, but he feels they need balancing. (ibd.)

Was tief in der angelsächischen Seele vorging, ist uns wohl kaum mehr rekonstruierbar. Auf alle Fälle ist im Blick auf das restliche Corpus der uns überlieferten altenglischen Dichtung diese Kombination von Beteuerung der eigenen Sündhaftigkeit und dem Ausdruck solchen (zumindest uns so erscheinenden) Dichterstolzes einzigartig.

Vom dichterischen Schaffen spricht in einem metatextuellen Kommentar zwar auch das poetische oder dichterische Ich in *Andreas*, dort allerdings handelt es sich um einen ausgedehnten Bescheidenheitstopos. Relativ unvermittelt bricht der Erzählfluß im letzten Drittel des Gedichts plötzlich ab:[60]

> hwæt ic hwile nu   haliges lare
> leoðgiddinga   lof þæs þe worhte
> wordum wemde   wyrd undyrne
> ofer min gemet
>   (*And* 1478-1481a)

> [Horcht! eine Weile habe ich nun die Lehre des Heiligen,
> das Lob in Liedern, dessen was (er) bewirkte,
> in Worten verkündet, das wohlbekannte Schicksal,
> über mein Maß hinaus]

Und die Bescheidenheit geht weiter:

> þæt scell æglæwra
> mann on moldan   þonne ic me tælige
> findan on ferðe
>   (*And* 1483b-1485a)

> [das soll ein gelehrterer
> Mensch auf der Erde, als ich mich einschätze,
> in seinem Geist finden]

Doch dann macht sich der Erzähler wieder — mit eben jener gebotenen Bescheidenheit — an seine Erzählung:

> hwæðre git sceolon
> lytlum sticcum   leoðworda dæl
> furður reccan
>   (*And* 1487b-1489a)

---

[60] Zu beachten ist hier, daß *hwæt* den Stab trägt, was zum Beispiel in der ersten Zeile von *Beowulf* nicht der Fall ist.

[doch sollen
in kleinen Stücken die Teile der Liedworte
weiter erzählen ...]

Interessant ist der Vergleich dieser *Andreas*-Stellen mit den anderen dichterischen Kommentaren, da gerade dieses Element der (topischen) Bescheidenheit bei den mit dem Namen *Cynewulf* signierten Gedichten fehlt. Bescheidenheit in bezug auf die Gedichte selbst findet sich dort nirgends — ganz im Gegenteil.

Das Erzähler-Ich — dies scheint typisch für Cynewulf — tritt in *Elene* und *Juliana* bis zu den Epilogen mit den Runensignaturen völlig zurück, denn nach dem oben bereits diskutierten narrativen Exordium von *Juliana* findet sich bis zum Epilog kein einziger Erzählereinschub, und in *Elene* ist in nur einer Halbzeile mit dem formelhaften *ne hyrde ic sið ne ær* (*Ele* 241b; 'ich hörte weder jetzt noch früher'). Anders ist dies in *Fates of the Apostles*. Wie bereits gezeigt, scheint Cynewulf es hier mit allen möglichen traditionellen Erzählerformeln und darüber hinaus noch mit seiner eigenen Schöpfung *we gehyrdon þæt þurg halige bec* (*FAp* 63) versucht zu haben. Es ist jedoch gerade dieses Gedicht, in dem bereits in der Einleitungsformel ein erzählerisches, dichterisches Ich auftaucht:

[H]wæt ic þysne sang   siðgeomor fand
on seocum mode   samnode wide
hu þa æðelingas ...
        (*FAp* 1-3a)

[Horcht, ich, mit jammervollem Sinn, fand dieses Lied,
sammelte in schwachem (wörtl.: krankem) Geist von weit her,
wie die Edlen ...]

An erster Stelle — ähnlich wie in *Juliana* — steht dort im Epilog dann die Bitte um Gebetshilfe:

nu ic þonne bidde   beorn se ðe lufige
þysses giddes begang   þæt he geomrum me
þone halgan heap   helpe bidde
        (*FAp* 88-90)

[nun bitte ich denn den Menschen, dem gefalle
der Gang dieses Liedes, daß er mir Jammervollem
Hilfe erbitte bei der heiligen Versammlung]

Auch wenn die Glossierung von *lufian* als 'gefallen' dem ganzen einen profan-ästhetischen Klang verleiht, der vom Autor so wohl nicht intendiert war:

von erbaulich-belehrender Wirkung, die sich Cynewulf von diesem Gedicht bei seinen Rezipienten erhoffen könnte, scheint hier dennoch nicht die Rede zu sein. Denn auch die Runen-Passage leitet er folgendermaßen ein:

her mæg findan   foreþances gleaw
se ðe hine lysteð   leoðgiddunga
hwa þas fitte fegde
(*FAp* 96-98a)

[hier möge finden (derjenige) scharfen Geistes,
dem dieses Lied gefällt,
wer dieses Gedichte (zusammen-)fügte]

Wieder wird das Gefallen des Rezipienten angesprochen und gleichzeitig so deutlich wie in keinem anderen Gedicht Cynewulfs die Namensnennung selbst thematisiert. Urverwandt mit dem deutschen Verb *fügen* drückt *fegan* im engen Sinn den Akt des Komponierens aus und paßt damit zu den Anfangszeilen des Gedichts, in denen das Ich ausdrückt, es habe von weit und breit her zusammengetragen, was im folgenden erzählt wird.[61] Es läge nun nahe, die mehrfach auftretenden Erzählerformeln in *Fates of the Apostles* ebenfalls als Ausdruck des Sammelns anzusehen, doch scheint mir hier der Gebrauch dieser Formeln eher Reflex des rein technischen Versuchs zu sein, innerhalb des Katalogs selbst Anschlüsse zu finden.

Die Runensignatur wird beendet durch:

nu ðu cunnon miht
hwa on þam wordum wæs   werum oncyðig
(*FAp* 105b f.)

[nun kannst du wissen,
wer in diesen Worten den Menschen kundgetan wurde]

Bezieht sich dies auf das Runenakronym, das *CYNEWULF* ergibt oder aber auf das gesamte Gedicht, das heißt: auf die Apostel? Wahrscheinlich spielt Cynewulf hier mit beiden Möglichkeiten, wie Dolores Frese bemerkt:

> This signature, more than any of the other three, insists repeatedly and explicitly on its own powers to communicate concealed intelligence to the aware or initiate reader. Line 96 assures such discovery [...]; lines 105b-06 repeat the guarantee [...]. Having thus connected himself verbally with the apostles' journeyings, Cynewulf now cleverly and obliquely associates himself with their final triumphs. (1975: 321f.)

---

[61] Ähnlich auch D.Frese 1975: 320.

Schließlich spricht Cynewulf den Rezipienten ein weiteres Mal in der dritten Person an:

sie þæs gemyndig mann se ðe lufige
þisses galdres begang þæt he geoce me
ond frofre fricle

(*FAp* 107-109a)

[sei dessen eingedenk, (der) Mensch, dem gefallen möge
der Gang dieses Liedes, (auf) daß er mir helfe
und Trost erstrebe]

Wegen der Doppelung der Bitte an die Rezipienten ist vermutet worden, daß die zweite Bitte ein Schreiberzusatz sein könnte.[62] Wenngleich dies nicht ausgeschlossen werden kann, so spricht die sonst im Gedicht vorzufindende erzählerische Insistenz dafür, daß diese zweite Gebetsbitte ebenfalls vom Autor stammt.

Fassen wir zusammen. Cynewulf thematisiert auf einzigartige Weise sein eigenes Schaffen als Dichter. Was bei diesen Thematisierungen topisch ist und was man Cynewulfs eigenem Einfall zuschreiben muß, ist letztlich schwer entscheidbar. Auf jeden Fall jedoch erkennen wir — e silentio in den anderen Gedichten, die nicht in seine Autorenschaft zu zählen sind —, daß er sich zum einen in Relation setzt zu seinem Stoff. In *Fates of the Apostles*, *Christ II* und *Elene* tut er dies in bezug auf die Erzählquellen, wobei jedoch jedes Mal eine andere Wirkung hervorgehoben wird. In *Fates of the Apostles* erscheint der Quellencharakter im Vordergrund zu stehen, in *Christ II* dienen die Quellen ihm — und durch das 'Weitererzählen' auch seinem Publikum — zur Lehre, in *Elene* schließlich wird ihre Wirkung auf ihn, den Dichter, in den Vordergrund gerückt.

Im Blick auf sein eigenes dichterisches Tun ist die 'Verarbeitung' der Quellen umgekehrt in *Elene* in erster Linie für das dichterische Ich relevant, in *Christ II* für dieses und damit für sein Publikum und in *Fates of the Apostles* für die Zusammenstellung, die Fügung des Gedichts. Cynewulf stellt also zum anderen eine Relation, ja ein Korrelation, zu seinen Rezipienten her. Was diese Korrelation angeht, so tritt sie in *Elene* scheinbar völlig in den Hintergrund, in *Christ II* wird das didaktische Moment in den Vordergrund gestellt, und in *Juliana* und *Fates of the Apostles* sind die Gedichte Mittel zum Zweck: sie sollen 'gefallen', auf daß die Rezipienten für den Dichter beten mögen. Bei der Herstellung dieses Bezugs zu seinem Rezipienten macht

---

[62] Cf. zu dieser Diskussion Schaar 1949: 102ff.

sich bei Cynewulf deutlich ein Bewußtsein für Textualität (im Sinn von Stock) bemerkbar. Dabei erscheint in *Fates of the Apostles* in erster Linie die 'Quellenlage' von Bedeutung, und es ist das neue Gedicht, das 'Zusammengefügte', was weitere Effekte beim Publikum erzielen soll. In *Juliana*, wo Cynewulf mit einem traditionellen Exordium die Legende selbst einleitet, soll dennoch das 'fertige' Gedicht, das sozusagen ohne den Dichter selbst weiterleben und in der Rezitation 'abgerufen' werden kann, die Wirkung haben, daß man dem Verfasser dieses Gedichts Gebetshilfe zuteil werden läßt. In *Christ II* wird die Bedeutung der Lehre aus den Büchern angesprochen, aber auch hier ist es wieder *das Gedicht Cynewulfs*, das als didaktische Vermittlungsinstanz für die Rezipienten relevant wird. In *Elene* schließlich scheint der Rezipient gänzlich ausgeblendet: in einem scheinbar geschlossenen Kreis – als sei die Tradierung des Gedichts von marginaler oder auch gar keiner Relevanz – wird die Befassung mit den 'Quellen' und die durch göttliche Inspiration in Gang gesetzte Komposition des Gedichts nur noch auf den Dichter selbst bezogen. Allein die Runensignatur stellt eine – allerdings sehr implizite – Relation zum Rezipienten her.

Wenn diese Befunde Schlüsse auf eine relative Chronologie erlauben, so liegt es nahe, *Fates of the Apostles* als Cynewulfs Gesellenstück anzusehen, in dem er die konventionelle Form der Erzähltechnik austestet. Er versucht in seinem Katalog, die Register traditioneller Erzählungen abzurufen, kann aber weder im Exordium noch im Epilog umhin, doch auf eine bestimmte Einzigartigkeit zu verweisen, der allein er die im Epilog zweimal erbetene Gebetshilfe verdanken könnte. In scheinbarer Moderation seines Autorenstolzes stünde am anderen Ende das Meisterstück: *Elene*. Dort jedoch greift er, weit kunstvoller als der Autor des *Riming Poem*, zum – gerade für ein hörendes Publikum wohl sehr auffälligen – Mittel des Reims, mit dem er auch in den antithetischen *swa ... swa*-Reihungen den zweiten Teil von *Christ II* beschließt.

Sein Formelgebrauch, der Einsatz des Endreims, die Thematisierung des dichterischen Schaffens- und auch Schöpfungsakts, die Ich-Bezogenheit im Blick auf mögliche Wirkungen seiner Dichtung und nicht zuletzt: die Namensnennung, all dies macht Cynewulf zu einem 'Sonderfall' in der angelsächsischen Dichtung, wie sie uns überliefert ist. Während in den anderen bekannten Gedichten (mit Ausnahme von *Salomon and Saturn*) Textualität im Sinn Stocks nicht in den Blick gerät, scheint Cynewulf fast besessen davon, die christliche Buchkultur in seiner Dichtung auch hörbar manifest werden zu lassen.

Ob dies willentlich geschah, um die Autorität des Geschriebenen über die des oral Tradierten zu stellen, kann nicht mit letzter Gewißheit festgestellt werden. Wilhelm Busse (1988) hat anhand von historischen Quellen wie auch der Schriften von Aelfric und Wulfstan aufgezeigt, daß im 10. Jahrhundert auf dem Hintergrund der benediktinischen Reform deutliche Bestrebungen zu erkennen sind, das *boclar* als autoritativ zu etablieren. Busse sieht einen Normenkonflikt zwischen der heroischen und der geistlichen Welt, zwischen den in der heroischen und in der religiösen Dichtung propagierten Werten. Dabei, so Busse, ist dies kein Konflikt zwischen heidnischer und christlicher Sinnwelt, vielmehr erkennt er in der weltlich-heroischen Dichtung eine Betonung des "worldly, and eminently secular, character of the social values of the warrior caste, as opposed to orthodox monastic views" (1988: 36).

In seiner Argumentation zieht Busse auch Cynewulfs *Elene* heran:

> [...] there Helena, the heroine of the Church, blames the Jew Judas and his people for recollecting every single battle of times long gone by; they do not recollect, however, the much more recent history of Jesus Christ about which she learnt from books. (ibd.)

Betrachten wir uns diese Stelle im Gedicht einmal genauer. Auf die Aufforderung Helenas hin, ihr den Ort zu nennen, an dem sich das Kreuz befindet, entgegnet Judas, das sei doch schon über zweihundert Jahre her, folglich könne er sich daran nicht erinnern. Dem entgegnet Helena, wie es dann komme, *þæt ge swa monigfeald on gemynd witon/ alra tacna gehwylc swa Troiana/ þurh gefeoht fremedon* (*Ele* 644-646a; 'daß ihr so mannigfaltig im Gedächtnis wißt jedwede der ruhmreichen Taten, welche die Trojaner durch Gefechte vollführten'). Diese Stelle macht den Anschein, als ob es sich um memoriertes, orales Wissen handle, auf das Helena Bezug nimmt. Doch Helena fährt fort, die Juden könnten auf das genaueste die Anzahl der in diesen Schlachten Gefallenen angeben und

> ge þa byrgenna
> under stanhleoðum ond þa stowe swa some
> ond þa wintergerim on gewritu setton
> (*Ele* 652b-654)

> [ihr habt die Gräber
> unter den Felsenabhängen und ebenso den Ort
> und die Zahl der Winter (= die Jahre) in Schrift niedergelegt]

Dem hält Judas entgegen:

> we þæs hereweorces hlæfdige min
> for nydðearfe. nean myndgiaþ

ond þa wiggþræce   on gewritu setton
þeoda gebæru   ond þis næfre
þurh æniges mannes   muð gehyrdon
hæleðum cyðan   butan her nu þa
(*Ele* 656-661)

[wir erinnern uns des Kriegswerks, meine Herrin,
notwendigerweise lebhaft (eigentl.: von nahem)
und legten die Heftigkeit des Kampfes in Schrift nieder,
die Taten der Menschen, und dies (i.e., was Helena sagt) haben
    wir niemals
durch irgendeines Menschen Mund
verkünden gehört, außer jetzt (und) hier]

Also ist auch dieses 'heroische' Wissen um die Trojaner ein 'schriftlich existierendes Wissen', ja Judas führt an, daß man dies notwendigerweise aufgeschrieben habe. Nach unserem Gefühl jedoch argumentiert Judas insgesamt unlogisch: was die Trojaner angeht, so kann dies nicht in Vergessenheit geraten, da es schriftlich fixiert ist, wovon aber Helena spricht, davon habe man aus keinem Mund je etwas gehört. Helenas Anklage beruht jedoch gerade auf der Tatsache, daß das, wovon sie spricht, sehr wohl in den Büchern stehe.

Was hier zum Gegensatz gemacht wird, ist nicht mündliche oder schriftliche Tradition, wenngleich die Insistenz Helenas auf das Buchwissen ganz deutlich hervortritt. Vielmehr scheint es in dieser Auseinandersetzung nun wirklich um das Gegenüber von heidnischem und christlichem Gedankengut zu gehen. Daß die Diskutanten sich nicht so eindeutig in unseren heuristischen Dichotomien bewegen, wie wir es gerne hätten, sollte uns dabei nicht verwundern. Und daß sich die Verschiedenheit von Traditionen, deren man sich sehr wohl bewußt gewesen sein mag, nicht in medialer Terminologie niederschlägt, sollte ebenfalls nicht überraschen: in einer vokalen Kultur sind diese Grenzen notwendigerweise fließend.

Daß Cynewulf ein extrem literater Dichter ist, bleibt dennoch offensichtlich. Sein ausdrücklicher Verweis auf die Buchkultur läßt hieran keinen Zweifel. Darüber hinaus jedoch zeigt sich seine Eingebundenheit in diese Kultur vor allem daran, daß er zur Sinn*ver*mittlung sich des sonst in der altenglischen Dichtung so vielgenutzten Mittels der Gnomik nur einmal – und dort auch auf sehr eigenwillige Art – bedient. In der Vorlage für *Christ II*, der Predigt Nr.29 Gregors, paraphrasiert dieser Vers 19 des Psalm 67 und eine Stelle aus dem ersten Korintherbrief, in denen es um göttlichen Gaben an die Menschen geht. Gregor summiert: *Dedit ergo dona hominibus* ('Er gab also den Menschen Geschenke/Gaben').[63] Das nimmt Cynewulf zum Anlaß, über 21 Zeilen hinweg die *'Gifts of Men'* aufzuzählen, wie sie in erweiterter Form als eigenes Gedicht im Exeter-Buch noch einmal überliefert sind. Cynewulf beendet diesen Katalog mit einer Feststellung, der man zumindest einen sprichwörtlichen Charakter zumessen kann:

> nyle he ængum anum ealle gesyllan
> gæstes snyttru þy læs him gielp sceþþe
> þurh his anes cræft ofer oþre forð
> (*Chr II* 683-685)

[er (i.e. Gott) will keinem die ganze
Weisheit des Geistes geben, damit nicht der Stolz ihm schade
durch die Kraft allein seiner selbst über andere (ihn setze)]

Cook hat hierfür die 'Quelle' in einer weiteren Homilie Gregors (Nr.II.10) gefunden (1900: 141): *Non enim uni dantur omnia, ne in superbiam elatus cadat* ('Denn es wird einem nicht alles gegeben, auf daß er nicht im Hochmut stolz geworden falle').[64] Auch diese Weisheit also steht im Buche, und dort ist der Sinn des Gesagten oder auch zu Sagenden zu finden.

Cynewulf hat Teil an der poetischen Vokalität seiner Zeit durch formelhaften Ausdruck, der bei ihm allerdings auch zu Eigenschöpfungen, zu — gewollt oder ungewollt — fingiert traditionellem Ausdruck führt. Wie das Exordium zu *Juliana* zeigt, versucht auch Cynewulf, seiner Dichtung den Charakter traditioneller Erzählung zu geben. Die Runenpassagen von *Fates of the Apostles* und *Elene*, die in ihrer Beschwörung der Vergänglichkeit der Welt sehr an die Elegien erinnern, zeigen jedoch, daß Cynewulf ein Bewußtsein von Individualität entwickelt hat, was neben dem Christlich-Topischen auch ein Schöpferbewußtsein an den Tag legt, dem man geneigt ist entgegenzuhalten, Cynewulf selbst sei *in superbiam elatus*. Im Blick auf die Entwicklung mittelalterlicher volkssprachlicher Schriftlichkeit jedoch sind Cynewulf und sein Oeuvre zu sehen als ein frühes — vielleicht sogar verfrühtes — Exempel des Einflusses der Schriftlichkeit auf den kommunizierenden Menschen. Cynewulf wußte, daß seine Dichtung ihn überleben wird, ja er sieht sie nach vollendeter Komposition schon in solcher Distanz zu ihm stehen, daß er sie in den jeweiligen Epilogen der Einschätzung seiner Mitmenschen (*Fates of the Apostles*) als auch der 'Wiederbenutzung' durch spätere Generationen

---

[63] Migne *PL* 76, col.128.
[64] Migne *PL* 76, col.899; cf. dazu Calder 1981: 60ff. und Kap.2 bei Anderson 1983. Anderson kommt allerdings auch hier zu Schlüssen, die mir nicht immer nachvollziehbar sind.

(*Juliana*) anheimstellen kann. Hier trifft, so denke ich, Jack Goodys allgemeine Beobachtung: "[...] in written cultures the very knowledge that a work will endure in time [...] often helps to stimulate the creative process and encourage the recognition of individuality" (1977: 14).

3. DIE KOMMENTIERENDE GNOMIK

3.1 TYPIK DER GNOMAI

In der Formelhaftigkeit im allgemeinen und der Gnomik im besonderen sehe ich den hermeneutischen Schnittpunkt von poetischer Sinn*ver*mittlung und Sinn*er*mittlung in der Vokalität. Da besonders das Auftreten formelhafter Gnomik *ipso facto* Sinnhaftigkeit garantiert, kann und muß der Dichter in der Vokalität die Gnomik funktionalisieren, will er seinen Rezipienten die Sinn*er*mittlung adäquat ermöglichen. In diesem letzten Kapitel möchte ich deshalb an ausgewählten Beispielen zeigen, wie die altenglischen Dichter paratextuell den gnomischen Ausdruck einsetzen, um die Bedeutung ihrer Dichtung im Sinn des "Auf-die-Welt-Deutens"[1] zu vermitteln. Dazu bedarf es einer genaueren Bestimmung dessen, was unter Gnomik und gnomischer Formelhaftigkeit verstanden werden soll.

Gnomische Formeln habe ich bisher *Spruchweisheiten* im weitesten Sinn genannt. In Teil I war von Gnomik im Kontext der Frage nach der Semantik von Formeln die Rede.[2] Einige Aspekte müssen hier noch einmal in Erinnerung gerufen werden, weil wir uns darüber Klarheit zu verschaffen haben, was wir überhaupt als gnomische Ausdrücke in historischen Texten identifizieren wollen. Greimas zum Beispiel weist darauf hin, daß man aus semantischer Sicht einen Unterschied zu machen habe zwischen *proverbe* und *dicton*. Erinnern wir uns: für Greimas unterscheiden sich *proverbe* und *dicton* dadurch, daß im *proverbe* das *signifié* nicht auf derselben Ebene der Signifikation angesiedelt ist wie die der einzelnen Lexeme und Lexemkomplexionen (1970: 310f.). Nehmen wir das deutsche Beispiel: "Der Krug geht solange zum Brunnen, bis er bricht". Hier geht es nicht um allgemeine Beobachtungen zur Stabilität von Wasserkrügen, sondern darum, daß bestimmte Belastungen auf Dauer nicht auszuhalten sind. Im Gegensatz dazu gilt nach Greimas für das *dicton*, daß es seine Signifikation nicht hat "en dehors de l'intentionnalité linéaire où elle se trouve" (1970: 311). Beispiel: "Wer einmal lügt, dem glaubt man nicht ....". Dies heißt nichts anderes als das, was faktisch gesagt wird, daß nämlich die Glaubwürdigkeit dessen, der einmal beim Lügen ertappt worden ist, für immer beschädigt ist.

Zum Erkennen des *proverbe*, wie Greimas es versteht, bedarf es also einer besonderen Kombination umfassender Weltkenntnis einerseits und — im Blick

---

[1] Cf. Gauger 1976b: 127f.; s.auch oben S.56.
[2] S. oben I.4.2.1.

auf den pragmatischen Erfolg — sprachlicher Kompetenz andererseits. Zur erfolgreichen Kommunikation gehört beides.³ Für unsere unvermeidlich bloß passive (und auch als solche nicht vollständige) Kompetenz des Altenglischen muß man nun einräumen, daß uns möglicherweise *proverbes* im Sinn Greimas' entgehen mögen, ganz einfach weil es uns an lebensweltlichen Kenntnissen mangelt, aufgrund derer wir diese "konnotativen" Sprüche (Greimas) erkennen könnten.⁴ Dies gilt natürlich nicht nur für die altenglische, sondern prinzipiell für jede Dichtung, deren lebensweltlicher Kontext uns bestenfalls in mühsamer Rekonstruktion — und auch dann nur fragmentarisch — zugänglich ist.

Allerdings sind auf der formalen Ebene solche spruchhaften altenglischen Formeln leicht zu erkennen.⁵ Wendungen, die mit *swa sceal* beginnen, zeigen den Abbruch des Erzählflusses und damit den Beginn einer spruchhaften Aussage.⁶ Außerdem erscheint für das Spruchhafte typisch eine *bið*-Aussage mit

---

³ T.A.Shippey stellt in seinen Überlegungen zur Gnomik im *Beowulf* treffend fest: "[...] understanding a society's proverbs takes one a long way towards understanding the society" (1977: 40).
⁴ Als bemerkenswerter Beitrag zum Erkennen altenglischer Gnomik ist hier ein Aufsatz von Bob Creed (1980) zu nennen, in dem er nachzuweisen sucht, daß es sich bei der Z.4 im *Beowulf* bei *Scyld Scefing* nicht eigentlich um eine genealogische Angabe zu König Scyld handele, sondern daß hier vielmehr der Überrest eines *sehr* alten Gnomon vorliege. Creed zeichnet nach, daß die Etyma zu *scyld* ('Schild') und *scefing* ('Garbe') zusammen mit dem *sceap(en)a* ('Schaden') als der alliterierenden Form im Abvers dieser Zeile eine Wortgruppe bilden, die signifikant sei, die "social, ethical, or economical information, or some combination of these categories" enthalte (122f.). Solche Information wird nach Creed in mündlichen Kulturen im traditionellen *versedialect* bewahrt (118ff.). Hier hieße diese gnomisch tradierte Information ungefähr so: "Sheaves beget scathers and need shields" (119). Zu Beginn des seßhaften Ackerbaus — also noch in indogermanischer Zeit (die entsprechenden Wörter alliterieren ja auch in ihren ie. Etyma) — hat sich diese "Information" gebildet und war, so Creed, ca. zweieinhalbtausend Jahre später das, was die nach Britannien wandernden Germanen als "the most important part of their baggage" in ihre neue Heimat mitbrachten (118). Die Zeilen 1-3 des *Beowulf* sind für Creed "a sort of proem, an invocation of the past", mit der vierten Zeile hingegen "the singer seems to find the right way to begin the great song" (109). — Diese Argumentation hat in sich etwas sehr Bestechendes, da hier versucht wird, in einer Kombination von philologischen und kulturgeschichtlichen Argumenten das Alter eines Gnomon nachzuweisen. Darüber hinaus wäre auch der gnomische Auftakt — wenn man denn zustimmt, daß in Z.4 *Beowulf* eigentlich beginne — nicht überraschend. Die crux ist nur, daß bei allem Wohlwollen gegenüber dieser Argumentation nicht ganz einleuchten will, was eine Spruchweisheit der Art "Vor Getreidedieben muß man sich schützen" denn wohl mit dem Rest des im *Beowulf* Erzählten zu tun habe — es sei denn, hier handelte es sich um ein konnotatives *proverbe* im Sinn Greimas'.
⁵ Cf. hierzu die Ausführungen bei Pilch/Tristram 1979: 35ff. und Williams 1914/66: 41.
⁶ So der Beginn des — abgesehen von Creeds Konjektur zu Z.4 (s.o.) — ersten Gnomons im *Beowulf*: *swa sceal* [*geong g*]*uma* ... (10a; 'so soll ein [junger] Mann ...').

einem Komparativ oder Superlativ als Subjektkomplement.[7] Dennoch können wir in der altenglischen Dichtung offensichtlich mit Sicherheit nur die Semantik von *dictons* im Sinn Greimas' ausmachen. Unser Kriterium ist dabei, ausgehend von solchen formalen Signalen, aus der Umkehrung der Charakterisierung von Sprichwörtlichem gewonnen, wie sie beispielsweise Thun vorgelegt hat:

> Allgemein ließe sich die Funktion der Sprichwörter in ihrer konkreten Verwendung in Texten und Situationen als *Kommentierung* kennzeichnen. Die Sprichwörter fügen sich nicht wie gewöhnliche Textsegmente in die Beschreibung oder Darstellung ein, sie unterbrechen vielmehr den Deskriptionsstrom durch eine Meta-Aussage, eben durch einen Kommentar. (1978: 244)[8]

Kommentierende Meta-Aussagen, die den Deskriptionsstrom unterbrechen, müssen andererseits — das räumt Thun ein — nicht unbedingt Sprichwörter im engeren Sinn sein, solche Wortkomplexionen also, die "zum Besitz der Sprachgemeinschaft" gehören (1978: 245). Wieder im Blick auf die hier zu untersuchende Dichtung ist es letztlich unmöglich, ein Sprichwort abzugrenzen von Spruchartigem, das zwar ebenso eine kommentierende Meta-Aussage macht, aber eben nicht zum etablierten "Besitz der Sprachgemeinschaft" gehört.[9]

In der einzigen bisher erschienenen längeren Studie zur Gnomik in der altenglischen Dichtung hat Blanche C.Williams schon 1914 versucht, damals bereits vorliegende terminologische Abgrenzungen mit dem 'Spruchhaften' in der altenglischen Dichtung in Einklang zu bringen. Sie wägt die Begriffe *Sprichwort* ('proverb') als "popular expression" gegenüber *Denkspruch* ('gnome') als "individual utterance" ab, die im 19. Jahrhundert im Anschluß an

---

[7] Z.B. *deað bið sella* ... (*Bwf* 2890b; 'der Tod ist besser ...') oder *forþan bið andgit æghwær selest* (*Bwf* 1059; 'so ist die Umsichtigkeit überall das beste'); T.A.Shippey weist darauf hin, daß es an manchen Stellen im *Beowulf* schwer sei zu entscheiden, ob es sich um ein "statement of fact" oder ein "maxim about propriety" handle, und daß die Entscheidung oftmals durch editorische Interpunktion getroffen werde (1977: 41; Beispiele s.d.).
[8] Thun schließt sich damit explizit auch an Jolles (1930/69) an; cf. oben S.80-82.
[9] Cf. dazu Thun: "Die Funktion, Gesagtes oder Gesehenes zu kommentieren, können natürlich auch freie Konstruktionen übernehmen. Solche Äußerungen machen dann oft den Eindruck von Sprichwörtern. Dies weist auf die diesen üblicherweise zukommende Funktion hin" (1978: 245). Als Formelhalbzeile finden wir *swa sceal mon*-Passagen im *Beowulf* zum Beispiel über ihr Vorkommen in den Gnomai ab Z.10a, 1534b und 2166b (dort mit *mæg* für *man*) hinaus noch einmal in Z.1172b (*swa sceal man don*). Williams hat diese letzte Stelle nicht als gnomisch aufgelistet. Dies könnte solch ein Fall sein, in dem ein 'persönlicher' Kommentar vorliegt: in Z.1172b fordert die Königin Wealhtheow Beowulf auf, zu den Gauten zu sprechen, wie es eben für einen solchen Krieger üblich ist.

Grimm gängig geworden sind (1914/66: 7f.), um dann festzustellen: "Such attempts to separate gnome and proverb, however successful they may be in theory, usually fall short in practice" (1914/66: 8).

Hildegard Tristram und Herbert Pilch sind in ihrer Unterscheidung von "Sinnspruch" einerseits und "Maxime und Sprichwort" andererseits bestimmter. Sie definieren "Sinnsprüche (*gnomai*)" wie folgt:

> Ein Sinnspruch spricht eine Weisheit aus, die allgemein als richtig anerkannt wird. Das Alltägliche wird dabei durch die Formulierung aus seiner Alltäglichkeit herausgehoben. Es wird zum *wundor*. (1979: 36)

Dabei handle es sich um Feststellung der "Weltordnung", ohne daß unterschieden würde "zwischen natürlichen Gegebenheiten ('Naturgesetzen') und gesellschaftlichen Festlegungen ('cultural patterns')" (ibd.). Wo darüber hinaus "zu richtigem Verhalten" geraten wird, sehen die Autoren den Übergang zur "didaktischen Gattung *Maxime*" (1979: 37). Im folgenden stellen sie dem "Sinnspruch" "Maxime und Sprichwort" gegenüber:[10]

> Auch Maximen und Sprichwörter geben Zeitloses an und formulieren im Präsens. Im Gegensatz zu den Sinnsprüchen dringen Maximen auf eine *sittliche Norm*. Maximen werden zu Sprichwörtern, wenn sie sich nicht an einen einzelnen richten, sondern an alle Menschen und wenn die Gesellschaft sie allgemein für richtig hält. (1979: 38)

Doch auch hier bleibt die Schwierigkeit, im Einzelfall zu entscheiden, was nach diesem Verständnis Maxime, was Sprichwort ist. Man könnte wohl — ähnlich wie bei der Formel — sagen, daß Spruchartiges, das in mehreren Gedichten auftaucht, ein Sprichwort ist. Aufgrund der Überlieferungslage kann dies jedoch nicht heißen, daß alles andere dann 'private', das heißt: nur von einem Menschen oder einer kleinen Gruppe akzeptierte Maximen sein müssen. Darüber hinaus müssen Pilch und Tristram einräumen, daß manche — von ihnen so genannte — Sinnsprüche in die Nähe der Maxime geraten.

Diese pragmatischen Klassifizierungsversuche mit dem Ziel exklusiver Definitionen zeigen dies: hat man eine Klasse aufgemacht, ist man sofort doch einzuräumen gezwungen, daß bestimmte, in unseren Gedichten faktisch vorkommende, Elemente dieser einen auch einer anderen Klasse angehören könnten. Dies heißt nichts anderes, als daß es sich bei der Gruppe der zu klassifizierenden Elemente um ein Kontinuum von Merkmalsbündeln handelt, deren einzelne Merkmale mehr oder weniger signifikant erscheinen. Ich

---

[10] Den Gebrauch von "Maxime" bei Pilch/Tristram kann man mit dem Grimmschen "Denkspruch" gleichsetzen.

meine, daß dieser Befund sprachliche Sinnstrukturen der Oralität und auch der Vokalität widerspiegelt, die völlig diskrete Diskurse — in sich kohärent und *nur durch Sprachliches* zu unterscheiden — gar nicht produziert. Aufgrund dieser Einsicht möchte ich mich Blanche Williams' Vorschlag anschließen, von einer Feineinteilung abzusehen. Ich übernehme ihre Terminologie, so wie sie sie in ihrer Studie umrissen hat:

> [...] the word "gnomic" is synonymous with "sententious". [...] The adjective is applied to a generalization of any nature whatsoever. Such a generalization may or may not be proverbial; it may express a physical truth, announce a moral law, or uphold an ethical ideal. (1914/66: 8)

Anstelle der Klassifizierung des Gnomischen in Sprechakttypen wie 'Aussprechen (einer Weisheit)' oder 'Drängen (auf eine sittliche Norm)' (Pilch/Tristram) wird hier die Pragmatik der Generalisierung und damit Bestätigung des Generalisierten als Identifikationskriterium vorgeschlagen.

Viel entscheidender als die sprechakttypische Klassifizierung erschien der Forschung aber stets die Frage, welchen Sinnwelten diese Generalisierungen angehören, worauf sich diese generalisierenden Bestätigungen thematisch beziehen, weil sich hier wieder die Ursprungsfrage — 'heidnisch-germanisch' oder 'christlich-lateinisch' — stellt. Auch ohne dieses — letztlich mehr modern als historistisch — ideologische Erkenntnisinteresse ist die thematische Ordnung der Gnomai im Blick auf das hier aufgestellte Postulat, gerade in der Gnomik manifestiere sich der Ort der Sinnermittlung, von Bedeutung. Zu einer solchen thematischen Sichtung bieten sich zuerst einmal die Gnomai-Kompilationen im Exeter-Buch (*Maxims I*) und im MS. Cotton Tiberius B.i (*Maxims II*) an. Diese Aneinanderreihungen allerdings helfen wenig bei der Frage, inwieweit die Gnomai als Ausdruck der Sinn*ver*mittlung eingesetzt wurden. Dazu bietet sich viel mehr zum einen der größte zusammenhängende altenglische 'Text', das *Beowulf*-Epos an, in dem gnomische Passagen "den Deskriptionsstrom durch eine Meta-Aussage, eben durch einen Kommentar" unterbrechen (Thun 1978: 244) und auch Figuren innerhalb des Epos gnomische Kommentare in den Mund gelegt werden. Weiter werde ich das Augenmerk wieder auf die Elegien richten, in denen Gnomisches nicht nur als den Erzählfluß unterbrechende Kommentare, sondern als abschließende Sinnverweise fungieren.

3.2 GNOMIK IM *BEOWULF*

3.2.1 Funktion und Thematik der Gnomai

Nach der 1914 erschienenen Untersuchung von Blanche Williams hat die Forschung bis zu den Arbeiten von Malone (1960), Greenfield (1976), Shippey (1977) und auch Niles (1983) der Gnomik im *Beowulf* keine große Aufmerksamkeit geschenkt. Wie Robert B.Burlin 1975 feststellte, hatten bis dahin die gnomischen Passagen des *Beowulf* "attracted relatively little comment and less enthusiasm" (1975: 41).

Von Malone bis Niles ist man sich einig, daß es sich hier um traditionelle Wissensbestände handelt. Die Frage, welche Funktion die Gnomai haben könnten, wird jedoch unterschiedlich bewertet. Sehr mit Recht weist T.A.Shippey nachdrücklich den möglichen Vorwurf zurück, die gnomischen Passagen seien "over-general, superficial, clichéd, innately inadequate" als "at worst patronising and at best anachronistic" (1977: 45f.). Es scheint, als wollte Kemp Malone den *Beowulf*-Dichter gerade vor einem solchen Vorwurf schützen, wenn er in seinem Aufsatz versucht "to bring out not only the traditional character of the thinking but also the appropriateness of thought to setting" (1960: 194). In diesem Aufsatz (in dem übrigens von der Arbeit Blanche Williams keine Notiz genommen wird) weist Malone nach, daß die von ihm angeführten Gnomai meist abschließende Funktion haben und als solche "go well with the situation" (1960: 193). Einräumend, daß der *Beowulf*-Dichter sich einer ererbten Versifikation und eines ererbten "stock of words" bediene, hält Malone zusammenfassend fest:

> The poet's skill in handling the inherited stylistic features is the measure of his stylistic achievement. But his matter as well as his manner was inherited. (1960: 194)

Was die von Malone verzeichnete Angemessenheit angeht, so wäre diese in sich keine große künstlerische Errungenschaft: nur ein Gestörter führt unpassende Sprichwörter zu einer bestimmten Situation an. Die im *Beowulf* oft zu beobachtende Funktion der Gnomai als Abschluß ist ebenfalls — für sich genommen — nichts sonderlich Bemerkenswertes, liegt es doch in der Natur des Spruches, daß er sozusagen immer erst im nachhinein auftritt.

Im Anschluß an Kemp Malone willigt Burlin den gnomischen Passagen im *Beowulf* zum einen zu, sie erwiesen dem Dichter einen hilfreichen rhetorischen Dienst, da sie "a ready-made introduction or conclusion to a speech or section of the narrative" anböten (1975: 42). Sehr wichtig bei Burlin ist aber, daß er den Blick weitet auf die Wirkung dieser Gnomik in bezug auf die Rezipienten, indem er feststellt, mit diesen Gnomai werde eine Verbindung hergestellt von "the actuality of [the poet's] fiction to familiar universals" (ibd.). Die Wirkung ist nach Burlin diese:

> [The poet] intensifies his communion with the audience, flattering them into contemplation of the narrative by providing secure resting-points which comfortably evoke the ideal norms of their society and their world. (ibd.)

Daß man — einmal mehr — das 'Wie' nicht vom 'Was' trennen sollte, also das "rhetorical service" nicht isolieren darf, zeigt sich, wenn wir uns in Erinnerung rufen, daß die *topoi*, die 'Gemeinplätze' der antiken Rhetorik ja genau solche "secure resting-points" bereitstellten. Ihre Funktion, so Zumthor, war es gerade, "de rapprocher de l'auditeur la *materia remota* du discours, de concrétiser un contenu, en évitant néanmoins toute particularisation [...]" (1987: 219).

Die Funktion der Verklammerung von Erzählung und Zuhörerschaft muß auch Greenfield einräumen bei seinem Versuch — ich habe dies bereits vermerkt — zu zeigen, daß für *Beowulf* "the voice of the poem authenticates the temporal distance of the story it narrates from its own time, making it history". Er räumt nämlich ein: "[The voice of the poem] authenticates men's moral behaviour on a continuing basis from past to present, crystallizing its concern in maximic forms and formulas" (1976: 60). Einen Schritt weiter geht John Niles, indem er ausdrücklich die *Wirkung* solcher gnomischen Formeln auf das Publikum in den Blick nimmt: "[The narrator] has the important function of channeling audience response by articulating certain timeless truths and by authenticating what constitutes praiseworthy behavior" (1983: 204). Diese 'Kanalisierung' der Rezeption kann nur funktionieren, weil dem *Beowulf*-Dichter der gnomische Ausdruck nicht nur Stilistikum ist.

Der Begriff des Stils meint in der Moderne, daß man etwas "*so* oder *so*" sagen kann.[11] Unzweifelhaft bleiben auch dem altenglischen Dichter Optionen offen. Cynewulfs Dichtung zum Beispiel erscheint wesentlich weniger mit Gnomai durchzogen als *Beowulf*. Daß der Mensch, der *Beowulf* niederge-

---

[11] "[...] beim Stil des Autors geht es eher um die Form, das *Wie* des Gesagten, nicht jedoch [...] um den Inhalt, das *Was*. Aber bereits eine solche Unterscheidung stellt vor ein bekanntes Problem. Einerseits können Was und Wie eines Texts tatsächlich getrennt werden; vorsichtiger gesagt: sie sind nicht untrennbar. Gerade auf solcher Trennbarkeit beruht, zu einem Teil, was wir Stil nennen: *eine* der Bedingungen seiner Möglichkeit ist, daß dasselbe *so* oder *so* gesagt werden kann" (Gauger 1988: 81).

schrieben hat, das Epos gerade in die uns überlieferte Form gebracht hat, könnte in der Tat stilistische Manier gewesen sein. Das ändert aber nichts daran, daß mit eben dieser Manier — wenn es denn eine war — eine Form der Sinn*er*mittlung aufgerufen wird, die uns nicht auf den ersten Blick erkenntlich ist.

Die — bewußt oder vorbewußt eingesetzte — Strategie der gnomischen 'Interpunktion' verklammert, wie gesagt, Autor und Publikum, die sinn*ver*mittelnde mit der sinn*er*mittelnden Instanz auf eine Weise, die für die angelsächsische Zeit einfach die übliche gewesen sein mag. Wie Malone sagt: "[The poet's] matter as well as his manner was inherited" (1960: 194). Selbst wenn man dies einräumt, so bleibt es doch unserer historischen Rekonstruktion anheimgestellt, uns ein Bild davon zu machen, wie das Angebot der Sinn*ver*mittlung — das, was wir *heute* den Text und dessen Stil nennen — zur Sinn*er*mittlung geführt haben könnte. Dies muß, so bin ich überzeugt, über die Gnomik, deren besondere Stellung ja unfraglich ist, gelaufen sein.

Dabei erscheint mir die soziale und situative Eingebettetheit der Gnomik von entscheidender Bedeutung. Vor allem hierauf geht T.A.Shippey ein. Er sieht die Gnomai im *Beowulf* als "description and evocation of the 'social contract'" (1977: 34). Und weiter stellt Shippey allgemein fest:

> The simplest conclusion to draw [...] is that the behaviour pattern [the maxims] exemplify reflects, if not in reality, at least an Anglo-Saxon cultural ideal not confined to literature and probably developed outside it: a skill dependent on the understanding of situations as well as the memorising of words [...]. (1977: 34f.)

Eine grundlegende Beobachtung zum strukturellen Einsatz der Gnomik, die daraus auch ihre Signifikationsfunktion erhält, hat Gerd Wolfgang Weber gemacht. Er lenkt unsere Aufmerksamkeit auf die in den Manuskripten markierte Untergliederung des *Beowulf* wie anderer altenglischer Epik in Fitten zwischen fünfzig und hundertfünfzig Zeilen. Eine ebensolche Gliederung liege auch beim altsächsischen *Heliand* vor. Die Wirkung dieser Untergliederung sieht Weber für *Beowulf* darin,

> [...] daß die einzelne Fitte eine gewisse inhaltliche Geschlossenheit dadurch besitzt, daß an ihrem Ende ein moralisierend-exegetischer Kommentar des »Erzählers« an seine Zuhörer in den epischen Fluß seines Berichts eingeschoben ist. Dadurch wird das Vorgetragene exempelhaft *mit der Gegenwart der Zuhörer* in Form einer Maxime christlichen oder sozialen Verhaltens in Bezug gesetzt, oder es bringt für die Zuhörer eine Versicherung hinsichtlich des Fortbestehens des göttlichen Heilsplans [...]. (1985: 297; meine Hervorhebung)

Was *Beowulf* angeht, so kann ich eine solche Übereinstimmung zwischen Fitteneinteilung und Auftreten der Gnomai nicht durchgängig feststellen, was jedoch nichts an der grundsätzlichen Gültigkeit der Feststellung von Weber ändert, daß die Aufgabe der gnomischen Passagen über die schlichter rhetorischer Versatzstücke weit hinausgeht. Auf jeden Fall aber ist Michael Cherniss' Beobachtung zu relativieren, der *Beowulf*-Dichter flechte passende moralische Kommentare in das Epos ein "as they occur to him" (1970: 225). Sie sind keine Capricen eines Dichters, wie man meinen könnte, eines Dichters, der hin und wieder "a bit off the track of his story" gerät, wie zum Beispiel bei dem sogenannten *Christian Excursus* (Cherniss 1970: 226).[12]

Neben der funktionalen Frage in der Verteilung der Gnomai muß noch einmal prinzipieller überlegt werden, ob es notwendig ist, eine Unterscheidung zu treffen im Blick auf die Sprecher der Gnomai, bei denen es sich handeln kann um den Erzähler selbst, um jene "Erzählerkommentare" also (die jedoch — eben wegen ihres gnomischen Charakters — nicht zu verstehen sind als 'private' Kommentare eines Individuums) oder aber um eine erzählungsinterne Figur, der das Gnomon in den Mund gelegt wird. Im gesamten *Beowulf*-Epos zähle ich dreiundzwanzig gnomische Passagen, wovon elf auf der oberen Erzählebene liegen, Beowulf spricht sieben, die Küstenwärter und Hrothgar eines und Wiglaf drei.[13] *Eine* Beobachtung relativiert die Wichtigkeit der Unterscheidung nach Sprechern (oder Erzählebenen) von vornherein ganz erheblich: abgesehen von der gnomischen Begrüßung der Gauten durch den dänischen Küstenwärter (Zz.287b-289) wird bis zu Beowulfs Tod nur eine einzige gnomische Formel von jemand anderem als dem Helden — nämlich von Hrothgar — geäußert.[14] Nach dem Tod Beowulfs, so bemerkt Blanche Williams, "Wiglaf succeeds him as speaker of wisc sayings" (1914/66: 41). Ich halte diese Beobachtung deshalb für sehr wichtig, weil man, modern gesagt, eine Art von "Identifizierungsangebot" in der Tatsache sehen könnte, daß die meisten nicht auf der obersten Erzählebene liegenden Gnomai von Beo-

---

[12] Zum *Christian Excursus* s. unten S.193ff.

[13] Erzähler: 20-25, 183b-188, 1002b-1008a, 1059-1062, 1534b-1536, 1940b-1943, 2166b-2169a, 2291-2293a, 2600bf., 3062b-3065, 3174b-3177; Beowulf: 440bf., 455b, 572bf., 1384b-1389, 1663b-1664a, 1838bf., 2029b-2031; Küstenwärter: 287b-289; Hrothgar: 930bf.; Wiglaf: 2764b-2766, 2890bf., 3077b. Eigenartigerweise führt Willams alle diese Stellen als gnomisch auf (S.29), wo sie jedoch daran geht, diese Stellen den jeweiligen Sprechern zuzuordnen (S.41), fehlen für den Erzähler Zz.2166b-2169a, 2291-2293a, 2600bf., für Beowulf Zz.440bf., das von Hrothgar geäußerte Gnomon und für Wiglaf Zz.2764b-2766.

[14] Nach Beowulfs Sieg über Grendel sagt Hrothgar in der dritten und vierten Zeile seiner Dankesrede *a mæg god wyrcan/ wunder æfter wundre wuldres hyrde* (930b f.; 'Doch Gott kann immer Wunder über Wunder bewirken, der Hirte der Herrlichkeit').

wulf selbst ausgesprochen werden. Dabei ist dieses Angebot nicht emotionaler Natur, sondern ist — viel fundamentaler — bezogen auf Sinnidentität. Gnomik — ob vom 'Helden aus fernen Zeiten' oder vom Erzähler geäußert, ist a-historisch. Sie ist dies, weil Gnomai — hier zeigt sich ihr tiefes Verwurzeltsein in der Oralität — nicht veralten und deshalb auch nicht 'aus der historischen Distanz' betrachtet werden können.[15] Dies genau müßte man unterstellen, wenn man mit Robinson glauben wollte, der *Beowulf*-Dichter habe sein Publikum dazu bringen wollen, "to accept the heathenism of the men of old and to join him in regretting it" und, so Robinson weiter, "to take his audience [...] to a sympathetic evaluation of them of what they *were*" (1985; 11; meine Hervorhebung). Gnomai verschwinden, wenn sie nicht mehr relevant sind, wenn das, was sie bestätigen, aus der Lebenswelt verschwunden ist. Auch dies ist ein Stück der strukturellen Amnesie der Oralität.

Daß auch Charaktere im *Beowulf*, vor allem der Held selbst, gnomisch reden, erkennen wir daran, daß diese Redeteile ebenso geformt sind wie, sagen wir, die Gnomai in den Sammlungen des Exeter-Buchs und des Cotton-Manuskripts. So erkannten auch die zeitgenössischen Zuhörer die Qualität solcher Rede. Zwar wäre es theoretisch denkbar, daß der *Beowulf*-Dichter in diesen Fällen irgendwelche gnomisch anmutenden Sprüche — vor allem solche 'heroischer' Natur — historisierend erfunden hätte, doch müßte man sich dann fragen, was er damit hätte bezwecken können. Die Vermutung, daß der *Beowulf*-Dichter und damit sein Publikum zur Erzählung selbst historische Distanz eingenommen hätten (wie Greenfield dies vermutet), ist aus den oben (S.138ff.) genannten Gründen äußerst unwahrscheinlich. Ist dies nicht möglich, so können auch die Gnomai jener Personen nicht 'historisch' sein in dem Sinn, daß sie sich auf eine Wert- und damit Sinnwelt beziehen, die sich drastisch von der der angelsächsischen Zuhörer unterscheidet.

---

[15] Mit der Aussage, daß Gnomisches nicht 'veralten' kann meine ich, daß es nicht 'nicht mehr zutreffend/relevant' und trotzdem noch existent sein kann. Wenn — aus welchen Gründen auch immer — Frauen weniger mit Garn und Faden umgehen, verschwindet der mahnende Spruch "Langes Fädchen — faules Mädchen". Anderenseits ist es wohl möglich, daß die 'sprachliche Hülle' eines Spruchs erhalten bleibt, der Sinn jedoch ein neuer, anderer wird. Ich denke hier an "Spinne(n) am Morgen bringt Kummer und Sorgen; Spinne(n) am Abend, erquickend und labend." Dies widerspricht nicht der Beobachtung, daß Gnomisches oft in sprachlich archaischer Form vorliegt. Letzteres garantiert ja nur die Traditionalität und damit fortlebende Relevanz, cf. dazu Greimas: "La formulation archaïsante des proverbes et dictons intercalés dans la chaîne du discours actuels renvoie, semble-t-il, à un passé non déterminé, leur confère une sorte d'autorité qui relève de la «sagesse des anciens». Le caractère archaïque des proverbes constitue donc *une mise hors du temps* [...]" (1970: 313). Solche sprachliche Archaisierung nachzuweisen, bleibt uns natürlich bei der altenglischen Dichtung versagt.

Nun wäre es dennoch denkbar, daß man einen thematischen Unterschied erkennen könnte zwischen der Gnomik auf der Erzählerebene und der, die von den Charakteren innerhalb der Erzählung ausgesprochen wird. Blanche Williams hat für den *Beowulf* thematisch sieben Typen ausgemacht: (1) Aufforderung zu lobenswerten Taten; (2) Freigebigkeit; (3) Klugheit, Weisheit; (4) Vertrauen in Gott oder Schicksal (*fate*); (5) Warnung gegen weiblichen Verrat; (6) Verrat der Sippe; (7) Erinnerung an den unvermeidlichen Tod (1914/ 66: 40f.)[16] Dabei sind die Gruppen (1), (4) und (7) mit jeweils sechs Stellen die umfangreichsten. Eine signifikante thematische Verteilung — der Art: Erzähler = christliche Gnomai, Figur = heroische Gnomai — zwischen der obersten Erzählebene und den von den erzählungsinternen Figuren geäußerten Gnomai ist aber nicht zu erkennen: zum Beispiel ist dem Erzähler das erste, über sechs Zeilen sich erstreckende 'heroische' Gnomon (Zz.20-25) zuzuweisen, ebenso wie Hrothgar die wunderwirkende Kraft des *wuldres hyrde* (Z. 931b; 'Wächter/Hirte der Herrlichkeit') preist. Allerdings muß einschränkend vermerkt werden, daß Beowulf selbst nur ein einziges Gnomon (Zz.440bf.) in den Mund gelegt ist, das deutlich einen christlichen Bezug aufweist.

Die thematische Unterscheidung der Gnomai ist in der Forschung lange einhergegangen mit der Frage nach dem Ursprung dieser Gnomai. Weber teilt die Gnomai — synchron — auf in die Gebiete "christlich-moralisierende" und "allgemeine »weltliche« Ethik" (1985: 297f.). Für letztere sieht er die Begründung darin, daß "der Stoff in paganer Zeit spielt" (1985: 297). Wenn ich Weber richtig verstehe, unterstellt diese Begründung kein Gegeneinander von Christlichkeit und Heidentum, vielmehr will Weber wohl damit andeuten, daß Heiden — der Erzähler weist ja das Heidentum seiner Helden expressis verbis aus (wenngleich dies dann doch wieder in Vergessenheit gerät) — hier die *dramatis personae* sind, denen es eher um "Weltliches" gegangen sein mußte. Das heißt: diese "weltlichen" Gnomai sind nicht als Gegensatz zu den christlich-religiösen zu sehen, sie nehmen vielmehr nur Bezug auf andere Segmente des menschlichen Lebens und dessen Sinngebung. So ähnlich schätzt dies auch Michael Cherniss ein, wenn er feststellt:

---

[16] Sie gibt dazu folgende Stellen an (ich berichtige zur heute gängigen Zeilenzählung): für (1) 20-25; 1384b-1389; 1534b-1536; 1838bf.; 2029b-2031 [?]; 2890bf. [= 6 Belege]; für (2) 20-25; für (3) 287b-289; 1060b-1062; für (4) 440bf.; 572bf.; 930b-932; 1059-1062; 1663b-1664a; 2291-2293a [=6 Belege]; für (5) 1940b-1943; für (6) 2166b-2169a; dazu nennt sie noch als "cf." 2600bf.; für (7) 183b-188; 1002b-1003 (man kann hier auch bis Z.1008a zählen; s.u.); 1384b-1389; 2890bf.; 3062b-3065; 3174b-3177 [6 Belege] (1914/66: 41).

[The] *Beowulf*-poet appears fond of moralizing upon the events of his story, both in his own voice and through the mouths of his characters. This moralizing is at times clearly Christian, at times slightly pagan, and at times doctrinally neutral. The poet can offer us a Christian moral or a secular one with equal facility, and the nature of any given moral comment is largely determined by the particular situation with which he is dealing. (1970: 224f.)

Wie üblich in der älteren Forschung sieht Blanche Williams dieses Nebeneinander hingegen eher antagonistisch, muß dann aber doch Einschränkungen machen:

Of these gnomic passages, most are heathen; some are mixed with Christian sentiments, as if the author had turned old matter to new purposes; one or two may be entirely Christian. In some cases, it is impossible to separate the two elements [!]. A writer who had at his command a wealth of heathen lay material and who was familiar also with the teachings of Christianity designed for them no separate compartments in building his epic poem. Heathen and Christian wisdom appear now in harmony, again in slight conflict. (1914/66: 29f.)

Ihre Beobachtung, daß für die Schwierigkeit einer präzisen Trennung — hier christlich, hier heidnisch — letztlich wohl der Dichter selbst verantwortlich zu machen sei, heißt nichts anderes, als daß auch sie schon jene 'Fusion' ursprünglich verschiedener Sinnwelten in den Kulturträgern selbst veranschlagt. Damit nimmt Blanche Williams für das frühe 20. Jahrhundert einen recht progressiven Standpunkt ein.

Es geht mir hier nun nicht darum, *alle* gnomischen Stellen im *Beowulf* nach Inhalt und Funktion aufzuarbeiten. Um exemplarisch zu zeigen, wie der gnomisch-formelhafte Sinnverweis in diesem Gedicht seinen Ausdruck findet, wähle ich die von mir so genannte "Todesgnomik" aus. Gerade an ihr nämlich zeigt sich die Verschränkung von Christlichem und Weltlichem, so daß man die — allemal recht müßige — Provenienzfrage einmal mehr hintanstellen kann.

3.2.2 Das Beispiel der 'Todesgnomik'

Der Tod, so die Wissenssoziologen Berger und Luckmann, stellt "the most terrifying threat to the taken-for-granted realities of everyday life" dar und bedarf deswegen auch am dringendsten einer Sinngebung:

> The integration of death within the paramount reality of social existence is, therefore, of the greatest importance for any institutional order. This legitimation of death is, consequently, one of the most important fruits of symbolic universes. (1966/71: 119)

Berger und Luckmann setzen analytisch vier "Ebenen der Legitimation von Sinnwelten" an, die sich empirisch überschneiden können. Auf einer ersten, grundlegenden Ebene liegt Legitimation bereits dort vor, wo durch sprachliche Objektivierung menschliche Erfahrung wiedergegeben wird. Die nächste Ebene charakterisieren Berger und Luckmann folgendermaßen:

> The second level of legitimation contains theoretical propositions in a rudimentary form. Here may be found various explanatory schemes relating sets of objective meanings. These schemes are highly pragmatic, directly related to concrete actions. *Proverbs, moral maxims and wise sayings are common on this level.* Here, too, belong legends and folk tales, frequently transmitted in poetic forms. (1966/71: 112; meine Hervorhebung)

Dies sollte deutlich genug machen, daß der Gnomik, die den menschlichen Tod thematisiert, besonderes Gewicht zukommt. Verstehen wir Gnomik allgemein als den Ausdruck einer objektiven Sinngebung und stimmen wir Berger und Luckmann zu, daß gnomische Ausdrücke, die den Tod betreffen, zu den bedeutendsten Pfeilern bei der Konstruktion von Sinnwelten gehören, die sich eine Kultur schafft, so bedarf der Untersuchungsgegenstand hier keiner weiteren Rechtfertigung.

Es ist jedoch nicht nur allgemein das kulturanthropologische Gewicht ihrer Thematik, das die Untersuchung der Todesgnomik im *Beowulf* interessant macht. Ob man es nun in der Dichotomie "christlich vs. germanisch", "christlich vs. heroisch" oder gar "christlich vs. heidnisch" ausdrückt: diesem Epos wird — wie die Arbeit von Robinson (1985) wieder darlegt — stets von neuem unterstellt, daß in ihm zwei *gegensätzliche* Sinnwelten vertreten sind. Gerade in der Todesgnomik hat man, wie Blanche Williams zu entnehmen ist, die Dokumentation "theoretischer Aussagen rudimentärer Form" (Berger/Luckmann) aus beiden Sinnwelten gesehen. Ob es sich dabei wirklich um *Gegensätze* handelt, wird dieses Kapitel zeigen.

Hier nun sechs (von insgesamt sieben) "sentenzhaften Verallgemeinerungen", um Blanche Williams' Definition des Gnomischen wieder aufzunehmen, die im *Beowulf* direkt den Tod thematisieren.[17] Ich zitiere diese Gnomai im folgenden in der Reihenfolge ihres Vorkommens im *Beowulf* und gebe in Klammern den jeweiligen Sprecher an:

1) 183b-188 (Erzähler):

   wa bið þæm ðe sceal
þurh sliðne nið sawle bescufan
in fyres fæþm frofre ne wenan
wihte gewendan wel bið þæm þe mot
æfter deaðdæge drihten secean
ond to fæder fæþmum freoðo wilnian

   [weh dem, der
durch grausame Feindseligkeit seine Seele stoßen muß
in die Umarmung des Feuers, Trost nicht erwarten (kann),
nichts wenden (kann); wohl dem, der
nach dem Todestag den Herrn suchen
und in des Vaters Umarmung Frieden erbitten kann]

2) 440bf. (Beowulf):[18]

   ðær gelyfan sceal
dryhntes dome se þe hine deað nimeð

   [dort muß glauben
an des Herrn Gerechtigkeit, der, den der Tod (hinweg)nimmt]

3) 1002b-1008a (Erzähler):[19]

   no þæt yðe bið
to befleonne fremme se þe wille
ac gesecan sceal sawlberendra

---

[17] Ich gehe hier nicht näher ein auf das Todesgnomon, das Wiglaf in Zz.2890bf. spricht: *deað bið sella/ eorla gehwylcum þonne edwitlif* ('der Tod ist besser für jeden Menschen, als ein Leben in Schande'). Die hier aufgelisteten gnomischen Passagen sind nicht identisch mit der Gruppe (7) bei Williams, da ich auch solche mit einbeziehe, die sie zu (4) (Vertrauen in Gott oder Schicksal) rechnet.

[18] Diese Passage zählt Williams zu ihrer Gruppe (4).

[19] Hiervon führt Willams nur Zz.1002b-1003 an, wohl weil ihr das Folgende im Widerspruch dazu steht, daß direkt zuvor vom Tod Grendels die Rede ist.

nyde genydde   niþða bearna
grundbuendra   gearwe stowe
þær his lichoma   legerbedde fæst
swefeþ æfter symle

    [nicht, daß es einfach sei
(den Tod) zu fliehen — versuche, wer (das) wolle —
sondern man muß suchen der Seelentragenden
— durch Not genötigt —, der Menschensöhne,
der Erdbewohner bereiteten Ort,
wo sein Leichnam fest im Lagerbett
schläft nach dem Fest]

4) (1384a)-1389 (Beowulf):

(ne sorga snotor guma)   selre bið æghwæm
þæt he his freond wrece   þonne he fela murne
ure æghwylc sceal   ende gebidan
worolde lifes   wyrce se þe mote
domes ær deaþe   þæt bið drihtguman
unlifgendum   æfter selest

[(sorge dich nicht, weiser Mensch!) Besser ist es für jeden,
daß er seinen Freund räche, als daß er viel trauere.
Jeder von uns muß das Ende erwarten
des weltlichen Lebens. [Er-]wirke, wer es kann,
Ruhm vor dem Tod. Das ist für den Krieger,
[den] leblosen, hernach am besten.]

5) 2590b-2591a (Erzähler):[20]

            swa sceal æghwylc mon
alætan lændagas

    [so muß jeder Mensch
die geliehenen Tage lassen]

---

[20] Diese Stelle führt Williams nirgends auf. Ich nehme an, daß sie Z.2590b als Einschub ansieht und *alætan* in Z.2591a als zu *sceolde* in Z.2589a rechnet; damit wäre *alætan lændagas* eine Variation zu *wic eardian/ elles hwergen* (2589b -2590a; '(sollte) seine Wohnstatt nehmen an einem anderen Ort'). So übersetzt auch H.Chickering. E.T.Donaldson hingegen gibt diese Zeilen wieder als "[...] against his [i.e. Beowulf's] will he must take up a dwelling place elsewhere — as every man must give up the days that are lent to him". Auch diese Übersetzung läßt offen, ob der Übersetzer die betreffende Stelle als Gnomon versteht.

6) 3062b-3065 (Erzähler):

>   wundur hwar þonne
> eorl ellenrof   ende gefere
> lifgesceafta   þonne leng ne mæg
> mon mid his [ma]gum   meduseld buan
>
> [(es ist) ein Wunder, wo dann
> der tapfer-starke Krieger das Ende erreiche
> des Lebensgeschicks, wenn der Mensch länger nicht vermag
> mit seinen Verwandten das Methaus zu bewohnen]

Zuerst soll das Gnomon aus Zz.183b-188 (Nr.1) diskutiert werden, das unstrittig christlich ist, dann das aus Zz.440bf. (Nr.2), dem man heidnischen Einfluß unterstellt hat, und schließlich das Gnomon in Zz.1387b-1389, der zweiter Teil also meiner Nr.4, das nach gängigem Verständnis das germanisch-heroische Konzept des Nachruhms maximenhaft formuliert.

Am ersten hier aufgeführten Gnomon haben sich in der *Beowulf*-Forschung über Generationen die Geister geschieden. Als Teil des sogenannten *Christian Excursus* (Zz.177b-188) — vor dem eigentlichen Gnomon wird ausdrücklich festgestellt, daß die Dänen Heiden sind (177b-183a) — erhebt sich gerade von dieser Stelle aus die Frage, wie es um die Christlichkeit des gesamten Gedichts bestellt ist. Als ein Beispiel sei hier J.R.R.Tolkien zitiert, der im Appendix zu seinem berühmten Aufsatz "Beowulf: The Monsters and the Critics" folgendes feststellt:

> [...] it is open to doubt whether lines 181-188 are original, or at any rate unaltered. Not of course because of the apparent discrepancy — though it is a matter vital to the whole poem: we cannot dismiss lines simply because they offer difficulty of such a kind. But because, unless my ear and judgement are wholly at fault, they have a ring and measure unlike their context, and indeed unlike that of the poem as a whole. [...] I suspect that the second half of line 180 [*metod hie ne cuþon*; 'sie kannten den Herrn nicht'] has been altered, while what follows has remodelled or replaced a probably shorter passage, making the comment (one would say, guided by the poem as a whole) that they *forsook* God under tribulation, and incurred the danger of hell-fire. (1936/63: 101f.)

Das heißt, Tolkien hält die gnomische Passage nicht etwa für einen Zusatz, wie dies zum Beispiel Blackburn Ende des letzten Jahrhunderts getan hat.[21] Vielmehr glaubt Tolkien, hier habe eine Erweiterung von einem gerüsthaft bereits vorhandenen narrativen Teil stattgefunden.[22] Während man nun den Interpolationsverdacht nie absolut wird ausräumen können, ist Tolkiens Vermutung leicht zu widerlegen, wenn wir diese gnomische Passage paratextuell betrachten.

Strukturell wie thematisch erinnert der zweite, mit *wel* beginnende Teil der Passage an die Schlußformel des *Wanderer*:[23]

wel bið þam þe him are seceð
frofre to fæder in heofonum   þær us eal seo fæstnung stondeð
(*Wan* 113bf.)

[wohl dem, der (für) sich Gnade sucht,
Trost beim Vater im Himmel, wo all unsere Sicherheit liegt]

Als Parallele zum ersten Teil, den *wa* einleitet, drängt sich mir die Schlußformel in *Wife's Lament* auf, wenngleich die Forschung gerade diesem Gedicht in der Regel absolut keinen 'christlichen Gehalt' zuschreiben möchte:[24]

wa bið þam þe sceal
of langoþe   leofes abidan
(*WfL* 52bf.)

[weh dem, der
im Verlangen nach dem Geliebten verharren muß]

---

[21] Blackburn identifiziert 175-188 als eine der "interpolations in a broader sense, either by the supposed reviser or by some one else" (1897/1963: 15).
[22] Ähnlich auch Cherniss, der zum Beispiel versucht, u.a. den *Christian Excursus* als "interpolation" des christlichen Dichters zu sehen, der mündlich, zumindest aber für ein hörendes Publikum dichtend moralisch passende Kommentare einstreut, "as they occur to him, regardless of their doctrinal bias" (1970: 225). Dabei unterstreicht Cherniss ausdrücklich, daß für ihn der Begriff der *interpolation* keineswegs (wie man das im Blick auf die vielbeschworenen mönchischen Redaktoren tat) negativ gemeint sei. Direkt auf den *Excursus* bezogen merkt Cherniss an: "[The poet] never returns to the subject of the Danes' paganism: it is not really an important factor in the story. It would seem that the fact that his characters are pagans occurred to him and, having stated that fact, he felt obliged to censure them for their beliefs, after which he ignores these beliefs altogether" (1970: 226).
[23] Die folgenden Überlegungen habe ich bereits in Schaefer (1989) dargelegt. Williams, die hauptsächlich eine thematische Brücke sucht, nennt die gesamte Passage im *Beowulf* "a 'terminal moral'" und erinnert ihrerseits an die *Cotton Maxims* (*Mxm II*), auf die ich gleich noch einzugehen habe.
[24] So z.B. E.G.Stanley 1955: 450, Wrenn 1967: 140, Weber 1985: 289 und viele andere mehr.

Zu der *wel*-Passage im *Beowulf* wie im *Wanderer* hingegen gibt es weitere Parallelen im Exeter-Buch, so zum Beispiel:

> wel biþ þam þe mot
> in þa geomran tid   gode lician
> (*Phx* 516bf.)

> [wohl dem, der es vermag
> in dieser traurigen Zeit Gott zu gefallen]

und, fast wörtlich wiederholt:

> wel is þam þe motun
> on þa grimman tid   gode lician
> (*Chr III* 1079bf.)

> [wohl ist denen, die es vermögen,
> in diesen grimmen Zeiten, dem Herrn zu gefallen]

Der formelhafte Bezug auf die jammervolle Zeit, in der die Menschen leben, ist eschatologisch. In solchen Zeilen scheint die ästhetische Wirkung der Dichtung Caedmons, so wie Beda sie uns überliefert hat, in einer lobpreisenden dichterischen Formel geronnen. Wir erinnern uns: die Mönche von Whitby waren durch die Gedichte Caedmons *ad contemtum saeculi et appetitum* [...] *uitae celestis accensi* (Kap. IV.24; cf. oben S.96f.). Die poetischen Stellen zeigen, wie wohletabliert in der altenglischen Dichtung der theologische Gehalt solcher Gedanken wie auch deren formelhafte Phrasierung waren.

Die Formulierungen *wel bið/is...* sind Seligpreisungen, wie sie — nicht nur formal, sondern auch inhaltlich ganz ähnlich — in den Psalmen zu finden sind. Schon der erste Vers des ersten Psalms beginnt:

> Beatus vir qui non abiit in consilio impiorum
> (Ps 1,1)

[Selig der Mann, der nicht im Rat der Frevler folgt][25]

Im zweiten Psalm wird ein Preis auf diejenigen gesungen, die auf Gott vertrauen:

---

[25] Ich gehe hier von meiner sonstigen Praxis, im Deutschen wörtlich die Einheitsübersetzung zu zitieren, ab. Dort wird *beatus vir* als 'wohl dem Mann', *beati omnes* als 'wohl allen', *beato vir* als 'wohl dem...' etc. übersetzt.

> Beati omnes qui confidunt in eo
> (Ps 2,12)
>
> [Selig alle, die ihm vertrauen]

Psalm 32 hebt an mit der Preisung derer, denen die Sünden vergeben werden:

> Beati quorum remissae sunt iniquitates
> Et quorum tecta sunt peccata
> Beatus vir cui non imputavit Dominus peccatum
> Nec est in spiritus eius dolus
> (Ps 32, 1f.)[26]
>
> [Selig, deren Frevel vergeben
> und deren Sünde bedeckt ist.
> Selig der Mensch, dem der Herr die Schuld nicht zur Last legt
> und dessen Herz keine Falschheit kennt.]

Man kann wohl nicht von direkter Übernahme eines Psalmenverses ausgehen, allerdings ist der parallele Aufbau der *wel*-Passage im *Beowulf* (wie auch derjenigen in *Christ* und *Phoenix*) zu den Psalmenversen unübersehbar. Da wir von den altenglischen metrischen Psalmenübersetzung nur die letzten hundert Psalmen überliefert haben, können wir erst die folgenden Verse mit ihrer altenglischen Version vergleichen:

> Beati qui habitant in domo tua, Domine;
> In saecula saeculorum laudabunt te.
> Beatus vir cuius est auxilium abs te ...
> (Ps 84,5f.)
>
> [Selig, die wohnen in deinem Haus,
> die dich allzeit loben.
> Selig der Mensch, der Kraft findet in dir ...]
>
> Domine virtutum, beatus homo qui sperat in te
> (Ps 84,13)
>
> [Herr der Heerscharen, selig der Mensch, der dir vertraut]

In der altenglischen Übersetzung heißen diese Verse:[27]

> eadige weorðað þa þe eardiað
> on þinum husum halig drihten
> and þe on worulda woruld wealdend heriað

---

[26] Ich übernehme die Zählung der Einheitsübersetzung.
[27] In *ASPR* V die Nr.83, Verse 4f. und 12.

þæt byð eadig wer se þe him oðerne
fultum ne seceð ...

[selig werden, die wohnen
in deinem Haus, heiliger Herr,
und dich in der Welt der Welten, Waltender, preisen;
das ist ein seliger Mensch, der sich keine andere
Stütze sucht ...]

þæt bið eadig mann se þe him ecean godes
to mundbyrde miht gestreoneð

[das ist ein seliger Mensch, der (für) sich des glorreichen Gottes
Macht für seinen Schutz gewinnt]

Inhaltlich wie formal also ist *wel bið þæm þe sceal...* (*Bwf* 186b ff.) den Seligpreisungen in den Psalmen sehr ähnlich. In den Psalmen jedoch, für die uns die altenglische Übersetzung vorliegt, wird das lateinische *beatus* stets mit *eadig* übersetzt.[28] Um in der Metaphorik der generativen Grammatik zu sprechen: solche Seligpreisungen haben eine sehr ähnliche Tiefenstruktur, generieren aber an der Oberfläche andere lexikalische Realisationen. Eine weitere tiefenstrukturelle *syntaktische* Übereinstimmung wird erst als signifikant deutlich, wenn man weitere gnomische Sprüche mit diesem "christlichen Exkurs" aus *Beowulf* vergleicht.

Die relativische Konstruktion *wel/wa bið þæþ þe...* wie im *Beowulf* 186b bzw. 183b, *Christ III* 1079b und *Phoenix* 516b hat Parallelen in den Gnomai des Exeter-Buchs. Einmal in dem Spruch, der sich fast identisch im *Seafarer* wiederfindet:[29]

---

[28] So in Ps 106,3: *Beati qui ... in omni tempore* — *eadige beoð æghwær þa ðe* (ae. 105,3); Ps 119,1: *Beati immaculati in via* — *eadige beoð on wege...* (ae. 118,1); Ps 119,2: *Beati qui* — *eadige beoð swylce þa* (ae. 118,2); Ps 128,1: *beati qui* — *eadige sindon ealle þe* (ae. 127,2).

[29] Horgan (1979: 43) sieht zu dieser Zeile eine Parellele in Lk 12,20 (Gleichnis von reichen Mann): *Stulte! hac nocte animam tuam repetunt a te: quae autem parasti, cuius erunt?* ('Du Narr! Noch in dieser Nacht wird man dein Leben von dir zurückfordern. Wem wird dann all das gehören, was du angehäuft hast?'). Er schließt sich damit Sisam (1945) an, der in den Zeilen *Sfr* 97-102 den Psalm 49 wiedererkennt, wo es u.a. in Vers 11 heißt: *Simul insipiens et stultus peribunt; et relinquent alienis divitias suas* ('genauso gehen Tor und Narr zugrunde, sie müssen andern ihren Reichtum lassen'). Diese Parallelen mögen zutreffen, dennoch kann ich mich Horgans Feststellung nicht anschließen, *Seafarer* sei "built around the poverty-riches opposition", ja daß im Gedicht der Reiche (in Zz.39-43) für die "traditional Germanic values of the *comitatus*" stehe, die der Dichter des *Seafarer* zurückweise als "mindless and insensitive" (1979: 43). Zum einen werden diese Werte *nicht zurückgewiesen*, sondern *relativiert*; zum anderen erscheint mir die 'Zurückweisung', wenn sie, wie Horgan das meint — auf dem Gegensatz 'arm' (im materiellen Sinn) vs. 'reich' aufbaut, nicht in die Sinnwelt des frühen Mittelalters zu passen.

dol biþ se þe his dryhten nat   to þæs oft cymeð deað unþinged
(*Mxm I*, 35)

[Toll ist, der seinen Herrn nicht kennt; so kommt der Tod oft
unerwartet]

dol biþ se þe him his dryhten ne ondrædeþ   cymeð him se deað
unþinged
(*Sfr* 106)

[toll ist der(jenige), der seinen Herrn nicht fürchtet; ihm kommt der
Tod unerwartet]

Auf das Motiv des überraschenden Todes werde ich gleich noch einmal eingehen. Unser Interesse gilt hier dem Konstruktionstyp <ADJEKTIV + *bið* + RELATIVANSCHLUSS>. Der Typ ist in den Exeter-Gnomai noch dreimal belegt, wobei es sich im ersten Fall um zwei in Antonymien wie *wel : wa* aufgebaute Halbzeilen handelt:

eadig bið se þe in his eþle geþihð   earm se him his frynd gesciwað
(*Mxm I* 37)

[selig ist der(jenige), der in seinem Heim gedeiht; arm, den seine
Freunde betrügen]

In einem zweiten Fall haben wir nur eine *earm*-Passage,[30] die sich allerdings über zwei Langzeilen erstreckt:

earm bið se þe sceal   ana lifgan
wineleas wunian   hafaþ him wyrd geteod
(*Mxm I* 172f.)

[arm ist der(jenige), der alleine leben muß;
freundlos zu bleiben hat ihm das Schicksal zugewiesen]

---

[30] Es würde in diesem Rahmen zu weit führen, auf die Antonymie *earm : eadig* genauer einzugehen; *eadig* bedeutet z.B. an der Stelle *eaferum læfde swa deð eadig mon/ lond ond leodbyrig þa he of life gewat* (*Bwf* 2470f.) aufgrund des Kontexts nicht 'happy', wie Chickering und auch E.T.Donaldson übersetzen, sondern 'wohlhabend' ('er hinterließ seinen Söhnen — wie ein wohlhabender Mann das tut — Land und Städte [i.e. befestigte Wohnanlagen], als er aus dem Leben schied'). Dennoch darf man in der Antonymie *earm : eadig* im nicht-religiösen Gebrauch keine wirklich materiellen Gegensätze unterstellen. J.LeGoff beobachtet erst nach der Jahrtausendwende — als die Furcht vor dem kurz bevorstehenden Jüngsten Gericht langsam zu weichen und eine Diesseitswendung sich auszubreiten begann — ein "glissement de l'opposition *potens—pauper*, «haut homme»—«vilain» vers l'opposition riche—pauvre, gros—menu" (1985: 88). Alleine die Bedeutung 'riche' ließe es zu, *potens* auf *beatus* zu übertragen.

In letzterem Gnomon erkennt man das Motiv des Exils, "the epitome of misfortune in heroic life",[31] das uns scheinbar wieder aus der Welt der Psalmen herausführt. In meinem Artikel zu *Wife's Lament* (1986) habe ich die sozialen Implikationen der Freundlosigkeit und Landfremdheit innerhalb des germanischen Sozialgefüges skizziert.[32] Dennoch ist auch diese Zuweisung zur rein germanischen Sinnwelt nicht eindeutig. Betrachten wir unter diesem Gesichtspunkt die altenglische Übersetzung des Vers 6 von Psalm 119 nach Zählung der *ASPR*:

Wa me þære wyrde   þæt min wynn alæg
and min bigengea gewat   bryce on feorweg
sceal ic eard niman   swa me eðe nis
mid Cedaringum   nis min cyð þær
þe mine sawle   swiðe beeode

[Weh mir durch dieses Schicksal, das meine Freude unterdrückte
und meine nützliche Anpflanzung an einen entfernten Ort verwies (?)
Ich will meine Wohnstatt nehmen, was mir nicht leicht ist,
bei den Leuten von Cedar; dort ist nicht meine Heimat,
die meine Seele so sehr verehrt]

Lateinisch heißt dieser Vers:

Heu mihi, quia incolatus meus prolongatus est!
Habitavi cum habitantibus Cedar;
Multum incola fuit anima mea.

[Weh mir, da meine Landfremdheit lange währt!
Ich habe mit den Einwohnern Cedars gewohnt;
sehr landfremd war meine Seele.]

Abgesehen von dem offensichtlichen Mißverständnis des Lateinischen bei der Übersetzung des zweiten Satzes dieses Verses aus dem Lateinischen: es scheint, als manifestiere sich in der altenglischen Übersetzung die Überschneidung zweier Kulturkreise: der germanischen Kultur, die möglicherweise ihre eigenen dichterischen Ausdrucksformen für das schreckliche Exildasein hatte (so Greenfield 1955) zum einen und die Welt des Alten Testaments zum anderen.

---

[31] So die Überschrift von Kapitel V in Cherniss 1972 (S.102ff.); cf. dazu auch Greenfield 1955; Bessai 1964.
[32] Als rechtshistorische Betrachtung zu dieser Problematik cf. Kroeschell 1960.

Dieser Exkurs in die Psalmen wie auch in die Gnomai des Exeter-Buchs macht zweierlei deutlich: (1) einige gnomische Passagen zeigen formelhafte Parallelen auf lexikalisch-semantischer wie auf syntaktischer Ebene; (2) selbst da, wo man so eindeutig ein germanisches Motiv — das des entsetzlichen Zustands der Landfremdheit — zu erkennen glaubt, findet sich noch eine Entsprechung in den Psalmen. Auch wenn wir einen Zusammenhang nicht einwandfrei postulieren können: da die Psalmen zur Grundausstattung eines mittelalterlichen *litteratus* gehörten, ist eine Fusion von Gnomischem aus dieser Quelle wie aus der anderen — einheimischen — sehr wahrscheinlich.

Für die so oft diskutierte *Beowulf*-Passage, die Ausgangspunkt für diesen Exkurs in die Psalmen wie auch in die Gnomai des Exeter-Buchs war, bedurfte es nicht dieses Vergleichs mit den Psalmen, um nachzuweisen, daß der *Beowulf*-Dichter — sprachlich wie inhaltlich — vertraut war mit dem Gedankengut der Bibel. Über den "christlichen Gehalt" dieser Stelle besteht weitgehend Einigkeit. Was es hier zu zeigen gilt, ist dies: man wird der Dichtkunst des *Beowulf*-Dichters — und darüber hinaus der altenglischen Dichtung im allgemeinen — nicht ganz gerecht, wenn man, wie Cherniss dies angesichts von unübersehbaren "Christian exclamations" im *Beowulf* tut, folgende Wertung vornimmt:

> The Christian piety of these exclamations is all on the surface; it is not necessarily insincere, *but it is merely formal*. The poet speaks this way because he is a believer in the Christian God [...]. (1972: 136; meine Hervorhebung).

In seinem zwei Jahre zuvor publizierten Artikel trifft Cherniss den Sachverhalt viel genauer. Dort nämlich schreibt er im Sinn der *Oral-Formulaic Theory* solche Stellen einem christlichen Dichter zu, der aus einem Fundus schöpft, aus dem er solche "interpolations" — Cherniss meint dies durchaus positiv — einstreut (1970: 224). Und ich füge hinzu — um Cherniss' Bild von 1972 auszuweiten —: die Christlichkeit solcher Ausrufe kommt aus der Tiefe, sie ist nicht einfach eine Färbung, sondern zeigt, daß in diesem dichterischen Fundus bereits eine solche Verschmelzung der im Ursprung verschiedenen Traditionen stattgefunden hat, daß an der Oberfläche eine Trennung nicht mehr durchführbar ist, daß also neues Gnomisches entstanden ist, das seinen eigenen volkssprachlichen Ausdruck finden konnte.

In den Zeilen 186a-188 im *Beowulf* (wie auch in der Schlußformel des *Wanderer*) betrifft dieser Ausdruck — in positiver Formulierung — das, was den, der an den Herrn glaubt, nach dem Tod erwartet. In maximenhaftem

Ausdruck thematisiert dies auch das zweite Gnomon aus *Beowulf*, diesmal aus dem Mund des Helden selbst, das hier zu analysieren ist:

> ðær gelyfan sceal
> dryhntes dome   se þe hine deað nimeð
> (*Bwf* 440f.)

> [dort muß glauben
> an Gottes Gerechtigkeit der(jenige), den der Tod (hinweg)nimmt]

Williams kommentiert diese Stelle folgendermaßen:

> In lines 440b-441 a Christian gnome is apparent. [...] But I believe [...] that the old 'goes Wyrd as she must' is in the background, — a thought which appears almost immediately in 455b. (1914/66: 34)

Die Zeile 455b im *Beowulf* lautet:

> gæð a wyrd swa hio scel

> [das Schicksal geht, wie es muß]

Es mag sein, daß dies ein 'heidnischer Gedanke' ist und daß er im Blick auf die diskutierte Stelle im Hintergrund steht. Was aber heißt dies? Meint Blanche Williams, die Berufung auf das Vertrauen in die göttliche Gerechtigkeit — und dies heißt *dom* in Z.441a — entstamme einer ursprünglich heidnischen Einstellung des Fatalismus? Ich meine eher: was sich hier manifestiert, ist Ausdruck einer — aus dem christlichen Glauben des frühen Mittelalters zu erklärenden — Unsicherheit gegenüber dem, was den Menschen nach dem Tod erwartet.

In den Cotton-Gnomai wird ausgedrückt, was jedem bekannt ist:

> næni eft cymeð
> hider under hrofas   þe þæt her for soð
> mannum secge   hwylc sy meotodes gesceaft
> sigefolca gesetu   þær he sylfa wunað
> (*Mxm II* 63b-66)

> [niemand kommt wieder
> hierher unter die Himmel, der das fürwahr
> den Menschen sagte, welch(er Art) sei des Herrn Einrichtung,
> der Sitz des siegreichen Volkes, wo er selbst wohnt]

Zur Abhilfe für diesen Mangel werden im frühen Mittelalter zahlreiche Jenseitsvisionen tradiert.[33] Als nicht-poetisches Beispiel sei hier die Vision eines namentlich nicht genannten Mönchs des Klosters Wenlock angeführt, die Bonifatius der Äbtissin Eadburg von Thanet im Jahr 716 brieflich zur Kenntnis bringt.[34] Die zum größten Teil in indirekter Rede übermittelte Vision ist Ende des 10. Jahrhunderts ins Altenglische übersetzt, was ein weiterer Beleg für die Beliebtheit solcher Erzählungen ist.[35] Eine Stelle aus dieser Vision ist für unseren Zusammenhang von besonderem Interesse.

Nach dem Verlassen des Körpers empfangen Engel die Seele des Verstorbenen (*angelos eum egressum de corpore suscepisse*; Rau 1968: 30). Sie kommt in eine Menge anderer Seelen, die umringt sind von Dämonen, die diese Seelen ihrer Sünden anklagen und von Engeln, die diese Sünden zu entschuldigen suchen. Diese Engel und Dämonen wenden sich auch dem Visionär zu:[36]

> Et se ipsum audisse omnia flagitiorum suorum propria peccamina, quae fecit a iuventute sua et ad confitendum aut neglexit aut oblivioni tradidit vel ad peccatum pertinere omnino nesciebat, ipsius propria voce contra illum clamitasse [...]
>
> [Auch habe er selbst alle seine eigenen sündhaften Schandtaten, die er seit seiner Jugend beging und entweder zu beichten unterließ oder vergaß oder überhaupt nicht als zur Sünde gehörig kannte, mit ihrer eigenen Stimme gegen ihn schreien [...] hören. (Rau 1968: 32/33)]

Die *ungewußten* Sünden scheinen angesichts des himmlischen Gerichts besonders zu beunruhigen. Dies bezeugt eine Stelle aus dem altenglischen Gedicht *Resignation*. Auch hier wünscht sich der Sprecher, von Engeln zu Gott getragen zu werden (*forlæt mec englas seþeah/ geniman on þinne neawest* (49b-50a; 'laß doch Engel mich in deine Nähe nehmen)), nicht aber von den Teufeln (*ne læt þu mec nefre deofol seþeah/ [...] lædan* (52b-53a; doch

---

[33] Eine poetische Darstellung dessen, was den Menschen im Jenseits erwartet, findet sich im Prolog von *Guthlac A*, der mit den Zeilen beginnt: *Se bið gefeana fægrast þonne hy æt frymðe gemetað/ engel ond seo eadge sawl* (Glc 1-2a; 'Das sei die schönste aller Freuden, wenn sie zum ersten Mal die Engel treffen und die selige Seele').
[34] S. Rau 1968: 30-43.
[35] Die ae. Version ist im MS Cotton Otho C.1 überliefert und von K.Sisam 1923 ediert worden. Die Datierung der ae. Übersetzung übernehme ich von Sisam (1923: 262).
[36] Die ae. Übersetzung lautet: *And se man sæde þæt he sylf gehyrde ealle his godwyrcnisse and his agene synna — þa þe he of his giogoðe gefremede, oððe þæt he on receleaste gefremode, þæt he nolde his synna ondettan, and þæt he on ofergitolness gefremode, oððe þæt he eallunga nyste þæt hit to synna oðlengde: and ælc þara synna cegde his agenre stefne wið hine* [...] (Sisam 1923: 265).

laß mich niemals (durch) den Teufel [...] geleiten'). Hier auf Erden bewegt den Sprecher unter anderem ebenfalls die Erwartung, ungewußter Sünden geziehen zu werden:

>nu ic gebunden eom
>fæste in minum ferþe   huru me frea witeð
>sume þara synna   þe ic me sylf ne conn
>ongietan gleawlice
>
>(*Rsg* 75b-78a)

>[nun (da) ich gebunden bin
>fest in meiner Seele, zeiht mich der Herr sicherlich
>mancher der Sünden, die ich selbst nicht weise
>wissen kann]

Das Nichtwissen, das Nicht-klug-genug-Sein bis zur Todesstunde, ist ein Gedanke, der sich auch in *Bedas Totenlied* manifestiert:[37]

>Fore th'e neidfaere   naenig uuiurthit
>thoncsnotturra   than him tharf sie
>to ymbhycggannae   aer his hiniongae
>huaet his gastae   godaes aeththa yflaes
>aefter deothdaege   doemid uueorthae

Wenn man mit Alfred Bammesberger (1978) *than* in Z.2b als 'dann', 'zu diesem Zeitpunkt' interpretiert, ergibt sich für die ersten drei Zeilen die folgende Übersetzung: 'Vor der notwendigen Fahrt (= in der Todesstunde) wird niemand richtig klug, dann (nämlich in der Todesstunde [Bammesberger]) wäre es für ihn nötig zu bedenken, vor seinem Hingang ...'. Für die folgenden beiden Zeilen stellt sich die Frage, wie man die Genitive in Z.4b interpretiert. Sie hängen ab von *huaet* in 4a,[38] somit kann man wörtlich übersetzen 'was des/ vom Guten oder Schlechten' *oder*: 'was Gutes oder Schlechtes'. Dies nun muß wieder mit *his gastae ... doemid uueorthae* korreliert werden. Ute Schwab schlägt — vorsichtig — folgendes vor: "... was seiner Seele (in bezug auf?) Gutes oder Übles ... durch das Urteil (im Gericht) bestimmt wird" (1972: 21). Bammesberger bezieht dieses Gericht ohne Alternative auf das Schicksal der Seele des Sterbenden: "... was seiner Seele nach dem Tod an Gutem oder Bösem bestimmt werden könnte" (1978: 8). Im Blick auf die Stelle in der von Bonifatius überlieferten Vision wie auch auf die Stelle in

---

[37] Ich zitiere hier die Version aus MS St.Gallen 254, die in das 9. Jahrhundert datiert wird, in der Edition von Alfred Bammesberger (1978: 5).
[38] Zu solchen Konstruktionen cf. Pilch 1971a: 216.

Resignation gebe ich Ute Schwabs Übersetzung mit Löschung des Fragezeichens in der ersten Klammer den Vorzug.

Mit der Ungewißheit über den Sündenbestand, wie sie in *Resignation*, der Vision des Mönchs und — meiner Interpretation nach — auch in *Bedas Totenlied* vorliegt, hat der frühmittelalterliche Christ zu leben. Gewiß ist nur der Tod selbst, wie der Erzähler des *Beowulf* (Nr.5) und auch Beowulf selbst (Nr.4, Zz.1386f.) feststellen. Furcht in dieser Gewißheit flößt zum einen das rasche, unerwartete Eintreten des Todes — so der Erzähler von *Beowulf* (Nr.3 und 6) und auch die fast identischen Stellen in den Exeter-Gnomai und *Seafarer* — ein, zum anderen die Ungewißheit über das Gericht. Unter diesen Vorgaben bleibt ihm nichts anderes, als auf Gottes Gerechtigkeit, auf *dryhtnes dom* zu hoffen.

Im Stichwort *dom* sieht die Forschung gerne einen Begriff, für den je nach sprachlichem Kontext 'Christliches' und 'Vorchristliches' trennbar werden.[39] Dies führt uns zum dritten hier näher zu analysierenden Todesgnomon, das die Forschung zumeist der 'heroischen' Sinnwelt zuordnet:[40]

         wyrce se þe mote
domes ær deaþe   þæt bið drihtguman
unlifigendum   æfter selest
         (1387b-1389)

[(er)wirke der, der es kann,
Ruhm vor dem Tode; das ist für den Krieger,
den unlebenden, nachher am besten]

Hier ist *dom* der 'Nachruhm', das, womit man — auch nach dem Tod — den Lebenden im Gedächtnis bleibt. Daß man hierfür, schon frühzeitig, zu sorgen habe, drückt das erste Gnomon im *Beowulf* aus:

swa sceal [geong g]uma   gode gewyrcean
fromum feohgiftum   on fæder [bea]rme
þæt hine on ylde   eft gewunigen
wilgesiþas   þonne wig cume

---

[39] Cf. Robinson: "This [i.e. the word *dom*] is at once a most Christian and a most pagan word" (1985: 52).

[40] In den vorangehenden Zeilen wird das Rachemotiv angesprochen: *selre bið æghwæm/ þæt he his freond wrece þonne he fela murne* (1384bf.; 'es ist besser für jeden, daß er seinen Freund räche, als daß er viel trauere'). D.Whitelock zeigt dazu an historischen Beispielen, "that killing for the sake of vengeance was not felt to be incompatible with Christian ethics at any period in Anglo-Saxon times" (1951: 13).

leode gelæsten   lofdædum sceal
   in mægþa gehwære   man geþeon
               (20-25)

[so soll der junge Mann Gutes (be)wirken
mit frommenden Besitzgeschenken in der Obhut seines Vaters,
so daß ihm im Alter wieder beistehen mögen
die Genossen seiner Wahl, wenn der Kampf kommt,
die Leute ihm dienen mögen; durch Lobtaten soll
in jedem Stamm der Mensch gedeihen]

Mit diesen guten Taten wird *dom* erlangt — Nachruhm, oder auch einfach nur die Befriedigung des tiefen Bedürfnisses, im Alter und noch mehr: nach dem eigenen Tod von den Weiterlebenden nicht vergessen zu werden.

In der Tat scheint dies ein Gedanke zu sein, der auf den ersten Blick dem Christlichen fremd ist. Dabei liegt die Fremdheit nicht in den guten Taten, sondern darin, wessen Kenntnisnahme dieser Taten Bedeutung beigemessen wird: den Menschen, die weiterleben nach dem Tod des Betroffenen. Zu diesem Nachruhm, der *fama*, finden wir bei Boethius im 2.Buch der *Consolatio* eine deutliche Stellungnahme. Es spricht die Philosophie:[41]

Vos uero immortalitatem uobis propagare uidemini cum futuri famam temporis cogitatis. Quod si ad aeternitatis infinita spatia pertractes, quid habes quod de nominis tui diuturnitate laeteris? [...] Ita fit ut quamlibet prolixi temporis fama, si cum inexhausta aeternitate cogitetur, non parua sed plane nulla esse uideatur.
               (II, pr.7, 14f., 18)

[Ihr aber glaubt euch die Unsterblichkeit zu verschaffen, wenn ihr an Ruhm künftiger Zeit denkt! Wenn du sie aber an die unendlichen Räume der Ewigkeit hältst, wie kannst du dich dann noch über die Dauer deines Namens freuen? (...) So kommt es, daß der Ruhm einer noch so weiten Zeit, denkt man ihn zusammen mit der unerschöpflichen Ewigkeit, nicht klein, sondern überhaupt ein Nichts zu sein scheint.]

So unzweifelhaft es ist, daß Boethius' *Consolatio* im gesamten Mittelalter zu den Standardwerken gehörte: den Nachruhm als *plane nulla* anzusehen, dazu wird sich kaum ein Germane des frühen Mittelalters haben verstehen können.

---

[41] Ich zitiere das lateinische Original nach der Ausgabe der *CCSL* 94, S.33 (ed. Biehler), die Übersetzung entnehme ich Buchner 1971: 78f.

Erinnern wir uns kurz an Cynewulf zurück. Er hofft, mit seiner Dichtung etwas geschaffen zu haben, aufgrund dessen man seiner *bi noman minum/ gemyne modig* (*Jul* 720b-721a; 'bei meinem Namen mutig erinnere'). Nun mag man einwenden, daß es sich bei *Beowulf* ja nicht um ein frommes Gedicht handle, durch das man zu Nachruhm gelangen könne, sondern um Taten, die einem 'Heroen' geziemen: Freigebigkeit, Kampfesruhm usw. Doch auch hier verhilft Paratextualität zur Aufhebung des Widerspruchs: im *Seafarer* ist der Nachruhm ausdrücklich zu etwas geworden, nach dem (auch) der Christ im Blick auf den Tod zu streben hat.

Nachdem sich der Sprecher im *Seafarer* zum zweiten Mal für die Reise über das Meer vorbereitet und feststellt: *forþon me hatran sind/ dryhtnes dreamas þonne þis deade lif/ læne on londe* (*Sfr* 64b-66a; 'so sind mir heißer (geliebt) die Freuden des Herrn, denn dieses tote Leben, das geliehene auf der Erde), nachdem er darüber hinaus die Unentrinnbarkeit des Todes aufgezeigt hat, leiten die folgenden Zeilen zum *ubi-sunt*-Topos über, dem dann die *exhortatio* (*utan we hycgan*; 'laßt uns bedenken ...) folgt:[42]

    forþon þæt eorla gehwam æftercweþendra
    lof lifgendra lastworda betst
    þæt he gewyrce ær he on weg scyle
    fremman on foldan wið feonda niþ
    deorum dædum deofle togeanes
    þæt hine ælda bearn æfter hergen
    ond his lof siþþan lifge mid englum
    awa to ealdre ecan lifes blæd
    dream mid dugeþum
                (*Sfr* 72-80a)

[deshalb (ist) der Preis der Nachredenden,
das Lob der Lebenden der beste Nachruhm,
daß er bewirke, bevor er weg muß,
die Welt verlassen (muß), gegen den Neid der Feinde,
durch gute Taten gegen den Teufel,
daß die Söhne der Menschen ihn hernach rühmen,
und sein Lob weiterhin lebe mit den Engeln
für immer, der Ruhm des ewigen Lebens,
Seligkeit mit den Heerscharen (im Himmel)]

---

[42] In der *ASPR*-Ausgabe ist in Z.75a das *fremman* des MS zu *fremum* emendiert. Ich übernehme das ursprünglich *fremman* und übersetze entsprechend.

Auch hier liegt wieder eine Fusion vor: der Preis auf Erden und der im Himmel. Für letzteren kann der Mensch aktiv etwas tun, für den anderen — so scheint es im Blick auf die anderen Belege, die von der beunruhigenden Ungewißheit über den Sündenbestand zeugen — kann er bestenfalls etwas unterlassen.

Selbst für dieses Gnomon im *Beowulf*, das scheinbar so eindeutig in die 'heroische' Sinnwelt verweist, muß diese Eindeutigkeit bezweifelt werden, wenn wir die Gesamtheit der altenglischen Dichtung nicht in ein dichotomisches Raster hineinzwängen. Widersprüchlichkeiten in der Sinngebung menschlichen Lebens mögen objektiv existiert haben. Daß die zeitgenössischen Rezipienten altenglischer Dichtung jedoch nach dem '*sic-et-non*-Prinzip' gar innerhalb eines Gedichts die einen Werte gegen die anderen abgewogen hätten, wie Greenfield dies für *Beowulf* vermutet, ist wenig wahrscheinlich. Für die Einschätzung des uns so erscheinenden Widerspruchs, daß nämlich in den Zeilen 175-180a die Dänen ausdrücklich als Heiden bezeichnet werden, die dann doch im folgenden sich auf den christlichen Gott beziehen, schlägt Cherniss — viel adäquater — vor

> to acknowledge that such inconsistencies are very common in oral poetry, and to minimize the importance of this particular inconsistency by attempting to account for its presence not with reference to the poem as a whole, but with reference to its immediate context. (1972: 143f.)

Mit anderen Worten legt also auch Cherniss nahe, nicht als *Text* zu lesen, was nicht als solcher komponiert und rezipiert wurde.

Daraus soll allerdings nicht geschlossen werden, daß es uns gänzlich verwehrt bleiben muß, über diese Gedichte zu der Sinnwelt vorzudringen, in die die Gedichte eingebettet waren. Anhand der Gnomai haben wir hier — 'paratextuell' — Dichtung gesehen als uns erhaltene Manifestationen einer Kultur, in der Gedicht und Welt noch *einander* glossierten. Unter dieser Vorgabe kommen wir nicht nur zu formal-dichtungstechnischen Ergebnissen (das Ausfindigmachen von Topoi und Formeln etc.), die ich für sich gewonnen und genommen für wenig aufschlußreich halte. Als einen gewichtigen Grund, aus dem heraus es mir legitim erschien, mich auf die Todesgnomai im *Beowulf* zu konzentrieren, habe ich die Feststellung der Wissenssoziologen Berger und Luckmann gesehen, daß nämlich "the integration of death within the paramount reality of social existence [...] of the greatest importance for any institutional order" sei (1966/71: 119). In Umkehrung kann man auch sagen, daß die Gnomai, nimmt man sie als verbalen Ausdruck dieser Integrationsleistung, uns Aufschluß darüber geben können, ob mit der Gnomik eine *wider-*

spruchsfreie Integration wirklich gelungen ist. Anders gesagt: es sollte eingeräumt werden, daß Konflikte oder Widersprüche selbst *als solche* durch den gnomischen Ausdruck affirmiert und damit integriert werden.

Dies tut die Todesgnomik, wie sie uns im *Beowulf* überliefert ist. Wenn hier die Rede davon ist, daß man in diesen Gnomai die Produkte der Fusion von im Ursprung verschiedenen — möglicherweise in manchen Punkten konträren — Sinnwelten erkennen kann, so besagt dies nicht, daß die Fusion selbst bereits den Widerspruch aufhebt. Der Widerspruch wird am Konzept des *dom* erkennbar: *dom* als 'Nachruhm' kann der Mensch aktiv mitgestalten. *Dom* als 'Gottesgericht' orientiert sich zwar ebenfalls am menschlichen Tun, doch zählt dort — und darin liegt die schreckliche Ungewißheit — auch Unterlassenes, Vergessenes, Ungewußtes, wie die von Bonifatius weitergegebene Vison erklärt. Im *Seafarer* wird dieser Widerspruch durch Verkoppelung zwar aufgehoben, dennoch meine ich, daß in der *einen* Sinnwelt *das Widersprüchliche als solches* integriert worden ist. Den Widerspruch auszumachen darf, ich muß dies noch einmal betonen, nicht bedeuten, daß man darin einen ideologischen Konflikt wiedererkennen will. Der Konflikt ist vielmehr zu erkennen als ein nach innen verlagerter, wie Weber dies — in einem etwas anderen Sinn — für die Elegien festgestellt hat (1985: 299). Das macht für jedoch für die Zeitgenossen die Welt nur insofern bewohnbarer, als der Konflikt selbst affirmiert, als daseiend — und letztlich vorgegeben — präsentiert wird.

Um diesen Konflikt in seiner ganzen Tragweite zu erkennen, möchte ich die Beobachtungen zweier Forscher heranziehen, die wissenschaftlich sozusagen zwei Zeitaltern angehören. Sie repräsentieren in ihren unterschiedlichen Aussagen und Ansätzen auf überraschende Weise, weshalb man diesem Konflikt bisher kaum angemessen Rechung getragen hat. In beiden Fällen sind es monumentale Arbeiten, denen die Beobachtungen entnommen sind. Einmal handelt es sich um das im dänischen Original zuerst zwischen 1909 und 1912 erschienene vierbändige Opus — *Kultur und Religion der Germanen* — Wilhelm Grönbechs;[43] zum anderen ist es das 1977 erschienene Buch des französischen Anthropologen Philippe Ariès *L'Homme devant la mort*.

Bei Grönbech lesen wir: "Wir finden bei unseren Vorfahren [i.e. den Germanen] nicht die geringste Furcht vor dem Lebensende" (1909-12/1980: I, 325). Und Ariès stellt fest: "Die Menschen des *frühen* Mittelalters erwarteten die Wiederkehr Christi ohne Angst vor dem Gericht" (1978/80: 125; meine Hervorhebung). Danach fürchteten weder die heidnischen Germanen noch die

---

[43] Wie ich von Altgermanisten höre, wird Grönbechs wissenschaftliche Zuverlässigkeit inzwischen nicht unbedingt hoch eingeschätzt, was meinem Argument hier jedoch keinen Abbruch tut.

frühmittelalterlichen Christen den Tod. Auf die christianisierten Angelsachsen trifft das ganz offensichtlich nicht zu. Kann dies daran liegen, daß Grönbech eben von den Germanen vor der Christianisierung und Ariès von frühmittelalterlichen Christen, die keine Germanen sind, sprechen?

Zur Beantwortung der Frage, wie es sich mit der germanisch-christlichen Todesvorstellung — die in erster Linie nach den poetischen Zeugnissen doch eine Todesfurcht zu sein scheint — verhält, tragen dann aber zwei weitere Beobachtungen Grönbechs und Ariès' bei. Grönbech führt aus:

> Mitglied einer Sippe zu sein bedeutete, Anteil an einem individuellen Leben mit seiner Summe von Genuß und Tätigkeit zu haben; und der gemeinsame Besitz des Lebens wurde also beim Ende des Daseins in diesem Licht des Tages nicht zerstört, vorausgesetzt, daß der Tote Verwandte hinterließ, die seine Ehre aufrechterhielten und mit allen seinen Gefährten die Verbindung bewahrten, sowohl mit denen hier wie mit denen anderswo. (1909-12/1980: I,334)

Ariès seinerseits stellt fest, daß weder im Alten noch im Neuen Testament ein Hinweis existiere auf die Möglichkeit der Lebenden, über den Tod hinaus auf das Schicksal von Mitmenschen einzuwirken, keine Stelle also verweist auf die Möglichkeit der "intercession des vivants pour les mort" (1977: 148). Offensichtlich vom Mittelalter nach der Jahrtausendwende sprechend sieht Ariès dann folgende Entwicklung:

> En même temps que la damnation devenait un risque plus menaçant, des moyens de la prévenir ont été découverts et développés dans l'espoir de fléchir la miséricorde divine, encore après la mort. C'est l'idée, sinon tout à fait nouvelle, du moins auparavant négligée, de l'intercession des vivants pour les morts. Mais pour imaginer qu'on réussisse à modifier par la prière la condition des morts, il fallait sortir de l'alternative du salut et de l'Enfer probable. (1977: 153)

Mit der Institution des Fegefeuers, das allerdings Jacques LeGoff zufolge erst zwischen 1170 und 1220 seine "naissance définitive" erfuhr, war schließlich die Alternative gefunden (LeGoff 1985: 88).

In dieser Gegenüberstellung zeigt sich zweierlei. Zum einen haben es die beiden französischen Strukturalisten — sowohl der Anthropologe Ariès als auch der Historiker LeGoff — nicht für nötig befunden, in ihre Erwägungen auch das christliche England vor der normannischen Eroberung mit einzubeziehen. Dort lebten *Christen*, und sie hatten *Angst*. Das Problem, das sich im Blick auf Grönbech stellt, ist anders gelagert. Wenn Grönbechs Beobachtung zu 'unseren Vorfahren' zutrifft, so fehlte auch dort die Angst vor dem Tod. Die Logik legt es nahe, daß *christianisierte* Germanen dann aus zweifachem

Grund keine Angst vor dem Tod gehabt hätten. Dieser Schluß ist aber trügerisch, denn die Fusion zweier Sinnwelten produziert ja nicht notwendigerweise eine bloße Addition der in ihnen vorgegebenen sinnintegrierenden Legitimationen. Bei dem unsinnigen Streit um die Identifizierung von Traditionssträngen in der altenglischen Dichtung wurde es unterlassen, zur Kenntnis zu nehmen, daß in der kulturellen Situation des angelsächsischen England eine Sinnwelt aufgebaut wurde, die der einen wie der anderen Legitimation Rechnung zu tragen suchte. Der Furcht vor dem letzten Gericht — dem *dryhtnes dom* und damit der Erkenntnis, der göttlichen Gerechtigkeit ohne mögliche Einflußnahme ausgeliefert zu sein — widersprach die 'heroische' Einstellung, daß (fast wie im Calvinismus) man im hiesigen Leben sich durch die Werke für das nächste (und wenn dies auch nur eines in der Erinnerung anderer war) ein *dom*, einen Nachruhm zu schaffen habe.

Die paratextuelle Analyse der Todesgnomai des *Beowulf* hat gezeigt, daß die Ängste in dieser Kultur noch keineswegs überwunden sind. Die Addition der beiden Sinnwelten führte nämlich in diesem Punkt nicht zu deren gegenseitiger Bestätigung. Die altenglische Dichtung zeigt vielmehr, daß sich aus der Fusion dieser beiden Sinnwelten ein bedrohlicher Konflikt erhob, der umso bedrängender war, als er *den Einzelnen*, das Individuum, betraf, für dessen Existenz erst neue Parameter gefunden werden mußten, innerhalb derer sinnhaftes Leben — und Sterben — neu geortet werden konnten. Einen solchen Parameter bieten die sogenannten altenglischen Elegien, deren Sinnort — bedingt durch die diskursiven Umstände — in die Fiktionalität verlagert wurde.

3.3 GNOMIK IN DEN ELEGIEN

3.3.1 Das Genreproblem

Die sogenannten altenglischen Elegien haben in den letzten einhundertfünfzig Jahren die Forschung immer wieder vor Rätsel gestellt, ja wegen seiner Dunkelheit — und weil es im Exeter-Buch auf die erste Gruppe von Rätseln folgt — hat man beispielsweise sogar vermutet, das kürzeste dieser Gedichte mit dem modernen Titel *Wulf and Eadwacer* sei selbst ein Rätsel.[44] Für jedes der Gedichte könnte man eine eigene Forschungsgeschichte schreiben. Die Geschichten müßten jedes Mal damit beginnen, daß man einen Überblick gibt über die Frage, welche altenglischen Gedichte man überhaupt in diesen Katalog aufgenommen hat oder aufnimmt und — eng damit zusammenhängend — weshalb man diese Gedichte als 'Elegien' klassifiziert. Zuerst zum Katalog.

Stanley Greenfield spricht von "the famous seven" und meint damit (ich gebe seine Gruppierung wieder): (a) *Wife's Lament, Husband's Message, Wulf and Eadwacer*; (b) *Ruin, Wanderer, Seafarer, Deor* (1966: 142). Seine beiden Gruppen kommen durch eine thematische Einteilung zustande. All diesen Gedichten, so Greenfield, sei gemeinsam, daß sie "universal relationships" behandelten: die Gruppe (a) solche zwischen Mann und Frau, die Gruppe (b) solche zwischen Mensch und Zeit (ibd.). Zwei Gedichte — *Resignation* und *Riming Poem* —, die wie die 'berühmten sieben' im Exeter-Buch überliefert sind, schließt er aus, nicht etwa, weil sie bestimmten generischen Kriterien nicht genügten, sondern weil sie, so Greenfield, "qualitatively inferior poems" seien (1966: 143). Besonders *Riming Poem* hat in der Tat einen schlechten Ruf bei den Kritikern. Derek Pearsall zum Beispiel sieht in diesem Gedicht mit Endreim zwischen den Halbzeilen einer Langzeile "a lunatic exercise" (1977: 73), im Vorwort zu seiner Ausgabe des Exeter-Buchs charakterisiert Mackie das Gedicht als "incoherent babbling" (1934: vii).

Sieht man von solchen qualitativen Klassifizierungen ab, so ist das Postulat, es gebe ein altenglisches Genre "Elegie", selbst problematisch. L.L. Schückings These von der Gattung des 'altenglischen Totenklagelieds' (1908) wie auch Siepers Versuch des Nachweises, die altenglische Elegie habe sich "aus dem altgermanischen Rituale der Bestattung organisch" entwickelt (1915: 29), haben sich als unhaltbar erwiesen. Heuslers Vorschlag, für die Elegien, vor allem für *Husband's Message, Wife's Lament* und *Wulf and Eadwacer* ha-

---

[44] So Thorpe als erster Herausgeber des Exeter-Buchs 1842.

be man "Vergils Heldenbuch herangezogen; daneben sein Hirtengedicht — vor allem aber Ovids Heroiden" (1941: 150), ist nicht gänzlich von der Hand zu weisen. Kemp Malone (1962) dagegen hat *Wife's Lament* und *Wulf and Eadwacer* in die Tradition der "Frauenlieder" einzuordnen gesucht. Peter Dronke (1970: 27f.) und nach ihm Rosemary Woolf sehen in *Wanderer* und *Seafarer* Repräsentanten des "distinctly mediaeval genre of *planctus* or complaint" (Woolf 1975: 192). James E.Cross wiederum kehrt zur Antike zurück und sieht eine enge Verbindung zwischen *Wanderer* und "a genre within epideictic oratory, the Greek *paramythia*, the Latin *consolatio*" (1961/68: 516). Eine Verbindung zur Spätantike konstatiert Willi Erzgräber in seinem Vergleich zwischen *Wanderer* und *De Consolatione Philosophiae* des Boethius (1960). Auch hierauf wird noch genauer einzugehen sein. Herbert Pilch wiederum erkennt in der Elegie ein insulares Genre, wobei die altenglischen Gedichte *Wanderer, Seafarer, Wife's Lament* und *Wulf and Eadwacer* wie auch die 'Elegien' innerhalb des *Beowulf* (Zz.2247-2267 und 2444-2462) zusammen mit den kymrischen Llywarch-Hen-Gedichten "a single literary genre at different stages of historical development" repräsentieren (1964: 224).[45] Neuestens schließlich hat Hildegard Tristram vermutet, daß "the monologic form of the Insular [i.e. Welsh, Irish and English] 'elegies' could be indebted to Fortunatus' verse epistles and the Continental tradition underlying them" (1990b: 349). Die Nähe des Ich-Ausdrucks der Elegien zum Brief, die ja auch schon Heusler zu der Vermutung veranlaßt hat, es bestünden vor allem für *Wife's Lament* und *Wulf and Eadwacer* Verbindungen zu Ovids *Heroides*, und die Hildegard Tristram nun zu den Versepisteln des Venantius Fortunatus nachgewiesen hat, habe ich meinerseits für *Wife's Lament* im Blick auf einen Brief einer Nonne an Bonifatius nachzuzeichnen versucht (1986).

Bis auf die kaum weiter zu untermauernden Hypothesen von Schücking und Sieper haben alle hier angeführten Affiliationen gute Argumente für sich. Angesichts der oben (II.2.2.2) gemachten Beobachtungen zum narrativ-lyrischen Exordium möchte man darüber hinaus auch noch annehmen, daß genuin altenglische Konventionen in diesen Gedichten zu finden sind, die sich erst in dieser poetischen Kultur herausgebildet haben.

Was ist aus diesem zunächst verwirrenden Überblick über die Forschung zur Gattungsfrage zu schließen? Zum einen dies: genauere Affiliationen

---

[45] *Deor, Husband's Message, Resignation* und *Riming Poem* sieht er als "marginal to the genre" (1964: 213), *Ruin* ist für Pilch keine Elegie, da es "not a personal, but a descriptive poem" sei (ibd.). In Pilch/Tristram hingegen erscheinen *alle* wieder als Repräsentanten der "Gattung *Elegie*" (1979: 23).

treffen — abgesehen von den Vermutungen Schückings und Siepers und von Pilchs Ergebnis, das er aufgrund der Definition eines Genre als "a class of literary works with common characteristics" (1964: 210) gewonnen hat — meist nicht mehr als zwei Gedichte. Das heißt nichts anderes, als daß — und diese Erkenntnis ist keineswegs originell — die Existenz eines altenglischen Genre 'Elegie' zweifelhaft wird. In Stanley Greenfields Worten:

> If the elegies are a genre in Old English, they are so by force of our present, rather than determinate historical, perspective; that is, by our 'feel' for them as a group possessing certain features in common. (1972: 135)

Jedenfalls sich vor allem die genetischen Nachweise — so fundiert sie im Einzelfall sein mögen — zu limitiert, als daß die sieben oder neun sogenannten Elegien auf *einen* Ursprung zurückgeführt werden könnten. Damit erledigt sich historisch das Genrepostulat. Andererseits muß vermutet werden, daß unsere Beobachtung, es handle sich bei den Elegien um eine Gedichtgruppe mit gemeinsamen Merkmalen, ausschließlich gelenkt ist von unserer modernen Perspektive, die den historischen poetischen Tatsachen nicht gerecht wird. Damit wird auch die synchrone Existenz eines Genre 'altenglische Elegie' fragwürdig.

In dem Licht, das auf die altenglische Dichtung als Produkt einer vokalen Kultur gefallen ist, erscheint das zum Genre 'Elegie' bisher Erforschte allerdings doch wieder weniger hoffnungslos. Die vielen Väter — und die vereinzelten Mütter —, die man für einzelne oder mehrere der sogenannten altenglischen Elegien ausfindig gemacht hat, haben wahrscheinlich *alle* jeweils ihren berechtigten genetischen Anspruch. Die so reichhaltigen Befunde sollte man erkennen als das, was sie unter der Maßgabe einer vokalen Kultur sind: Beleg dafür, daß man sich für diese Gedichte der verschiedensten Ressourcen — ich sage bewußt nicht: 'Quellen' — bediente.

Der kurze Überblick zur Genrefrage war notwendig, weil neben dieser Erkenntnis der Vielfalt ein Punkt der Gemeinsamkeit zu sehen ist, der in unserer Fragestellung nicht unbedingt die Genrefrage löst, wohl aber darauf hindeutet, wie in solchen kurzen Gedichten Sinnvermittlung vonstatten geht. Nur ein Gedicht, das zwar ebenfalls in der Literatur als Elegie geführt wird, aber doch von vielen Forschern als nicht zum Katalog gehörig angesehen wird, weist dieses Charakteristikum nicht auf: *Husband's Message*, von Alain Renoir als "the least elegiac of the elegies" bezeichnet (1981b). Das Charakteristikum, um das es mir hier geht, ist der *gnomische* Abschluß der Gedichte *Wanderer*,

Wife's Lament, Wulf and Eadwacer, Resignation, Riming Poem und *Deor*,[46] in dem Anne Klinck (1984: 130) ein weiteres Genremerkmal für die Elegien sieht. Auch *Seafarer* können wir hier einreihen, wobei dieses Gedicht zwei komplementäre Schlüsse aufweist: zum einen eine lange — uns auf den ersten Blick heterogen erscheinende — gnomische Passage (106-116), zum anderen die homiletische *admonitio* (117-124). Die Gnomik erhebt diese Gedichte auf eine exemplarische Ebene, was 1972 schon von Stanley Greenfield beobachtet wurde:

> What is basic to the elegies is their exemplary character: they are extensions, in an elegiac manner, of the *sapientia* of the figures of heroic fiction, whether saintly or secular. They reveal a pattern of behaviour frequently reinforced by explicit gnomic wisdom, to which an Anglo-Saxon audience might reasonably have responded 'generically' [...]. (1972: 154)

Auch Gerd Wolfgang Weber verbindet die Epik mit den 'Elegien', wobei er zur Funktion der gnomischen Abschlüsse der 'Elegien' eine noch weiterreichende Beobachtung macht. Weber weist, wie wir oben (S.185) gesehen haben, auf die Fitteneinteilung der erzählenden Dichtung hin und stellt fest, daß durch die gnomischen Einschübe dort "das Vorgetragene exempelhaft mit der Gegenwart der Zuhörer in Form einer Maxime christlichen oder sozialen Verhaltens in Bezug gesetzt [wird]" (1985: 297). Weiter bemerkt er, der Umfang der Fitten entspreche "dem Umfang der kleineren selbständigen Gedichte wie die »Elegien« oder Cynewulfs *Fata Apostolorum*" (1985: 298). Dies soll nun aber für Weber (und uns) nicht heissen, daß die Epen ein Konglomerat solch kürzerer Gedichte seien:

> Vielmehr sind beide Gattungen [i.e.die Epik und die 'Elegien'] Ergebnis der Struktur gewordenen »Funktion« dieser Literatur, die in erster Linie entweder heilsgeschichtliche Ereignisse der Homiletik oder die menschliche Grundbefindlichkeit zwischen irdischer Existenz und Jenseits exemplarisch vorführt. (ibd.)

Ich halte diese Beobachtung für die wertvollste, die zur Frage der altenglischen poetischen Genres in den letzten Jahren gemacht worden ist, denn Weber verbindet die Strukturfrage mit der sinnvermittelnden Funktion dieser Dichtung. In meinem Ansatz nun gehe ich davon aus, daß die Form der Sinn*ver*mittlung davon abhängt, wie Sinn in der verbalen Kommunikation *er*mittelbar ist. Der gnomische Ausdruck ist für mich deshalb Beleg für die semio-

---

[46] Über das Ende von *Ruin* können wir keine Aussagen machen, weil dies im Codex zerstört ist.

tisch-hermeneutische Disposition dieser Kultur: die Struktur der angelsächsischen Dichtung zeugt von den semiotischen Bedingungen, denen sie genügt. Die Elegien — andere solch kompakte Gedichte (außer der deutlich abgrenzbaren Gattung der Rätsel) gibt es ja nicht — bildeten somit bestenfalls das Genre 'kurzes Gedicht'. Diese Definition genügt nun zum einen kaum unserer Vorstellung davon, was eine Dichtungsgattung ausmacht. Andererseits habe ich oben (II.2.1 und II.2.2.2) gezeigt, daß die phänomenologische Sprechereinteilung (episches vs. lyrisches Ich) auch nicht trifft, da das sogenannte lyrische Ich eine die Kollektivität betreffende Aussage macht. Wie Weber es ausgedrückt hat: die altenglische Epik wie auch die 'Elegien' zeugen von der "Struktur gewordenen »Funktion« dieser Literatur, die in erster Linie entweder heilsgeschichtliche Ereignisse der Homiletik oder die menschliche Grundbefindlichkeit zwischen irdischer Existenz und Jenseits exemplarisch vorführt" (1985: 298). Nun muß man sehen, daß die exemplarische Darstellung menschlicher "Grundbefindlichkeit" ihren Ausdruck nicht *notwendigerweise* in gnomischen Kommentaren zu finden hat. Sie tut es solange, wie das Erzählte nicht durch seine schiere Existenz *als Text* die Bezüglichkeit erzwingt. Dichtung in der Vokalität bedarf vielmehr noch des institutionalisierten, des gnomisch-exempelhaften Bezugs auf die "Gegenwart der Zuhörer in Form einer Maxime", wie Weber (1985: 297) dies nennt.

Darf man nun diese Erkenntnis umkehren und sagen, daß jene Maximen, Gnomai uns etwas über die "Gegenwart der Zuhörer", über deren Lebenswelt also, aussagen? Hier muß an das grundsätzliche Problem der von Greimas gemachten Unterscheidung zwischen *proverbe* und *dicton* erinnert werden. Das *dicton* drückt, was es sagen will, auf der eigenen Lexemebene aus, das *proverbe* hingegen konnotiert es nur. Zur Erkennung des letzteren bedarf es also einer viel weiterreichenden Kenntnis der außersprachlichen Welt, in die das *proverbe* gehört, als es für das *dicton* der Fall ist. Als Beispiel seien hier die gnomischen Abschlüsse von *Wife's Lament* und *Wulf and Eadwacer* zitiert:

      wa bið þam þe sceal
of langoþe   leofes abidan
            (*WfL* 52bf.)

      [weh demjenigen
der in der Sehnsucht nach dem Geliebten verharren muß]

þæt mon eaþe tosliteð   þætte næfre gesomnad wæs
uncer giedd geador
            (*WlE* 18f.)

[das trennt man leicht, das niemals zusammen(gefügt) war,
unser (beider) gemeinsames Lied]

Traditionell werden *Wife's Lament* und *Wulf and Eadwacer* als Liebesgedichte verstanden, und deshalb muß sich die 'Sehnsucht nach dem/der Geliebten', die Trauer über das, was 'niemals zusammengefügt war' auf ein Liebesverhältnis zwischen Mann und Frau beziehen.[47] *Wife's Lament* selbst scheint uns dies nahezulegen, denn was die Sprecherin erzählt, bezieht sich (wenn auch in für uns unklarer Form) darauf, daß sie von — mindestens — einem Mann verlassen worden ist. Ähnlich scheint der Fall bei der Sprecherin von *Wulf and Eadwacer* zu liegen.

Nun habe ich andernorts (1986) dargestellt, daß verblüffende Parallelen existieren zwischen diesen beiden Gedichten und einem Brief einer englischen Nonne an Bonifatius. Daß man dem mehr entnehmen kann als die Tatsache, die Nonne und die Dichter oder Dichterinnen von *Wife's Lament* und *Wulf and Eadwacer* hätten aus ein und demselben rhetorischen Fundus geschöpft, wage ich nicht zu behaupten. Im vorletzten — spruchhaft lautenden — Satz ihres Briefes an Bonifatius schreibt die Äbtissin Eangyth: *Amicus diu quaeritur, vix invenitur, difficile servatur* ('Ein Freund wird lang gesucht, kaum gefunden, schwer festgehalten'; Rau 1968: 60/61). Mit diesen Worten, die wiederum Hieronymus' Brief *Ad Rufinum* anklingen lassen,[48] wirbt Eangyth um Bonifatius' Freundschaft, ja um seine Liebe, und doch wird man ihr nicht unterstellen wollen, daß damit ihrer beiden Gelübde in Gefahr gebracht wäre. Sie bittet — wir kennen dies von Cynewulf bereits — um die Freundschaft, die Gebetshilfe garantiert.

Ich sehe mich nicht in der Lage nachzuweisen, daß Gebetshilfe auch der Gegenstand von *Wife's Lament* (und vielleicht auch von *Wulf and Eadwacer*) sei. Die Beispiele sollen nur als Warnung dienen, daß wir auch auf (scheinbar) einfachster lexikalischer Ebene uns in acht nehmen müssen. *Leof*, das in den Schlußzeilen von *Wife's Lament* zu finden ist, kann sich im Altenglischen auf vieles beziehen, darunter wohl auch — aber *Wife's Lament* wäre dann auch das einzige Zeugnis — auf einen erotisch geliebten Menschen. Der Kontext eben dieses Gedichts bestärkt in unseren Augen diese Interpretation, die nähere Kenntnis möglicher außersprachlich-kultureller Kontexte hingegen läßt

---

[47] Folglich spricht auch S.Greenfield von diesen beiden Schlußpassagen als "a final gnomic cry" (1986: 13).
[48] Cf. Rau 1968: 60 (Anm. 14); bei Hieronymus heißt es: "[...] caritas non potest conparari; dilectium pretium non habet; amicitia, quae desinere potest, uera non fuit" (*CSEL* LIV, S.18).

Zweifel aufkommen. Damit will ich deutlich machen, daß wir bei der Gnomik semantische Vorsicht walten lassen müssen, daß also unser textuelles Vorgehen für Diskurse, die der Vokalität entstammen, nicht notwendigerweise zu ein-eindeutigen Resultaten führen.

Auf heuristisch relativ gesichertem Grund befinden wir uns allerdings im Blick auf die Gnomik in den beiden großen 'Elegien' *Seafarer* und *Wanderer*. Diesen wende ich mich nun zum Schluß zu.

3.3.2 Gnomik in *Seafarer* und *Wanderer*

Beginnen wir mit *Seafarer*. Im ersten, gnomischen, Schluß (Zz.103-117) alterniert Gnomisches mit allgemeinen Aussagen über Gott, die jedoch keine gnomische Form aufweisen. In den abschließenden Zeilen 115bf. geht beides ineinander über. Den Auftakt bildet ein Hinweis auf Gottes Zorn, der die Offenbarung anklingen läßt:

> micel biþ se meotudes egsa   forþon hi seo molde oncyrreð
> se gestaþelade   stiþe grundas
> eorþan sceatas   ond uprodor
> *(Sfr* 103-105)

[Groß ist der Terror des (richtenden) Herrn, seinetwegen wandelt sich die Welt,
der den festen Grund einrichtete,
den Schoß der Erde und die Himmel oben]

Es folgt die Parallele zu den Exeter-Gnomai:

> dol biþ se þe him his dryhten ne ondrædeþ   cymeð him se deað
> unþinged
> *(Sfr* 106)

[toll ist der(jenige), der seinen Herrn nicht kennt; ihm kommt der Tod unerwartet]

Im *Seafarer* schließt sich sofort eine Gegenüberstellung an:

> eadig bið se þe eaþmod leofaþ   cymeð him seo ar
> of heofonum
> *(Sfr* 107)

[selig ist der(jenige), der bescheiden lebt, ihm kommt die Gnade des Himmels (zu)]

In den Exeter-Gnomai wird das Gnomon sozusagen noch einmal kommentierend bekräftigt, dann folgt ebenfalls eine durch *eadig* eingeleitete Zeile:

snotre men sawlum beorgað   healdað hyra soð mid ryhte
eadig bið se þe in his eþle gedihð   earm se him his frynd geswicað
(*Mxm I* 36f.)

[weise Menschen hüten ihre Seele, halten rechtens ihre Wahrheit;
selig ist der(jenige), der in seiner Heimat gedeiht;
arm, den seine Freunde betrügen]

Beim Vergleich zwischen *Seafarer* und den Exeter-Gnomai fällt auf, daß in der Elegie völlig symmetrische Formelhaftigkeit vorliegt: *dol biþ/ eadig bið, cymeð him se deað/ cymeð him seo ar*. Als habe da irgendein Zeilensprung stattgefunden, beginnt zwar Z.37 der Exeter-Gnomai ebenfalls mit *eadig bið se þe ...*, damit wird jedoch ein neues Thema (Wohlbefinden in der Heimat vs. Verrat durch Freunde) aufgenommen.

Im *Seafarer* folgt, was nach der Interpunktion von Krapp und Dobbie (sie setzen nach Z.107 ein Komma) eine weitere Ausführung zu der *eadig bið*-Zeile sein soll.[49] Dann erneut ein gnomischer Teil:[50]

stieran mon sceal strongum mode   ond þæt on staþelum healdan
ond gewis werum   wisum clæne
scyle monna gehwylc   mid gemete healdan
wiþ leofne and wiþ laþne   * * * bealo
(*Sfr* 109-112)

[steuern soll man das starke Gemüt und es im Zaum halten
und gewiß (sein gegenüber) den Menschen und rein im Verhalten;
jeder Mensch soll Maß halten,
wider das Geliebte und das gehaßte * * * Übel]

Auch Z.109a hat eine fast identische Parallele in den Exeter-Gnomai: *styran sceal mon strongum mode* (*MxmI* 50a). Blanche Williams erkennt hierin "the ancient virtue of moderation" (1914/66: 48). Daß es sich deshalb auch um eine 'heroisch-heidnische' Tugend handelt, wird man aber nicht sagen können. So heißt es in den Sprüchen 16,32:

Melior est patiens viro forti;
Et qui dominatur anima suo, expugnatore urbium.

---

[49] I.L.Gordon (1960) macht hier einen Punkt.
[50] In Z.109a wird *mod* des MS allgemein zu *mon* emendiert. In Z.112b fehlt die erste Hebung als Alliteration zum Anvers; cf. dazu die Ausführungen in der Edition von Gordon (1960: 47).

> [Besser ein Langmütiger als ein Kriegsheld,
> besser, wer sich selbst beherrscht, als wer Städte erobert.]

Auch in Jesus Sirach (= Ecclesiasticus) 10,22 finden wir einen ähnlichen Gedanken:[51]

> Non est creata hominibus superbia,
> Neque iracundia nationi mulierum.
>
> [Maßlosigkeit ziemt dem Menschen nicht,
> frecher Zorn nicht dem von einer Frau Geborenen.]

Die Aufforderung zur Mäßigung ist ideologisch unspezifisch, eine Art von sozialer Grundpflicht, die damit natürlich auch in jeder Ideologie funktionalisiert werden kann. Im *Wanderer* finden wir ebenfalls gleich einen ganzen Katalog von Mäßigungsanweisungen, die allerdings Übertreibung nach beiden Seiten thematisieren:

> wita sceal geþyldig
> ne sceal no to hatheort   ne to hrædwyrde
> ne to wac wiga   ne to wanhydig ...
> (*Wan* 65b-67)
>
> [ein Weiser muß geduldig (sein),
> er darf nicht zu heiß im Herzen noch zu voreilig im Wort,
> noch ein zu weicher Krieger, noch zu unbedacht (sein) ...]

Im *Seafarer* folgen nach der gnomischen Ermahnung zur Mäßigung die allgemein als dunkel angesehenen Zeilen 113-115a.[52] Die anschließenden drei Halbzeilen 115bf., die diesen Abschnitts beschließen, nehmen wieder klar und direkt auf Gott Bezug:

> wyrd bið swi[þ]re
> meotud meahtigra   þonne ænges monnes gehygd
> (*Sfr* 115bf.)
>
> [das Schicksal ist stärker,
> der Herr mächtiger, als irgendeines Menschen Gedanke]

---

[51] Sir 10,18 in der Einheitsübersetzung. Es wäre interessant, Jesus Sirach (bzw. Ecclesiasticus) eingehender mit den Gnomai des Exeter-Buchs zu vergleichen, da sich nicht nur im Inhalt, sondern auch im Aufbau bereits bei kursorischer Durchsicht Parallelen ergeben. Daß diese Parallelen in der Forschung keine Beachtung gefunden haben, mag daran liegen, daß Jesus Sirach deuterokanonisch ist und daher nicht in die *Authorized Version* aufgenommen wurde.
[52] "These lines are defective metrically and the sense is obscure" (Gordon 1960. 47); zur Erläuterung dieser Stelle cf. Gordon (ibd.).

Erinnern wir uns im Blick auf diese Parallelisierung von *wyrd* (Z.115b) und *meotud* (Z.116a) an die beiden *Beowulf*-Stellen, die Blanche Williams in Zusammenhang gebracht hat:[53] *ðær gelyfan sceal/ dryhntes dome se þe hine deað nimeð* (*Bwf* 440bf.; 'dort muß glauben an Gottes Gerechtigkeit der[jenige], den der Tod [hinweg]nimmt') zum einen und *gæð a wyrd swa hio scel* (*Bwf* 455b; 'das Schicksal geht, wie es muß'). Die gerade genannte Stelle aus *Seafarer* stützt paratextuell Williams' Vermutung, daß die beiden Gnomai aus *Beowulf* einen verwandten Gedanken ausdrücken, wobei man sich nach Gerd Wolfgang Webers Ausführungen zum Begriff der *wyrd* in der altenglischen Dichtung davon lösen muß, im *Beowulf* oder gar im *Seafarer* in *wyrd* einen 'heidnischen Rest' erkennen zu wollen. Weber hat überzeugend dargelegt, daß weder in der *Seafarer*- noch in der betreffenden *Beowulf*-Stelle damit das 'germanisch-heidnische' Schicksal gemeint sei. In der Verkoppelung in den Zeilen 115bf. des *Seafarer* zeige sich, so Weber, ein Unterschied zwischen *wyrd* und *meotud* allein in einer "Verschiedenheit des Aspekts" und bei der Hintereinanderschaltung liege eine Steigerung vor "insofern, als hinter dem Geschick dessen Urheber, Gott, sichtbar wird" (1969: 84).

Dies wird unterstützt dadurch, daß eine Formelvariante der Z.115b als *wyrd byð swiðost* in den ersten Zeilen der Cotton-Gnomai belegt ist (*Mxm II* 5a).[54] Wie bereits oben angedeutet worden ist, befassen sich die Cotton-Gnomai ebenfalls am Ende mit der Ungewißheit dessen, was konkret jenseits des Todes den Menschen erwartet:[55] bisher ist keiner von dort zurückgekommen, bekräftigt diese Spruchsammlung in den Schlußzeilen, und zuvor wird auch hier unter zweimaliger Verwendung der Formel *meotod/drihten ana wat* (*Mxm II* 57b/62b) die menschliche Ungewißheit über das Gottesgericht ausgesprochen.[56]

Liegt hier aber nicht ein Widerspruch? Mit der gnomischen Mäßigungsaufforderung wird der Mensch einerseits angehalten, sein Leben in einer bestimmten Art zu gestalten, dann jedoch wird wieder der Gedanke beschworen, daß eben dieser Mensch des Schicksals und damit Gottes Stärke und Macht mit seinem Geist nicht einzuschätzen vermag. Das Dilemma des Menschen ist es, sein Tun an bestimmten Prinzipien — die dennoch sehr allgemei-

---

[53] Williams 1914/66: 34; cf. oben S.201.
[54] Im Vergleich zu *Seafarer* fällt hier die Verwendung des Superlativ auf, ohne daß Erwähnung fände, worauf sich der Superlativ beziehen könnte. Greenfield und Evert meinen, dies habe den Effekt maximaler Generalisierung (1975: 342).
[55] Cf. oben S.201.
[56] Die Formel erscheint als *meotud ana wat* u.a. auch in den Exeter-Gnomai (*Mxm I* 29b) und als *god ana wat* in *Fates of Men* (8b).

ner sozialer Natur sind — ausrichten zu müssen (und auch zu können) und zur selben Zeit sich bewußt zu sein, daß er die letztendliche Wirkung rational nicht wird fassen können. Mit anderen Worten: in dieser ersten Schlußpassage des *Seafarer* (Zz.103-117) wird noch einmal gnomisch variiert, was bereits innerhalb des Gedichts — ebenfalls gnomisch — seinen Ausdruck fand:

>forþon þæt bið eorla gehwam æftercweþendra
>lof lifgendra lastworda betst
>þæt he gewyrce ær he onweg scyle
>fremman on foldan wiþ feonda niþ
>deorum dædum deofle togeanes
>þæt hine ælda bearn æfter hergen
>ond his lof siþþan lifge mid englum
>awa to ealdre ecan lifes blæd
>dream mid dugeþum
>
>   (*Sfr* 72-80a)

[deshalb (ist) der Preis der Nachredenden,
das Lob der Lebenden der beste Nachruhm,
daß er bewirke, bevor er weg muß,
die Welt verlassen (muß), gegen den Neid der Feinde,
durch gute Taten gegen den Teufel,
daß die Söhne der Menschen ihn hernach rühmen,
und sein Lob weiterhin lebe mit den Engeln
für immer, der Ruhm des ewigen Lebens,
Seligkeit mit den Heerscharen (im Himmel)]

Wir haben oben gesehen,[57] daß für Boethius der Nachruhm, die Fama *si cum inexhausta aeternitate cogitetur, non parua sed plane nulla esse uideatur* (lib.II, pr.7, 18; 'denkt man ihn zusammen mit der unerschöpflichen Ewigkeit, nicht klein, sondern überhaupt ein Nichts zu sein scheint'). Dennoch versöhnt der Dichter des *Seafarer* den Gedanken des 'weltlichen' *dom* mit dem des göttlichen *dom* und kann daher folgenden Übergang von der gnomischen Passage 106-117 im *Seafarer* zur homiletisch-exhortativen Schlußsequenz schaffen:

---

[57] Cf. oben S.205.

>   wyrd bið swi[þ]re
> meotud meahtigra   þonne ænges monnes gehygd
> uton we hycgan   hwær we ham agen
> ond þonne geþencan   hu we þider cumen
>   (*Sfr* 115b-118)
>
>   [das Schicksal ist stärker,
> der Herr mächtiger, als irgendeines Menschen Gedanke;
> wir sollten überlegen, wo wir unsere Heimstatt haben,
> und dann bedenken, wie wir dorthin kommen]

Gottes Macht übersteigt die Fähigkeiten menschlichen Denkens (*ænges monnes gehygd*), und dennoch wird der Mensch aufgefordert, vermittels eben dieses Denkens (*uton we hycgan*) — des *Be*denkens — den Weg in diese Heimat, *hu we hider cumen*, zu finden. Stationen auf diesem Weg zeigen — auf für uns widersprüchliche Art — sowohl die Gnomai, die sich auf das richtige lebensweltliche Verhalten beziehen, wie auch jene, die vor der Unerwartetheit des Todes und der Unfaßbarkeit des göttlichen Gerichts warnen.

In anderer Form war vom richtigen lebensweltlichen Verhalten wie auch davon, daß der Mensch eines Tages vor Gott zu treten hat, bereits früher im Gedicht die Rede. Nachdem der Sprecher von *Seafarer* zu Beginn des Gedichts von der Einsamkeit der Seefahrt in winterlicher Kälte berichtet und dies mit dem scheinbar glücklichen Leben auf dem Land verglichen hat (Zz.5-33a), sagt er, aufs erste überraschend:

>   forþon cnyssað nu
> heortan geþohtas   þæt ic hean streamas
> sealtyþa gelac   sylf cunnige
> monað modes lust   mæla gehwylce
> ferð to feran   þæt ic feor heonan
> elþeodigra   eard gesece
>   (*Sfr* 33b-38)
>
>   [daher drücken nun
> die Gedanken das Herz, daß ich die hohe See,
> das Toben der salzigen Wogen selbst erkunde;
> das Bedürfnis meines Sinnes erinnert mich jedes Mal daran,
> das Herz, zu fahren, daß ich ferne von hinnen
> aufsuche die Wohnstatt der Fremden (i.e. *peregrinorum*)][58]

---

[58] *Peregrinus* als Glosse für *elþeodig* (wörtl.: 'volksfremd') schlägt I.Gordon (1960: 38, Anm. zu Z.38) vor.

Wie Dan Calder überzeugend dargestellt hat (1971: 264-270), beginnt hier die *allegorische* Reise zu Gott. Dieser 'Reiseantritt' steht unter dem Eindruck einer relativierenden Prämisse:

> forþon nis þæs modwlonc   mon ofer eorþan
> ne his gifena þæs god   ne in geoguþe to þæs hwæt
> ne in his dædum to þæs deor   ne him his dryhten to þæs hold
> þæt he a his sæfore   sorge næbbe
> to hwon hine dryhten   gedon wille
> (*Sfr* 39-43)

[daher ist keiner auf der Erde so reich in seinem Geist,
   noch so gut (i.e. freigebig) mit Geschenken, noch so kühn
      in seiner Jugend,
   noch in seinen Taten so teuer (i.e. tapfer), noch sein Herr ihm so hold,
   daß er keine Sorge haben sollte wegen seiner Seefahrt,
wohin der Herr in nehmen will][59]

Die Aufzählung entspricht in der Tat dem, was man landläufig in der Forschung unter den "traditional Germanic values of the *comitatus*" versteht (Horgan 1979: 43). Abgesehen von *modwlonc*, über dessen Glossierung Uneinigkeit besteht,[60] sind Freigebigkeit, jugendlicher Mut, Tapferkeit und Treue gegenüber den (Gefolgschafts-)Herrn Tugenden, die jedem aufrechten Menschen in angelsächsischer Zeit geziemen. Ja man kann hierin ein Echo der Kardinaltugenden erkennen, wie sie die Antike bereits pries: *prudentia* (Z. 39a), *iustitia* (hier in Form der Freigebigkeit, d.h. der gerechten Vergabe von Geschenken, Z.40a), *fortitudo* (Z.40b-41a).[61] Die Treue gegenüber dem Ge-

---

[59] *Modwlonc* in Z.39a wird oft mit 'proud', 'haughty' oder ähnlichem glossiert. Gordon gibt im Glossar sowohl 'proud of heart' als auch 'spirited' an. Da alle anderen Adjektive in der Aufzählung positive Konnotation haben, sollte man auch hier eine positive Qualifizierung von *mod* annehmen; in seinem Aufsatz "AE. *wlanc* und Ableitungen" (1974) hat Hans Schabram nachgewiesen, daß die Glosse 'reich' (mit all ihren sozio-kulturellen Implikationen) für *wlanc* als Grundbedeutung die angemessenste ist.

[60] S. vorangehende Anm.

[61] Dieser Tugendkatalog wird im hohen Mittelalter konstitutiv für das Ritterideal; cf. dazu Schaefer 1977, Kap.II.1f. und Kap.IV.2.2.1f.; ebenso Köhler 1970: passim und Köhler 1964 zur Tugend der Freigebigkeit. In *Ideal und Wirklichkeit* (1970) macht Erich Köhler die folgende Beobachtung: "Die höfische Gesittung, entstanden im Bannkreis der mit der *largesse die alte genossenschaftliche Treueverpflichtung fortsetzenden* Fürstenhöfe, leistet aus partikularistischem Antrieb heraus die geistige Integration des Rittertums [...]" (1970: 31; meine Hervorhebung). Freigebigkeit des *goldwine* ('Goldherr') – und wie der (Gefolgschafts-)Herr sonst noch genannt wird –, spielt eine wichtige Rolle in der altenglischen Dichtung. Es ist hier nicht der Ort, diesen Gedanken weiterzuverfolgen, allerdings halte ich es für lohnend, der Frage nachzugehen, welche Rittertugenden, die im Hochmittelalter konstitutiv werden, bereits in der altenglischen Dichtung

folgschaftsherrn wäre darüber hinaus eine typisch germanische Zugabe, andererseits fehlt in den Zeilen 39-43 des *Seafarer* die vierte Kardinaltugend: *temperantia*. Von ihr — wir sahen dies — ist allerdings in den späteren gnomischen Passage ausführlich die Rede.

Bereits an dieser Stelle im Gedicht zeigt sich: wie tugendhaft der Mensch auch immer lebt, er muß sich sorgen darum, 'wohin der Herr ihn bringen wird'. Alles weitere im Gedicht, vor allem die gnomische Beschwörung der Tugend der Mäßigung, drückt Gewißheiten aus, von denen eine letztlich die Gewißheit eines Dilemmas ist, das nur der Glaube auflösen kann.

Von jener Ungewißheit, die Angst verbreitete, ist im *Wanderer* nicht die Rede. Doch werden auch hier Werte menschlichen Zusammenlebens angesprochen, auch hier wird der Verlust sozialer Beziehungen als schmerzhaft dargestellt. Als das altenglische Gedicht, das am stärksten den Einfluß Boethius' aufweist, ist es auch gleichzeitig das einzige der sogenannten altenglischen Elegien, das mit einer allgemeinen Beobachtung einsetzt:

> Oft him anhaga are gebideð
> metudes miltse þeah þe he modcearig
> geond lagulade longe sceolde
> hreran mid hondum hrimcealde sæ
> wadan wræclastas wyrd bið ful aræd
>   (*Wan* 1-5)

[Oft erfährt der Einsame (für sich selbst) Gnade/
 Oft erwartet der Einsame (für sich selbst) Gnade,
die Gnade des Herrn, obwohl er traurigen Mutes
über die Wasserwege lange muß

---

auftreten. Daß dies bisher kaum geschehen ist, scheint mir an der Tatsache zu liegen, daß im Verständnis der Literarhistoriker zwischen der altenglischen Dichtung und der (spät-)mittelenglischen Dichtung zwei Brüche bestehen: zum einen findet die altenglische Dichtung nach der normannischen Eroberung keine direkte Fortsetzung, zum anderen ist die Dichtung z.B. Chaucers sowohl formal als auch ideologisch der kontinentalen verpflichtet. — Einen ganz wichtigen Unterschied zwischen dem hoch-/spätmittelalterlichen Tugend*ideal* und den in der altenglischen Dichtung thematisierten Tugenden muß man allerdings deutlichst unterstreichen: da die altenglische Dichtung als Produkt semiotischer Umstände, die in bezug auf die Darstellung der diesseitigen Welt noch nicht ein textuell-dichterische Wirklichkeiten (die nur so existieren) schafft, muß man solche Darstellungen von Tugendsystemen als Reflex 'real existierender' Ethik verstehen. Das heißt, Dichtung kann hier die Qualität einer historischen Quelle annehmen; cf. dazu Whitelock 1949: 88ff.

> rudern mit den Händen in der eiskalten See,
> den Weg des Landfremden gehen (muß); das Schicksal ist
> ganz bestimmt]

Die Zeile 1b gehört zu den in der Forschung zur altenglischen Dichtung meist diskutierten, wobei sich die Diskussion vor allem an der Bedeutung des Verbs *gebidan* und deren Verträglichkeit mit dem in Zeile 2b beginnenden Konzessivsatz entzündet hat.[62] Zur Debatte stehen die Bedeutungen 'erwarten' und 'erfahren', die beide in der altenglischen Dichtung belegt sind.[63] Dunning und Bliss treffen dazu die folgende Feststellung:

> Mitchell has shown that the problem cannot be solved by linguistic arguments: the meaning of the poem as a whole must be determined by whatever means are available, and the sense of *gebidan* in line 1 must be decided accordingly. (1969: 41)

Wenn wir diesen Zeilen eine exordiale Funktion zuschreiben, dann ist der Bedeutung 'warten (auf)' der Vorzug zu geben. Die ersten Zeilen wären dann zu paraphrasieren als 'Der Einsame *wartet* auf Gnade, obgleich es ihm auf Erden (wovon im folgenden die Rede sein wird) schlecht ergeht.' Das heißt: trotz dieser Unbill kann, ja soll der Mensch diese Hoffnung nicht verlieren. Man ist geneigt — dies zeigt diese Paraphrase (ich übersetze bewußt *nicht*) — dem Verb ein modales Hilfsverb der Art 'kann', 'darf' oder 'muß' beizugeben, um der konzessiven Konjunktion *þeah þe* gerecht zu werden. Eine Konstruktion von *are* und dem Verb *gebidan* mit *sceal* finden wir in *Christ I*:

> nearoþearfe conn
> hu se earma sceal   are gebidan
> (*Chr I* 69bf.)

> [er kennt die große Not,
> wie der Arme warten/hoffen muß auf Gnade]

Wie oben kurz angesprochen, ist der *earma* das Gegenteil vom *eadig*, dem Menschen, der glücklich zu preisen ist.[64] Die Frucht der Gnade kann erst im Jenseits erfahren werden, im Prinzip ist der Mensch immer *earm*, der *anhaga*,

---

[62] Cf. u.a. die Diskussion bei Mitchell 1968: 172-175) und Dunning/Bliss 1969: 41f.
[63] Mossé schlägt neben 'wartet (auf)' für das Verb auch 'bittet (um)' vor, interpretiert also im letzteren Fall den Wurzelvokal *i* im Verb kurz: "Le verbe *(ge)biddan* 'prier' est souvent réfléchi. On peut également lire *gebideð* et interpréter 'souvent le solitaire attend pour lui la miséricorde' (1945: 402); cf. dazu auch Erzgräber 1961: 77.
[64] S. oben S.198; ich interpretiere die *Christ*-Stelle also anders als Dunning und Bliss, die auch hier die Bedeutung 'erfahren' sehen (1969: 41).

ein *wrecca*, solange es um sein irdisches Dasein geht. Gleichzeitig ist aber *eadig*, wer im Glauben auf Gott diese Hoffnung hegen kann, wer die Gnade erfahren kann, weil er an Gott glaubt. Insofern — und das ist das Besondere am Beginn des *Wanderer* — sind diese ersten Zeilen *auch* gnomisch. Dieser Charakter wird deutlich unterstrichen durch die gnomische Halbzeile *wyrd bið ful aræd* (*Wan* 5b). Das ist in der Tat die Boethische Vorstellung von *fatum*, wie Erzgräber ausführt (1961: 78).

Wyrd als das 'Gewordene' (so eine mögliche — wenn auch umstrittene — Etymologie von *wyrd*), als das also, was in der Vergangenheit begonnen hat und in die Gegenwart hineinreicht, bedarf hier keiner theologischen Erklärung. Zum einen erscheint es mir gänzlich unzutreffend, diesem Begriff, der mit Sicherheit aus der Zeit vor der Christianisierung stammt, den Charakter einer "pagan *Weltanschauung*" zu geben, wie dies Kasik (1979: 133) getan hat.[65] Ich denke eher, es handelt sich vorchristlich wie christlich bei dem Begriff *wyrd* um ein "Lebensgefühl", eine Befindlichkeit in bezug auf die eigene 'historische Ortung'. Das in (moderner) historischer Sicht absolut Vergangene stellt sich dem Menschen in der Oralität als Teil des Jetzt insofern dar, als dieses Vergangene für ihn nichts Abgeschlossenes ist, auf das er mit gehörigem Abstand blicken könnte. Das 'Vergangene' reicht immer in die Gegenwart hinein. Es herrscht eine Befindlichkeit des 'historischen Präsens', wie man das nennen könnte. Das hat nichts zu tun mit theologischen Fragen, sondern mit jener Grunddisposition der Oralität, die faktisch Vergangenes — im wahrsten Sinn — nie *sehen* kann, indem sie betrachtenden Abstand von ihm nimmt. Das kann erst eine Kultur, die sich — in bezug auf ihre eigene Identität — auf *Texte* berufen kann (oder muß). Daß der *wyrd*-Begriff im angelsächsischen England weiterlebt, ist ein weiterer Beleg für den Charakter einer *vokalen* Kultur, die vor allem epistemologisch vieles aus der (primären) Oralität weiter fortsetzt.[66]

Doch zurück zur ersten Zeile von *Wanderer*. Ich plädiere also dafür, die Mehrdeutigkeit von *are gebideð* nicht gewaltsam an dieser Stelle bereits auflösen zu wollen. Als Exordium zur ersten erzählenden Passage ist *gebideð* als 'wartet auf' zu verstehen. Auch Erzgräber spricht für die Einleitungszeilen von einer "epischen Einleitung" und stellt allerdings fest, dort werde gesagt, "daß dem Menschen immer wieder Gnade zuteil werden *kann*" (1961: 81; meine Hervorhebung). Ich meine, daß diese Möglichkeit auch in der Glossie-

---

[65] "Weltanschauung" ist bei Kasik wohl nur ein anderer Begriff für 'Ideologie'.
[66] Diese Überlegungen zum Begriff *wyrd* sind das Ergebnis einer längeren Diskussion mit Willi Erzgräber zum Beginn des *Wanderer*.

rung 'wartet auf' zu finden ist und daß diese Glossierung eben jenem Charakter einer "epischen Einleitung" letztlich gerechter wird. Der unpersönliche, besser: *über*persönliche Charakter, der durch die Rede in der dritten Person gegeben ist — anders als bei den anderen Elegien haben wir hier einen 'Erzählerrahmen' —, kommentiert jedoch bereits im Vorgriff, er bezieht die "Ordnung des Zeitlichen, der das Prinzip der Notwendigkeit inhärent ist" mit ein (Erzgräber 1961: 78). Der Einsame erwartet diese Gnade sozusagen mit Recht, denn Gott teilt sie — wenn auch in unbekanntem Maß — zu.

Wie im *Seafarer* wird im *Wanderer* anschließend die Vergänglichkeit alles Irdischen verdeutlicht. Zuerst in der Darstellung eines 'persönlichen Geschicks', in dem der Sprecher nach dem Verlust des Herrn umherzieht und neue Gefolgschaft sucht. Zum allgemeinen Teil, der wie im *Seafarer* ausdrücklich alle Menschen betrifft, leitet auch hier wieder eine andere gnomische Passage über. Im *Seafarer* geht es dabei um *dom* als *lof lifgendra, lastworda betst* (*Sfr* 73; 'das Lob der Lebenden, der beste Nachruhm'). Der Gedanke wird im *Wanderer* nicht angesprochen, und man kann vermuten, daß die große Nähe zur *Consolatio*, in der, wie gesehen, der Nachruhm als *plane nulla* diskreditiert wird, dies unmöglich machte. Im *Wanderer* also stehen an dieser Stelle Ermahnungen zur Mäßigung, wie sie im *Seafarer* als gnomisches Ende des Gedichts, dem dann noch ein homiletisches Ende folgt, fungieren. Die gnomischen Ratschläge lauten:

      wita sceal geþyldig
ne sceal no to hatheort   ne to hrædwyrde
ne to wac wiga   ne to wanhydig
ne to forht ne to fægen   ne to feohgifre
ne næfre gielpes to georn   ær he geare cunne
beorn sceal gebidan   þonne he beot spriceð
oþþæt collenferð   cunne gearwe
hwider hreþra gehygd   hweorfan wille
            (*Wan* 65b-72)

[ein Weiser muß geduldig (sein),
er darf nicht zu heiß im Herzen, noch zu voreilig im Wort,
noch ein zu weicher Krieger, noch zu unbedacht (sein),
noch zu furchtsam, noch zu fröhlich, noch zu geizig,
noch jemals zu unbedacht beim Eigenlob, bevor er sicher ist;
der Mensch soll warten, bevor er den Eid spricht,
bis er, zur Tat bereit, genau weiß,
ob der Gedanke seines Herzen sich wenden will]

Über die Allgemeingültigkeit solcher Ermahnungen zu Mäßigung und Umsicht habe ich bereits im Zusammenhang mit der Parallele im *Seafarer* gesprochen, allerdings ist interessant, daß diese uns eher a-christlich erscheinenden Tugenden in *beiden* Gedichten aufgeführt werden.

Im *Wanderer* überrascht nun, daß in derselben Diktion, in der diese lebensweltlichen Maximen gehalten sind, unvermittelt zum Motiv der Vergänglichkeit der Welt übergeleitet wird:[67]

> ongietan sceal gleaw hæle hu gæstlic bið
> þonne eall þisse worulde wela weste stondeð
> *(Wan* 73f.)

[der weise Mensch soll verstehen, wie garstig die Welt ist,
wenn aller Reichtum dieser Welt wüst dasteht]

Es folgt die Aufzählung aller erdenklichen Schreckensbilder: die verwüstete Halle, die dahingeschlachteten Gefolgschaftsgenossen usw. Sie mündet im *ubi-sunt*-Topos, der dies zusammenfaßt (Zz.92-96), dann folgt noch einmal die Beschreibung der trostlosen Winterlandschaft, bis schließlich in dumpf-monotoner Abfolge aufgezählt wird:

> her bið feoh læne her bið freond læne
> her bið mon læne her bið mæg læne
> eal þis eorþan gesteal idel weorþeð
> *(Wan* 108-110)

[hier ist der Besitz vergänglich, hier ist der Freund vergänglich,
hier ist der Mensch vergänglich, hier ist der Verwandte vergänglich,
das ganze Gerüst der Erde wird eitel]

Mit der folgenden Zeile *swa cwæð snottor on mode gesæt him sondor æt rune* (*Wan* 111; 'so sprach der im Geist Weise, setzte sich beiseite, um nachzudenken') wird das Ende des Monologs angezeigt. Nun spricht wieder die "belehrend tröstende" Stimme (Erzgräber 1961: 81). Diese Schlußzeilen, so Erzgräber, "bilden das inhaltlich-gehaltliche Gegengewicht zur Klage des Wanderers und wollen mit ihrem Hinweis auf die Wirksamkeit der göttlichen Gnade eine tröstende Lehre vermitteln" (1961: 82).

Diese "tröstende Lehre" ist gekleidet in drei Gnomai unterschiedlicher Struktur. Zuerst in der schon bekannten Form <ADJEKTIV + *bið* + RELA-

---

[67] In der *ASPR*-Ausgabe wird *eall* (Z.74a) im MS zu *ealra* emendiert; ich behalte *eall* bei und übersetze entsprechend.

TIVANSCHLUSS> eine positive Feststellung, die jedoch im Adjektiv noch nicht die Lobpreisung (mit *wel* oder *eadig*) enthält:

> til bið se þe his treowe gehealdeþ
> (*Wan* 112a)

[gut ist der(jenige, der) seine Treue hält]

Dann eine erneute Mahnung zur Mäßigung:

> ne sceal næfre his torn to rycene
> beorn of his breostum acyþan   nemþe he ær þa bote cunne
> eorl mid elne gefremman ...
> (*Wan* 112b-114a)

[niemals darf der Mensch seinen Zorn zu voreilig aus seiner Brust verkünden, wenn er nicht zuvor das Mittel kennt, der Krieger, mit Eifer zu erreichen ...]

Schließlich lobpreisen die letzten drei Halbzeilen denjenigen, der tätig nach *are* strebt:

> wel bið þam þe him are seceð
> frofre to fæder in heofonum   þær us eal seo fæstnung stondeð
> (*Wan* 114bf.)

[wohl dem, der (für) sich Gnade sucht, Trost beim Vater im Himmel, wo all unsere Sicherheit liegt]

In diesem dreifachen gnomischen Schluß bringt das Gnomon *ne sceal næfre ...* (Zz.112bf.) noch einmal die Tugend der Mäßigung in eine abschließende Form und bestätigt mit dem lobpreisenden Schluß *wel bið þam þe...*, daß die Erwartung der Gnade berechtigt ist, daß man sie erfahren kann, wenn man nach ihr strebt.

Zweifel darüber, ob die christlichen Gedanken in *Wanderer* und *Seafarer* originär zu den Gedichten gehören, bestehen inzwischen in der Forschung nicht mehr. Die Integriertheit dieser Gedanken in die Gesamtstruktur beider Gedichte ist umso unzweifelhafter, als sie in *gnomischer* Form präsentiert werden. Gleichzeitig neutralisieren diese gnomischen Sinnverweise die Fiktivität der Ich-Erzähler. Daß diese *personae* fiktiv sind, ergibt sich aus mehreren Bedingungen. Einmal wäre aufgrund des frühmittelalterlichen Verständnisses des Individuums — wenn die, von denen erzählt wird, denn keine Helden oder heilige Märtyrer sind — ein echtes aber anonymes Individualschicksal nicht von Interesse. Also können diese Figuren nur exemplarisch gewesen sein: als fiktive Exempla, die *alle* meinen.

Die Fiktivität der *personae* und damit ihrer 'Erlebnisse' verstärkt sich darüber hinaus durch die vokale Kommunikationssituation, in der diese sprechenden ersten Personen zum stimmlichen Leben erweckt werden mußten. Anders als bei der hochmittelalterlichen Troubadourlyrik, die eine Spannung zwischen Autobiographie und Fiktivität der Aussagen des poetischen Ich anscheinend bewußt einkalkulierte,[68] kommt es beim Vortrag der Elegien zu solcher Schwebe nicht, was die Fiktivität des 'Rollen-Ichs' (Warning 1982: 196) noch stärker hervortreten läßt. Schließlich sorgt auch die Gnomik in diesen Gedichten — vor allem in ihrem Auftreten als abschließende Kommentare für die Entindividualisierung — dafür, daß die Geschichten dieser *personae* zu 'Geschichten aller' werden. Dies macht die *personae* selbst noch deutlicher fiktiv und sorgt dennoch dafür, daß mit der Gnomik die unmittelbare Rückanbindung an die Welt der Zuhörer vonstatten geht.

---

[68] Cf. Warning, der von dem "Spiel mit der möglichen Referenzidentität von realem Autor und fiktivem Rollen-Ich" spricht (1982: 196).

SCHLUSS

"Schrift und was an ihr teilhat, die Literatur," so Hans-Georg Gadamer, "ist die ins Fremdeste entäußerte Verständlichkeit des Geistes." (1972: 156). Mit dem ersten Teil dieser Arbeit ist dieser hermeneutische Gedanke überprüft worden. Gadamer sagt weiter: "Wer schriftlich Überliefertes zu lesen weiß, bezeugt und vollbringt die reine Gegenwart der Vergangenheit" (ibd.). Für die angelsächsische Dichtung, mit der wir es zu tun hatten, galt es, dieses hermeneutische Diktum zu überdenken, weil das schriftlich Überlieferte selbst *als Schriftliches* — und zwar in der Volkssprache — aus der Zeit vor der Jahrtausendwende zu problematisieren war. Dort sollte überdacht werden, ob das *Lesen* — das durch die schriftliche Überlieferung erzwungen wird — jene 'reine Gegenwart der Vergangenheit' adäquat hervorbringen kann.

Zuerst war zu erkennen, daß uns zwar aus altenglischer Zeit *schriftlich* Dichtung überliefert ist, daß aber dieser Zustand täuscht. Er täuscht *uns*, weil wir damit ein bloßes *simulacrum* dessen vor uns haben, an dem wir gelernt haben, mit Dichtung umzugehen: des literarischen *Texts*. Sich dessen als Täuschung bewußt zu werden ist notwendig, weil wir mit unserer Interpretation immer auch das zeitgenössische Verständnis von Dichtung nachzuvollziehen suchen. Dabei ist zwar gerade den Mediävisten besonders bewußt, daß sie von ihren eigenen — modernen — ästhetischen Vorstellungen Abstand gewinnen müssen, um der Dichtung, mit der sie es zu tun haben, nicht mit inadäquaten ästhetischen Kriterien zu begegnen. Daß jedoch dabei die Schriftlichkeit selbst das Hauptproblem sein könnte, daß also die Andersartigkeit ästhetischer Kriterien auf einer Ebene liegen könnte, in der die Aggregatform *schriftlicher* Text als Problem zu sehen ist, dies hat erst die — interdisziplinäre — Forschung zu Mündlichkeit/Schriftlichkeit deutlich gemacht. Sie lehrt uns — und dies darzustellen und Konsequenzen daraus zu ziehen ist Hauptzweck der Darlegungen in Teil I gewesen —, daß es bei der Revision unserer ästhetischen Kritierien nicht bloß darum gehen kann, diese zu *relativieren*. Es geht, mit anderen Worten, nicht allein um eine Skalenverschiebung, vielmehr muß erkannt werden, daß die Parameter selbst im Blick auf die prinzipiell vorliegenden kommunikativen Bedingungen neu zu erstellen sind. Es wird dabei schnell klar, daß es für diese Art der Revision wiederum nicht ausreicht, sich innerhalb der Dichotomie von Mündlichkeit vs. Schriftlichkeit zu bewegen: das frühe Mittelalter nimmt eine Zwischenposition ein, die man als Miteinander von Noch-Mündlichkeit mit Schon-Schriftlichkeit sehen muß.

Versucht man, die kommunikativen Bedingungen des frühen Mittelalters so zu beschreiben, dann insinuiert man eine Art von unreifem Übergangsstadium. Zwar bleibt uns aus unserer historischen Perspektive nichts anderes, als heuristisch in solchen Kategorien des 'Noch' und 'Schon' zu reden. Darüber dürfen wir jedoch nicht vergessen, daß dieses Stadium selbst einer fest strukturierten Semiotik unterstand. Dieser kulturelle Zustand, den ich mit dem Begriff *Vokalität* charakterisiere, wurde im ersten Teil umrissen. Dies hatte zum Zweck, daß wir uns dem nähern, was als Bedingungen der Semiotik der Vokalität rekonstruierbar ist. Dies geschah zum Teil über den Schluß e negativo, indem festgestellt wurde, was diese Bedingungen *nicht* kennzeichnete. Die Negativschlüsse führten über den modernen Textbegriff. Da dies nicht irgendein Begriff, sondern gerade derjenige ist, der für unser literarisches Verständnis sowohl vorwissenschaftlich als auch für die Literaturwissenschaft konstitutiv ist, sollten diese Negativschlüsse zwei Resultate haben: (1) mit der Rekonstruktion frühmittelalterlicher poetischer Sinn*er*mittlung werden uns (2) Kriterien gegeben für eine Heuristik, die analytische Fragen in angemessener Weise stellen kann.

Diese Fragen können wir nur an das uns konkret Überlieferte stellen, das heißt: zu analysieren bleibt uns nur dasjenige, mit dem die Sinn*ver*mittlung stattfand. Unter dem Axiom, daß das Vermittelnde den Gesetzen folgt, denen die Ermittlung unterstand, wurde die uns überlieferte Dichtung als symptomatisch für diese Bedingungen angesehen. Als hervorstechendstes Symptom erkannten wir die Formelhaftigkeit. Dieses Charakteristikum, das einen großen Teil der mittelalterlichen Dichtung auszeichnet, ist schon lange ausgemacht worden. Allerdings hat man es in unterschiedlichster Weise – und anders als hier – auszulegen gesucht. Die Provenienz der Dichtung aus einer rein mündlichen Kultur mit diesem Kriterium nachzuweisen (weil Formelhaftigkeit ein Merkmal der Mündlichkeit ist) kommt dem noch am nächsten, was hier unter dem Stichwort *Vokalität* verhandelt wurde. Der Versuch, über Formelhaftigkeit eine Antwort auf die Provenienzfrage zu finden, habe ich vor allem deshalb zurückgewiesen, weil solche Antworten grundsätzlich bloß hypothetischer Natur sein können. Formelhaftigkeit ist für mich kein Indiz dafür, daß diese Dichtung *aus der (primären) Oralität* kommt. Sie zeigt vielmehr nur, daß diese Dichtung *in der Vokalität* kommuniziert und rezipiert wurde.

Eine systematische Aufarbeitung der Formelhaftigkeit der altenglischen Dichtung – wie anderer Dichtungen auch – hat die sogenannte *Oral-Formulaic Theory* in den letzten vier Jahrzehnten erbracht. Ihre Ergebnisse wurden hier insoweit genutzt, als Ausmaß und Technik formelhafter Komposition durch die *Oral-Formulaic Theory* systematisch gesichtet worden sind. Allerdings kann ich – wie inzwischen viele andere Mediävisten auch – dem Postulat nicht folgen, das sich in der Koppelung von *oral* und *formulaic* ausdrückt. Nicht weil die Formelhaftigkeit der mündlichen Komposition förderlich ist, findet man in der frühmittelalterlichen englischen Dichtung so viele Formeln. Man findet sie, so muß man aus dem schließen, was wir als semiotische Bedingungen für Kommunikation in der Vokalität rekonstruieren können, weil die Formel – allen voran die gnomische Formel – das vorrangige Instrument der Sinn*ver*mittlung und damit auch der Ort der Sinn*er*mittlung in der Vokalität war.

In der Formelhaftigkeit überschneidet sich die Semiotik der (primären) Oralität mit der in der Vokalität funktionierenden verbalen Kommunikation. Als Instrument des poetischen Diskurses unterliegt sie dabei einem Ästhetisierungsprozeß: einem Prozeß, der die Autonomisierung des poetischen Ausdrucks befördert. Dies gilt dort im besonderen Maß, wo, wie im angelsächsischen England, mit der Verschriftlichung – die zu Beginn im Blick auf Dichtung auch einfache Verschriftung gewesen sein mag – Traditionalität zur Konventionalität wird.

Zum einen macht es die Vokalität notwendig, den in der (primären) Oralität unabdingbaren Erzähler – formelhaft – zu institutionalisieren. Institutionalisierung heißt hier, daß, wenn die dichterische Komposition aufgeschrieben wird, dem Gedicht die stimmliche Vermittlungsinstanz – eben der Erzähler – zum Zweck der vokalen Realisierung mitgegeben, "eingeschrieben" wird. Damit wird Mündlichkeit (der Vermittlung) vorgängig fingiert. Der Erzähler wird fiktionalisiert. Weiterhin ist als Folge des besonderen Status der Vokalität zwischen Mündlichkeit und Schriftlichkeit herauszustellen, daß dort für die Dichtung die Repetitivität der Formelhaftigkeit zum Zeichen für sich selbst wird, daß sie auf sich selbst aufmerksam macht. Diese Konventionalität garantiert zum einen die Relevanz des poetischen Diskurses, zum anderen findet sie mit dieser Form gleichzeitig zu einem Bündel von Charakteristika, die eben nur *diese* Art von Diskursen auszeichnen. Dies muß registriert werden, um in historischer Perspektive zu sehen, daß es in altenglischer Dichtung durchaus Ansätze zur Literarisierung, zur Verselbständigung des poetischen Diskurses gegeben hat, die dann erst in der Neuzeit und Moderne vollends erreicht wird und sich in ihr als konstitutives Element der Literatur entfaltet.

Für die zeitgenößischen Rezipienten allerdings ist diese Autonomisierungstendenz wohl unbemerkt geblieben. Ihnen war die Sinnhaftigkeit der Dichtung garantiert in der Formelhaftigkeit. Diese band auf vielfältige Weise den Diskurs an die außerdiskursive Welt: durch die Instanz des Erzählers, der, wenn auch fingiert, das Bindeglied zwischen Diskurs und Rezipienten herstellte; durch die poetische Form, in der das Metrum in seiner engen Verschlungenheit mit der Formelhaftigkeit Traditionalität signalisierte und doch schon reine Konventionalität war. Schließlich durch die affirmative Kraft der Gnomik, die, indem sie die Sinnwelt der Rezipienten in den poetischen Diskurs hereinholte, diesen Rezipienten den Ort bot, an dem der Sinn dieses Diskurses zu finden war: nicht in einem distanziert 'für sich sprechenden' Text, sondern dort, wo der Rezipient selbst schon war.

In Teil II galt es zunächst, die Erscheinungsformen des poetischen Ich nachzuzeichnen. Da das poetische Ich im eigentlichen Sinn für den poetischen Diskurs konstitutiv ist, konnte an ihm gezeigt werden, wie der scheinbare Unterschied von epischem und lyrischem Ich phänomenologisch verschwindet. Dann nämlich, wenn wir diese beiden Formen des poetischen Ich im Rahmen der semiotischen Maßgaben der Vokalität sehen. Zwar erledigt der Erzähler des *Beowulf* seine Aufgabe als Vermittlungsinstanz vordergründig auf andere Weise als zum Beispiel der des *Seafarer*. Wo von seiner eigenen erzählerischen Tätigkeit die Rede ist, löst sich der Erzähler des *Beowulf* nahezu auf in Formelhaftigkeit und verschwindet so – in der Moderne würden wir von szenischer Darstellung sprechen – hinter dem Gedicht. Er erzählt *von Vergangenem*, das *allen bekannt* und deshalb *für alle relevant* ist. Die Sprecher – unter ihnen sind auch Sprecherinnen – der Elegien hingegen reden *von sich*. Doch auch da tritt die Formelhaftigkeit zutage, die sie *als Repräsentanten* erkennen läßt. Um zu zeigen, daß dieses Verständnis von den *personae* der Elegien historisch gesehen das einzig wahrscheinliche ist, wurde hier nicht nur auf Formelhaftigkeit hingewiesen. Darüber schien es mir notwendig, noch einmal die Aufmerksamkeit auf das frühmittelalterliche Identitätsverständnis zu lenken: das Individuum wird hier in erster Linie als Mitglied einer Gruppe identifiziert, das Einzelschicksal konnte also nur repräsentativ interessieren.

Erzähltes wurde als Exempel *für* einen größeren Zusammenhang verstanden. Dies belegt das Auftreten von Gnomai in den Elegien in gleicher Weise wie im *Beowulf*. Sie weisen das Erzählte als Exempel für das im Gnomon Festgestellte aus und belegen umgekehrt die Validität des Gnomon. Dies kann auf diese doppelte Weise nur funktionieren, weil das Gnomon unhinterfragbar Richtiges ausdrückt, das als Richtiges in der Sinnwelt der Rezipienten verankert ist. Da in der sinnhaften Bewältigung des Todes ein Grundproblem der Existenz zu sehen ist, ist das Beispiel der 'Todesgnomik' im *Beowulf* geeignet aufzuzeigen, daß wir in der Analyse der Formelhaftigkeit altenglischer Dichtung nicht nur das dichtungstechnische 'Wie' von Sinnvermittlung ausmachen können, sondern darüber hinaus auch etwas über diesen Sinn selbst erfahren können. Was in der Forschung oftmals reduziert wurde auf die Provenienzfrage – hie heidnische, hie christliche Vorstellung vom Tod und dessen Bewältigung – sehe ich im *Beowulf* als Versuch einer doppelten Sinngebung, besser:

als Ausdruck einer tiefen Verunsicherung. Die Verunsicherung — noch einmal sei es nachdrücklich gesagt — ist nicht bezogen auf den christlichen Glauben per se. Es geht nicht um die Alternative, ob man sich dem Glauben, daß der gute *dom* zu Lebzeiten für den Frieden nach dem Tod sorgt, hingeben oder ob man sich im Glauben auf Gottes Güte verlassen soll. Das eine galt *neben* dem anderen. Beides galt, und zwar nicht, wie wir meinen könnten, in ideologischer Konkurrenz, sondern — und das ist für den Einzelnen viel bedrohlicher — beides galt in gleicher Weise.

Auch die unzweifelhaft eschatologisch ausgerichteten Elegien *Seafarer* und *Wanderer* zeugen von dieser Unsicherheit. Ihre Gnomik spricht vom Diesseits im Blick auf das Jenseits. Zwei Aspekte der Lebens- und (damit in eins) der Todesbewältigung werden gnomisch ausgedrückt: die unabdingbare Notwendigkeit rechten Lebens wie auch die Hoffnung auf die Gerechtigkeit Gottes nach dem Tod. Ob das eine das andere beeinflußt, beeinflussen kann, das wird zwar im *Seafarer* ansatzweise geklärt, dennoch überwiegt die Unsicherheit, ja sie wird — uns paradox erscheinend — im gnomischen Ausdruck noch weiter bestätigt.

Das Gottesgericht und der Jüngste Tag — im neuenglischen Wort *Doomsday* verbindet sich, etymologisch betrachtet, beides — sind auch in Cynewulfs Epilogen zu seinen Gedichten sehr bedeutsam. In Cynewulfs Dichtung allerdings haben wir den Sonderfall konstatieren müssen. Cynewulf ist ein Sonderfall aufgrund des für diese Zeit überraschenden Beharrens auf seiner Identität (und damit Individualität) als dichtender Sünder oder sündigender Dichter — letztlich überwiegt aber doch der *Dichter* —, das seinen Runensignaturen zu entnehmen ist. Sein expliziter Bezug auf Bücherwissen, das man direkt aus Büchern erwerben sollte, weist ihn über die Runensignaturen hinaus als höchst literaten Dichter aus. Uns fehlt der historische Hintergrund, um dafür eine fundierte Erklärung zu nennen. Vielleicht ist dies aber in der Tat ein Hinweis auf die relative Chronologie der altenglischen Dichtung insgesamt. Wenn bei Cynewulf dieser Zwiespalt zwischen der Ungewißheit der Anrechnung von hier auf Erden Geleistetem — bei ihm ist es seine Dichtung — und dem zu erwartenden Gottesgericht durch die Instanz der Gebetshilfe gelöst zu sein scheint, so spräche dies dafür, daß Cynewulfs Dichtung spät, das heißt: wahrscheinlich in die Zeit der benediktinischen Reform und damit in die zweite Hälfte des 10. Jahrhunderts, zu legen ist. *Beowulf* und die Elegien *Seafarer* und *Wanderer* hingegen wären früher anzusetzen, in eine Zeit also, wo dieses Auffangsystem der Gebetshilfe noch nicht im Bewußtsein der christianisierten Germanen ausgebreitet war. Die Institution der Gebetshilfe ist allerdings schon Anfang des 8. Jahrhunderts, unter anderem durch die Bonifatius-Briefe, bezeugt. Selbst wenn wir *Beowulf* und auch die Elegien ursprünglich ins 7. Jahrhundert datieren wollten — eine Hypothese, die ich hier keineswegs propagieren möchte —, so bleibt doch das Faktum, daß den Kompilatoren der uns erhaltenen Codices aus dem 10./11. Jahrhundert, diese Angst nicht so fremd — gar ideologisch gefährlich — erschien. Wäre letzteres der Fall gewesen, so hätte dies wohl dazu führen können, daß man diese Gedichte nicht konserviert hätte! Letztlich können wir auch aus diesen Befunden nichts extrapolieren, was zu eindeutigen Aussagen führte über die — relative oder absolute — Chronologie dieser Gedichte. So wie, einer bekannten Hypothese folgend, die primäre Mündlichkeit der "strukturellen Amnesie" unterlag, dem nämlich, daß vergessen wurde, was man zur Welterklärung nicht mehr brauchte, so kann man umgekehrt schließen, daß diese Gedichte in den Codices erscheinen, weil das in ihnen thematisierte Dilemma immer noch erlebt war. In der Untersuchung der gnomischen Formelhaftigkeit, die die altenglischen Gedichte paratextuell verklammerte, wurde deutlich, daß diese Gedichte von einer Sinnwelt zeugen, die geprägt ist von der Ungewißheit der Gestaltung menschlicher Existenz auf Erden und ihrer Wirkung auf das göttliche Gericht, und dennoch ohne Alternative auf dieses Gericht hinzustreben hatte.

Ich habe dabei immer wieder auf strukturelle und inhaltliche Parallelen zu den Psalmen hingewiesen, ohne jedoch wirklich nachweisen zu können, daß die Psalmen die letztendlichen 'Quellen' für diese Gnomai sind. Wie im ersten Teil dargestellt, sind die Psalmen der Grundstock lateinisch-christlicher Bildung im Mittelalter. Ihre Spruchhaftigkeit, ihre fast durchweg gegebene Zirkularität, kam einem Denken entgegen, das (noch) nicht textual war, sondern sich vielmehr innerhalb von Strukturen bewegte, wie sie für Mündlichkeit kennzeichnend sind. Mündlichkeit und Schriftlichkeit konnten sich in *diesem* sprachlichen Ausdruck treffen. Er konnte damit auch als Fundus dienen für den poetischen Ausdruck in der angelsächsischen Vokalität. Der Vergleich mit den Psalmen zeigt, daß in diesem neuen Universum der Vokalität sich die kulturanthropologischen Dispositionen der Christianisierten trafen mit Formen und Inhalten, die aus einer gänzlich anderen Kultur kamen. Die Bücher — *tà biblía* — boten Modelle für den poetischen Ausdruck. Dieser fügte sich semiotisch in die Vokalität.

BIBLIOGRAPHIE

(1) Quellen in Editionsreihen und deren Abkürzungen

Sofern aus gängigen Quelleneditionen in Reihen zitiert worden ist, habe ich diese in den Fußnoten nur unter den üblichen Abkürzungen angegeben:

ASPR: *Anglo-Saxon Poetic Records.* Ed. Krapp/Dobbie

CCSL: *Corpus christianorum. Series Latina*

CSEL: *Corpus scriptorum ecclesiasticorum latinorum*

E.E.T.S.: *Early English Text Society*

MGH: *Monumenta Germaniae Historica*

Migne PL: *Patrologiae cursus latinus.* Ed. Migne

(2) Sekundärliteratur (darunter auch Einzeleditionen)

ANDERSON, Earl R. (1983).
Cynewulf. Structure, Style and Theme in His Poetry. Rutherford/Madison/Teaneck: Fairleigh Dickinson UP. 1983.

ARIÈS, Philippe (1977)
L'Homme devant la mort. Paris: Éd. du Seuil. 1977.

ASSMANN, A. u.J. u.Ch.Hardmeier (1983).
Schrift und Gedächtnis: Beiträge zur Archäologie der literarischen Kommunikation I. Hrsg. v. A.u.J.Assmann u.Ch.Hardmeier. München: Fink. 1983.

AUSTIN, J.L. (1960/75).
How To Do Things With Words. 2nd ed. Oxford: Oxford UP. 1975 [erste Aufl. 1960].

BAR-HILLEL, Yehoshua (1955)
"Idioms." *Machine Translation of Languages.* Ed. W.N.Locke and A.D.Boothe. New York/ London: Technology Press of the M.I.T. 1955, 183-193.

BÄUML, Franz H. (1968/79).
"Der Übergang mündlicher zur *artes*-bestimmten Literatur des Mittelalters. Gedanken und Bedenken." *Oral Poetry. Das Problem der Mündlichkeit mittelalterlicher epischer Dichtung.* Hrsg. v. N.Voorwinden u. M. de Haan. Darmstadt: Wissenschaftliche Buchgesellschaft. 1979, 237-262 [zuerst veröffentl. 1968].

---- (1978).
"Medieval Literacy and Illiteracy: An Essay toward the Construction of a Model." *Germanic Studies in Honor of Otto Springer.* Ed. Stephen J.Kaplowitt. Pittsburgh: K&S Enterprises. 1978, 41-54.

---- (1980).
"Varieties and Consequences of Medieval Literacy and Illiteracy." *Speculum* 55 (1980): 237-262.

---- (1984-85).
"Medieval Texts and the Two Theories of Oral-Formulaic Composition: A Proposal for a Third Theory." *New Literary History* 16 (1984-85): 31-49.

---- (1987).
"The Theory of Oral-Formulaic Composition and the Written Medieval Text." *Comparative Research on Oral Traditions: A Memorial for Milman Parry.* Ed. John Miles Foley. Columbus, OH: Slavica Publishers. 1987, 29-45.

BALOGH, Josef (1927).
"'Voces Paginarum'. Beiträge zur Geschichte des lauten Lesens und Schreibens." *Philologus* 82 (1927): 84-109, 202-240.

BAMMESBERGER, Alfred (1978).
"Zum syntaktischen Aufbau von Bedas Sterbespruch." *Münchener Studien zur Sprachwissenschaft* 37 (1978): 5-9.

BARTHES, Roland (1964).
"Éléments de sémiologie." *Communications* 4 (1964): 91-135.

BENSON, Larry (1966).
"The Literary Character of Anglo-Saxon Formulaic Poetry." *PMLA* 81 (1966): 334-341.

BERGER, Peter L. u.Thomas Luckmann (1966/71).
The Social Construction of Reality. A Treatise in the Sociology of Knowledge. Harmondsworth: Penguin. 1971 [zuerst ersch. 1966].

BESSAI, Frank (1964).
"Comitatus and Exile in Old English Poetry." *Culture* 25 (1964): 130-144.

BESSINGER, Jess B. and Stanley J.Kahrl (1968).
Essential Articles for the Study of Old English Poetry. Ed. J.B.Bessinger and S.J.Kahrl. Hamden, CT: Archon Books. 1968.

---- and Philip H.Smith (1978).
A Concordance of the Anglo-Saxon Poetic Records. Ed. J.B.Bessinger, programmed by Ph.H.Smith. Ithaca/London: Cornell UP. 1978.

BISCHOFF, Bernhard (1986).
Paläographie des römischen Altertums und des abendländischen Mittelalters. 2.überarb. Aufl. Berlin: Erich Schmidt. 1986.

BLACKBURN, F.A. (1897/1963).
"The Christian Coloring of *Beowulf*." Nicholson (1963), 1-21 [zuerst veröffentl. 1897].

BOER, R.C. (1902-03).
"Wanderer und Seefahrer." *Zeitschrift für deutsche Philologie* 35 (1902-03): 1-28.

BOOR, Helmut de (1988).
Das Nibelungenlied. Nach der Ausgabe von K.Bartsch/hrsg. v. Helmut de Boor. 22. rev. u. von R.Wisniewski ergänzte Ausg. Nachdr. Mannheim: Brockhaus. 1988.

BORST, Arno (1973).
Lebensformen im Mittelalter. Frankfurt: Ullstein Propyläen. 1973.

BRIDGES, Maragret (1979).
"Exordial Tradition and Poetic Individuality in Five O[ld] E[nglish] Hagiographical Poems." *English Studies* 60 (1979): 361-379.

BROWN, Phyllis R., G.R.Crampton, Fred C.Robinson (1986).
Modes of Interpretation in Old English Literature. Essays in Honour of Stanley B.Greenfield. Ed. Ph.R.Brown, G.R.Crampton, Fred C.Robinson. Toronto: University of Toronto Press. 1986.

BÜCHNER, Karl (1971).
Boethius: Trost der Philosophie. Übers. u. hrsg. v.K.Büchner. Stuttgart: Reclam. 1971.

BURLIN, Robert B. (1975).
"Gnomic Indirection in *Beowulf*." Nicholson/Frese (1975), 41-49.

BUSSE, Wilhelm (1987).
Altenglische Literatur und ihre Geschichte. Zur Kritik des gegenwärtigen Deutungssystems. Düsseldorf: Droste. 1987.

---- (1988).
"Boceras. Written and oral traditions in the late tenth century." Erzgräber/Volk (1988), 27-37.

CALDER, Daniel G. (1971)
"Setting and Mode in *The Seafarer* and *The Wanderer*." *Neuphilologische Mitteilungen* 72 (1971): 264-275.

---- (1981).
Cynewulf. Boston: Twayne Publishers. 1981.

CAMPBELL, Jackson S. (1960).
"Oral Poetry in *The Seafarer*." *Speculum* 35 (1960): 87-96.

---- (1966)
"Learned Rhetoric in Old English Poetry." *Modern Philology* 63 (1966): 189-201.

---- (1967).
"Knowledge of Rhetorical Figures in Anglo-Saxon England." *JEGP* 66 (1967): 1-20.

---- (1978).
"Adaption of Classical Rhetoric in Old English Literature." *Medieval Eloquence: Studies in the Theory and Practice of Medieval Rhetoric*. Ed. J.J.Murphy. Berkeley, CA: Berkeley UP. 1978, 173-197.

CAROTHERS, J.C. (1959).
"Culture, Psychiatry and the Written Word." *Psychiatry* 22 (1959): 307-320.

CHAFE, Wallace L. (1968).
"Idiomaticity as an Anomaly in the Chomskyan Paradigm." *Foundations of Language* 4 (1968): 109-127.

CHERNISS, Michael D. (1970).
"*Beowulf*: Oral Presentation and the Criterion of Immediate Rhetorical Effect." *Genre* 3 (1979): 214-228.

---- (1972).
Ingeld and Christ. Heroic Concepts and Values in Old English Christian Poetry. Den Haag: Mouton. 1972.

CHICKERING, Howell D.Jr. (1977).
Beowulf: A Dual-Language Edition. Transl. with Introd. and Commentary by H.D.Chickering Jr. Garden City, NY: Anchor Press. 1977.

CHOMSKY, Noam (1957).
Syntactic Structures. Den Haag/Paris: Mouton. 1957.

CHRISTMANN, Hans Helmut (1978).
"Gesprochene Sprache von heute oder alte Sprachstufen als 'wahrer' Gegenstand der Linguistik? — Zur historischen Sprachwissenschaft des 19. Jahrhunderts und ihrer 'Überwindung'." *Zeitschrift für romanische Philologie* 94 (1978): 549-562.

CLANCHY, M.T. (1970).
"Remembering the Past and the Good Old Law." *History* 55 (1970): 165-176.

CONNER, Patrick W. (1972).
"Schematization of Oral-Formulaic Processes in Old English Poetry". *Language and Style* 5 (1972): 204-220.

COOK, A.S. (1900).
The Christ of Cynewulf. A Poem in Three Parts. The Advent, the Ascension, and the Last Judgement. Ed. A.S.Cook. Boston: Ginn and Company. 1900.

COSERIU, Eugenio (1966).
"Structure lexicale et enseignement du vocabulaire." *Actes du Premier Colloque International de Linguistique Appliquée. Nancy 26-31 oct. 1964.* Nancy: Berger-Levrault. 1966, 175-217.
COULMAS, Florian (1981).
Routine im Gespräch. Zur pragmatischen Fundierung der Idiomatik. (Linguistische Forschungen Bd.5). Wiesbaden: Akademische Verlagsgesellschaft Athenaion. 1981.
---- (1985).
"Diskursive Routine im Fremdsprachenerwerb." *Sprache & Literatur* 56 (1985): 47-66.
CREED, Robert P. (1959).
"The Making of an Anglo-Saxon Poem." *English Literary History* 26 (1959): 445-454.
---- (1966).
"A New Approach to the Rhythm of *Beowulf*." *PMLA* 81 (1966): 23-33.
---- (1962).
"The Singer Looks at His Sources." *Comparative Literature* 14 (1962): 44-52.
---- (1980).
"Is There an Ancient Gnome in *Beowulf* Line 4?". *Folklore Forum* 13 (1980): 109-126.
CROSBY, Ruth (1936).
"Oral Delivery in the Middle Ages." *Speculum* 11 (1936): 88-110.
CROSS, James E. (1956).
"'Ubi Sunt' Passages in Old English — Sources and Relationships." *Årsbok Vetenskaps-Societeten Lund/Yearbook of the New Society of Letters at Lund* 1956: 25-44.
---- (1957).
"On *The Wanderer* Lines 80-84. A Study of a Figure and a Theme." *Årsbok Vetenskaps-Societeten Lund/Yearbook of the New Society of Letters at Lund* 1957: 77-110.
---- (1961/68).
"On the Genre of *The Wanderer*." Bessinger/Kahrl (1968), 515-532.
CURRY, Jane (1966).
"Approaches to a Translation of the Anglo-Saxon *The Wife's Lament*." *Medium Ævum* 35 (1966): 187-198.
CURTIUS, Ernst Robert (1948).
Europäische Literatur und lateinisches Mittelalter. Bern/München: Francke. 1948.
DEROLEZ, René (1961/68).
"Anglo-Saxon Literature: 'Attic' or 'Asiatic'? Old English Poetry and Its Latin Background." Bessinger/Kahrl (1968), 46-62 [zuerst veröffentl. 1961].
DERRIDA, Jacques (1967).
De la grammatologie. Paris: Éd. de Minuit. 1967.
DIAMOND, Robert E. (1959).
"The Diction of the Signed Poems of Cynewulf." *Philological Quarterly* 38 (1959): 228-241.
DILLER, Hans-Jürgen (1988).
"Literacy and Orality in *Beowulf*: The Problem of Reference." Erzgräber/Volk (1988), 15-25.
DONALDSON, E.T. (1966).
Beowulf. A New Prose Translation by E.T.Donaldson. New York, NY: Norton. 1966.
DRONKE, Peter (1970).
Poetic Individuality in the Middle Ages. Oxford: Clarendon. 1970.
DUNNING, T.P and A.J.Bliss (1969).
The Wanderer. Ed. T.P.Dunning and A.J.Bliss. London: Methuen. 1969.

ECO, Umberto (1962/77).
Das offene Kunstwerk. Übers. v. G.Memmert. Frankfurt: Suhrkamp. 1977 (ital. Original zuerst 1962).
---- (1968/72).
Einführung in die Semiotik. Übers. v. J.Trabant. München: Fink. 1972 [ital. Original 1968].
EDWARDS, Carol (1983).
"The Parry-Lord Theory Meets Operational Structuralism." *Journal of American Folkore* 96 (1983): 151-169.
EHLICH, Konrad (1983).
"Text und sprachliches Handeln. Die Entstehung von Texten aus dem Bedürfnis nach Überlieferung." Assmann/Assmann/Hardmeier (1983), 24-43.
EISENSTEIN, Elizabeth E. (1966).
"Clio and Chronos: An Essay on the Making and Breaking of History-Book Time." *History and Theory,* Beiheft 6 (1966), 36-64.
ERZGRÄBER, Willi (1961).
"*Der Wanderer.* Eine Interpretation von Aufbau und Gehalt." *Festschrift für Th.Spira.* Hrsg. v. W.Viebrock u.W.Erzgräber. Heidelberg: Winter. 1961, 57-85.
---- u. Sabine Volk (1988).
Mündlichkeit und Schriftlichkeit im englischen Mittelalter. Hrsg. v. W.Erzgräber u.S.Volk. (ScriptOralia Bd. 5). Tübingen: Narr. 1988.
FOLEY, John Miles (1988).
The Theory of Oral Composition. History and Methodology. Bloomington, IN: Indiana UP. 1988.
FRASER, B. (1979).
"Idioms within a Transformational Grammar." *Foundations of Language* 6 (1970): 22-42.
FRESE, Dolores Warwick (1975).
"The Art of Cynewulf's Runic Signatures." Nicholson/Frese (1975), 312-334.
FRY, Donald K. (1967).
"Old English Formulas and Systems." *English Studies* 48 (1967): 193-204.
---- (1975).
"Caedmon As a Formulaic Poet." *Oral Literature. Seven Essays.* Ed. J.J.Duggan, Edinburgh/ London: Scottish Academic Press. 1975, 41-61.
---- (1981).
"Formulaic Theory and Old English Poetry." *International Musicological Society, Report of the 12th Congress, Berkeley 1977.* Kassel: Bärenreiter. 1981, 169-173.
FUHRMANN, Manfred (1968).
"Gibt es eine christliche Ästhetik?" 4. Diskussion unter d. Vorsitz v. M. Fuhrmann. *Die nicht mehr schönen Künste. Grenzphänomene des Ästhetischen.* Hrsg. v. H.R.Jauss. (Poetik und Hermeneutik III). München: Fink. 1968, 583-609.
GADAMER, Hans-Georg (1972).
Wahrheit und Methode. Grundzüge einer philosophischen Hermeneutik. 3., erw.Aufl. Tübingen: Mohr. 1972.
GAUGER, Hans-Martin (1976).
Sprachbewußtsein und Sprachwissenschaft. München: Piper. 1976.
---- (1976a).
"Sprachbewußtsein und Sprachwissenschaft." Gauger (1976), 11-72.

---- (1976b).

"Zum Bedeutungsbegriff der strukturellen Semantik." Gauger (1976), 108-153.

---- (1981-82).

"Zeichen in den Evangelien." *Wissenschaftskolleg — Jahrbuch 1981/82*, 94-115.

---- (1988).

"Nietzsches Stil — Beispiel: »Ecce homo«. H.-M. Gauger. *Der Autor und sein Stil. Zwölf Essays*. Stuttgart: DVA. 1988, 81-110.

---- (1989).

"Nietzsche: Zur Genealogie der Sprache." *Theorien vom Ursprung der Sprache*. Hrsg. v. J.Gessinger u.W.v.Rahden. 2 Bde. Berlin/New York: de Gruyter. 1989. Bd.I, 585-606.

GIESECKE, Michael (1979).

"Schriftsprache als Entwicklungsfaktor in Sprach- und Begriffsgeschichte." *Historische Semantik und Begriffsgeschichte*. Hrsg. von R.Koselleck. Stuttgart: Klett-Cotta. 1979, 262-302.

GNEUSS, Helmut (1972).

"The origin of Standard Old English and Æthelwold's school at Winchester." *Anglo-Saxon England* 1 (1972): 63-83.

GOETSCH, Paul (1985).

"Fingierte Mündlichkeit in der Erzählkunst entwickelter Schriftkulturen." *Poetica* 17 (1985): 202-218.

GOLLANCZ, Israel (1895).

The Exeter Book. Part I: Poems I-VIII. (E.E.T.S.. O.S. 104) Ed. [and transl.] I.Gollancz. London: Oxford UP. 1895.

GOODY Jack (1968).

Literacy in Traditional Society. Ed. J.Goody. Cambridge: Cambridge UP. 1968 [dtsch: *Literalität in traditionellen Gesellschaften*. Übers. von F.Herborth und Th. Lindquist. Frankfurt: Suhrkamp. 1981].

---- (1977).

The domestication of the savage mind. Cambridge: Cambridge UP. 1977.

---- u. Ian Watt (1962-63/68).

"The Consequences of Literacy." Goody (1968), 27-69 [zuerst ersch. 1962-63).

GORDON, Ida L. (1960).

The Seafarer. Ed. I.L.Gordon. London: Methuen. 1960.

GRADON, P.O.E. (1977).

Cynewulf's 'Elene'. Ed. P.O.E.Gradon. 2nd ed. Exeter: Exeter UP. 1977.

GREENFIELD, Patricia M., L.Reich, R.R.Olver (1966).

"On Culture and Equivalence: II". *Studies in Cognitive Growth*. Ed.J.S.Bruner, R.R.Olver, P.M.Greenfield et al. New York, NY: John Wiley & Sons Inc. 1966: 270-318.

GREENFIELD, Stanley B. (1953).

"*The Wife's Lament* Reconsidered." *PMLA* 68 (1953): 907-912.

---- (1955).

"The Formulaic Expression of the Theme of 'Exile' in Anglo-Saxon Poetry." *Speculum* 30 (1955): 200-206.

---- (1966).

"The Old English Elegies". *Continuations and Beginnings: Studies in Old English Literature*. Ed. E.G.Stanley. London: Nelson. 1966, 142-175.

---- (1972).
> *The Interpretation of Old English Poems.* London/Boston: Routledge & Kegan Paul. 1972.

---- (1976).
> "The authenticating voice in *Beowulf.*" *Anglo-Saxon England* 5 (1976): 51-62.

---- (1986).
> "*Wulf and Eadwacer*: all passion pent." *Anglo-Saxon England* 15 (1986): 5-14.

---- and R.Evert (1975).
> "*Maxims II*: Gnome and Poem." Nicholson/Frese (1975), 337-353.

GREIMAS, A.J. (1970).
> "Les proverbes et les dictons." A.J.Greimas. *Du sens. Essais sémiotiques.* Paris: Éd. du Seuil. 1970, 309-314.

GREIN, Christian W.M. (1867).
> *Beovulf nebst den Fragmenten Finnburg und Valdere.* Kassel u. Göttingen: Wigand. 1867.

GRÖNBECH, Wilhelm (1909-12/1980).
> *Kultur und Religion der Germanen.* 2 Bde. Hrsg.v.O.Höfler, übers. v.E.Hoffmeyer. Darmstadt: Wissenschaftliche Buchgesellschaft. 1980 [dän. Original 1909-1912].

GRUNDMANN, Herbert (1958).
> "*Litteratus — illitteratus.* Der Wandel einer Bildungsnorm vom Altertum zum Mittelalter." *Archiv für Kulturgeschichte* 40 (1958): 1-65.

GUMBRECHT, Hans Ulrich (1975).
> "Konsequenzen der Rezeptionsästhetik. — Oder: Literaturwissenschaft als Kommunikationssoziologie." *Poetica* 7 (1975): 388-413.

GUMPERZ, John J. (1977).
> "Sociocultural Knowledge in Conversational Inference." *Linguistics and Anthropology. Georgetown University Round Table on Languages and Linguistics 1977.* Ed. Muriel Saville-Troike. Washington, D.C.: Georgetown UP. 1977, 191-211.

----, Hannah Kaltmann and Mary C.O'Connor (1984).
> "Cohesion in Spoken and Written Discourse: Ethnic Style and the Transition to Literacy." Tannen (1984), 3-19.

HAMBURGER, Käte (1968).
> *Die Logik der Dichtung.* 2., stark veränderte Aufl. Stuttgart: Klett. 1968.

HAMPTON, Patricia E. (1972).
> "Oral Interpretation as a Means of Instruction in Anglo-Saxon England". *Studies in Interpretation.* Ed. Esther M.Doyle and Virginia Hastings Floyd. Amsterdam: Rodopi NV. 1972, 229-253.

HALBWACHS, Maurice (1968).
> *La mémoire collective.* 2.Aufl. Paris: Presses universitaires de France. 1968.

HAMMER, Jacob (1951).
> *Geoffrey of Monmouth: Historia Regum Britanniae. A variant version edited from the manuscripts.* Ed. J.Hammer. Cambridge, MA: Mediaeval Academy of America. 1951.

HARRIS, Roy (1980).
> *The Language-Makers.* London: Duckworth. 1980.

HARTMANN, P. (1968).
> "Zum Begriff des sprachlichen Zeichens." *Zeitschrift für Phonetik, Sprachwissenschaft und Kommunikationsforschung* 21 (1968): 205-222.

HAVELOCK, Eric (1963).
> *Preface to Plato.* Cambridge, MA: Harvard UP. 1963.

---- (1986).
The Muse Learns to Write: Reflections on Orality and Literacy from Antiquity to the Present. New Haven/London: Yale UP. 1986.

HENRICH, D. u. W.Iser (1982).
Funktionen des Fiktiven. Hrsg. v. D.Henrich u.W.Iser. (Poetik und Hermeneutik X). München: Fink. 1982.

HEUSLER, Andreas (1941).
Die altgermanische Dichtung. 2.Aufl. Potsdam: Akad. Verlagsges. Athenaion. 1941.

HORGAN, A.D. (1979).
"The Structure of *The Seafarer.*" *Review of English Studies* 30 (1979): 41-49.

ILLICH, Ivan (1984).
Schule ins Museum. Phaidros und die Folgen. (Schriftenreihe zum Bayerischen Schulmuseum Ichenhausen, Zweigmuseum des Bayerischen Nationalmuseums, 3,1). Bad Heilbrunn. 1984.

ILLMER, Detlef (1971).
Formen der Erziehung und Wissensvermittlung im frühen Mittelalter: Quellenstudien zur Frage der Kontinuität des abendländischen Erziehungswesens. München: Arbeo-Gesellschaft. 1971.

IMELMANN, Rudolf (1908).
Wanderer und Seefahrer im Rahmen der altenglischen Odoaker-Dichtung. Berlin: Springer. 1908.

---- (1920).
Forschungen zur altenglischen Poesie. Berlin: Weidmann. 1920.

IRVINE, Martin (1986).
"Anglo-Saxon Literary Theory Exemplified in Old English Poems: Interpreting the Cross in *The Dream of the Rood* and *Elene.*" *Style* 20 (1986): 157-181.

ISER, Wolfgang (1976).
Der Akt des Lesens. Theorie ästhetischer Wirkung. München: Fink. 1976.

---- (1982).
"Akte des Fingierens — oder: Was ist das Fiktive im fiktionalen Text?" Henrich/Iser (1982), 121-151.

JAKOBSON, Roman (1949/71).
"The Phonemic and Grammatical Aspects of Language in their Interrelations." Jakobson (1971), 103-114 [zuerst veröffentl. 1949].

---- (1960/67).
"Linguistics and Poetics." *Essays on the Language of Literature.* Ed. S.Chatman and S. R.Levin. Boston, MA: Houghton Mifflin. 1967, 297-322 [zuerst veröffentl. 1960].

---- (1967/71).
"Visual and Auditory Signs." Jakobson (1971), 334-344 [zuerst veröffentl. 1967].

---- (1971).
Selected Writings. Vol.II: *Word and Language.* Den Haag/Paris: Mouton. 1971.

JAUSS, Hans Robert (1970/79).
"Literaturgeschichte als Provokation der Literaturwissenschaft." *Rezeptionsästhetik: Theorie und Praxis.* Hrsg. v.Rainer Warning. 2.Aufl. München: Fink. 1979, 126-162 [zuerst veröffentl. 1970].

---- (1972).
: "Theorie der Gattungen und Literatur des Mittelalters." *Grundrisse der romanischen Literaturen des Mittelalters* Bd.I. Hrsg. v. M.Delbouille. Heidelberg: Winter. 1972, 107-138.

---- (1977a).
: *Ästhetische Erfahrung und literarische Hermeneutik. Bd. I: Versuche im Feld der ästhetischen Erfahrung.* München: Fink. 1977.

---- (1977b).
: "Alterität und Modernität der mittelalterlichen Literatur." H.R.Jauss. *Alterität und Modernität der mittelalterlichen Literatur. Gesammelte Aufsätze 1956-1976.* München: Fink. 1977, 9-47 [einleitender Originalbeitrag].

---- (1982).
: "Zur historischen Genese der Scheidung von Fiktion und Realität." Henrich/Iser (1982), 423-431.

JOLLES, André (1930/69).
: *Einfache Formen. Legende, Sage, Mythe, Rätsel, Spruch, Kasus, Memorabile, Märchen, Witz.* 4.Aufl. Darmstadt: Wissenschaftliche Buchgesellschaft. 1969 [1.Aufl. 1930].

KAIL, Johannes (1889).
: "Über die parallelstellen in der angelsächsischen poesie." *Anglia* 12 (1889): 21-40.

KASIK, Jon C. (1979).
: "The Use of the Term *wyrd* in *Beowulf* and the Conversion of the Anglo-Saxons." *Neophilologus* 63 (1979): 128-135.

KENNEDY, Charles W. (1943).
: *The Earliest English Poetry.* London: Oxford UP. 1943.

KEYNES, Simon and Michael Lapidge (1983).
: *Alfred the Great. Asser's 'Life of King Alfred' and other contemporary sources.* Transl. with Introd. and Notes by S.Keynes and M.Lapidge. Harmondsworth: Penguin. 1983.

KJELLMER, Göran (1984).
: "On a New Reading of *Beowulf* 1-2." *Neuphilologische Mitteilungen* 85 (1984): 192f.

KLAEBER, Frederick (1950).
: *Beowulf and the Fight at Finnsburg.* Ed. F.Klaeber. 3rd ed. Boston, MA: D.C.Heath. 1950.

KLINCK, Anne (1984).
: "The Old English Elegy As a Genre". *English Studies in Canada* 10 (1984): 129-140.

KLINGENBERG, Heinz (1984).
: "Dichter". *Reallexikon der Germanischen Altertumskunde.* 2.Aufl. Berlin: de Gruyter. Bd.5, 1984, 376-392.

KLUGE Friedrich (1975).
: *Etymologisches Wörterbuch der deutschen Sprache.* 21.Aufl. Berlin/New York: de Gruyter. 1975.

KOCH, Peter (1987).
: *Distanz im Dictamen. Zur Schriftlichkeit und Pragmatik mittelalterlicher Brief- und Redemodelle in Italien.* Freiburg (maschinenschriftl. Habil.arbeit). 1987.

---- und Wulf Oesterreicher (1985).
: "Sprache der Nähe — Sprache der Distanz: Mündlichkeit und Schriftlichkeit im Spannungsfeld von Sprachtheorie und Sprachgeschichte." *Romanistisches Jahrbuch* 36 (1986 für 1985): 15-43.

KÖHLER, Erich (1964).
"Observations historiques et sociologiques sur la poésie des troubadours." *Cahiers de civilisation médiévale* 7 (1964): 27-51.

---- (1970).
Ideal und Wirklichkeit in der höfischen Epik. Studien zur Form der frühen Artus- und Graldichtung. 2., erg. Aufl. Tübingen: Niemeyer. 1970.

KROESCHELL, Karl (1960).
"Die Sippe im germanischen Recht." *Zeitschrift für Rechtsgeschichte, Germ.Abt.* 77 (1960): 1-25.

LABOV, William (1972).
Sociolinguistic Patterns. Philadelphia: Pennsylvania UP. 1972.

LECLERCQ, Dom Jean, O.B. (1957).
L'Amour des lettres et le désir de Dieu. Initiation aux auteurs monastiques du moyen âge. Paris: Éd. du Cerf. 1957.

LÉVI-STRAUSS, Claude (1962).
La pensée sauvage. Paris: Plon. 1962.

LEGOFF, Jacques (1985).
"Le temps du Purgatoire (IIIe-XIIIe siècle)." J.LeGoff. *L'Imaginaire médiéval. Essais.* Paris: Gallimard. 1985, 84-98.

LORD, Albert (1960).
The Singer of Tales. Cambridge, MA: Harvard UP. 1960.

LÜDTKE, Helmut (1991).
"Kontinuität und Innovation: Zur Entstehung des Reimes in der abendländischen Dichtung." *Metrik und Medienwechsel — Metrics and Media.* Hrsg. v. H.L.C.Tristram (ScriptOralia 35) Tübingen: Narr. 1991, 81-93.

LURIJA, Aleksandr R. (1974/86).
Die historische Bedingtheit individueller Erkenntnisprozesse. Weinheim: VCH. 1986 [russ. Original 1974].

LUTZ, Hans-Dieter (1974).
"Zur Formelhaftigkeit mittelhochdeutscher Texte und zur 'Theory of Oral-Formulaic Composition'." *Deutsche Vierteljahresschrift für Literaturwissenschaft und Geistesgeschichte* 48 (1974): 432-447.

LYONS, John (1977).
Semantics. 2 vols. Cambridge: Cambridge UP. 1977.

---- (1981).
Language and Linguistics: An Introduction. Cambridge: Cambridge UP. 1981.

MACKIE, W.S. (1934).
The Exeter Book. Part II. Poems IX-XXXII. (E.E.T.S., O.S. 194). Ed. [and transl.] W.S.Mackie. London: Oxford UP. 1934.

MAGOUN, Francis P. (1953).
"The Oral-Formulaic Character of Anglo-Saxon Narrative Poetry." *Speculum* 28 (1953): 446-467.

MALONE, Kemp (1960).
"Words of Wisdom in *Beowulf.*" *Humaniora.* Ed. W.D.Hayland and G.O.Arlt. Locust Valley, N.Y.: Augustin. 1960, 180-194.

---- (1962).
"Two English *Frauenlieder*". *Comparative Literature* 14 (1962): 106-117.

MANDEL, Jerome (1987).
Alternative Readings in Old English Poetry. New York/Bern/Frankfurt a.M.: Lang. 1987.
MCLUHAN, Marshal (1962).
The Gutenberg Galaxy: The Making of Typographic Man. Toronto: University of Toronto Press. 1962.
MITCHELL, Bruce (1968).
"Some Syntactic Problems in *The Wanderer.*" *Neuphilologische Mitteilungen* 69 (1968): 172-198.
MORRIS, Charles (1938/70).
Foundations of the Theory of Signs. 12th ed. Chicago, IL: University of Chicago Press. 1970 [1.Auf.1938].
MOSSÉ, Fernand (1945).
Manuel de l'Anglais du moyen âge. I: Viel-anglais. Paris: Aubier Montaigne. 1945.
MUSTANOJA, Tauno F. (1967).
"The Unnamed Woman's Song of Mourning over Beowulf and the Tradition of Ritual Lamentation". *Neuphilologische Mitteilungen* 68 (1967): 1-27.
NEUSCHÄFER, Hans-Jörg (1964).
El Cantar de Mio Cid. Übers. u. eingel. v. H.-J.Neuschäfer. München: Eidos Verlag. 1964.
NICHOLSON, Lewis E. (1963).
An Anthology of 'Beowulf'-Criticism. Ed. L.E.Nicholson. Notre Dame, IN: University of Notre Dame Press. 1963.
---- and D.W.Frese (1975).
Anglo-Saxon Poetry: Essays in Appreciation for John McGalliard. Ed. L.E.Nicholson and D. W.Frese. Notre Dame, IN: University of Notre Dame Press. 1975.
NILES, John D. (1983).
'Beowulf': The Poem and Its Tradition. Cambridge, MA: Harvard UP. 1983.
OBERMAYER, August (1969).
"Zum Toposbegriff der modernen Literaturwissenschaft." *Jahrbuch des Wiener Goethevereins. N.F. der Chronik* 73 (1969): 107-116.
O'BRIEN O'KEEFFE, Katherine (1987).
"Orality and the Developing Text of Caedmon's *Hymn.*" *Speculum* 62 (1987): 1-20.
O'RAHILLY, Cecile (1967).
Táin Bó Cúalnge. From the Book of Leinster. Ed.C. O'Rahilly. Dublin: Dublin Institute for Advanced Studies. 1967.
OESTERREICHER, Wulf (1988).
"Sprechtätigkeit, Einzelsprache, Diskurs und vier Dimensionen der Sprachvarietät." *Energeia und Ergon: Sprachliche Variation — Sprachgeschichte — Sprachtypologie. Festschrift E. Coseriu.* 2 Bde. Hrsg. v. H.Thun. Tübingen: Narr. 1988. Bd.II, 355-386.
OLSEN, Alexandra H. (1984).
Speech, Song, and Poetic Craft. The Artistry of the Cynewulf Canon. New York/Bern/Frankfurt a.M.: Lang. 1984.
---- (1986).
"Oral-Formulaic Research in Old English Studies: I." *Oral Tradition* 1 (1986): 548-606.
OLSON, David (1977).
"From Utterance to Text: the Bias of Language in Speech and Writing." *Harvard Educational Review* 47 (1977): 257-281.

ONG, Walter J., S.J. (1975/77).
"The Writer's Audience Is Always a Fiction." W.J.Ong. *Interfaces of the World. Studies in the Evolution of Consciousness and Culture.* Ithaca/London: Cornell UP. 1977, 53-81 [zuerst veröffentl. 1975].

---- (1982).
Orality and Literacy: The Technologizing of the Word. London/New York: Methuen. 1982 [dtsch.: *Oralität und Literalität. Die Technologisierung des Wortes.* Übers. v. W.Schömel. Opladen: Westdeutscher Verlag. 1987].

---- (1984-85).
"Orality, Literacy, and Medieval Textualization." *New Literary History* 16 (1984-85): 1-12.

---- (1986).
"Writing is a Technology that Restructures Thought." *The Written Word. Literacy in Transition.* Ed. Gerd Baumann (Wolfson College Lectures 1985). Oxford: Clarendon Press. 1986, 23-50.

---- (1987).
"Orality-Literacy Studies and the Unity of the Human Race." *Oral Tradition* 2 (1987): 371-382.

OPLAND, Jeff (1980).
Anglo-Saxon Oral Poetry: A Study of the Traditions. New Haven/London: Yale UP. 1980.

PARSONS, Talcott (1966).
Societies: Evolutionary and Comparative Perspectives. Englewood Cliffs, NJ: Prentice-Hall Inc. 1966.

PEARSALL, Derek (1977).
Old and Middle English Poetry. (The Routledge History of English Poetry, vol.I) London: Routledge & Kegan Paul. 1977.

PILCH, Herbert (1960).
Layamons »Brut«. Eine literarische Studie. Heidelberg: Winter. 1960.

---- (1964).
"The Elegiac Genre in Old English and Early Welsh Poetry." *Zeitschrift für celtische Philologie* 29 (1964): 209-224.

---- (1970a).
"Drei Diskussionsbeiträge zu Zwirners Arbeiten." *Theorie und Empirie in der Sprachforschung. Festschrift zu Eberhard Zwirners 70.Geburtstag.* Hrsg. v. H.Pilch u. H.Richter. Basel: S.Karger AG. 1970, 9-22.

---- (1970b).
"Syntactic Prerequisites for the Study of Old English Poetry." *Language and Style* 3 (1970): 51-61.

---- (1971a).
Altenglische Grammatik. München: Hueber. 1971.

---- (1971b).
Altenglischer Lehrgang. Begleitband zur Altenglischen Grammatik. München: Hueber. 1971.

---- (1976).
Empirical Linguistics. München: Francke. 1976.

---- (1988).
"Textinterpretation und Textlinguistik." *Gattungen in den slavischen Literaturen. Beiträge zu ihren Formen in der Geschichte. Festschrift für Alfred Rammelmeyer.* Hrsg. v. Hans-Bernd Harder und Hans Rothe. Köln/Wien: Böhlau. 1988: 67-85.

---- und Hildegard Tristram (1979).
Altenglische Literatur. Heidelberg: Winter. 1979.

POLLMANN, Leo (1974).
Geschichte der französischen Literatur. Eine Bewußtseinsgeschichte. Bd.I: Feudalzeitalter (Von den Anfängen bis 1460). Frankfurt: Athenaion. 1974.

QUIRK, Sir Randolph (1963).
"Poetic Language and Old English Metre." *Early English and Norse Studies. Presented to Hugh Smith in Honour of his Sixtieth Birthday.* Ed. Arthur Brown and Peter Foote. London: Methuen. 1963, 150-171.

RAU, Reinhold (1968).
Bonifatii Epistulae — Willibaldi Vita Bonifatii / Briefe des Bonifatius — Willibalds Leben des Bonifatius. Hrsg. u. übers. v. R.Rau. (Freiherr-v.-Stein-Gedächtnisausgabe Bd.IVb). Darmstadt: Wissenschaftliche Buchgesellschaft. 1968.

RENOIR, Alain (1975).
"A Reading Context for *The Wife's Lament.*" Nicholson/Frese (1975), 224-241.

---- (1977).
"A Reading of *The Wife's Lament.*" *English Studies* 58 (1977): 4-19.

---- (1981a).
"Oral-Formulaic Context: Implications for the Comparative Criticism of Mediaeval Texts." *Oral Traditional Literature: A Festschrift for Albert Bates Lord.* Ed. John Miles Foley. Columbus, OH: Slavica Publishers. 1981, 416-439.

---- (1981b).
"The Least Elegiac of the Elegies: a Contextual Glance at *The Husband's Message.*" *Studia Neophilologica* 53 (1981): 69-76.

---- (1986).
"Old English Formulas and Themes as Tools for Contextual Interpretation." Brown et al. (1986), 65-79.

RICHÉ, Pierre (1962).
Éducation et culture dans l'occident barbare. VIe-VIIIe siècles. Paris: Éd. du Seuil. 1962.

---- (1979).
Les écoles et l'enseignement dans l'Occident chrétien de la fin du Ve siècle au milieu du XIe siècle. Paris: Aubier Montaigne. 1979.

---- (1985).
"Le rôle de la mémoire dans l'enseignement médiéval." *Jeux de mémoire: Aspects de mnémotechnie médiévale.* Ed. B.Roy et P.Zumthor. Montréal: Presse de l'université de Montréal. 1985, 133-148.

RICOEUR, Paul (1970).
"Qu'est-ce qu'un texte? — Expliquer et comprendre". *Hermeneutik und Dialektik. Festschrift H.-G.Gadamer.* 2 Bde. Hrsg. v. R.Bubner, K.Cramer u. R.Wiehl. Tübingen: Mohr. 1970. Bd. II, 181-200.

RIEDINGER, Anita (1985).
"The Old English Formula in Context." *Speculum* 60 (1985): 294-317.

RIFFATERRE, Michael (1978/80).
Semiotics of Poetry London: Methuen. 1980 [zuerst Univ. of Indiana Press 1978].

---- (1979).
La production du texte. Paris: Éd. du Seuil. 1979.

---- (1980).
"La trace de l'intertexte." *La Pensée* 215 (1980): 4-18.
---- (1981).
"L'Intertexte inconnu." *Littérature* 41 (1981): 4-7.
ROBINSON, Fred (1985).
'Beowulf and the Appositive Style. Knoxville: The University of Tennessee Press. 1985.
RÖSLER, Wolfgang (1980).
"Die Entdeckung der Fiktionalität in der Antike." *Poetica* 12 (1980): 283-319.
---- (1983).
"Schriftkultur und Fiktionalität. Zum Funktionswandel der griechischen Literatur von Homer bis Aristoteles." Assmann/Assmann/Hardmeier (1983), Bd.I, 109-122.
RUMBLE, T.C. (1964).
"The *hyran-gefrignan* Formula in *Beowulf*." *Annuale Mediaevale* 5 (1964): 13-20.
SAUSSURE, Ferdinand de (1915/71).
Cours de linguistique générale. Ed. Ch.Bally et A.Sechehaye. Troisième éd. Paris: Payot. 1971.
SCHAAR, Claes (1949).
Critical Studies in the Cynewulf Group. (Lund Studies in English, No.17). Lund: Gleerup. 1949.
---- (1956).
"On an New Theory of Old English Poetic Diction." *Neophilologus* 40 (1956): 301-305.
SCHABRAM, Hans (1965).
"*Andreas* und *Beowulf*. Parallelstellen als Zeugnis für literarische Abhängigkeit." *Nachrichten der Giessener Hochschulgesellschaft* 34 (1965): 201-218.
---- (1974).
"Ae. *wlanc* und Ableitungen. Vorarbeiten zu einer wortgeschichtlichen Studie." *Studien zur englischen und amerikanischen Sprache und Literatur. Festschrift Helmut Papajewski*. Hrsg. v. G.Buchloh, I.Leimberg u.H.Rauter. Neumünster: K.Wachtholz. 1974, 70-88.
---- (1981).
"*Andreas* 303A und 360B-362A. Bemerkungen zur Zählebigkeit philologischer Fehlurteile." *Geschichtlichkeit und Neuanfang im sprachlichen Kunstwerk. Studien zur englischen Philologie zu Ehren von Fritz W.Schulze*. Hrsg. von P.Erlebach, W.G.Müller u.K.Reuter. Tübingen: Narr. 1981, 39-47.
SCHAEFER, Ursula (1977).
Höfisch-ritterliche Dichtung und sozialhistorische Realität. Literatursoziologische Studien zum Verhältnis von Adelsstruktur, Ritterideal und Dichtung bei Geoffrey Chaucer. (Neue Studien zur Anglistik und Amerikanistik 10). Frankfurt/Bern: Lang. 1977.
---- (1986).
"Two Women in Need of a Friend: A Comparison of *The Wife's Lament* and Eangyth's Letter to Boniface." *Germanic Dialects: Linguistic and Philological Investigations*. Ed. Bela Brogyanyi and Th.Krömmelbein. Amsterdam: Benjamins. 1986, 491-524.
---- (1988a).
"The Instance of the Formula: A Poetic Device Revisited." *Papers on Language and Mediaeval Studies Presented to Alfred Schopf*. Ed. Richard Matthews and J.Schmole-Rostosky. (Neue Studien zur Anglistik und Amerikanistik 37). Frankfurt/Bern: Lang. 1988, 39-57.

---- (1988b).
"The Fictionalized Dilemma. Old English Poetry at the Crossraods of Orality and Literacy."
Erzgräber/Volk (1988), 39-51.
---- (1989).
"A 'Song of Myself': Propositions on the Vocality of Old English Poetry." *Anglistentag 1988 Göttingen.* Hrsg. von H.-J.Müllenbrock und R.Noll-Wiemann. Tübingen: Niemeyer. 1989, 196-208.
SCHAUBERT, Else v. (1961).
Heyne-Schückings 'Beowulf. 3 Bde. 18.Aufl. Paderborn: Schöningh. 1961.
SCHMID, Karl (1979/83).
"Das liturgische Gebetsgedenken in seiner historischen Relevanz am Beispiel der Verbrüderungsbewegung des frühen Mittelalters." Karl Schmid. *Gebetsgedenken und adliges Selbstverständnis im Mittelalter. Ausgewählte Beiträge. Festgabe zu seinem sechzigsten Geburtstag.* Hrsg. v.Gerd Althoff. Sigmaringen: Thorbecke. 1983, 620-644; (zuerst als Vortrag 1979).
SCHMID-CADALBERT, Christian (1984).
"Mündliche Traditionen und Schrifttum im europäischen Mittelalter." *Amsterdamer Beiträge zur älteren Germanistik* 21 (1984): 85-114.
SCHNEIDER, Karl (1981).
"Die altenglische Dichtungsüberlieferung in versgeschichtlicher Sicht". *Geschichtlichkeit und Neuanfang im sprachlichen Kunstwerk. Studien zur englischen Philologie zu Ehren von Fritz W.Schulze.* Hrsg. von Peter Erlebach, Wolfgang G.Müller u.Klaus Reuter. Tübingen: Narr. 1981, 11-38.
SCHÜCKING, Levin L. (1908).
"Das altenglische totenklagelied." *Englische Studien* 39 (1908): 1-13.
SCHÜTZ, Alfred u. Thomas Luckmann (1979).
Strukturen der Lebenswelt. Bd.1. Frankfurt: Suhrkamp. 1979.
SCHULZ, Walter (1985).
Metaphysik des Schwebens. Untersuchungen zur Geschichte der Ästhetik. Pfullingen: Neske. 1985.
SCHWAB, Ute (1972).
"*Ær — æfter*, das *Memento mori* Bedas als christliche Kontrafaktur. Eine philologische Interpretation." *Studi di letteratura religiosa tedesca, in memoria di Sergio Lupi.* Ed. C.Magris. Florenz: Olschki. 1972, 5-135.
SCHWETMAN, John (1980).
"The Formulaic Nature of Old English Poetry: A Linguistic Analysis". *Linguistics in Literature* 5 (1982 for 1980): 71-109.
SEE, Klaus von (1980).
"Stabreim und Endreim: Über neuere Arbeiten zur germanischen Verskunst." *Beiträge zur Geschichte der deutschen Sprache und Literatur* 102 (1980): 399-417.
SHIPPEY, T.A. (1972).
Old English Verse. London: Hutchinson, 1972.
---- (1977).
"Maxims in Old English narrative: Literary art or traditional wisdom?". *Oral Tradition — Literary Tradition. A Symposium.* Ed. H. Bekker-Nielsen, P. Foote et al. Odense: Odense UP. 1977, 28-46.

SIEPER, Ernst (1915).
Die altenglische Elegie. Straßburg: Trübner. 1915.
SIEVERS, Eduard (1878).
"Formelverzeichnis." *Heliand.* Hrsg. v. E.Sievers. Halle: Buchhandlung des Waisenhauses. 1878, 391-496.
SISAM, Kenneth (1923).
"An Old English Translation of a Letter from Wynfrith to Eadburga (A.D.716-7) in Cotton MS. Otho C.l." *Modern Language Review* 18 (1923): 253-272.
---- (1933/53).
"Cynewulf and His Poetry." K.Sisam. *Studies in the History of Old English Literature.* Oxford: Clarendon Press. 1953, 1-28 [zuerst veröffentl. 1933].
---- (1945).
"*The Seafarer* lines 97-102." *Review of English Studies* 21 (1945): 316f.
SÖLL, L. (1985).
Gesprochenes und geschriebenes Französisch. (Grundlagen der Romanistik 6). 3.Aufl. Berlin: Schmidt. 1985.
SPAMER, James B. (1981).
"*Beowulf* 1-2: An Argument for a New Reading." *English Studies* 62 (1981): 210-214.
SPENGLER, Oswald (1923/79).
Der Untergang des Abendlandes. Umrisse einer Morphologie der Weltgeschichte. Sonderausgabe in einem Band. München: Beck. 1979 [zuerst ersch. 1918-1922].
SPITZBART, Günter (1982).
Venerabilis Bedae Historia ecclesiastica gentis Anglorum — Beda der Ehrwürdige: Kirchengeschichte des englischen Volkes. 2 Bde. Übers. v. G.Spitzbart. Darmstadt: Wissenschaftliche Buchgesellschaft. 1982.
SPITZER, Leo (1946).
"Note On the Poetic and the Empirical 'I' in Medieval Authors." *Traditio* 4 (1946): 414-422.
STANLEY, E.G. (1955).
"Old English Poetic Diction and the Interpretation of *The Wanderer*, *The Seafarer*, and *The Penitent's Prayer*." *Anglia* 73 (1955): 413-466.
STENTON, Frank M. (1971).
Anglo-Saxon England. (The Oxford History of England, vol.II). 3rd ed. Oxford: Clarendon Press. 1971.
STEVENSON, William H. (1904).
Asser's 'Life of King Alfred'. Ed. W.H.Stevenson. Oxford: Clarendon Press. 1904.
STIERLE, Karlheinz (1975).
"Was heißt Rezeption bei fiktionalen Texten?" *Poetica* 7 (1975): 345-387.
STOCK, Brian (1983).
The Implications of Literacy: Written Language and Models of Interpretation in the Eleventh and Twelfth Century. Princeton, NJ: Princeton UP. 1983.
---- (1986).
"History, Literature, Medieval Textuality." *Yale French Studies* 70 (1986): 7-17.
TAGLIAVINI, Carlo (1969/73).
Einführung in die romanische Philologie. München: Beck'sche Buchhandlung. 1973 [ital. Original 1969].

TANNEN, Deborah (1982a).
Spoken and Written Language: Exploiting Orality and Literacy. Ed. D.Tannen. Norwood, NJ: ABLEX Publishing Corporation. 1982.
---- (1982b).
"The Oral/Literate Continuum in Discourse." Tannen (1982a), 1-16.
---- (1984).
Coherence in Spoken and Written Discourse. Ed. D. Tannen. Norwood, N.J.: ABLEX Publishing Corporation. 1984.
TATLOCK, John S.P. (1923/68).
"Layamon's Poetic Style and Its Relations." *The Manly Anniversary Studies in Language and Literature.* Repr. Freeport, N.Y.: Books for Library Press. 1968, 3-11 [zuerst veröffentl. 1923].
THUN, Harald (1978).
Probleme der Phraseologie. Untersuchungen zur wiederholten Rede mit Beispielen aus dem Französischen, Italienischen, Spanischen und Rumänischen. Tübingen: Niemeyer. 1978.
TOLKIEN, J.R.R. (1936/63).
"Beowulf: The Monster and the Critics." Nicholson (1963), 51-103 [zuerst veröffentl. 1936].
TRISTRAM, Hildegard L.C. (1990a).
"Warum Cenn Faelad sein 'Gehirn des Vergessens' verlor — Wort und Schrift in der älteren irischen Literatur." *Deutsche, Kelten und Iren: 150 Jahre deutsche Keltologie. Festschrift Gearóid Mac Eoin.* Hrsg. v. Hildegard L.C.Tristram. Hamburg: Buske. 1990, 207-248.
---- (1990b).
"The Early Insular Elegies: ITEM ALIA." *Readings in the Brythonic Languages. Festschrift for T. Arwyn Watkins.* Ed. M.J.Ball, J.Fife et al. Amsterdam: Benjamins. 1990, 343-361.
VACHEK, Josef (1973).
"The Present State of Research in Written Language." *Folia Linguistica* 6 (1973): 47-61.
VEH, Otto (1966).
Prokop: Gotenkriege. Hrsg. und übers. v.O.Veh. München: Heimeran Verlag. 1966.
VOLLRATH, Hanna (1981).
"Das Mittelalter in der Typik oraler Gesellschaften." *Historische Zeitschrift* 233 (1981): 571-594.
---- (1984).
"Bücher — nein danke! Die mündliche Welt des Mittelalters." *Journal für Geschichte.* 1984.3: 24-29.
WARNING, Rainer (1980).
"Staged Discourse. Remarks on the Pragmatics of Fiction." *Dispositio* 5 (1980): 35-54.
---- (1982).
"Der inszenierte Diskurs. Bemerkungen zur pragmatischen Relation der Fiktion." Henrich/Iser (1982), 183-206 [deutsche Version von Warning (1980)].
WATTS, Ann C. (1969).
The Lyre and the Harp. A Comparative Reconsideration of Oral Tradition in Homer and Old English Epic Poetry. New Haven, CT: Yale UP. 1969.
WEBER, Gerd Wolfgang (1969).
Wyrd. Studien zum Schicksalsbegriff der altenglischen und altnordischen Literatur. Bad Homburg: Verlag Gehlen. 1969.

---- (1985).

"Altenglische Literatur: volkssprachliche Renaissance einer frühmittelalterlichen christlichen Latinität." *Neues Handbuch der Literaturwissenschaft. Bd. IV: Europäisches Frühmittelalter.* Gen.Ed. Klaus v. See. Wiesbaden: Athenaion. 1985, 277-316.

WEINREICH, Uriel (1966).

"On the Semantic Structure of Language." *Universals of Language.* Ed. J.H.Greenberg. 2nd ed. Cambridge, MA: M.I.T. Press. 1966, 181-216.

---- (1969).

"Problems in the Analysis of Idioms." *Substance & Structure of Language.* Ed. J.Puhvel. Berkeley and Los Angeles, CA: University of California Press. 1969, 23-81.

WERNER, Otmar (1966).

"Entwicklungstendenzen in der mittelhochdeutschen Verserzählung zur dramatischen Form." *Zeitschrift für deutsche Philologie* 85 (1966): 369-406.

WETZEL, Claus-Dieter (1985).

"Die Datierung des *Beowulf*: Bemerkungen zur jüngsten Forschungsentwicklung." *Anglia* 103 (1985): 371-400.

WHITELOCK, Dorothy (1949).

"Anglo-Saxon Poetry and the Historian." *Transactions of the Royal Historical Society,* 4th series 31 (1949): 75-94.

---- (1951).

The Audience of 'Beowulf'. Oxford: Clarendon Press. 1951.

WHITMAN, F.M. (1975).

"The Meaning of 'Formulaic' in Old English Verse Composition." *Neuphilologische Mitteilungen* 76 (1975): 529-537.

WILLIAMS, Blanche Colton (1914/66).

Gnomic Poetry in Anglo-Saxon. Ed. with Introduction, Notes and Glossary by B.C.Williamson. Repr. New York: AMC Press. 1966 [zuerst ersch. 1914].

WILLIAMSON, Craig (1977).

The Old English Riddles of the 'Exeter Book'. Ed. C.Williamson. Chapel Hill: University of North Carolina Press. 1977.

WOOLF, Rosemary (1975).

"*The Wanderer, The Seafarer* and the Genre of *Planctus.*" Nicholson/Frese (1975), 192-207.

---- (1977).

Cynewulf's 'Juliana'. Ed. Rosemary Woolf. 2nd rev. ed. Exeter: University of Exeter Press. 1977.

WORMALD, C.Patrick (1977).

"The Uses of Literacy in Anglo-Saxon England and Its Neighbours." *Transactions of the Royal Historical Society,* 5th series 27 (1977): 95-114.

WRENN, C.L. (1967).

A Study of Old English Literature. London: G.G.Harrap. 1967.

ZUMTHOR, Paul (1983).

Introduction à la poésie orale. Paris: Éd. du Seuil. 1983.

---- (1987).

La lettre et la voix: De la «littérature» médiévale. Paris: Éd. du Seuil. 1987.

AUTOREN-, NAMEN- UND SACHVERZEICHNIS

Acta sanctorum 94
Ästhetik
   der Formeln 66
   christliche (normative) 89-93, 116, 139
Äußerung
   altenglische Gedichte als Ä. 55, 122
   Begriff der Ä. 54f.
   semiotisches Funktionieren der Ä. 54f.
   vs. Text 43, 50
Andreas 18, 121, 133-140, 142, 148, 151, 167, 169f.
Auswendiglernen/Memorieren
   als Erwerb eines Sprachbesitzes 35, 37, 39, 75-77
   von Bibelteilen 34
   der Psalmen 31, 34f.
   durch Zuhören 33
   vom schriftlich Existierendem 92, 99
Alcuin 27, 97, 99f., 104
Aldhelm 23
Alfred 26f., 29, 31, 33, 97, 99, 104
Alterität
   mittelalterlicher Dichtung 45, 51
   der kommunikativen Bedingungen im Mittelalter 72, 88
Amnesie
   strukturelle 13, 187, 236
Anderson, E.R. 156, 158f., 166, 176
Ariès, Ph. 208f.
Asser 27, 31, 33, 97, 99, 104
Augustin 38, 90-93, 95f.
Austin, J.L. 79f., 109
Bäuml, F.H. 67f., 70, 85-87, 115f.
Balogh, J. 31, 33
Bammesberger, A. 203
Barthes, R. 77f.
Battle of Brunanburh 61, 160
Battle of Maldon 89, 133f., 137
Beda 24-26, 28f., 40, 96f., 100, 106, 110, 124, 152, 203f.
Bedas Totenlied 28f., 40f., 124, 203f.
Beowulf 6f., 19, 28, 39, 44, 61f., 88f., 93f., 111f., 117; passim
Berger, P. 89f., 190, 207
Bernstein, R.J. 49f.
Besitz
- (sozio-)kultureller 74f., 80, 83, 85
- sprachlicher
   ersten Grades 77

Erstsprachbesitz 76
Formeln als B. 39, 74
zweiten Grades 74
Benson, L. 41, 85f.
Bessai, F. 199
Bessinger/Smith 111
Bewußtsein
   historisches 13, 18
   für Individualität durch Schriftlichkeit 13, 132, 176f.,
   für Signifikant und Signifikat 51, 53
   des Sprechenden 56, 58
Bibelepik 19, 89, 93
Bischoff, B. 41
Blackburn, F.A. 194
Boer, R.C. 125
Boethius 111, 205, 212, 221, 224f.
Bonifatius 75, 202f., 208, 212, 216, 236
Boor, H. de 125
Borst, A. 132
Bridges, M. 135, 137
Buchreligion 22
Büchner, K. 205
Burlin, R.B. 183f.
Busse, W. 28f., 89, 105, 140, 142, 174
Caedmon 24-26, 28, 32, 40, 63, 93, 96f., 102, 110, 112-114, 125, 152, 195
Caedmons Hymnus 25, 28f., 40, 110, 112-114, 124
Calder, D. 129, 156, 165, 176, 223
Cantar de Mio Cid 125
Carothers, J.C. 21
Chafe, W. 75
Chanson de Roland 125
Chaucer 3, 18, 38, 108, 224
Cherniss, M. 186, 188, 194, 199f., 207
Chickering, H. 150, 192, 198
Chomsky, N. 48-50, 75
Christ I 225
Christ II 31, 61, 125, 158, 160, 162f., 166, 172f., 175f.
Christ III 195
Christianisierung/Missionierung
   der Angelsachsen 21, 26f., 92, 209f., 226, 235f.
Christmann, H.H. 47
Chronologie
   absolute 124, 236
   relative 124, 156, 173, 235f.
   und Geschichtsverständnis 106

Clanchy, M.T. 18
Code
  elaborierter/restringierter 49f.
comitatus (s. auch Gefolgschaft) 223
comitatus Christi 18
compassio/compunctio
  als Wirkung von Dichtung 98
Conner, P. 64f.
Cook, A.S. 176
Coseriu, E. 10, 73f.
Coulmas, F. 73f.
Creed, R. 61-64, 71, 111, 179
Crosby, R. 69f.
Cross, J.E. 40, 212
Curry, J. 150
Curtius, E.R. 105, 123f., 168
Cynewulf 40, 94, 111, 116-118, 124-126, 137, 141-143, 151; passim; 206, 216, 235
Datierung ae. Dichtung 28
Deor 6, 110, 153f., 211f., 214
Derolez, R. 110
Derrida, J. 51, 53, 56
Diamond, R.E. 124
dicton 77, 79f., 178, 180
Diller, H.J. 44
discours répété 73
Distanzssprache, Sprache der Distanz 8-10
Distanzsprachlichkeit 79
Donaldson, E.T. 192, 198
Dronke, P. 212
Dunning/Bliss 225
Durkheim, É. 12
Eco, U. 52, 55, 57, 91
Edwards, C. 124
Ehlich, K. 46
Eisenstein, E.E. 13, 18, 106
Elene 31, 61, 65, 118, 121, 129, 135, 141; passim
Epik 26, 54, 87, 122, 127f., 131, 185, 214f.
Erwartungshorizont 3
Erzgräber, W. 42, 212, 225-228
Exeter-Buch 40, 121, 145, 150, 160, 176, 182, 187, 195, 197, 200, 211, 219
Exodus 61, 111, 121, 134, 136, 138-140, 142, 148
Exordium 135-137, 140-142, 147-149, 152, 157, 170, 173, 176, 212, 226
Fates of the Apostles 31, 61, 121, 125, 143, 152, 156-164, 166, 170-173, 176

Fates of Men 220
Fiktionalität
  Akzeptanz von F. 94, 100
  und ästhetische Distanz 102
  Entdeckung in der Antike 102f.
  des poetischen Ich 116
  'konditionale' F. 95
  und Schriftlichkeit 55, 93
  und Vokalität 105
Fiktivität
  Erkennen der F. 100
  und Ideologie 93
  des poetischen Ich 94f., 117, 128, 131, 229f.
  als Vorwurf 104
Foley, J.M. 59f.
Formel
  'Container'-Formel 62, 71, 111f.
  Definition Conner 64
  Definition Creed 61
  Definition Parry 60f.
  Definition Quirk 65f.
  Reimformel 83, 107
  tag-Formel 61, 65, 83, 108f., 110f.
Formelsystem
  Definition Fry 63
Fraser, B. 74
Frese, D. 165, 171
Fry, D.K. 63f., 76, 109f., 114, 154
Fuhrmann, M. 92
Gadamer, H.G. 4, 231
Gauger, H.M. 22, 35, 37, 54, 56, 74, 76, 178, 184
Gawain 98, 100
Gebetshilfe 168, 170, 173, 216, 235
Gefolgschaft
  Gefolgschaftsherr 3, 223f.
  Gefolgschaftssuche 227
Genesis (ae.) 31, 42, 121, 160
Genesis (AT) 96
Geoffrey von Monmouth 105f.
Geschichtsschreibung
  antike 103
  mittelalterliche 105f.
Giesecke, M. 9f., 37f.
Gifts of Men 176
Gneuss, H. 124
Gnomik
  abschließende Gn. 81f., 145f., 81, 213-217
  A-Historizität der Gn. 187
  aus Ausdruck von Sinngebung 190

Definition/Klassifizierung 180-82
als Erzählerkommentar 186
und Psalmen 144, 200
paratextuelles Auftreten von Gn. 178, 194, 220, 236
Sinnermittlung durch Gn. 178, 182, 185, 214
Sinnvermittlung durch Gn. 175, 178, 182, 189, 214
Unterbrechung des Erzählflusses durch Gn. 182, 185
Wirkung der Gn. 184
Gollancz, I. 150
Goody, J. 15, 21, 24, 51, 69, 102
Goody/Watt 11-13, 21f., 52, 58
Gordon I., 218f., 222f.
Gradon, P.O.E. 164
Greenfield, P. 13, 21
Greenfield, S. 83, 134, 138, 149, 154f., 183f., 187, 199, 207, 211, 213f., 216, 220
Gregor d.Große 27, 29, 160f., 175
Gregor v.Tours 38
Greimas, A.J. 77, 79f., 178-180, 187, 215
Grein, Ch. 150
Grönbech, W. 208f.
Grundmann, H. 15, 25, 28, 30, 34
Gumbrecht, H.U. 88
Gumperz, J.J. 8, 37, 71
Guthlac 31, 61, 160, 202
Halbwachs, M. 12, 103
Hamburger, K. 117, 128-131, 143
Hammer, J. 106
Hampton, P.E. 31
Harris, R. 49
Hartmann, P. 46
Havelock, E. 5-7, 11f., 15f., 18, 22, 84f., 87, 100, 102
Heliand 185
Heusler, A. 211f.
Hildebrandslied 142
Historizität 13, 140f.
Homer 12
Horgan, A.D. 197, 223
Husband's Message 145, 211-213
Illich, I. 21
Illmer, D. 31, 35
Imelmann, R. 130
Indovinello Vernonese 23
Ingeld 93, 97
Intertextualität 83, 122
Irvine, M. 125, 161

Iser, W. 53-55, 86, 95, 101
Jakobson, R. 51, 82, 87
Jauss, H.R. 3, 45, 54, 85, 93, 95, 103f., 144
Jolles, A. 80-82, 180
Juliana 61, 93-95; passim
Kail, J. 59, 134
Kaltmann, H. 71
Kardinaltugenden 223
Kasik, J.C. 226
Kennedy, Ch.W. 134
Keynes/Lapidge 31, 33, 104
Kjellmer, G. 135
Klaeber, F. 61, 150
Klinck, A. 214
Klingenberg, H. 96
Kluge, F. 39, 41
Koch, P. 10f., 15-17, 50, 79
Koch/Oesterreicher 8f., 43f., 46, 50
Köhler, E. 97f., 101, 106, 223
Kollokation 65f.
Kommunikation
    poetische 17, 20, 43, 45, 72, 90
Kommunikationskette
    oral-aurale 84, 100
Kontext
    innersprachlich/situativ 38, 57
    und Bedeutungs-/Sinnermittlung 43f., 50, 56f., 79
    und Formelhaftigkeit 83
    und Sprichwörter 80, 179
Konvention
    sprachlich sekundäre 77
    poetische 83, 114
    rhetorische 143
Kroeschell, K. 199
Labov, W. 49f.
Layamon 61f., 85, 106
Leclercq, J. 22f., 30, 32, 34, 37f., 104, 121f.
LeGoff, J. 198, 209
Lévi-Strauss, C. 11
Liedertheorie 6
Lord, A. 59-61, 63f., 71, 76, 123f.
Luckmann, A. 79, 89f., 190, 207
Lüdtke, H. 106f.
Lurija, A. 13, 78
Lutz, H.D. 60
Lyons, J. 11, 54
Mackie, W.S. 150, 211
Magoun, F.P. 41, 59, 61, 65, 86, 149
Malone, K. 146, 148-150, 183, 185, 212

Mandel, J. 132, 148
Maxime 181, 185, 214
Maxims I 182, 198, 218, 220
Maxims II 182, 194, 201, 220
McLuhan, M. 11
Medium
   Mündlichkeit/Schriftlichkeit als M. 7f., 16f., 21
Memorierbarkeit 55, 84f., 114, 163
Memorieren s. Auswendiglernen
Memorierungswürdigkeit 55, 135
Metrum 17, 86, 106-111, 114, 233
Mitchell, B. 225
Morris, Ch. 57f.
Mossé, F. de 225
Mündlichkeit
   Caedmons M. 24-26
   fingierte 115f.
   und formelhafte Dichtung 63, 67, 84
   Formelhaftigkeit der M. 44f., 69, 86f., 187
   des Mittelalters 14, 16f.
   und Nähesprache 8f.
   = *orality* 15f.
   primäre 11, 14-16, 19, 79, 88, 94, 100f., 109f., 114, 128, 131, 142, 226, 232
   und Sprechakte 79
   und Vokalität 20, 92f.
Mustanoja, T. 144
Nähesprache, Sprache der Nähe 8-10
Nähesprachlichkeit 79
Neuschäfer, H.J. 125
Nibelungenlied 6, 125
Niles, J.D. 6, 138, 156, 183f.
O'Brien O'Keeffe, K. 25
O'Connor, M.C. 71
O'Rahilly, C. 100
Obermayer, A. 124
Oesterreicher, W. 9f., 44
Olsen, A.H. 40, 60, 168
Olson, D. 43, 49, 52, 57f.
Olver, R.R. 13
Ong, W.J. 5, 15f., 18f., 22, 49-51, 69, 117
Opland, J. 6, 73, 127, 144, 159
Oral-Formulaic Theory 6, 59-61, 63-65, 67, 69, 71f., 82, 85, 232
Oralität s. Mündlichkeit
Paratextualität 83, 123, 127, 206
Parry, M. 59-61, 63, 71, 76, 123f.
Parsons, T. 21

Paulus 22, 96
Pearsall, D. 149, 211
performance 17, 128
Peter von Blois 97-100, 104f.
Petrus Venerabilis 32
Phoenix 42, 121, 160, 195-197
Pilch, H. 8, 10, 26, 62, 77, 85, 109f., 146f., 203, 212f.
Pilch/Tristram 10, 39, 60, 110, 121, 165, 179, 181f., 212
Plato 52
Pollmann, L. 125
proverbe 77, 79, 178f., 215
Psalmen
   ae. Elegien und Psalmen 144
   Auswendiglernen der Ps. 31, 35
   Exemplarität der Ps. 154
   formelhafte ae. Übersetzung der Ps. 111-113
   und Gnomik 200
   Lobpreisung in Ps. 195-197
   Spruchhaftigkeit der Ps. 39, 237
   Wehklage in Ps. 199
Psalter 31, 35
psalteratus 34
Quirk, R. 65-68
Rätsel
   Aldhelm Nr.59 23
   altenglische
   - Nr.39 36, 160
   - Nr.47 36
   - 'Skriptorien'-R. 40f.
Rau, R. 202, 216
Redensart
   sprichwörtliche 72, 79, 80
Reich, L. 13
Reim 108
Renoir, A. 67, 134, 142, 144, 149, 213
Rezeption
   der Formelhaftigkeit 67f., 70
   hörende 26, 34, 43, 54, 57, 102
   lesende 43, 57
   in der Vokalität 45, 53, 54
Resignation 107f., 145, 152-154, 202-204, 211f., 214
Riché, P. 21, 30f., 34, 41, 75
Ricoeur, P. 115
Riffaterre, M. 52f., 67, 122, 124
Riming Poem 146, 173, 211f., 214
Robinson, F. 107, 138, 187, 190, 204
Rösler, W. 13, 102f.
Ruin 130, 211f., 214

Rumble, T.C. 155f.
ruminatio 32, 36f.
Runensignatur 88, 151, 156, 162, 167f., 170f., 173, 235
Salomon and Saturn 173
Saussure, F. de 35, 46-49, 51, 57
Schaar, C. 59, 156, 172
Schabram, H. 134, 223
Schaefer, U. 34, 82, 95, 101, 130, 132, 148, 168, 194, 223
Schaubert, E. v. 155
Schmid, K. 168
Schmid-Cadalbert, Ch. 98, 105
Schneider, K. 107, 109f.
Schreiben 15, 23, 28, 41, 43
Schriftlichkeit
    Ästhetisierung durch Schr. 82, 87, 102
    und Christianisierung 92
    und christliche Religion 22f.
    und Distanzsprache 8f.
    der Geistlichen 26
    Hermeneutik der Schr.
    im Hochmittelalter 85, 93
    und Identität 101, 132, 177
    Linguistik 47-50
    ≠ *literacy* 15
    des Mittelalters 14, 16f.
    und Textualisierung 43, 162
    Übergang zur Schr. 21, 102f.
    und Vokalität 20
    und Wirklichkeitsdefinition 89
Schriftkultur 20f., 23f., 27f.
Schücking, L.L. 155, 211
Schütz, A. 79
Schulz, W. 90f., 99
Schwab, U. 203f.
Schwetman, J. 65
Scop 26, 88f., 160
script culture 12,
Seafarer 81f., 125, 127, 130-132, 147-154, 197; passim
Sedulius 103f.
See, K. v. 107
Shippey, T.A. 80, 163, 179f., 183, 185
Sieper, E. 125, 211
Sievers, E. 59
Sinnermittlung 11, 50, 91f., 123, 161, 178, 182, 185, 232f.
Sinnvermittlung 11, 50, 121-123, 125, 143, 145, 175, 178, 182, 185, 213f., 232-234

Sisam, K. 163f., 167f., 197, 202
Söll, L. 8
Spamer, J.B. 135
Spengler, O. 8
Spitzbart, G. 24f., 96, 116, 118, 124
Spitzer, L. 116, 118, 124
Sprachbesitz 35, 37, 76
Sprichwort 71, 79-81, 180f.
Spruch 80f., 197
Spruchweisheit 178
Stanley, E.G. 138, 149, 194
Stenton, F.M. 21
Stevenson, W.H. 29
Stierle, K. 53f., 78
Stock, B. 14, 101f., 124, 161, 173
Tagliavini, C. 23
Tannen, D. 8, 44, 58, 66, 68, 71, 74
Tatlock, D. 61
Text(-Begriff)
    vs. Äußerung 43, 102
    und Bedeutung 58
    in der Textlinguistik 46f.
    und Vokalität 38, 45f., 50, 122f., 215, 232
Texttheorie 52f.
Textualität 45, 72, 100, 112, 161f.
Thun, H. 74-76, 180, 182
Tolkien, J.R.R. 193f.
Topos 18, 27, 40, 123f., 206, 228
Totenklage 144
Tradition
    christliche 39
    'heroisch-germanische' 39
    von Kulturgut 92
    und Mündlichkeit 84
    mündliche (orale) 27, 93, 115, 122, 156, 161, 175
    poetische (erzählerische) 83, 106, 143, 159f.
Traditionskette
    oral/aurale 92
Tristan 98, 100
Tristram, H.L.C. 100, 212
ubi-sunt-Topos 206, 228
Vachek, J. 47f.
Vainglory 150-152
Veh, O. 24
Vercelli-Buch 121
Verschriftlichung 17, 101, 115, 233
Verschriftung 17, 23, 48, 90, 233
Versprachlichungsstrategien 9

Vokalität
  Abgrenzung zu 'Mündlichkeit' und 'Schriftlichkeit' 20
Vollrath, H. 14, 16, 18, 21, 24, 138
Waldere 6, 133, 137
Wanderer 40, 118, 125, 127, 130-132, 194; passim
Warning, R. 86, 115-117, 230
Watt, I. 12
Watts, A.C. 61
Weber, G.W. 26, 60, 89, 132, 146, 149, 185f., 188, 194, 208, 214f., 220
Weinreich, U. 74
Werner, O. 129
Wetzel, C.D. 125
Whitelock, D. 18, 89, 134, 204, 224
Whitman, F.M. 111

Widsith 6
Widukind von Corvey 105
Wife's Lament 118, 127, 130f., 144, 147-154, 194, 199, 211f., 214-216
Williams, B.C. 179f., 182f., 186, 188-192, 194, 201, 218, 220
Williamson, C. 36
Woolf, R. 156, 212
Wormald, P. 21, 24, 26, 29
Wrenn, C.L. 148f., 194
Wulf and Eadwacer 145f., 149, 211f., 214-216
wyrd 201, 220, 226
Zitat 38, 134
Zumthor, P. 7, 17, 19f., 42, 70, 73, 85, 105, 115, 128f., 136, 142, 184